Raphaëlle de Groot

Stan Douglas

Carlos Garaicoa

Cynthia Girard

Robert Houle

Liz Magor

Kent Monkman

Rubén Ortiz-Torres
en collaboration avec Jim Mendiola

Manuel Piña

Monique Régimbald-Zeiber

Rosângela Rennó

José Alejandro Restrepo

Cristián Silva

Regina Silveira

Adriana Varejão

Sergio Vega

Kara Walker

« nous venons en paix... »

Histoires des Amériques

Pierre Landry
avec la collaboration de
Johanne Lamoureux
et de José Roca

Du 28 mai au 5 septembre 2004
Musée d'art contemporain de Montréal

« Nous venons en paix... »
Histoires des Amériques

Une exposition organisée par le Musée d'art contemporain de Montréal et présentée du 28 mai au 5 septembre 2004.

Conservateur : Pierre Landry
Documentation biobibliographique : Martine Perreault

Cette publication a été réalisée par la Direction de l'éducation et de la documentation du Musée d'art contemporain de Montréal.

Éditrice déléguée : Chantal Charbonneau

Révision et lecture d'épreuves : Susan Le Pan, Olivier Reguin, Amérique Latine

Traduction : Annie Davée, Susan Le Pan, Donald McGrath, John Mark Norman, Judith Terry, Colette Tougas, Amérique Latine

Crédits photographiques : p. 44 : Louis Lussier; p. 57 : Ela Bialkowska; p. 60 : Guy L'Heureux; p. 61 : Jean-Guy Kérouac; p. 63 et 65 : Musée des beaux-arts du Canada, Ottawa; p. 71 : Lorne Frommer; p. 74 : Matthew Knight; p. 77-78 : Michael Smith; p. 79 : Riley Robinson; p. 85-86-87 : Paul Litherland; p. 99-100 : Lisa Berger; p. 101 : Cristian Montecinos Slaughter (haut), Daniel López (bas).

Conception graphique : Fugazi

Impression : Litho Acme

Le Musée d'art contemporain de Montréal est une société d'État subventionnée par le ministère de la Culture et des Communications du Québec et bénéficie de la participation financière du ministère du Patrimoine canadien et du Conseil des Arts du Canada.

Dépôt légal : 2004
Bibliothèque nationale du Québec
Bibliothèque nationale du Canada

Données de catalogage avant publication de la Bibliothèque nationale du Canada

Landry, Pierre, 1957-
Nous venons en paix : histoires des Amériques

Catalogue d'une exposition présentée au Musée d'art contemporain de Montréal du 28 mai au 5 sept. 2004.
Comprend des réf. bibliogr.
Textes en français et en anglais.

ISBN 2-551-22499-3

1. Amérique dans l'art - Expositions. 2. Histoire dans l'art - Expositions. 3. Amérique - Histoire - Expositions. 4. Art - 20e siècle - Expositions. I. Lamoureux, Johanne. II. Roca, José. III. Musée d'art contemporain de Montréal. IV. Titre.

N8214.5.A54L36 2004 700'.458 C2004-940666-3F

Couvertures :
Sergio Vega
***El Primer Día* (détail),** 2003

Distribution
ABC Livres d'art Canada/Art Books Canada
372, rue Sainte-Catherine Ouest, bureau 230
Montréal (Québec) H3B 1A2
Téléphone : (514) 871-0606
Télécopieur : (514) 871-2112
www.abcartbookscanada.com
info@abcartbookscanada.com

Remerciements
Nous souhaitons exprimer notre reconnaissance la plus vive aux artistes de l'exposition pour la confiance et pour l'enthousiasme qu'ils nous ont témoignés tout au long de ce projet. Nous désirons également exprimer notre gratitude aux prêteurs et aux galeries pour leur généreuse collaboration : Maurizio Rigillo et Verusca Piazzesi, Galleria Continua, San Gimignano; Lea Freid et Allison Kave, Lombard-Freid Fine Arts, New York; Musée national des beaux-arts du Québec, Québec; Musée des beaux-arts du Canada, Ottawa; Susan Hobbs, Susan Hobbs Gallery, Toronto; Gisèle Gordon, Toronto; Patricia Ortiz Monasterio et Jaime Riestra, Galería OMR, Mexico; Marcello Marvelli et Monica Espinel, Marvelli Gallery, New York; Alexandre Gabriel, Galeria Fortes Vilaça, São Paulo; Lori Salmon et Jeffrey Uslip, The Project, New York; Luciana Brito, Galeria Brito Cimino, São Paulo; El Museo del Barrio, New York; Juliet Gray, Lehmann Maupin, New York; Oded Goldberg, Great Neck, New York; The Nassau County Museum of Art, N. Y.; Julia Friedman, Julia Friedman Gallery, Chicago; Ella Fontanals Cisneros, Miami; Musée d'Art Moderne Grand-Duc Jean, Luxembourg; Michael Jenkins, Brent Sikkema, New York. P. L.

Conseil des Arts du Canada **Canada Council for the Arts**

Translations and original versions
Traducciones y versiones originales 127
Traduções e versões originais

Histories of the Americas 128
Pierre Landry

The Meeting of Two Americas 138
Johanne Lamoureux

Extended Labels (English version) 148
José Roca

Extended Labels 156
(Texto original en español)
José Roca

Raphaëlle de Groot 164

Stan Douglas 165

Carlos Garaicoa 168

Cynthia Girard 171

Robert Houle 172

Liz Magor 173

Kent Monkman 174

Rubén Ortiz-Torres 175
In collaboration with Jim Mendiola

Manuel Piña 177

Monique Régimbald-Zeiber 180

Rosângela Rennó 181

José Alejandro Restrepo 184

Cristián Silva 187

Regina Silveira 188

Adriana Varejão 193

Sergio Vega 197

Avant-propos 7
Marcel Brisebois

Histoires des Amériques 8
Pierre Landry

La Rencontre de deux Amériques 20
Johanne Lamoureux

Cartels allongés 30
José Roca

Raphaëlle de Groot 44

Stan Douglas 50

Carlos Garaicoa 56

Cynthia Girard 60

Robert Houle 62

Liz Magor 66

Kent Monkman 70

Rubén Ortiz-Torres 74
en collaboration avec Jim Mendiola

Manuel Piña 80

Monique Régimbald-Zeiber 84

Rosângela Rennó 88

José Alejandro Restrepo 94

Cristián Silva 98

Regina Silveira 102

Adriana Varejão 108

Sergio Vega 114

Kara Walker 120

Traductions et versions originales 127

Biobibliographies 199

Liste des œuvres 220

Les auteurs 222

Avant-propos

Marcel Brisebois

Dans un livre publié il y a quelques années et intitulé *How New York Stole the Idea of Modern Art*, Serge Guilbeault analysait la redistribution de la géographie artistique qui avait prévalu tout aux cours du XIXe siècle. Mais la suprématie de New York aura été de courte durée. L'exposition de Joseph Beuys au Musée Guggenheim en 1979 allait révéler, s'il en était besoin, l'étonnante créativité qui se manifeste dans les villes rhénanes de Cologne et de Düsseldorf. Avec Beuys, on découvrait les artistes tels que Georg Baselitz, Sigmar Polke, Gerhard Richter, Anselm Kiefer — et leur intérêt pour le caractère affreux d'une histoire encore toute récente. La même année, la Galerie Louver de Los Angeles, par son exposition *This Knot of Life,* accordait aux artistes de ce que R. B. Kitaj appelait « l'école de Londres » une visibilité internationale. Durant les vingt dernières années, les récipiendaires du prix Turner ont fait les manchettes de la presse internationale, avec ceux que l'on a regroupés sous le nom de Young British Artists. Damien Hirst, Tracy Emin, Sam Taylor-Wood, Gillian Wearing ont fait émerger Londres comme un centre artistique capable de rivaliser avec New York.

Phénomène non moins significatif, en marge des grands centres décisionnels surgissent des artistes dont les œuvres se situent aux frontières les plus avancées de l'art, et qui séduisent les collectionneurs du monde entier. Le Musée d'art contemporain de Montréal ne pouvait pas ignorer ce phénomène. Il a été depuis plusieurs années attentif aux différentes manifestations qui, de La Havane à Istanbul ou São Paulo, offrent une vitrine à ces artistes et à leurs œuvres. C'est dans ce contexte qu'est né le projet de consacrer une exposition où se côtoieraient des œuvres d'artistes originaires de différents pays des Amériques. Notre intérêt n'a fait que s'accentuer lorsqu'en 1998, nous avons eu l'occasion de présenter à Bogotá l'exposition *L'Origine des choses*, dont Pierre Landry a été le commissaire. C'est ce même conservateur qui a conçu et monté l'exposition présente « *Nous venons en paix...* » – *Histoires des Amériques* où sont regroupées des œuvres d'artistes des deux hémisphères, tous concernés par l'histoire de ce continent.

Le Musée tient à remercier tous ceux qui ont soutenu la réalisation de ce projet : les artistes, les galeristes, les collectionneurs privés ou publics, les différents pays qui ont partagé notre intérêt et leurs représentants à Montréal. Le Musée remercie également madame Johanne Lamoureux et monsieur José Roca pour leur contribution au catalogue, et le commissaire de l'exposition, monsieur Pierre Landry.

Notre reconnaissance va également au ministère de la Culture et des Communications du Québec et au Conseil des Arts du Canada.

À ses fidèles amis et à tous les visiteurs de cette exposition, le Musée veut faire savoir à quel point il apprécie leur soutien.

Histoires des Amériques

Pierre Landry

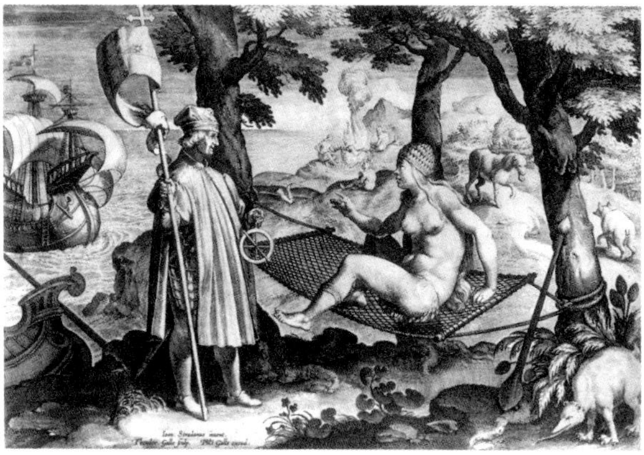

America
Dessin allégorique de Joan Stadan, gravé par Th. Galle en 1521, extrait de Th. de Bry, *Americæ Pars*

Cette exposition se développe autour des concepts d'histoire et d'Amérique, deux notions dont la présence paraît plutôt discrète au sein du palmarès des thèmes privilégiés par l'art récent[1]. Il s'agit pourtant de notions ayant jadis connu un prestige certain dans le champ de l'art — prestige dont le souvenir les rendrait aujourd'hui quelque peu suspectes...

Rappelons brièvement que la dénomination de peinture d'histoire désigna durant quelques siècles un genre pictural placé au sommet de la hiérarchie issue de l'académie des beaux-arts. Instrument d'une autorité, cette peinture dite d'histoire en vint à illustrer la subordination de la pratique artistique face au pouvoir. Quant à l'Amérique, on se souviendra que sa soi-disant découverte, à la fin du XVe siècle, donna naissance à l'un des principaux « grands récits » de la Renaissance — lequel engendra une abondante iconographie où figurent notamment plusieurs allégories. L'une d'entre elles, réalisée au XVIe siècle, fait l'objet d'une description particulièrement éloquente sous la plume de Michel de Certeau : « Amerigo Vespucci le Découvreur arrive de la mer. Debout, vêtu, cuirassé, croisé, il porte les armes européennes du sens et il a derrière lui les vaisseaux qui rapporteront vers l'Occident les trésors d'un paradis. En face, l'Indienne *Amérique*, femme étendue, nue, présence innommée de la différence, corps qui s'éveille dans un espace de végétations et d'animaux exotiques. Scène inaugurale. Après un moment de stupeur sur ce seuil marqué d'une colonnade d'arbres, le conquérant va *écrire* le corps de l'autre et y tracer sa propre *histoire*. Il va en faire le corps historié — le blason — de ses travaux et de ses fantasmes. Ce sera l'Amérique "latine"[2]. » En quelques mots, cette description met en relief les aspects les plus « lourds » de ce premier contact entre Européens et Amérindiens : création d'un événement inaugural; instauration d'une histoire essentiellement eurocentriste; rapport à autrui reposant sur des structures de pouvoir manifestement racistes et sexistes...

« Nous venons en paix… », annonce le titre de cette exposition — une affirmation que le recul historique fait apparaître comme étant cruellement ironique. Mais ce « nous » dont les paroles semblent vouloir apaiser l'autre, qui donc désigne-t-il ? S'il s'agit ici du découvreur portugais présent dans l'œuvre vidéo *Vera Cruz*, de Rosângela Rennó[3], on peut également présumer que plusieurs autres « preneurs de contact » ont emprunté à cette formule tout au long de la colonisation de l'Amérique — sans parler des migrations internes qui, depuis toujours, furent sources de rencontres entre les peuples amérindiens. Cette multiplication des axes de circulation et des points de contact renvoie à une continentalité plurielle — caractéristique qui, pour être évidente, n'en est pas moins régulièrement occultée, faisant souvent place à des généralisations abusives, dont la plus répandue est certes l'appellation « Amérique latine ».

Cette exposition se développe autour de deux « oscillations », qui jouent également le rôle de catalyseurs. Elle se construit d'abord au regard des difficultés que représente l'histoire pour la pratique artistique. Selon l'acception la plus répandue — acception en considération de laquelle les œuvres de cette exposition ont été choisies —, l'histoire est un récit : elle est donc située du côté du discours. Or « la position de l'art est un démenti à la position du discours », comme le précise Lyotard, qui ajoute toutefois « que le langage porte au visible, l'oreille à l'œil […] », « que l'étendue gestuelle qui donne la profondeur ou la représentation, bien loin d'être signifiable en mots, s'étend en bordure d'eux comme leur pouvoir de désignation et aussi qu'elle est le berceau de leur pouvoir d'exprimer, qu'ainsi elle les accompagne, qu'elle est leur ombre, en un sens leur fin, en un sens leur commencement[4]. » Cette exposition veut donc identifier quelques-unes des stratégies grâce auxquelles l'art récent intègre des données historiques sans pour autant s'y abîmer, amenant plutôt celles-ci à se déployer sous un jour différent et, ce faisant, à signifier autre chose (autrement).

Cette exposition se construit également autour de la part d'imprécision que comporte l'appellation Amérique. Malgré son appropriation par un seul pays, ce terme continue de désigner un continent dont l'identité est éclatée — ce que les débats tenus en marge du projet de Zone de libre-échange des Amériques (ZLEA) viennent confirmer[5]. Les balises territoriales que pose (et s'impose) cette exposition sont donc à la fois réelles et mouvantes, et leur rôle est bien davantage celui d'un repoussoir mettant l'œuvre d'art en valeur que celui d'une tribune d'affirmation continentale. C'est donc dire que les œuvres réunies ont été choisies d'abord (et bien évidemment) en considération de leurs qualités esthétiques, et qu'il serait vain de vouloir dégager de la mosaïque d'histoires proposée ici une figure précise de l'Amérique.

On fera bien sûr observer, avec raison, que toutes les propositions présentées incluent, à des degrés différents, un repère référentiel. Mais on notera surtout que ces emprunts à l'histoire sont quelque peu malmenés, et que l'intérêt de ces œuvres tient justement à la manière dont elles placent l'histoire à distance. La suite de ce texte propose donc une lecture des œuvres de l'exposition selon une double perspective, soulignant à la fois l'horizon historique pointé et les diverses manières grâce auxquelles cet horizon est retravaillé.

Dans *The Saint's Paradox*, Regina Silveira interpelle de prime abord une figure majeure de l'histoire militaire brésilienne — celle du duc de Caxias qui, à titre de général, joua un rôle de premier plan lors des disputes territoriales survenues au milieu du XIXe siècle entre le Brésil et le Paraguay. Reproduite au mur à la façon d'une (fausse) ombre portée, la silhouette du duc renvoie au monument équestre érigé à sa mémoire dans un square de São Paulo. Mais à travers cette figure se profile également celle de saint Jacques le Majeur, apôtre de l'Espagne et patron de son armée tant au moment de l'expulsion des Maures par les rois catholiques que lors de la conquête de l'Amérique. Cette allusion, grâce à laquelle la figure du général brésilien se voit associée à celle du saint représenté en guerrier, est toutefois brouillée par un troisième temps de l'œuvre, constitué par le petit cavalier en bois appartenant aux collections du Museo del Barrio de New York. Cataloguée comme relevant de l'art populaire guatémaltèque, cette statue témoigne, par sa provenance, de l'importante diffusion qu'a connue la figure de saint Jacques en Amérique latine — de même qu'elle atteste de l'assimilation, par la population, d'un symbole incarnant conquête et domination[6]. Par contre, ses caractéristiques physiques (sa petite taille, sa facture, son anonymat, la disparition de l'épée...) contribuent à déstabiliser quelque peu l'image de force projetée par la silhouette au mur — nourrissant ainsi ce salutaire paradoxe dont il est question dans le titre.

L'installation réalisée par Rubén Ortiz-Torres (en collaboration avec le cinéaste Jim Mendiola) au sujet de l'Alamo procède elle aussi d'une fragmentation du temps et d'une multiplication des récits. Composée de quatre parties, elle fait référence au site d'une ancienne mission (appelée El Alamo) fondée à l'époque de l'évangélisation des Amérindiens de l'actuel Texas par les autorités coloniales de la Nouvelle-Espagne. Lieu d'un affrontement, en 1836, entre l'armée mexicaine et les pionniers américains — lequel s'est soldé par la défaite de ces derniers —, l'Alamo (autour duquel la ville de San Antonio s'est développée) est aujourd'hui un lieu où le spectaculaire de certaines interventions (qu'elles soient de l'ordre du divertissement ou de la revendication politique) le dispute à la commémoration historique. Au lieu d'ajouter aux multiples interprétations historiographiques proposées au fil des années, Ortiz-Torres et Mendiola ont choisi de concentrer leur attention sur différents épisodes de l'histoire récente du lieu. Comme le précise Cuauhtémoc Medina, l'installation qui en résulte « construit un monument ironique à partir d'une série d'événements récents à la croisée de la culture populaire, des actions symboliques politiques et de récits puisés dans les journaux populaires, événements inspirés par le statut de l'Alamo comme site d'un traumatisme américain, car il s'agit d'un monument qui commémore la défaite dans un pays qui glorifie le succès[7]. » Ainsi, l'œuvre rappelle le geste hautement symbolique (et profanateur) commis en 1981 par Ozzy Osbourne, qui urina sur les murs de l'Alamo. De même, elle rappelle le projet du magicien David Copperfield de faire disparaître la mission/forteresse... Constituée de coupures de journaux, la partie de l'installation intitulée *The A Files* documente quant à elle certains de ces épisodes, confirmant de la sorte le changement de temporalité (et de niveau interprétatif) opéré par l'œuvre : « Le projet Alamo se présente comme le plan d'un musée hypothétique qui pose un regard sarcastique sur la nature des légendes historiques et sur les mécanismes techniques par lesquels les pièges à touristes, les documentaires populaires, les parcs à thème ainsi que les boutiques de musée et de souvenirs font la vente de leurs récits "authentiques" auprès du consommateur contemporain[8]. »

Un même intérêt pour les représentations et répercussions contemporaines de la trame historique parcourt les séries photographiques réalisées par Liz Magor autour du phénomène du « re-enactment ». Cette activité, qui tient lieu de passe-temps à un nombre important de Nord-Américains, consiste à recréer un quelconque épisode de l'histoire — ici, la guerre de Sécession américaine et les grands voyages de la traite des fourrures. Lors de ces reconstitutions, tout doit bien sûr concourir à rendre la représentation le plus crédible possible : vêtements, armes, habitations, jeu et pose des « acteurs »... Chaque détail fait l'objet de la plus grande attention, de manière à créer une illusion parfaite — illusion que les photographies de Magor ébranlent toutefois dès lors qu'elles interposent leur facture ambiguë (à la fois « d'époque » et actuelle) entre la réalité originelle et sa reconstitution. Il s'ensuit une sorte de télescopage du temps, qui nous rappelle que toute représentation du passé est fortement tributaire du présent.

Dans son projet portant sur la localisation du Paradis terrestre en Amérique du Sud, Sergio Vega s'appuie lui aussi sur un raccourci temporel, qui le mène au cœur du Brésil contemporain, plus précisément dans le Mato Grosso. C'est là que, selon le livre *El Paraíso en el Nuevo Mundo*, écrit au milieu du XVIIe siècle par l'historien Antonio de León Pinelo, se situerait le Paradis terrestre. Comme le précise Vega dans les pages de ce catalogue, le ton et le contenu du livre de Pinelo témoignent d'une volonté de combiner les discours théologique et scientifique de l'époque. En ce sens, comme le souligne encore l'artiste, « l'ouvrage de Pinelo a été d'une importance capitale pour la constitution des discours coloniaux dans l'histoire des Amériques. » Vega décide donc de se rendre dans le Mato Grosso afin d'y repérer, tant conceptuellement que sur le plan géographique, les diverses formes qu'y emprunte aujourd'hui la notion de paradis. Au sujet de son arrivée dans la capitale de la région, il écrira : « Ma première rencontre avec le paradis s'est produite dans la ville de Cuiabá avec ses *favelas* ou bidonvilles. » De ce voyage résulta la série des petites sculptures réunies sous le titre générique de *Structuralist Study of Poverty*, dans laquelle se profile, sur un ton à la fois ironique et critique, une part de l'exotisme habituellement associé à l'idée de paradis. Un même exotisme se retrouve dans l'œuvre *Utopian Specimen: Banana Building*, qui évoque quelque version tropicale de la modernité architecturale et, ce faisant, parodie une certaine vision du paradis issue des classes supérieures de la société. Franchement édénique, la photographie intitulée *El Primer Día* propose quant à elle une représentation plus convenue, qui situe toutefois le spectateur à hauteur de nuages, donc loin de toute trace ou présence humaine...

Cette exploration par Vega des diverses formes empruntées par l'idée de paradis s'effectue à la première personne. À la fois instigateur et acteur de cette « aventure », l'artiste y affirme clairement sa présence — ce qu'atteste notamment la tenue d'un journal personnel, dont des extraits sont parfois publiés. Ce projet de Vega affiche donc sans ambages sa nature plurielle, à la fois analytique, fictionnelle et autobiographique.

L'œuvre *Tristemente celebre* (*Tristement célèbre*), de Cristián Silva, repose elle aussi sur une convergence de récits, historique et autobiographique. Prenant l'aspect d'une maquette de facture modeste évoquant un stade de soccer, l'œuvre revêt un aspect bon enfant, quasi ludique. La lecture de son titre en laisse toutefois deviner une autre dimension : ce stade, que l'on dirait de prime abord semblable à tant d'autres, est en réalité le stade de soccer de Santiago du Chili, principal lieu de détention et de torture (et théâtre de nombreuses exécutions) des opposants au régime du général Augusto Pinochet. Ce glissement évoqué par le titre, et qui nous mène de la maquette anonyme à l'événement tragique, confère à cette pièce une indéniable tension dramatique, à laquelle Silva ajoute toutefois une dimension supplémentaire qui vient en quelque sorte boucler la boucle. C'est ainsi qu'il propose, au spectateur/lecteur, un texte (p. 98) dans lequel il est question de son père, personnage célèbre de la radiotélévision chilienne d'avant Pinochet — à la fois journaliste, animateur, lecteur de bulletins de nouvelles et commentateur sportif réputé, ayant notamment travaillé à la transmission des matchs de soccer présentés dans le stade de la capitale chilienne...

Le travail de Kent Monkman présente une tout autre forme d'irruption de l'univers de l'artiste au sein de phénomènes historiques. Dans sa série intitulée *The Moral Landscape*, Monkman explore, suivant un style qui parodie celui des peintres de la Hudson River School, le rôle joué par la morale judéo-chrétienne dans la conquête du continent — eu égard entre autres au contrôle et à la répression des mœurs sexuelles. Parmi les préjugés entretenus par le colonisateur européen, celui de l'Amérindien prédateur sexuel apparaît fréquemment, notamment dans les peintures réalisées sur le thème de la captivité. Au-delà de leur valeur anecdotique, ces œuvres renvoient à la dimension « civilisatrice » de l'entreprise coloniale, que menaçait la soi-disant « sauvagerie » amérindienne[9]. Avec ironie, le travail de Monkman s'emploie à contredire non pas tant cette « sauvagerie » décriée par la morale chrétienne que les valeurs sur lesquelles s'appuie cette morale. Les œuvres ainsi réalisées proposent donc, à travers différents scénarios (dont plusieurs font référence à des faits historiques), sinon un net renversement des rôles, du moins certains glissements quant aux rapports de force ayant marqué l'histoire des relations entre Amérindiens et Européens. À cet égard, Monkman apparaît parfois dans ses œuvres sous les traits d'un personnage qu'il décrit comme un sosie métis de la chanteuse Cher, jouant (et se jouant) ainsi de différents stéréotypes tout en déstabilisant quelque peu le déroulement des faits relatés — comme c'est le cas ici dans l'œuvre *The Fourth of March*, qui représente l'exécution de Thomas Scott, le 4 mars 1870, par le leader métis Louis Riel.

Un jeu analogue sur les stéréotypes entretenus par l'histoire est au cœur du travail de Cynthia Girard. Dans l'œuvre *Filles du roi/Filles de joie*, l'artiste fait référence à un épisode bien connu de l'histoire du peuplement de la Nouvelle-France — épisode qu'elle aborde sous l'angle des croyances relatives à l'origine sociale de ces « filles » envoyées sur les rives du Saint-Laurent sous les bons auspices de la couronne française. À travers une composition qui assimile le pays à l'appareil reproducteur féminin, l'artiste évoque deux aspects de ce projet d'occupation du territoire : le métissage et le poids du nombre. Aux soldats/colons du régiment de Carignan, bien alignés et prêts à procréer (selon un attentisme qui suggère un renversement des rôles traditionnels), fait en effet contrepoids, au centre du tableau, une scène d'accouplement unissant le coureur des bois à l'Amérindienne au cœur des forêts du Bouclier canadien. Alliant truculence et charge critique, cette petite scène évoque également la perception des voyageurs étrangers qui, de l'historien jésuite François-Xavier de Charlevoix au poète et essayiste Henry David Thoreau, observèrent chez l'habitant francophone des rives du Saint-Laurent une propension à adopter certains traits du mode de vie amérindien.

À l'instar des autres œuvres de Kara Walker, l'installation *Darkytown Rebellion* est constituée de silhouettes découpées rappelant le rôle joué par l'histoire (de l'art) dans l'établissement et la perpétuation des préjugés raciaux. L'œuvre se présente sous l'aspect d'une longue fresque murale évoquant une quelconque insurrection, où l'on peut voir des corps décapités (ou autrement démembrés), des personnes vomissant (des parties d'organes humains ?), d'étranges accouplements... Des projections colorées confèrent à l'ensemble l'aspect d'une fantasmagorie — à laquelle l'ombre du spectateur se trouve intégrée dès lors que ce dernier s'approche de l'œuvre, s'interposant ainsi entre le mur et la source lumineuse. Comme le précise Mark Reinhardt, « le fantasme de revanche cannibale qui caractérise *Darkytown Rebellion* donne forme à la scène même qui a hanté le plus profondément l'imaginaire des Blancs au XIXe siècle, soit le moment où, sans crier gare, Sambo s'est débarrassé de son masque pour révéler le regard vengeur de Nat [Turner][10]. » Devant le caractère « excessif » des stéréotypes raciaux, Kara Walker a pris le parti d'ajouter à l'excès afin d'en extraire la composante fantasmatique. De cette façon, elle crée, littéralement, une situation de proximité à travers laquelle se profilent diverses facettes du rapport oppresseur/opprimé.

Dans son œuvre confrontant deux perceptions européennes du continent américain, José Alejandro Restrepo reprend l'affrontement écrit qui opposa le philosophe Hegel au naturaliste et voyageur Alexander von Humboldt. Ce faisant, il interroge deux modes d'appréhension de la réalité : d'une part, une approche essentiellement spéculative et, d'autre part, une approche basée sur l'expérience directe — Humboldt explora une large partie du continent sud-américain, écrivant ainsi un important chapitre de la « conquête scientifique » de l'Amérique[11]. Aux allégations de Hegel relativement à « l'impuissance physique et spirituelle » de l'Amérique, Humboldt oppose donc les convictions (la « vérité ») de celui qui est venu et a vu — et dont la perception des choses n'en serait que plus juste. De prime abord, la vision de Humboldt apparaît donc plus « scientifique ». Mais le rendu partiel du crocodile — dont on ne voit qu'un œil et la queue sur deux moniteurs vidéo — rappelle aussitôt la part de subjectivité (de projection) que comporte toute représentation. À cet effet, précisons que Humboldt, comme tant d'autres explorateurs, illustra ses observations de dessins de son cru. Comme l'écrit José Roca : « Malgré l'objectivité à laquelle pouvait prétendre le monde scientifique, il n'était pas possible pour les scientifiques-artistes de se distancier du point de vue issu de leur formation et de leur éducation qui, toutes deux, avaient leur source dans les canons européens[12]. »

C'est encore de canons européens dont il est question dans l'œuvre de Robert Houle intitulée *Kanata*, qui reproduit, au centre d'une vaste composition tripartite, l'œuvre de Benjamin West illustrant la mort du général Wolfe. À travers cette reprise au crayon Conté d'une célèbre représentation de la bataille de Québec — qui opposa, en septembre 1759, les forces armées françaises et britanniques et à la suite de laquelle la France perdit ses colonies de la vallée du Saint-Laurent — Houle oriente l'attention du spectateur sur la figure de l'Amérindien, seul élément de la composition originale à laquelle il réserve un traitement coloré. Comme le rappelle l'artiste (p. 62), la présence de cette figure au sein du drame représenté ne va pas sans soulever certaines questions. Le guerrier amérindien aurait ici, aux dires de certains historiens, valeur d'allégorie du continent américain. Pour Houle, cette figure agenouillée et légèrement en retrait rappelle plutôt la position marginale dévolue aux autochtones dans l'histoire du Canada. Encadrée par deux plans monochromes, qui l'inscrivent entre parenthèses et dont les accents modernistes s'accompagnent ici d'une indéniable portée symbolique (le bleu des Français, le rouge des Anglais), la figure de l'Amérindien souligne en fait un double effacement, vécu simultanément dans le registre de l'histoire et dans celui de l'histoire de l'art.

L'oblitération de la présence amérindienne est également au cœur de l'installation vidéo *Nu•tka•*, de Stan Douglas, dont le propos nous reporte à la seconde moitié du XVIIIe siècle, époque de l'arrivée des Européens sur la côte ouest du Canada. Axée sur les disputes qui opposèrent alors Espagnols et Britanniques pour le contrôle du commerce dans le détroit de *Nootka*, l'œuvre se compose d'une projection vidéo montrant une vue panoramique de la région. Simultanément, deux bandes sonores font entendre la voix de deux représentants des puissances coloniales en cause, qui relatent chacun sa version des faits. D'abord asynchrones, les récits se rejoignent durant un bref instant pendant que l'image, initialement hors foyer, devient plus claire. Puis celle-ci perd à nouveau sa netteté alors que les récits se distinguent à nouveau l'un de l'autre, et ainsi de suite. Au sujet des populations amérindiennes qui habitaient la région et qui jouèrent un rôle essentiel dans la poursuite des activités commerciales des puissances impliquées, les soliloques des deux Européens ne disent à peu près rien. Seul le mouvement panoramique de la caméra suggère, de façon paradoxale, leur présence : « Pendant que la caméra procède à une étude panoramique, elle encercle symboliquement une voix qui est absente de l'œuvre : celle des Premières Nations qui habitent ces terres depuis des milliers d'années. C'est par leur absence même que ces habitants acquièrent une présence, à l'image de leur manque de représentation dans la plupart des formes de pouvoir colonial qui s'ensuivirent[13]. »

Le récit de voyage peut constituer une des formes les plus efficaces d'effacement par l'écriture. Basée sur une lettre rédigée par Pero Vaz de Caminha à l'attention du roi Manuel Ier du Portugal, l'œuvre vidéo *Vera Cruz*, de Rosângela Rennó, prend la forme d'une fiction documentaire relatant, à l'instar du texte qui lui sert de source, l'épisode de la « découverte » du Brésil. D'un événement historique dont il ne reste aujourd'hui qu'un récit écrit, l'artiste propose une représentation où le texte, sous forme de sous-titres, apparaît comme principale composante de l'œuvre. En effet, l'image proprement dite revêt, du début à la fin du vidéo, l'aspect d'une pellicule endommagée, tandis que la bande son se limite à évoquer les bruits du vent et de la mer. Sous forme de dialogues entre les membres de l'équipage portugais, les sous-titres relatent les différents moments de cette première exploration européenne des côtes du Brésil. La succession des événements est particulièrement éloquente : le premier contact (« Des hommes ! Sept ou huit ! »), les premières craintes (« Nous venons en paix... »), les premiers échanges (« Merci pour le collier. »), l'accroissement du nombre d'Amérindiens venant sur la plage voir les Européens (« Ils sont de plus en plus nombreux... »), leur nudité (« Ils n'ont aucune honte. »), la première messe (« In nomine Patris... »). D'abord captif du déroulement des sous-titres, le spectateur/lecteur prend graduellement conscience de ce que l'histoire est ici écrite à sens unique. À ce dialogue impossible du premier contact fait par ailleurs écho, dans le temps présent, la barrière linguistique imposée par les sous-titres et la perte de sens résultant du processus de traduction. L'œuvre est ici présentée simultanément en trois versions (portugaise, anglaise et française), qui reflètent les différents contextes de sa diffusion à ce jour. On peut présumer que d'autres versions seront réalisées dans le futur — lesquelles, malgré l'illusion d'une plus grande propagation du récit originel, ne feront qu'ajouter aux manipulations de l'histoire.

Les tensions entre le champ du visuel et celui de l'écriture sont également au cœur de la peinture de Monique Régimbald-Zeiber. Dans son œuvre intitulée *Les Dessous de l'histoire : Marguerite B., les écrits*, Régimbald-Zeiber réaffirme, sur un mode résolument pictural, la complexité des rapports entre ces deux domaines à la fois distincts et compatibles. Basé sur les écrits de Marguerite Bourgeoys — institutrice, fondatrice d'une communauté religieuse et l'une des figures-clés, au milieu du XVIIe siècle, de l'établissement de la colonie qui allait devenir Montréal — cet ensemble monumental de plus de 420 tableautins procède à la fois de l'écriture et de son effacement. En effet, le travail de transcription de l'intégralité des écrits de Marguerite Bourgeoys — activité grâce à laquelle ces écrits passèrent du papier à la toile — s'accompagna d'un travail de recouvrement de cette écriture par la peinture, appliquée selon une composition en carreaux qui évoque à la fois la rigueur moderniste et certains motifs de la vie domestique. De cette double activité résulte un ensemble de tensions qui dynamisent l'œuvre et en multiplient les dimensions. Ainsi, la mise à distance de l'écriture par la peinture a comme effet, paradoxalement, d'en accroître l'impact sur le spectateur, dont l'attention se porte dès lors sur « l'étendue » de ces traces scripturaires.

Dans sa série photographique intitulée *On Monuments*, Manuel Piña s'intéresse à l'espace urbain sous l'angle du double processus d'inscription/effacement qu'y opère l'histoire. Ce corpus se compose de vues de lieux publics de La Havane autrefois occupés par des monuments érigés à la mémoire des présidents (essentiellement pro-américains) qui ont dirigé Cuba entre la fin de la période coloniale et la révolution castriste. Il ne subsiste de ces monuments détruits dans la foulée de cette révolution que des traces plus ou moins visibles : un piédestal sans statue, les marques laissées au sol par l'ancrage d'un socle aujourd'hui disparu, un arbre soigneusement entretenu dont la présence au centre d'une avenue prestigieuse trahit l'occupation passée du lieu par un monument. Étrangement, commémoration et occultation semblent ici se confondre à travers un même souci des autorités d'éliminer toute fausse note. Sobres et rigoureusement composées, ces photos témoignent en outre du caractère apparemment ordinaire que revêt au fil des années ce processus d'effacement.

Relié lui aussi à l'histoire de Cuba, le travail récent de Carlos Garaicoa s'intéresse aux traces laissées dans l'espace public par la faillite du projet des Micro-brigades sociales. Lancé par le gouvernement au début des années 1970 afin de pallier une pénurie de logements, ce projet à caractère utopique visait l'implication de citoyens ordinaires dans la construction de leur propre lieu d'habitation. Ce projet connut une fin abrupte lors de l'effondrement du bloc soviétique, d'où provenait l'essentiel des ressources matérielles nécessaires à sa poursuite. Il s'ensuivit l'abandon de nombreux sites de construction et, par conséquent, l'apparition d'autant de « ruines d'avenir », pour reprendre une expression de Garaicoa. Dans *Somebody's Architecture*, l'artiste juxtapose aux plans d'un certain nombre de ces projets architecturaux des photographies en noir et blanc montrant l'état actuel des sites correspondants. Évitant toute nostalgie, cette juxtaposition met en relief l'enchevêtrement du temps résultant de l'interruption d'un processus historique. Entre le plan, qui représente une forme idéale du projet, et le site correspondant, aujourd'hui envahi par la végétation, s'établit une étrange dialectique, qui semble annoncer une éventuelle reprise des travaux. Dans *Public Building as Greek Agora*, Garaicoa juxtapose aux photographies d'un chantier de construction abandonné une maquette représentant ce même lieu, auquel un immeuble de logements a toutefois été ajouté. Cette construction, dont les parois transparentes laissent voir, simultanément, les ruines du site et l'intérieur des diverses unités d'habitation, apparaît comme la reprise du projet initial — suggérant à la fois la nécessité de l'utopie et le caractère illusoire d'une entière subordination de la vie privée aux impératifs de l'espace public.

Les œuvres d'Adriana Varejão réunies sous le titre *Ruinas de charque* (*Ruines de viande séchée*) s'élaborent elles aussi autour d'un certain enchevêtrement du temps. À l'instar du travail antérieur de l'artiste, ces œuvres empruntent au motif de la chair et à celui de l'azulejo, ce carreau de faïence émaillé appartenant à la tradition décorative ibérique. Les écarts imposés à la technique picturale (les pigments recouvrent ici des structures tridimensionnelles en bois et en polyuréthane) indiquent une volonté d'élargissement des paramètres de cette discipline. Par ailleurs, les tensions résultant de la juxtaposition des carreaux (surface lisse dont la disposition évoque l'ordre en même temps qu'une certaine légèreté décorative) et de la viande (surface irrégulière à la fois comprimée et débordante) confèrent à ces œuvres une indéniable charge expressive. À travers leurs diverses connotations (retenue, exubérance, sensualité, violence...), ces peintures en forme de ruines constituent une sorte d'incarnation des forces à l'œuvre au sein du processus historique. Dépourvues de références à un fait précis, elles se présentent néanmoins, tel un concentré d'histoire, comme un véritable espace fictionnel (comme l'évoque le rendu illusionniste des surfaces peintes) où divers temps et récits trouveraient à s'affronter.

L'œuvre de Raphaëlle de Groot intitulée *L'Histoire illustrée* constitue un cas exemplaire de mise en scène du récit historique. Alliant la vidéo et la sculpture à un ensemble d'illustrations provenant de manuels d'histoire, elle fait se déployer ce récit sur différents registres, qui s'opposent et se complètent tout à la fois. La composante sans doute la plus spectaculaire de l'ouvrage est formée de quelque 250 illustrations produites au cours des années 1950 pour des manuels d'histoire du Canada. Ces images, qui représentent des personnages accomplissant diverses actions, sont disposées au mur de manière à constituer une sorte d'inventaire des gestes de l'histoire. À cette partie de l'œuvre, qui résulte d'un important travail de recherche et de mise en ordre, font contrepoids des sculptures réalisées en pâte de sel et un vidéogramme diffusé de façon fragmentée sur six moniteurs. De facture très libre, ces éléments procèdent d'une approche apparemment plus intuitive; les actions de l'artiste visibles sur le vidéo comportent une part d'aléatoire, tandis que les sculptures évoquent quelque forme se faisant ou se défaisant, ou bien un processus en cours dont l'issue serait incertaine.

Cette œuvre, qui d'entrée de jeu semble vouloir embrasser toute l'histoire, a recours à la plupart des mécanismes repérés au fil de ce texte et grâce auxquels le récit historique acquiert formes et volumes : fragmentation du temps, multiplication des récits, irruption de l'artiste dans l'histoire, travail sur les types et stéréotypes, affirmation d'un fait ou d'une figure à travers son effacement ou sa mise hors contexte… Il en résulte une sorte d'éclatement de la structure narrative, qui a pour effet d'en accroître la portée, d'en varier les directions, d'en libérer certaines énergies. Cette spatialisation de l'histoire n'en est ni la célébration ni la négation. Pour reprendre les termes de Lyotard, elle en serait plutôt (littéralement) l'étendue gestuelle — à la fois la fin et le commencement.

1 Signalons toutefois quelques exceptions, d'abord à Montréal : l'événement *Mémoire vive*, organisé par DARE-DARE, Centre de diffusion d'art multidisciplinaire de Montréal en collaboration avec le Centre d'histoire de Montréal et présenté en divers points de la ville durant l'été 2002; la trilogie d'expositions de Cynthia Girard intitulée *Le Pavillon du Québec*, présentée en 2001-2003 et dans laquelle figurait l'œuvre *Filles du roi/Filles de joie*, incluse dans cette exposition. Sur le plan international, il convient de rappeler la présentation, en 1996, de l'exposition *Face à l'histoire* au Musée national d'art moderne du Centre Georges Pompidou.

2 Michel de Certeau, *L'Écriture de l'histoire*, Éditions Gallimard, 1975, p. 9.

3 La phrase « Nous venons en paix… » apparaît en effet parmi les sous-titres qui constituent l'œuvre vidéo *Vera Cruz*, de Rosângela Rennó, qui figure dans cette exposition.

4 Jean-François Lyotard, *Discours, figure*, Paris, Éditions Klincksieck, 1978, p. 13-14.

5 Citons à cet effet un passage du texte de présentation du colloque « Construire les Amériques », organisé par le Centre Études internationales et Mondialisation de l'Université du Québec à Montréal : « L'intégration d'un continent comme les Amériques, marqué par des réalités aussi diverses qu'éclatées, est-elle possible ? La question mérite d'être posée. L'expression "les Amériques" renvoie déjà notre imaginaire à quelque chose, un tout, à tout le moins à un terrain en pleine construction, un chantier où se jouent des transformations qui auront des effets importants à court, moyen et long terme. » (Tiré d'un texte diffusé dans le dossier promotionnel de l'événement.)

6 « Pendant toute la conquête, les Espagnols ont utilisé le cri "En avant Saint Jacques !" dans leurs combats contre les Autochtones, tout comme ils l'avaient fait par le passé dans leurs guerres contre les Maures. […] Puisque le rôle principal assigné à Saint Jacques durant la période coloniale fut celui de contrôler les rébellions autochtones, sa figure devait être auprès des Autochtones celle du conquistador doté de bras invincibles et d'un pouvoir surnaturel. » À cet effet, mentionnons qu'il existe une version de la figure de saint Jacques produite spécifiquement aux fins de conquérir et de contrôler les populations amérindiennes. Il s'agit de la figure de Santiago Mataindios — c'est-à-dire, littéralement, saint Jacques le « Tueur d'Indiens » : « Les premiers Jacques à être peints au Pérou au XVIe siècle ne furent pas le Jacques Tueur de Maures de la Reconquista espagnole, mais bien le Jacques Tueur d'Indiens de la conquête de l'Amérique. » (Gustavo Navarro Castro, « Latin American Iconography of Saint James the Killer of Moors », dans *America, Bride of the Sun*, catalogue d'une exposition présentée au Musée royal des beaux-arts, Antwerp, Imschoot Books, 1992, p. 190, 192. [Notre traduction.]

7 Cuauhtémoc Medina, « Jim Mendiola and Rubén Ortiz-Torres » in *Dreaming Red/Creating ArtPace*, San Antonio, ArtPace, A Foundation for Contemporary Art, 2003, p. 242. [Notre traduction.]

8 Cuauhtémoc Medina, *art. cit.* n. préc., p. 241-242.

9 Monkman précise, au sujet des toiles de la Hudson River School : « Ces tableaux confirment le statut des Amérindiens, tels qu'ils étaient perçus au début par le peuple américain. [...] Ils étaient habituellement dépeints de l'une de ces deux manières : l' "Indien", gardien du paradis naturel qui, étant incapable d'aller de l'avant, est un témoin muet du progrès auquel il n'est pas en mesure de participer; et le "sauvage", l'aspect débridé de la nature, un obstacle à éliminer dans le pillage du paysage vierge de l'Amérique. » (« Artist statement », non publié.) [Notre traduction.]

10 Mark Reinhardt, « The Art of Racial Profiling » in *Kara Walker : Narratives of a Negress*, The Tang Teaching Museum and Art Gallery at Skidmore College, Williams College Museum of Art, The MIT Press, 2003, p. 119. [Notre traduction.]

11 « La vraie découverte de l'Amérique s'est peut-être produite dans la deuxième moitié du XVIIIe siècle, quand les expéditions scientifiques explorèrent les territoires du Nouveau Monde. Ce ne fut pas alors l'avidité de l'or ou le zèle missionnaire qui motivèrent l'exploration de terres inconnues. Ce fut l'œil de la science scrutant la géographie. » (Juan Luis Mejía Arango, « Hombre, naturaleza y paisaje en la Antioquia del siglo XIX, in *Poesía de la naturaleza*, Medellin, Suramericana, 1998, p. 7. Cité par José Roca in *TransHistorias – Historia y mito en la obra de José Alejandro Restrepo*, Bogotá, Biblioteca Luis Ángel Arango, 2001, p. 58). [Notre traduction.]

12 José Roca, *op. cit.* n. préc., p. 57. [Notre traduction.]

13 Daina Augaitis, « Casting Doubt: The Narratives of Stan Douglas », in *Stan Douglas*, catalogue d'exposition, Vancouver, Vancouver Art Gallery, 1999, p. 36. [Notre traduction.]

À la mémoire de Louis Marin

La Rencontre de deux Amériques

Johanne Lamoureux

Aujourd'hui encore, étudier les rapports de l'art et de l'histoire soumet le lecteur à une véritable litanie sur la *peinture d'histoire*, et cela donne raison à ceux qui cherchent à ébranler l'hégémonie de la peinture ou le « pictocentrisme » de l'histoire de l'art occidental. À croire que la sculpture et l'architecture, pour ne rien dire des prestations de la photographie, n'ont jamais été des pratiques artistiques soumises à la contrainte ou à l'invitation de se mesurer à des référents relevant de l'histoire. Or, ce n'est pas que la peinture ait été la seule à représenter l'événement, l'exemple, le héros, mais contrairement aux autres « beaux-arts », elle a étoffé ces représentations d'une plus grande maîtrise narrative. Ainsi, le monument (de l'arc de triomphe à la statue du square) où s'inscrit la référence historique ne la *raconte* pas : il ne fait que la rappeler, la signaler et l'imposer au regard.

Un des leitmotive du récit de la modernité plastique consiste à faire commencer celle-ci par la mise à mort de la peinture d'histoire[1]. Si on voulait esquisser une brève histoire morbide de la peinture moderne, on pourrait même dire, dans un raccourci facile, qu'il s'agit d'une courte période de l'histoire des arts inscrite entre le déclin de la peinture d'histoire et la fin de la peinture tout court, comme si la mort du grand *genre*, en signalant la fin de la séparation des genres, ne pouvait avoir aujourd'hui d'autre sens que celui d'une préfiguration de la mort du grand *médium*, qui montrerait l'obsolescence de la catégorie de médium.

Il n'y a pourtant aucun doute à entretenir : la mort de la peinture d'histoire ne signe pas la fin de la prise en compte de l'histoire par l'art. Si la modernité plastique tourne le dos à la relation des faits historiques, c'est précisément qu'elle se conçoit comme un lieu où repenser la relation historique, entendue cette fois comme un nouveau rapport au présent et au temps : c'est aussi parfois qu'elle se pense comme un site de production de l'histoire. Ses stratégies vont bien au delà d'une désertion des hauts faits et des anecdotes du passé au profit d'une représentation d'événements plus actuels, comme l'avait déjà fait Géricault dans *Le Radeau de la Méduse*. Il ne s'agit plus de modifier la date de ce qui est raconté, de simplement réduire la distance entre le temps de l'énoncé et celui de l'énonciation. Et il ne s'agit pas non plus d'abandonner le terrain de l'événement politique et militaire (traités, batailles, sièges, redditions, triomphes, etc.) afin de rendre dignes du label historique des conduites et des pratiques qui, jusque-là, n'auraient pu y prétendre : tel le coup de Courbet[2], sociologue ou anthropologue avant l'heure, qui investit une scène d'enterrement anonyme de village des dimensions héroïques et des prétentions historiques réservées à la mort des héros, et ce, avec la certitude que le temps lui donnera raison. Plus récemment, Jacques Rancière a remarquablement et succinctement repéré trois manières par lesquelles la peinture du siècle dernier (mais on pourrait extrapoler les catégories qu'il propose à d'autres médiums actuels) a manifesté son souci de l'histoire sans en faire un récit ni même un référent au sens habituel du terme : il identifie de la sorte la construction de symboles, le commentaire des images-signes et la figuration déliée[3].

Si une prise en compte de l'histoire se manifeste encore dans les arts visuels aujourd'hui et s'y manifeste autrement que par la présence d'une certaine catégorie d'énoncés, à quoi faut-il nous attendre devant cette convocation de l'histoire programmée par un musée au titre de propos artistique ? D'abord à l'évidence. À savoir que l'histoire y revient autrement qu'elle n'y fut jadis représentée, transformée par son exil, ses masques et sa défaveur actuelle, transformée aussi de par l'élargissement, dans tous les sens du terme, de sa définition dans les sciences humaines, depuis l'époque où la peinture d'histoire étirait ses derniers râles. 1) Observons donc que le retour de l'histoire ne se déploie pas cette fois sur un mode hégémonique, comme grand récit ou à partir d'une position supérieure dans une quelconque hiérarchie des sujets ou des genres. Ce retour n'advient même pas à travers le cadre stabilisant d'un genre. 2) Conséquemment, le propos historique s'avère désormais un propos comme les autres, dans une concurrence libérale des thèmes mais selon un souci plus ou moins affiché, dans la plupart des cas, d'en finir avec l'autoréférentialité de l'art. 3) Enfin, l'« histoire » dont il est ici question paraît plus indéterminée, relevant d'une catégorie devenue problématique, comme toutes les catégories, de par l'élasticité de ses frontières, la variation d'échelle de ses objets ou les hybridations disciplinaires qu'elle favorise, selon les auteurs, et qui l'infléchissent dans des voies qui la rendent méconnaissable ou inattendue.

Resterait à voir, cas par cas, comment chaque œuvre de la présente exposition se livre à l'exercice de tenir compte (au double sens d'une prise en considération et d'une comptabilité) de l'histoire. De quelle(s) histoire(s) y tient-on compte ? Et à quelles fins, aussi diverses soient-elles ? Quel est le sens de cette invocation de l'histoire, du référent historique à vrai dire, au sein de l'institution de l'histoire de l'art, qu'il s'agisse de son volet universitaire ou de son volet muséologique, au moment même où les expositions historiques le cèdent aux expositions thématiques, où la critique d'art a renoncé à la légitimation historiciste et où la valeur historique (préséance, innovation, contextualisation) ne contribue pratiquement plus à l'élaboration de la valeur artistique de l'art contemporain ? Autant de questions qui ne trouveront pas ici leurs réponses.

Vous aurez remarqué sans trop d'étonnement que le dénominateur commun de la sélection de cette exposition se marque dans le sous-titre *Histoires des Amériques,* lequel pose d'entrée de jeu la question historique dans un rapport à l'espace et au territoire, voire à la contestation des territoires. (« Nous venons en paix... », l'affirmation du titre, empruntée au vidéo de Rosângela Rennó, ne peut désormais être entendue que dans sa cruelle ironie, et dans toute l'ambiguïté grammaticale, sémantique, éthique et politique qu'elle invite à saisir et à clarifier.) Il n'y a pas à s'en surprendre dans la mesure où le « siècle de l'histoire » que fut le XIXe nous avait déjà familiarisés avec une telle équation en faisant de la Nation non seulement la scène privilégiée du récit historique, mais son protagoniste réel. L'histoire nationale devient, pour la durée de l'exposition, continentale. Or ce mouvement inaugure moins une extension que, comme l'indique le double pluriel du sous-titre, une fracture et une multiplication des objets, des récits et des manières désormais inscrits ou inscriptibles sous l'égide de l'histoire. On notera aussi, à propos de cette délimitation géographique, qu'elle est déclinée idéologiquement, c'est-à-dire que la sélection de l'exposition se construit autour d'une subversive ellipse qui laisse peu de place aux États-Unis, la nation qui précisément s'est emparée du label *America*, dans l'absolu et au singulier, demandant à tous les autres habitants du continent de moduler leur américanité revendiquée à travers des sous-catégories : nord-américain, sud-américain.

Ce que ce paramètre géographique vient relancer, par rapport au contexte de la production artistique des trente ou quarante dernières années, ce sont les développements et le devenir des pratiques *in situ* durant cette période, développements dont j'ai eu l'occasion de préciser ailleurs la principale inflexion. La prise en compte du lieu par les installations *site specific* s'est, durant ce temps, reformulée de manière à ne plus se définir uniquement par rapport au « lieu d'accueil » (pour reprendre l'expression de Daniel Buren), c'est-à-dire celui dans lequel la pratique est invitée à s'insérer, mais dans un rapport dialectique entre le contexte (matériel, institutionnel, urbain, national) d'insertion et le « contexte » de provenance (sexuel, ethnique, national). L'*in*-situation des pratiques relève dorénavant d'un jumelage de sites où se conjuguent destination et provenance, contexte et subjectivité[4]. Le jeu de la *site specificity* s'est modulé dès la fin des années 1980 à partir des revendications identitaires. À parcourir la sélection de l'exposition, il apparaît indéniable que la plupart des œuvres y figurant sont marquées par une telle *in*-situation des sujets (le sujet dont il est question, le *subject-matter*, tout aussi bien que le sujet qui parle et qui se déduit de la fonction d'auteur). Cette caractéristique ne suffit pas à distinguer la présente exposition. Mais là où le phénomène se singularise un peu et demande réflexion, c'est que le sujet dont il est ici question, à savoir l'histoire (ou les histoires), a été longtemps défini comme ce qui précisément exigeait la disparition de toutes les marques renvoyant au sujet qui parle et à la production du récit.

Inspirés par les théories de l'énonciation du linguiste Émile Benveniste, les travaux de Louis Marin sur le dispositif de représentation de la peinture d'histoire à l'âge classique proposent encore, près de trente ans après leur parution, une formulation incontournable de la question. À partir de la distinction introduite par Benveniste entre récit et discours, Marin écrit : « L'histoire est donc caractérisée par un mode spécifique d'énonciation consistant à effacer, à exclure les marques de l'énonciation dans l'énoncé : dans l'histoire, l'énonciation ne s'énonce pas. Le récit est un discours à narrateur absent. Les événements de l'histoire semblent se raconter d'eux-mêmes dans le récit sans renvoyer à l'acte producteur du récit. Première étrangeté : le récit, c'est le discours moins les signes du discours[5]. »

Marin étaie ces considérations théoriques sur une remarquable analyse d'un épisode de *L'Histoire du roi*, série de tapisseries conçues par Charles Le Brun à la gloire de Louis xiv. L'épisode en question s'intitule *L'Entrevue de Philippe iv et de Louis xiv dans l'île des Faisans* (1660). Il relate la rencontre de ces deux rois en 1659. C'est à cette occasion que fut signé le traité des Pyrénées et conclu le mariage de Louis xiv avec Marie-Thérèse. Le choix de l'île des Faisans indique bien quels soins protocolaires exigea la tenue de l'événement. Situé au milieu de la rivière Bidassoa qui délimite la frontière entre l'Espagne et la France, l'île des Faisans est un condominium franco-espagnol, donc un espace de souveraineté partagée. La composition de Le Brun montre les deux cortèges avançant à l'avant-plan du tableau et convergeant vers le milieu de cet axe latéral. Certes, si on regarde attentivement les détails de la scène, on peut aisément repérer un point de vue pro-français sous l'apparente égalité entre les deux nations. Le roi d'Espagne, vaincu l'année précédente à la bataille des Dunes et devant concéder des territoires, est celui qui va vers le roi de France, immobile et plus impassible. Le tapis sous les pieds de la délégation française montre une organisation plus géometrique, avec des rayures qui font office d'orthogonales, alors que le tapis espagnol se caractérise par une extravagance florale. Le fond de la composition est occupé, au centre, par une glace de chaque côté de laquelle on peut apercevoir une composition paysagère. La nature, du côté français, paraît moins sauvage qu'elle ne l'est du côté espagnol, et sa représentation laisse voir de surcroît un temple antique, marque de culture dont la France détient ici le privilège et l'exclusivité. Pour l'observateur attentif, ces détails disent clairement que la narration n'est pas neutre, objective, qu'elle est marquée par un parti pris français. Néanmoins, ces traces relèvent de l'énoncé, du plan iconographique de l'image.

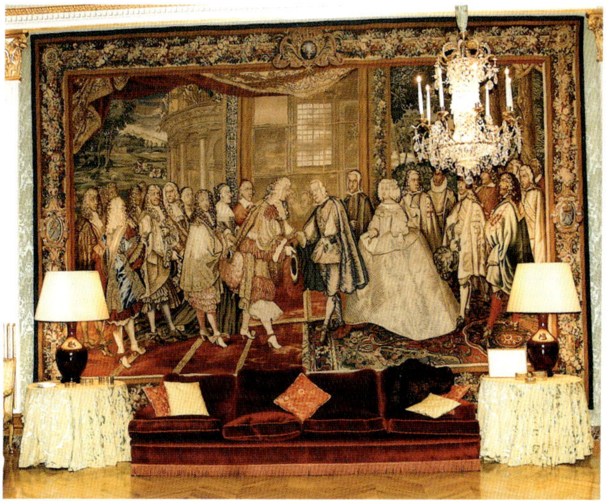

Charles Le Brun
L'Entrevue de Philippe IV et de Louis XIV dans l'île des Faisans, 1660
Tapisserie (Les Gobelins) appartenant à l'Ambassade de France à Madrid
Vue de l'œuvre installée à l'Ambassade

Or ce qui intéresse Marin dans cette composition historique touche au plan de l'énonciation et des dispositifs plastiques par lesquels elle se marque dans le régime visuel de l'image. Adaptant cette fois à la logique de l'image les remarques de Benveniste sur les pronoms personnels, Marin associe la troisième personne (il, elle) à l'axe latéral sur lequel se déploie l'événement raconté, et il rapproche la frontalité du dispositif de la perspective à la relation dialogique implicite dans l'usage des je, tu. Dans *L'Entrevue*..., le tiers central du fond de la composition est occupé par un grand miroir. Celui-ci, qui « reflète une fenêtre transparente située en face de lui, mais en dehors du tableau, invisible sinon dans son reflet, placée au lieu du point de vue, montre ce point de vue comme point de fuite : le point de vue — absent du tableau — y est présent dans son reflet comme *vanishing point*[6]. » Le dispositif de *L'Entrevue*... pose donc de manière exemplaire la réversibilité de la structure perspectiviste classique (point de vue-point de fuite) mais il ne la pose que pour mieux la dénier. « En effet, écrit encore Marin, si le point de vue est situé dans le coin inférieur gauche de la fenêtre reflétée par le miroir, si donc l'œil du spectateur s'y trouve nécessairement placé, *il n'y est pas montré*, il ne s'y reflète point dans son image virtuelle, à moins que le miroir reflétant la fenêtre ne soit lui-même le regard par lequel le tableau renvoie au spectateur l'image de son œil[7]. »

L'effet de vérité du récit historique a longtemps tenu à cette dénégation de l'énonciation. Les beaux-arts, opérant à l'âge classique sous la dominance d'un paradigme de l'imitation plutôt que sous le paradigme de l'expression qui se fait jour avec le Romantisme, ont pu sans déchirement complaire à cette exigence. Aujourd'hui, soupçon, désintérêt, incrédulité, dénonciation seraient autant de réactions susceptibles d'être déclenchées devant toute histoire qui chercherait à se poser et s'imposer comme telle à partir d'un effacement des marques discursives, c'est-à-dire en tentant d'occulter son procès de fabrication au profit de ce qu'elle relate. L'histoire qui semble se raconter toute seule ou n'être racontée par personne est d'entrée de jeu sujette à l'accusation d'être le récit d'un vainqueur, d'un oppresseur, d'un colonisateur. La diversité de ce que la sélection de l'exposition regroupe sous le nom de l'histoire

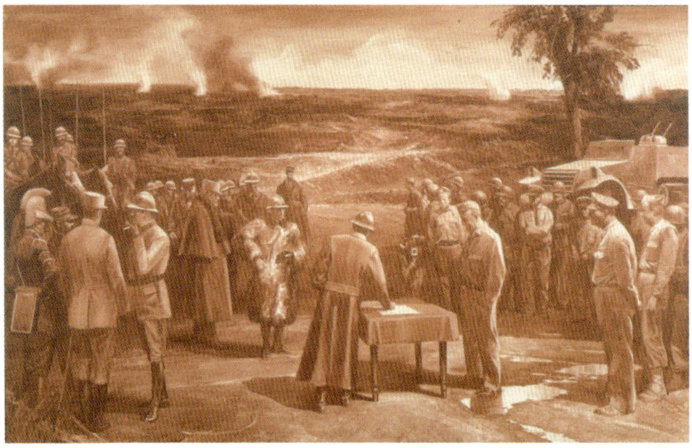

Mark Tansey
The Triumph of the New York School, 1984
Huile sur toile; 188 x 304,8 cm

ressortit bien évidemment, comme je l'ai dit plus haut, à l'indétermination contemporaine quant à ce qui constitue matière à histoire. Mais elle s'appuie aussi sur l'articulation constamment renégociée entre mémoire et histoire, sur la valorisation croissante du discours testimonial, lesquelles impliquent la reconnaissance d'une position énonciative clairement repérable et dont les dispositifs resteraient à analyser.

Que l'on considère un instant le commentaire de la peinture d'histoire que constitue un des tableaux les plus connus des années 1980 : *The Triumph of the New York School* de Mark Tansey. Tansey cite ici une œuvre de Vélasquez, *La Reddition de Breda*, qui participe à maints égards, et malgré un dispositif spatial différent, de la même tradition que *L'Entrevue*... de Le Brun. Le tableau de Tansey représente la défaite de l'avant-garde (faut-il rappeler l'origine militaire du terme) française devant les forces de l'avant-garde américaine. Au centre de la composition, les deux principaux protagonistes sont répartis de part et d'autre d'une table. André Breton signe la reddition sous le regard triomphant de Clement Greenberg. Mais on ne reconnaît pas Breton et la figure qui le représente n'est identifiable qu'à travers un de ces diagrammes légendés dont Tansey accompagne souvent ses vastes compositions du milieu des années 1980. L'effacement du visage de Breton, trait le plus radicale de tout le tableau, et la perte de son profil individualisé ne sauraient être expliqués par un recours automatique aux clichés qui veulent que les vaincus soient condamnés à l'anonymat ou que l'histoire ne retienne que le nom des vainqueurs. Breton tourne le dos au spectateur du tableau. Il ignore celui-ci comme il ignore le peintre dont il double néanmoins la position dans le tableau. S'il en est ainsi, c'est que la position de Breton est déterminée par la présence dans l'image de l'historiographe de la scène : l'objectif photographique. Et il n'y a aucun doute sur la position du photographe tassé derrière son appareil : il est inscrit du côté américain. Breton se tourne vers lui. La représentation de l'événement historique est contrôlée par l'occasion photographique, la *photo op.*[8] Ainsi que l'observe Caroline A. Jones : « De même que le peintre domine cette image d'un passé construit, il construit aussi cette apparition de l'appareil photographique muni d'un flash, dont le déclenchement métaphorique fixera le peintre dans une histoire documentaire de son propre cru[9]. » En se détournant vers l'objectif, Breton rompt la stricte latéralité de l'axe du récit; il compromet son statut grammatical de troisième personne, redoublant la pose du peintre devant la toile en cours, du regardeur devant l'œuvre

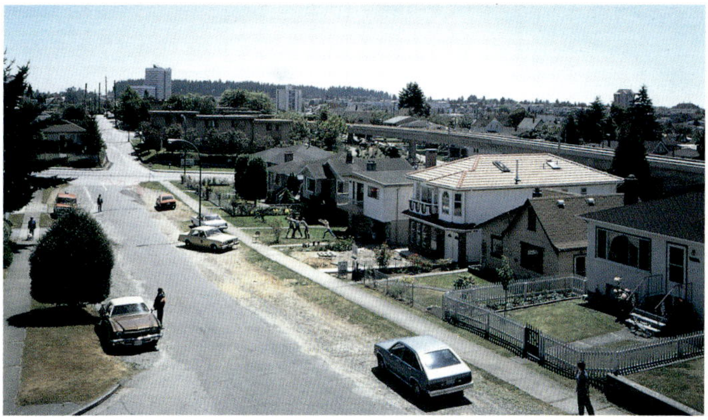

Jeff Wall
***Eviction Struggle*, 1988**
Cibachrome, lumière fluorescente, caisson d'aluminium et plexiglas
229 x 414 cm

achevée : pivotant vers l'axe frontal et dialogique d'un tutoiement avec l'appareil photographique, il décline la captation et l'inscription historiques comme un *face à face* qui entraîne littéralement son propre « dévisagement » (il perd la face) et virtuellement celui de qui regarde le tableau et se trouve à son tour, par la disposition des personnages et la trouée au-dessus de la table, soumis à l'œil de l'appareil.

En 1989, Louis Marin eut l'occasion, dans le cadre de l'exposition *Passages de l'image*, de faire un retour sur le tableau d'histoire à l'ère de la photographie, à partir d'une œuvre de Jeff Wall[10]. *Eviction Struggle* donne à voir une rue de banlieue qui fuit rapidement et en diagonale vers l'horizon. *En marge* de cette fuite accélérée (mais dans une position adjacente au centre géométrique de l'image), un petit groupe de figurants tient la pose : un homme que des policiers tentent de maîtriser envoie un coup de poing spectaculaire. Marin s'interroge sur la position de l'œil qui capte la scène : la photographie est prise en forte plongée, du milieu de la rue, d'un point que l'œil humain ne peut occuper (sans le support technique d'une machinerie élevant la caméra). Situant l'œil dans « les cintres de la scène », Marin le rapproche de la position du soleil implacable qui produit un éclat sur les vitres des voitures stationnées le long de la rue. Traces de l'œil-soleil qui rappellent le dispositif de la photographie mais qui ont dû aussi évoquer pour Marin la fenêtre reflétée dans le miroir de

L'Entrevue... Ces éclats de soleil renvoient à la position du sujet désincarné, du narrateur absent. Pourtant si, comme l'observe Marin, la scène a l'air de se raconter toute seule, la pose artificielle des protagonistes, la fixation du moment catastrophique de l'action, la lumière écrasante, la composition figée, tout trahit la mise en scène et sabote l'effet de vérité que produisait dans le tableau d'histoire classique l'effacement des marques de l'énonciation. Le récit, au sens que Benveniste donnait à ce terme, et l'effet de vérité se sont séparés.

Eviction Struggle relève du fait divers, certes, mais celui-ci s'inscrit bel et bien, ainsi que l'indique le titre, dans la lignée des contestations territoriales qui ont souvent alimenté le répertoire du tableau d'histoire, ne serait-ce qu'à travers les motifs de dénouement que sont les redditions et les signatures de traités. En ce sens, la colossale photographie de Jeff Wall rejoint un sous-texte important de la présente exposition : l'occupation contestée d'un site. Qu'il s'agisse de la concurrence marchande ou politique entre puissances coloniales, telle que l'évoquent *Nu•tka•* de Stan Douglas ou *Kanata* de Robert Houle; des insertions iconoclastes de Rubén Ortiz-Torres (avec sa commémoration d'Ozzy Osbourne marquant et profanant d'un jet d'urine la forteresse mythique de l'Alamo); des fictions de Kent Monkman où l'appropriation d'une tradition paysagiste idéalisatrice se double souvent d'une prise de possession corporelle (*The Rape of Daniel Boone Junior*); qu'il s'agisse encore des récupérations utopiques de ruines par Carlos Garaicoa ou des photographies de Manuel Piña qui répertorient des places vidées de leurs monuments par la réécriture de l'histoire. Le lieu affleure comme le fond problématique de l'histoire et de sa représentation, même s'il le fait parfois sur un mode humoristique : ainsi la fantaisie picturale de Cynthia Girard représente en quelque sorte l'insémination artificielle de la Nouvelle-France par l'arrivée des Filles du Roy, figurées ici dans l'acte d'une pénétration du territoire à travers le « canal » fluvial du Saint-Laurent. L'allusion aux Filles du Roy permet à Girard de faire une place à des femmes de la Nouvelle-France qui ne furent ni sœurs ni saintes. La petite vignette sexuelle, inscrite au milieu de la carte, rappelle aussi l'importance du peuplement du territoire dans la guerre entre coloniaux et la solution française à ce défi : la revanche des berceaux.

Il faut bien voir toutefois que cette accentuation des sites dit le refoulé de l'histoire des Amériques en même temps qu'elle contribue à le maintenir, en renforçant la croyance que l'histoire débarque aux Amériques avec l'arrivée des Européens, c'est-à-dire avec l'écriture, condition de possibilité de l'histoire qui relègue aux domaines du mythe, de la légende et de la fable les modes antérieurs de transmission, la tradition orale qui porte la mémoire des populations premières du « nouveau » continent. Par son sous-titre, *Histoires des Amériques*, et malgré les marques de pluriel de celui-ci, l'exposition situe donc nécessairement son propos en aval de la rencontre initiale entre deux mondes, en aval des violences auxquelles elle donna systématiquement lieu.

Il est extrêmement intéressant de noter à cet égard avec quelle insistance les artistes de l'exposition débusquent toute conception de la représentation historique en tant que saisie ou déploiement transparent d'un moment originel, originaire; ce faisant, ils et elles invalident toute position du regardeur reposant sur l'illusion d'avoir été là, voire d'être devant l'événement dans le temps même de son surgissement inéluctable, raconté par Personne, ce grand narrateur absent du récit historique. Ce n'est pas seulement que les œuvres paraissent souvent travaillées par des positions du sujet qu'elles ne se soucient surtout pas d'effacer; qu'elles assument et affichent leur propre médiation artistique, manifestant par là le caractère de reprise inhérent à toute re-présentation. Elles sont aussi, pour une étonnante majorité d'entre elles, en prise avec des médiations artistiques antérieures de l'histoire, comme si l'histoire avait toujours déjà été racontée, illustrée, commémorée, rejouée. Dans cette perspective, les photographies du *Civil War Portfolio* de Liz Magor acquièrent une dimension emblématique. Magor documente ici un exercice culturel exemplaire, le *re-enactment*, tradition dont plusieurs événements font l'objet mais qui connaît une grande popularité autour de la guerre de Sécession américaine. Des contemporains endossent les habits yankees et confédérés et rejouent les grands moments du conflit. Les photos sont saisissantes, notamment par la concentration des protagonistes, et pourtant elles ne cherchent pas à faire illusion; elles captent un moment de reconstitution, une situation où la reconstitution ne prend pas la place de l'événement, mais où s'entrevoit l'événementialité de la répétition.

Si ce travail me semble exemplaire, c'est que tant d'œuvres de l'exposition se posent dans un jeu apparenté de citations, d'allusions, de reprises, de détours dont la plupart, toutefois, ajoute à la médiation de l'œuvre la trace d'une autre médiation artistique. Robert Houle, on l'a déjà vu, cite *La Mort du général Wolfe* de Benjamin West qu'il inscrit, dans une figuration monochrome, au centre d'un drapeau colonial hybride, dans le « blanc » de l'histoire, limitant la couleur aux seuls accessoires de la figure de l'Autochtone, lequel, au lieu de s'élancer comme les autres vers le général mourant aux pieds duquel il se trouve, le contemple dans la pose traditionnelle de la mélancolie (une pose que la tradition plastique occidentale privilégie pour la représentation de l'artiste — que l'on pense au portrait de Michel-Ange par Raphaël dans *L'École d'Athènes*). Monkman renvoie aux paysages sublimes de l'Hudson River School. Mais les références à la médiation picturale ne sont pas les plus fréquentes. Carlos Garaicoa, Cristián Silva, Sergio Vega font partie de ce remarquable contingent latin qui déploie un foisonnement de déclinaisons architecturales. L'architecture offre un enchevêtrement spectaculaire des temps de l'histoire. Soit que le bâtiment tire son origine d'une volonté historique, d'un désir de laisser des traces monumentales, et que le passage du temps et les conditions socio-économiques du présent le ramènent à une autre réalité; soit qu'il s'agisse de bâtiments précaires, insalubres, qui condensent la ruine et le projet et qui inspirent, à partir de la logique de recyclage dont ils sont issus, des prolongements utopiques, oniriques, aux effets amusants, émouvants ou critiques. Les monuments effacés de la série *On Monuments*, de Manuel Piña, ciblent la représentation commémorative de la sculpture publique, et *The Saint's Paradox*, de Regina Silveira, renvoie au même type de marqueurs historiques, en soulignant l'écart entre une sculpture équestre et son ombre projetée, en traduisant littéralement les opérations de projection et de distorsion dont procède et par lesquelles survit la chose monumentale. Les frises découpées de Kara Walker évoquent une médiation de nature spectaculaire et populaire, les projections du théâtre d'ombres chinoises, auxquelles l'artiste donne sinon corps, du moins silhouette et contour; l'univers féerique et fugace de la lanterne magique est mis en tension avec l'univers « démonisé » du ghetto noir en rébellion, le divertissement élégant glisse imperceptiblement dans la subversion.

À travers cette insistante évocation de médiations artistiques (peinture, sculpture, architecture, spectacle) qui souvent s'ajoutent au médium de chaque œuvre, on mesure un souci de mettre à distance le référent de la représentation historique, de montrer l'impossibilité d'une prise directe sur lui. Le moment qui, dans l'exposition, traduit le mieux cette impossibilité est celui qui s'y mesure le plus directement. Le vidéo de Rosângela Rennó, *Vera Cruz*, propose un docu-fiction sur le débarquement d'un contingent européen sur une plage d'Amérique du Sud : pendant quarante-quatre minutes, on voit défiler la bande vidéo « au noir », sans images certes, mais non pas vierge puisqu'elle apparaît accidentée, grattée, salie, pleine d'interférences. La bande sonore laisse entendre les vagues, le vent, les bruits d'une nature invisible. Il n'y aura pas d'enregistrement de cette première rencontre, seulement un dialogue, offert en sous-titrage, entre des Européens inquiets qui ne perçoivent ni l'univocité de leur conversation ni ses ambiguïtés.

Deux autres modalités manifestent cette impossibilité de l'originaire, la nécessaire inscription au sein d'une incontournable secondarité : l'œuvre lacunaire et l'œuvre palimpseste. Les travaux de Houle ou de Rennó, ou de Piña, tournent autour d'une réflexion sur les lacunes de l'inscription, de la représentation historique, alors que d'autres sont davantage préoccupés par les effets de superposition de traces et de projets; l'histoire s'y montre sous une hybridité complexe, voire un feuilleté de récits et d'inscriptions qui en brouillent l'intelligibilité. On me permettra de conclure sur deux des œuvres de la sélection québécoise de l'exposition qui me paraissent exemplaires de chacune de ces deux modalités. La gigantesque série de tableautins de Monique Régimbald-Zeiber, *Les Dessous de l'histoire : Marguerite B., les écrits* relève en quelque sorte d'un projet de *re-enactment*, chaque œuvre débutant par une retranscription d'un extrait des écrits de mère Marguerite Bourgeoys, qui disparaîtra par la suite sous un travail de masquage au ruban et sous la multiplication de couches diaphanes de pigment chair. L'histoire commence par une graphie qui est déjà réécriture. La « relation » à laquelle elle donne lieu s'ouvre sur la répétition du geste de l'énonciation historiographique, d'une écriture de femmes dont on sait le peu de place que l'histoire leur a consacré. Néanmoins, au terme de la série, presque rien des écrits n'est déchiffrable et l'histoire est moins présente comme contenu que comme forme, ce qui pourrait bien constituer l'opération historique par excellence, ce que précisément la représentation historique a traditionnellement cherché à camoufler et qui ici s'affiche dans une séduction dangereuse.

Raphaëlle de Groot se préoccupe aussi du geste, non pas celui de la graphie, mais celui qui résume à lui seul le propos de l'histoire. Car s'il est vrai que l'histoire prétend traditionnellement raconter les actions exemplaires de l'humanité, la figure par excellence de l'action dans la représentation *plastique*, c'est le geste. Or dans la série photographique de de Groot, la valeur de l'exemplarité est modifiée. Il ne s'agit plus de l'acte unique et admirable proposé à l'imitation, mais de gestes tant de fois reproduits, répétés, qu'il est possible de les ranger parmi une suite de comparables. De chacun de ces gestes, on ne fera donc pas le *récit*, mais on établira la *série*. Ce sont des gestes sans éclat : laver, prier, tirer, porter, etc. Et leur représentation même nous est étrangement familière. Ils ont été prélevés à même les illustrations qui parsèment les vieux manuels. Ils sont les images d'Épinal d'une histoire sans « épopée » mais tout entière absorbée dans la poursuite des tâches de survie. Ces gestes ont été photographiés puis découpés. Ils sont conséquemment sans fond et sans but et se produisent comme autant d'images lacunaires dont seule la figure a été retenue, au détriment du contexte. Le sens leur vient ici de la répétition, de la place qui leur est assignée au sein du cadastre bien régulé qu'ils constituent. Les reproductions du geste, celui de l'écriture pour Régimbald-Zeiber, celui de l'acte quotidien et des illustrations du passé chez de Groot, prennent à rebours un nom ancien de la relation historique, *la* geste médiévale. Mais dans ces gestes, il n'y a plus d'exploits, plus de héros, plus de récit, tout juste une affirmation du faire, de l'action.

1 P. Mainardi, *Art and Politics of the Second Empire*, New Haven et Londres, Yale University Press, p. 154-174.

2 James Henry Rubin, *Réalisme et vision sociale chez Courbet*, Paris, Éditions du Regard, 1999, p. 204, note 3.

3 Jacques Rancière, « Sens et figures de l'histoire », *Face à l'histoire*, Paris, Centre Georges Pompidou, 1996, p. 20-27.

4 Johanne Lamoureux, *L'art* insitu*able. De l'in situ et autres sites*, Montréal, Centre 3DD, coll. « lieudit », 2001, p. 85-96.

5 Louis Marin, *Détruire la peinture*, Paris, Galilée, 1977, p. 37.

6 *Eod. op.*, p. 63.

7 *Ibid.*

8 Michel Frizot, « Faire face, faire signe. La photographie, sa part d'histoire », *Face à l'histoire*, *op. cit.* n. 3, p. 49-57. Sur les rapports de l'histoire et de la photographie, voir l'excellent ouvrage de Vincent Lavoie, *L'instant-monument. Du fait divers à l'humanitaire*, Montréal, Dazibao, 2002.

9 Caroline A. Jones, «La politique de Greenberg et le discours postmoderniste», *Les Cahiers du Musée national d'art moderne*, n° 45/46, automne/hiver 1993, p. 105-137. La fonction de l'appareil photographique dans le dispositif de représentation est aussi discutée dans Arthur C. Danto, *Mark Tansey: Visions and Revisions*, New York, Harry N. Abrams Inc., 1992, p. 22.

10 Louis Marin, «Jeff Wall», *Passages de l'image* (sous la direction de Catherine David *et al.*), Paris, Centre Georges Pompidou, 1989.

Cartels allongés

José Roca

Je viens tout juste de retraverser le passage de Quindío (El Paso del Quindío). Je dois dire qu'il ne fait aucun doute que la description de von Thielmann s'écarte trop de la réalité.

J. A. Restrepo, *Journal*, 1991

C'est certainement de mémoire que Humboldt a réalisé la représentation picturale du passage de Quindío car elle ne correspond en rien à la réalité.

Max von Thielmann, *Four Routes through America*, 1879

Dans sa représentation picturale du passage de Quindío, Koch a donné libre cours à son imagination et a manqué de s'en tenir suffisamment à mes croquis.

A. von Humboldt, *Journal*, 1810

La gravure du passage de Quindío de Duttenhoffer ne saisit pas complètement l'esprit de mes dessins [...] je n'en suis pas satisfait en raison de son excès de stylisation.

Joseph Anton Koch, dans une lettre à Humboldt, 1810

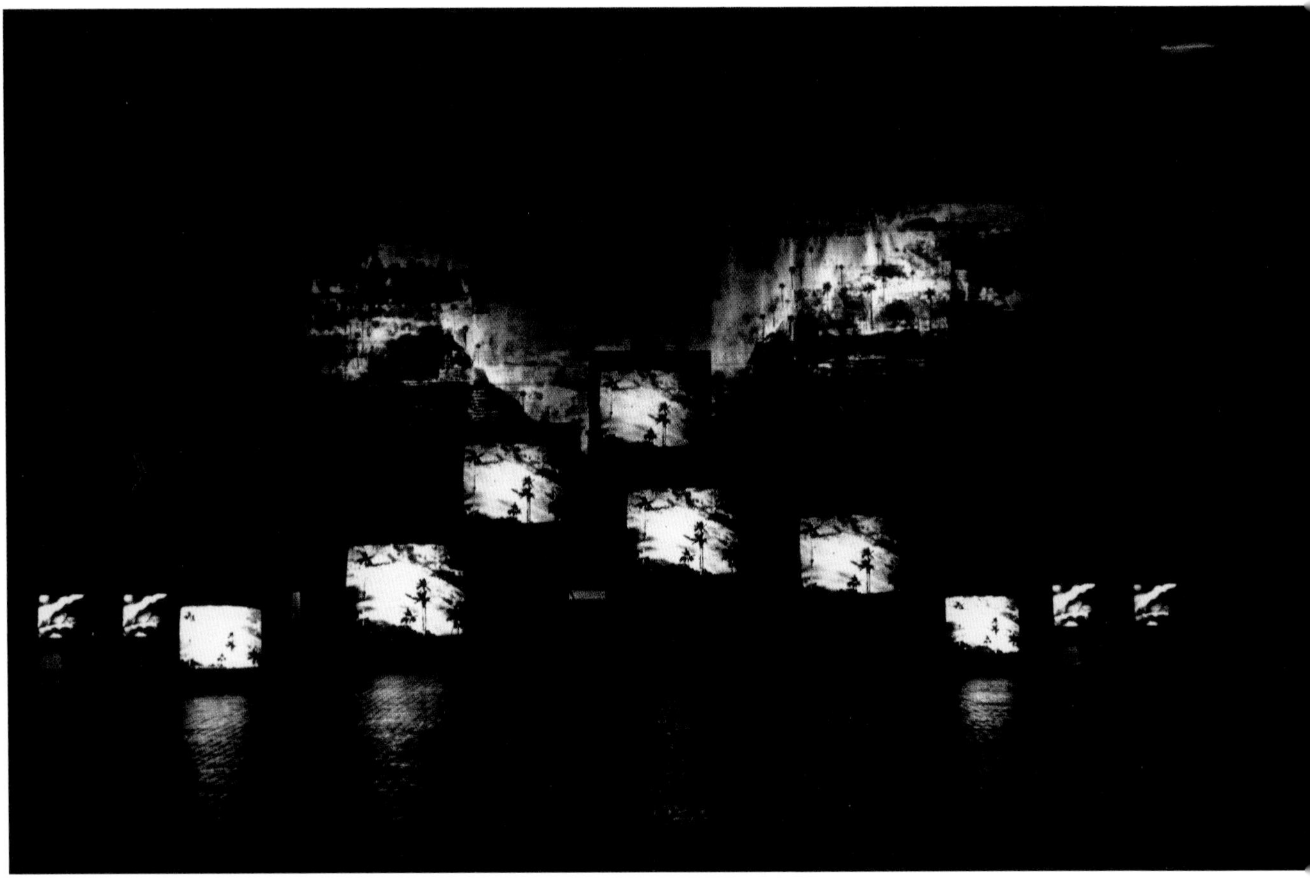

En 1991, l'artiste colombien José Alejandro Restrepo amorçait une entreprise singulière : refaire le parcours du mythique Paso del Quindío (passage de Quindío) par la chaîne de montagnes centrale de la Colombie, dans la foulée des Humboldt, Thielmann et autres voyageurs scientifiques avant lui, depuis que le Nouveau Monde a fait l'objet de l'exploration scientifique européenne à partir du début du XVIIIe siècle. Son objectif était de souligner la distance qui sépare expérience et représentation, et de mettre en évidence que la *vision* n'est pas une fonction physiologique, mais un appareil idéologique qui *construit ce qui est observé* en fonction des antécédents du sujet, de la tradition historique dans laquelle il ou elle s'inscrit, et de ses intérêts personnels ou motivations politiques : « Dans la vidéographie de Restrepo, la connaissance, n'étant ni naïve ni innocente, est soumise à une problématique puisqu'elle fait partie intégrante de la vision [...] Il est évident pour cet artiste que non seulement l'Anthropologie ne décrit pas la réalité — en fait, elle écrit de la fiction —, mais que ses écrits sont des comptes rendus personnels, une interprétation faite à partir d'interprétations. L'Anthropologue est un professionnel de la différence[1]. »

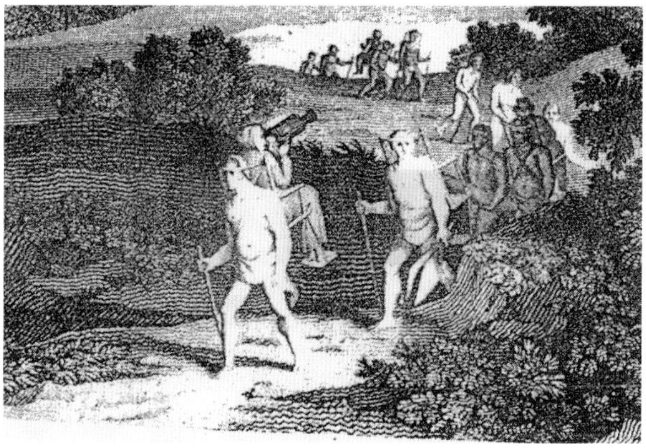

Paso del Quindío **(détail)**, 1810
Esquisse de Humboldt, dessin de Koch, gravure de Duttenhoffer

D'une certaine manière, se rendre au site signifiait le *re*visiter, puisque Restrepo avait fait ce voyage plusieurs fois auparavant en lisant les comptes rendus des voyageurs européens qui — par un regard formé à la tradition de la pensée occidentale et agissant au nom de la Science (et des pouvoirs coloniaux qu'ils représentaient) — avaient contribué, volontairement ou non, à ouvrir la voie à l'exploitation capitaliste du territoire. Mais ça, c'est une *autre* histoire. L'essentiel de l'installation *El Paso del Quindío* de Restrepo réside dans son usage actif du compte rendu historique comme moyen d'établir une distance critique avec le présent. C'est avec le bénéfice du doute que Restrepo, comme plusieurs autres artistes « des Amériques » inclus dans la présente exposition, se sert de l'Histoire dans son œuvre. Par un recours critique aux comptes rendus historiques, l'Histoire est redéfinie en accord avec l'état actuel des choses, dans un travail de *désarchivage* — à l'opposé du processus de catalogage qui relègue les faits historiques à l'espace déjà parcouru et contourné des Archives — visant à indiquer des généalogies et à en établir les causes. Restrepo cherche principalement à établir la *provenance* du regard (à savoir, « qui fait l'histoire, qui l'écrit, comment elle est écrite, qui la représente »), en signalant le *transhistorique*, en libérant certaines images de l'histoire pour témoigner de leur actualité contemporaine. Chez Restrepo et plusieurs artistes figurant dans cette exposition, la relation entre leurs travaux et les documents historiques est symbiotique : l'un se nourrit de l'autre et l'instruit, c'est-à-dire que le travail s'inscrit dans une histoire précise, mais qu'il la reformule puisqu'il revisite l'histoire au présent. Ce regard actif interroge les « faits » historiques en manifestant leur aspect subjectif, médiatisé et instrumental.

Dans « L'auteur comme producteur », Walter Benjamin souligne les manières dont les relations de production déterminent les relations sociales, proposant donc que tout art critique, plutôt que de se concentrer sur ces dernières, devrait tenter de

José Alejandro Restrepo
El Paso del Quindío I, 1992
Installation vidéo :
3 bandes, 13 moniteurs

changer les relations de production dans lesquelles elles s'inscrivent[2]. L'action artistique peut permettre la réévaluation des notions de vérité qui sont présentes dans les histoires officielles en déconstruisant leur rhétorique de l'intérieur, habituellement en se servant de leurs méthodes, de leurs comptes rendus ou de leurs images, en les recomposant sous forme de fiction[3]. Dans *The Return of the Real*, Hal Foster traite de cette propension de l'artiste contemporain à travailler en tant qu'Autre (culturel ou ethnique) ou en son nom, de l'artiste en tant qu'ethnologue, anthropologue ou historien[4]. Mais cette position intermédiaire n'est pas sans comporter de risques; comme le fait remarquer Geoff Cox, « pour Foster, il existe le danger d'inscrire l'altérité si l'on ne porte pas suffisamment attention au processus de production comme tel; il en appelle à la réflexivité, préconisant un "travail qui cherche à encadrer l'encadreur de la même manière qu'il ou elle encadre l'autre"[5] ».

« Encadrer l'encadreur », autrement dit, prendre en considération les limites du cadre institutionnel dans lequel l'œuvre opère. Cette question a alimenté de nombreux débats, surtout par rapport à la pratique du commissaire en tant que « courtier » d'un groupe culturel ou ethnique précis. Des penseurs comme Marie Carmen Ramírez, Gerardo Mosquera ou Luis Camnitzer ont abordé le sujet relativement à la présence d'artistes latino-américains aux États-Unis et en Europe. Camnitzer cite Manfred Schneckenburger, directeur de la *Documenta IX*, lorsqu'il essaie de justifier sa décision de n'y inclure qu'un seul artiste d'Amérique latine (l'artiste chilien Alfredo Jaar) : « Il n'est pas possible de montrer la situation des pays où l'art est toujours piégé entre une grande tradition perdue et le désir d'entrer en contact avec le monde moderne[6]. » Selon Camnitzer, Schneckenburger tentait de justifier « le manque de fonds nécessaires pour présenter de façon correcte le contexte et les conditions particulières qu'il décrit ». De quel contexte parlons-nous ? Comment Schneckenburger aurait-il présenté l'art de l'Amérique latine s'il avait disposé « des fonds nécessaires » ? En incluant plus d'artistes de la région ou plus d'événements para-artistiques (conférences, séminaires, et ainsi de suite) pour rendre les œuvres plus intelligibles ? De toute évidence, le travail d'Alfredo Jaar — qui, dans son art explicitement politique, se sert de stratégies formelles empruntées à la tradition minimaliste — était suffisamment hégémonique pour se passer de mise en contexte ou était capable de fournir lui-même son propre contexte[7]. En ce sens, Jaar « encadre son encadreur », en indiquant clairement ce que le spectateur ou la spectatrice peut voir ou négliger selon sa connaissance d'un contexte donné, et en mettant à l'avant-plan le mode d'opération de chacun.

Le sujet du contexte, à savoir si celui qui est fourni est convenable, est en soi délicat, puisqu'il dépend de celui qui énonce, et qu'il va souvent à l'encontre du but recherché, pouvant servir négativement à justifier l'exclusion d'une œuvre donnée en prenant comme prétexte l'incapacité de lui donner un traitement adéquat (du type, « si l'on ne peut pas bien la présenter, il vaut mieux ne pas la présenter du tout » — la position même du directeur de *Documenta IX*). Du point de vue des artistes, l'effet du contexte peut signifier un travestissement de l'œuvre à l'aide de codes dominants pour en faciliter l'assimilation (comme le souligne Camnitzer; cependant, il pourrait également s'agir d'une stratégie efficace pour pénétrer les grands centres). Un moyen de se sortir de cette impasse pourrait résider précisément dans la négation de la nécessité pour l'œuvre de fonctionner à l'extérieur du contexte dans lequel elle est aisément intelligible (ou pertinente), négligeant ainsi le besoin d'accéder aux centres. Faisant référence à l'œuvre de l'artiste colombien Antonio Caro, *Homenaje a Manuel Quintín Lame* (*Hommage à Manuel Quintín Lame*), Luis Camnitzer a décrit ce scénario même. *Homenaje a Manuel Quintín Lame* est une performance dans laquelle Antonio Caro réécrit la signature de Quintín Lame (chef autochtone qui a lutté pour les droits de son peuple dans les années 1930 en Colombie). Ce faisant, Caro réintègre dans la scène politique actuelle la présence d'une communauté qui est encore marginalisée et victime de discrimination dans la société en général. La signature de Lame est en soi hautement symbolique — alliant le syncrétisme d'une calligraphie baroque du XIXe siècle et d'un pictogramme autochtone — et, en ce sens, elle peut être considérée comme l'espace de coexistence difficile de deux systèmes sociaux, deux ethnies et deux pays différents dans la même nation. Selon Camnitzer, « les signatures de Quintín Lame n'ont de pouvoir qu'en Colombie. Dès que ces œuvres traversent la frontière colombienne, elles perdent leur impact. Le savoir historique, les résonances de la légende au delà des faits strictement anecdotiques, font partie de l'œuvre. Sans eux, la seule chose qui subsiste est un squelette visuel qui peut être interprété comme une décoration vide de sens. Ainsi, cette œuvre de Caro traite non seulement de spécificité géographique, mais aussi de la spécificité du public : elle nie l'idée qu'une œuvre d'art doive avoir une compréhensibilité internationale[8]. » Dans son double rôle d'artiste (qui produit du capital symbolique) et de critique (qui cadre sa propre production et celle des autres dans une sphère sociale), Camnitzer a déclaré que l'équation devrait être reformulée ainsi : « La question n'est donc pas notre accès au courant dominant, mais l'accès du courant dominant à nous. Ce n'est qu'en ces termes que le courant dominant peut agir comme boîte de résonance de nos activités sans nous éventrer. Que le courant dominant vienne à nous ou nous contourne est d'une importance secondaire. Ce qui est plus important, c'est que nous continuions à nous consacrer à la construction d'une culture et que nous sachions aussi précisément que possible quelle est cette culture et à qui elle appartient[9]. »

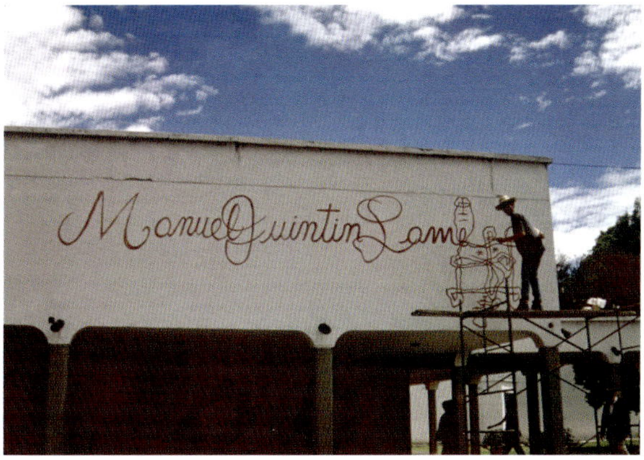

Antonio Caro
Homenaje a Manuel Quintín Lame, 1972

La critique Michèle Faguet souligne le risque de positionner la question de l'intelligibilité d'une œuvre produite dans un contexte périphérique et présentée dans un grand centre artistique comme étant une dialectique entre spécificité culturelle et langage international. En effet, on risque ainsi d'enlever à l'œuvre la possibilité d'exister à l'extérieur ou au delà de cette opposition. Faguet soutient ce qui suit :

> La plupart des débats entourant la réception de pratiques artistiques provenant de lieux périphériques ont tenté d'accepter la spécificité de ces pratiques relativement à ce qu'on qualifie maintenant de « courant » ou de « mondial ». Poser ce type de dialectique consiste à affirmer l'exclusion d'une œuvre dont les références précises deviennent incompréhensibles, ou perdent tout simple-

> ment de leur pertinence, dans un contexte international. Le plus important, c'est que cette attitude continue à privilégier une méthodologie qui ne s'applique plus, étant donné la fluidité de l'information qui caractérise en fait ce processus de mondialisation. Ailleurs, le même problème [a été abordé et décrit] comme étant « la réception d'une œuvre d'art en l'absence d'un contexte adéquat », avec comme argument que « le manque de contexte est souvent la même chose que le manque d'intérêt, ce qui équivaut finalement à de l'ignorance ». [En rupture] avec cette dialectique, [on soutient] que toute œuvre, peu importe son origine géographique, exige un minimum de renseignements externes, qu'il s'agisse d'anecdotes personnelles concernant l'artiste, des conditions de production de l'œuvre ou des questions culturelles et sociales plus générales dans lesquelles elle s'inscrit. Il est évident qu'un présupposé important est à l'œuvre ici : le savoir culturel opère inégalement de part et d'autre des lignes de partage géographiques, reléguant les pratiques se trouvant à l'extérieur du domaine des récits dominants à un processus de décodage simplifié à outrance qui peut servir à briser des codes inconnus, mais qui rend très peu justice à la complexité de l'œuvre[10].

Faguet réfère à une exposition dont j'ai été le commissaire dans le cadre de l'APEX art Curatorial Program à New York en 2000 et qui s'intitulait *Define "Context"*. Cette exposition sondait les difficultés liées à l'établissement d'un dialogue entre le contexte de production d'une œuvre donnée et son contexte de réception, et les complexités qu'entraîne cette conversation (dans laquelle la langue parlée n'est pas nécessairement la même, tout comme les codes ne sont pas nécessairement partagés). En fait, le titre de l'exposition, avec le mot « context » entre guillemets, faisait allusion au besoin de qualifier ce terme afin de mieux définir le terrain d'entente qui peut engendrer la compréhension. New York et les grands centres artistiques en général ont tendance à se percevoir comme des « non-contextes », ce qui signifie que les codes de réception d'une œuvre y sont déjà naturalisés et compris tels quels, et que tout ce qui se situe à l'extérieur de ces codes est censé faire lui-même l'effort de se « mettre en contexte », au risque d'être ignoré ou négligé. Comme l'a noté avec ironie l'artiste colombien François Bucher, « pourquoi le pop-corn ne se considère-t-il pas lui-même comme un mets ethnique ? ».

Parmi les nombreux articles qui ont commenté la rétrospective de Cildo Meireles à New York, il en est un qui m'a frappé par son ton condescendant : « Si vous n'êtes jamais allé dans une *banana republic* (sauf peut-être pour vous acheter un pull), une grande partie de la portée historique de la rétrospective consacrée au sculpteur brésilien Cildo Meireles, qui est présentement en cours au New Museum, pourrait vous échapper complètement. » Même s'il ne s'agissait que d'un commentaire dans un guide culturel hebdomadaire, j'ai pensé que la phrase résumait plusieurs des présupposés qui existent par rapport à ce qu'on appelle les « périphéries ». C'est pratique courante que de considérer la production artistique produite en marge des grands centres artistiques comme étant « impossible à saisir », à moins qu'un « contexte convenable » ne soit fourni, qu'il soit politique, sociologique ou religieux. Il s'agit, bien sûr, d'un sophisme (qui peut servir de moyen d'exclusion), sinon cette pratique peut s'appliquer à une grande partie de la production artistique courante, peu importe son lieu d'origine. Le travail de Joseph Beuys peut être vu par quiconque sans une connaissance explicite de l'histoire personnelle de l'artiste, bien qu'on puisse arguer que son usage des matériaux et de leurs références symboliques peuvent se perdre sans un minimum de contexte. Mais dans le cas de l'art produit en marge, on suppose que l'œuvre s'inscrit dans l'espace d'une histoire post-coloniale commune, en grande partie homogène, que l'on tient pour acquise ou que l'on présume absente, laissant ainsi l'œuvre dans l'impossibilité d'être correctement vécue ou comprise : et, ainsi, le dialogue tend à ne pas avoir lieu. En fait, un minimum de contexte général a tendance à être un fait commun (mais non pas celui d'une spécificité commune « latino-américaine » ou africaine) : dans les paramètres de la culture occidentale (et la plupart des artistes, sauf ceux dont le travail est considéré comme « primitif », opèrent au sein de cette tradition), la mondialisation actuelle a rendu l'information accessible à tous, et les références culturelles sont partagées de façon plus horizontale par tout un chacun, indépendamment des contextes géographiques, voire politiques. Dans ce concept culturel qui s'appelle « Histoire de l'Art », certaines choses ont un penchant pour l'homogénéité, et la spécificité locale semble se brancher sur des préoccupations mondiales. Comment donc définir ce « contexte convenable » ?

Dans l'univers muséal, ce contexte prend souvent la forme d'un geste qui établit des rapprochements thématiques, géographiques ou autres entre des œuvres d'origines diverses ou qui rend explicite le contexte de chacune des œuvres, dans ce qu'on appelle en jargon muséographique des « cartels allongés ». Au sujet de cet acte d'explicitation du contexte dans lequel est produite une œuvre donnée, Homi Bhabha nous prévient du danger que le fait contextuel pourrait remplir un rôle doublement négatif : d'une part, l'homogénéisation de signes de différence pour faciliter la consommation culturelle (par exemple, l'idée d'une Amérique latine qui partagerait des traits communs, qui aurait la « même différence »); d'autre part, la réduction de l'œuvre à l'illustration d'une anecdote culturelle. Évoquant Frantz Fanon, Bhabha déclare que « Fanon reconnaît l'importance cruciale, pour les peuples subordonnés, d'affirmer leurs traditions culturelles indigènes et de récupérer les histoires qui leur appartiennent et qui ont été réprimées. Mais il est bien trop conscient des dangers que posent la fixité et le fétichisme des identités au sein de la calcification des cultures coloniales pour recommander qu'on "s'enracine" dans une vision romantique du passé ou qu'on homogénise l'histoire du présent[11]. »

Le fait de rendre explicites les conditions de production liées à une œuvre précise, sans tenter de les faire coïncider avec un certain type d'essence régionale ou nationale (c'est-à-dire une notion fermée de ce que signifie « Amérique latine »), peut être plus utile à une époque où les questions identitaires tendent à transcender les limites géographiques et où existe un état croissant d'indétermination dans ce qu'on pourrait appeler des cultures « nationales » ou « régionales ». La critique Carolina Ponce de León cite Cildo Meireles qui a déclaré attendre le jour où « chaque œuvre sera vue non comme un objet d'élucubration esthétique, mais comme trace, mémoire et évocation de conquêtes réelles et visibles ». Ponce de León avance que « c'est dans la perspective qu'il peut transcender la notion d'objet et s'approprier l'espace par des stratégies visuelles, physiques et métaphoriques que l'art peut être compris; ce n'est pas dans une forme précise de représentation que l'art latino-américain sera compris, mais dans sa façon incisive de fracturer les catégories[12]. »

« Le consommateur du texte/de l'autre est incapable de comprendre, note le critique chilien Justo Pastor Mellado, parce que l'"altérité" est finalement une question de distance[13]. » Et il suggère un modèle pour les « taux de particularité » versus les « taux d'universalité » pour aborder le problème de l'intelligibilité d'une œuvre donnée. Ce modèle propose qu'une œuvre d'art est compréhensible à l'extérieur du contexte dans lequel elle est produite (où les codes sont partagés) si, dans un jeu de proportions entre singularité et universalité (qui peut s'appliquer à ses référents ou à sa structure rhétorique), c'est l'universalité qui prévaut. L'œuvre d'Alfredo Jaar a un degré élevé de particularité dans son sujet et, en même temps, son langage visuel est universel, et elle est donc facilement comprise dans des contextes hégémoniques. L'artiste cubain Carlos Garaicoa fait allusion à un référent universel, la crise du projet moderne, à partir d'une situation précise : les ruines matérielles de La Havane, symptôme et effet de l'échec du projet politique et social de la révolution cubaine. Né et élevé dans le cadre d'un projet politique qui a construit son histoire et sa mythologie de manière consciente et accélérée, il considère que la nature contingente des comptes rendus historiques est parfaitement évidente et, conséquemment, qu'elle équivaut à de la fiction. Son travail vise à signaler les fissures qui apparaissent dans tout discours hégémonique et qui finissent par en causer l'effondrement.

Bien que l'art de Carlos Garaicoa, au début de sa carrière, ait été immanquablement lu de manière contextuelle[14], son travail est présentement compris en termes plus généraux; dans un environnement mondial où l'information circule de façon plus horizontale, on comprend que même si une œuvre renvoie à un ensemble précis de problèmes, elle peut être rapprochée de situations semblables dans d'autres contextes. Le travail de Rubén Ortiz-Torres s'inscrit également dans un contexte très précis, la « culture limitrophe », et en ce sens, il est lu du point de vue de la rencontre historiquement violente entre le Mexique et les États-Unis, question qui est largement connue à l'extérieur des contextes au sein desquels elle représente une tension vécue et continue. Mais, dans son travail sur l'Alamo, Ortiz-Torres réécrit l'histoire du monument à partir de son point de vue sur le monde, la sauvant de l'interprétation erronée qui a été construite par la rhétorique officielle et par la culture de masse, et la rendant ainsi *singulière*. Un renversement semblable se produit dans l'œuvre de Robert Houle (*Kanata*, 1992) qui replace la figure de l'Indien en tant qu'axe discursif dont la présence (apparemment marginale) avait été dépeinte comme celle d'un spectateur assistant passivement à la construction de sa propre histoire dans les comptes rendus officiels. Houle, qui a déclaré qu'« être en présence du tableau (*La Mort du général Wolfe*) de [Benjamin] West m'a fait comprendre qui avait écrit mon histoire », retourne aux traditions orales dans sa propre famille pour déconstruire l'histoire officielle à partir de considérations très personnelles. Et si, dans les exemples précédemment examinés, le contexte était l'Histoire, nous devons conclure que c'est à une histoire singulière que nous renvoyons et non à l'Histoire Universelle qui a été lue à travers le prisme de la subjectivité. Les comptes rendus personnels, ces *petits récits**, ne sont pas compris comme des réécritures de l'histoire mais comme des formes de contestation, qui reconnaissent le pouvoir de la fiction historique en semant le doute dans la Vérité. Ce faisant, ils ouvrent un espace de plausibilité pour d'autres histoires, même celles qui, d'emblée, pourraient sembler tirées par les cheveux. L'artiste cubain Manuel Piña explique sa relation subjective avec l'histoire : « Plutôt que de faire l'histoire, je préfère *raconter une histoire*[15]. » Quant à Ortiz-Torres, il a déclaré : « Notre intention n'est pas de réviser l'histoire ou de formuler une sorte de critique institutionnelle, ou de malmener la vérité encore une fois pour en faire un instrument de pouvoir malléable au service de nos objectifs bien-pensants. Une façon possible de racheter le processus d'appropriation de l'histoire serait d'en faire de l'art[16]. » Ce sont toujours les images du vainqueur qui donnent à l'histoire sa forme et, en ce sens, elles définissent le contenu de ce qui constituera la référence « universelle ». Conséquemment, la question de savoir ce qui est singulier et ce qui est universel a également un lien avec la question de l'hégémonie politique. Dans cet ordre d'idées, Mellado avance que ce qui peut être considéré comme étant Universel est, en fait, « une expansion organique d'une singularité hégémonique[17] ». Il est possible de conclure qu'une activité de résistance culturelle consisterait à reformuler l'Universel à partir de ce qu'on pourrait appeler une *singularité périphérique*. L'écrivain cubain Alejo Carpentier a déjà dit qu'en Amérique, le conflit était au départ une guerre de corps qui plus tard est devenue une guerre de signes[18]. Dans *A Logo for America* (1987), Alfredo Jaar retrouve la dimension continentale du mot Amérique (un terme amer puisqu'il a été confisqué), se servant de la rhétorique même du Capitalisme et la déplaçant. Pareillement, la re-formulation, à partir d'une appropriation subjective radicale, du territoire symbolique qui a été cartographié par le compte rendu historique, se constitue en tant qu'espace de résistance culturelle et lieu où repenser un « contexte convenable » pour la réception de l'art qui provient du territoire plutôt imprécis que la présente exposition nomme, de manière provocante, « les Amériques ». (Traduction de Colette Tougas)

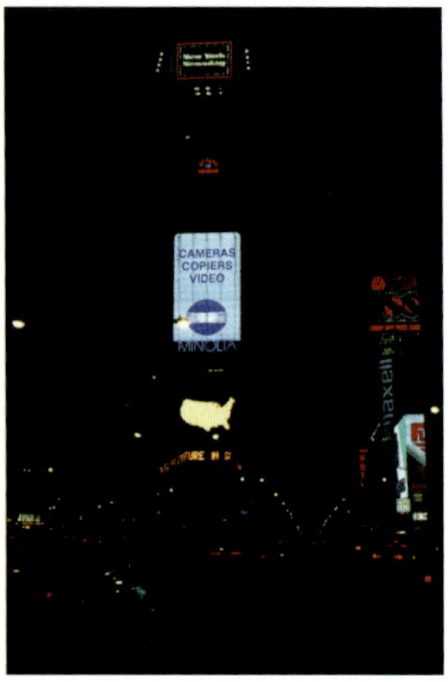

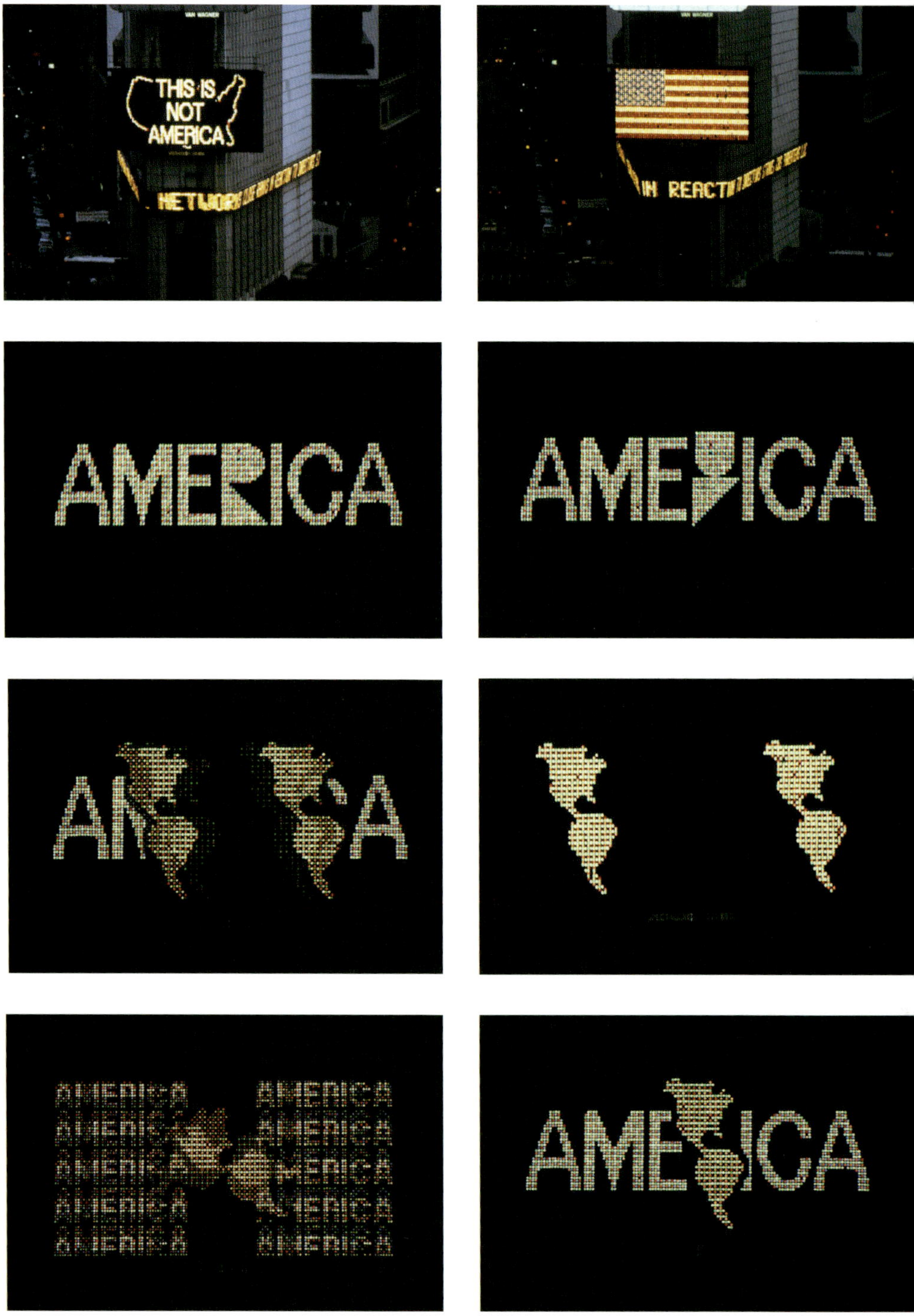

Alfredo Jaar
A Logo for America, 1987
Animation par ordinateur
sur panneau lumineux,
Times Square, New York

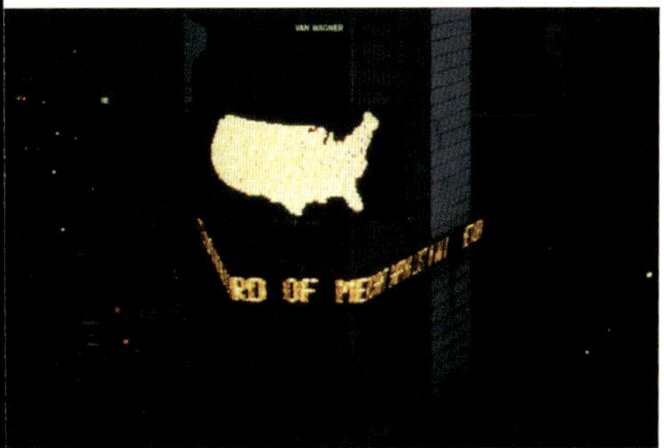

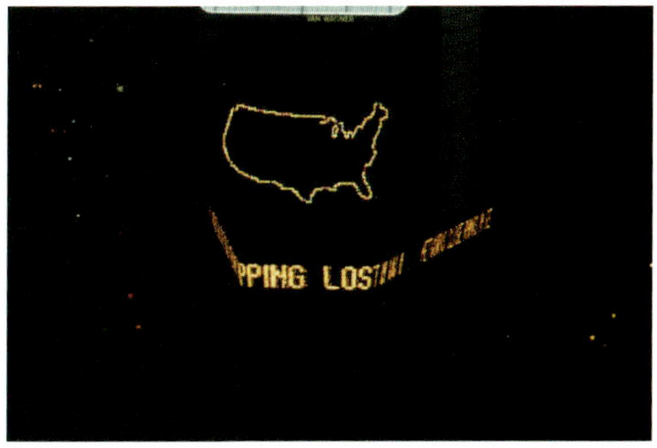

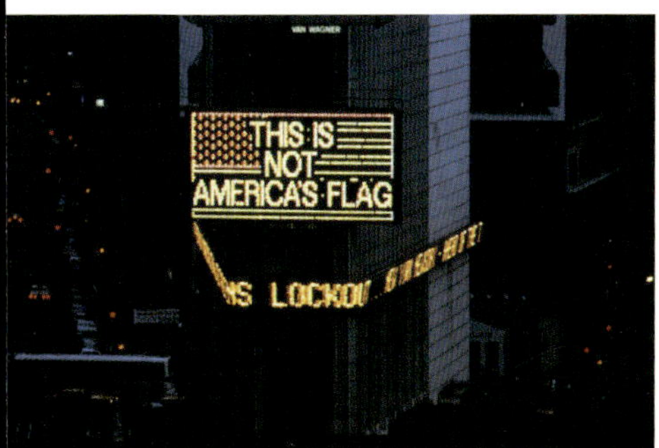
THIS IS
NOT
AMERICA'S FLAG

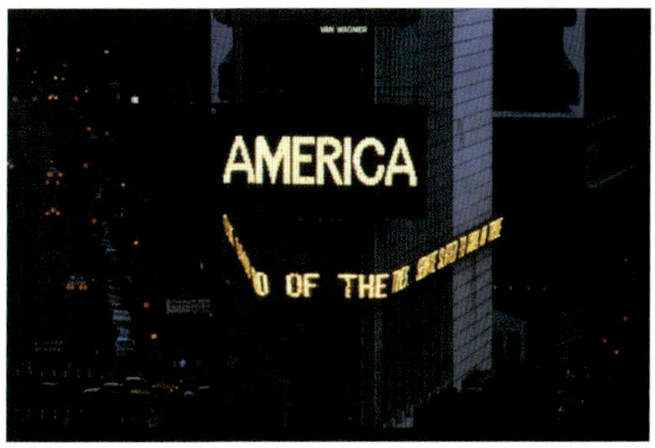
AMERICA

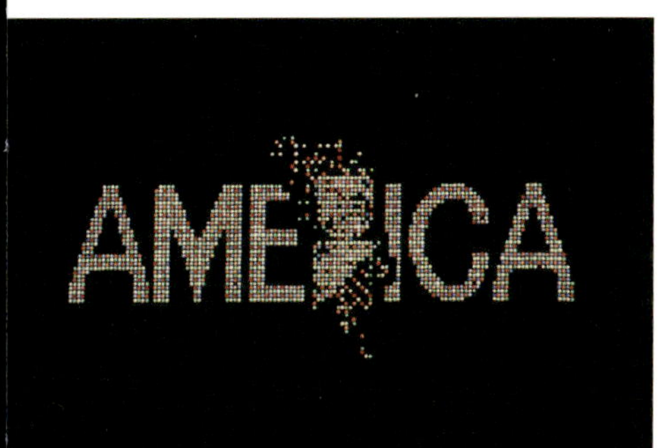

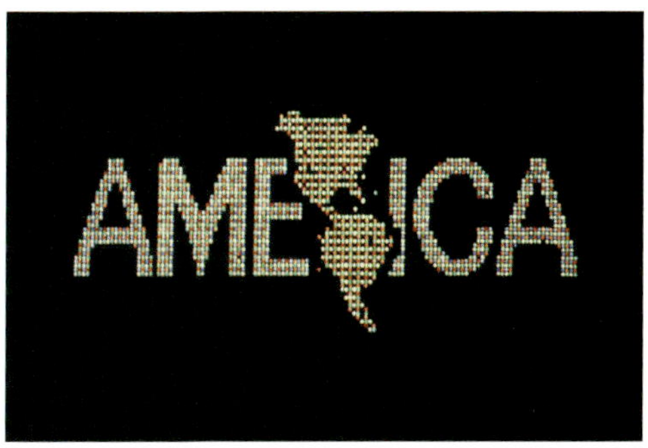

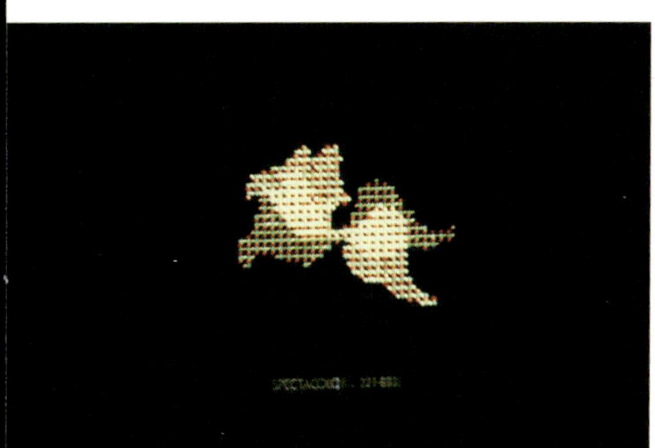

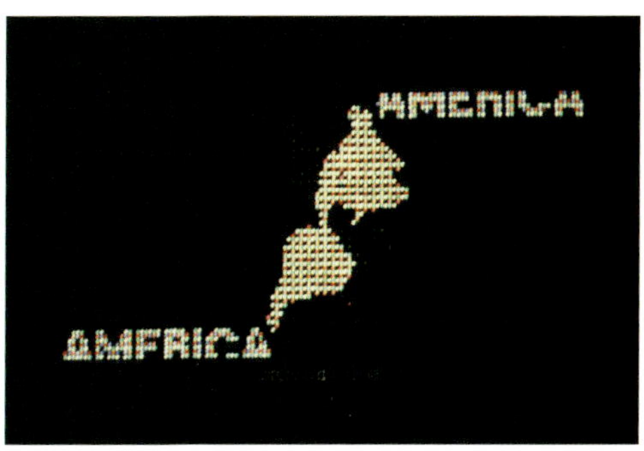

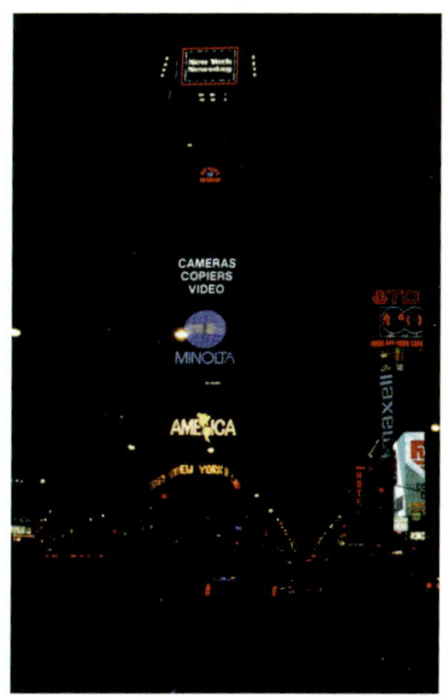
CAMERAS
COPIERS
VIDEO
MINOLTA
maxell

1 Paulo Herkenhoff, « José Alejandro Restrepo's Polysemous Hunger », dans *TransHistorias – Historia y mito en la obra de José Alejandro Restrepo*, Bogotá, Biblioteca Luis Angel Arango, 2001, p. 45. [Notre traduction.]

2 Walter Benjamin, « L'auteur comme producteur », dans *Essais sur Bertolt Brecht*, trad. de l'allemand par Paul Laveau, Paris, F. Maspéro, « Petite collection Maspero », 1978 (c. 1969).

3 Les artistes vénézuéliens Daniela Lovera et Juan Nascimento s'approprient des films de Hollywood, les remontent puis les remettent en circulation dans les réseaux traditionnels. Ils ont déclaré que « la fiction équivaut à l'histoire : l'histoire avec un grand H est un grand récit construit qui opère en contradiction avec les micro-histoires autres. » Cités par Michèle Faguet dans « Four South American Artists Explore Identity and Global Culture », *Arts Atlantic*, n° 71. [Notre traduction.]

4 Hal Foster, *The Return of the Real*, Cambridge, Mass., MIT Press, 1996, p. 203.

5 Hal Foster, *ibid.*, cité dans Geoff Cox et Chris Rodrigues, « Agent Provocateur », conférence Invencao International, ISEA-Leonardo-ITAU, São Paulo, Brésil (http://www.anti-thesis.net/texts/agent.html). [Notre traduction.]

6 Luis Camnitzer, « Wonder Bread and Spanglish Art », dans *Beyond the Fantastic: Contemporary Art Criticism from Latin America*, Cambridge, Mass., MIT Press, 1996, p. 157. [Notre traduction.]

7 En référence à la réception du travail d'Alfredo Jaar dans les centres hégémoniques, Camnitzer a déclaré que « [Jaar] a en commun avec les présentations hégémoniques un aspect impeccable et immaculé. Ceci résulte en partie de sa formation et de son goût personnels, mais il s'agit également chez lui d'une manœuvre lui permettant de faire valoir et comprendre son point de vue au sein du courant dominant. » *Ibid.*, p. 161.

8 Luis Camnitzer, « Antonio Caro : guerrillero visual », dans *Revista Poliéster*, vol. 4, n° 2 (1995), p. 43. [Notre traduction.]

9 Luis Camnitzer, « Access to the Mainstream », dans *Beyond the Fantastic…*, *op. cit.* n. 6, p. 222. [Notre traduction.]

10 Michèle Faguet, « Four South American Artists… », *art. cit.* n. 3.

11 Homi Bhabha, *The Location of Culture*, Londres, Routledge, 1994, p. 9. [Notre traduction.]

12 Cildo Meireles, cité par Carolina Ponce de León dans « Random Trails for the Noble Savage », *Beyond the Fantastic…*, *op. cit.* n. 6, p. 228.

13 Justo Pastor Mellado, lettre à l'auteur, 2004. [Notre traduction.]

14 Gerardo Mosquera entame sa présentation du travail de Garaicoa dans *Fresh Cream* avec la déclaration suivante : « Personne n'a mieux construit l'imagerie de la chute de Cuba que Carlos Garaicoa. Son œuvre est une grande métaphore de l'effondrement d'une utopie, symbolisant l'histoire tragique de Cuba. » Gerardo Mosquera, « Carlos Garaicoa », dans *Fresh Cream: Contemporary Art in Culture*, Londres, Phaidon, 2000, p. 286. [Notre traduction.]

15 Manuel Piña, voir texte publié dans le présent catalogue.

16 Rubén Ortiz-Torres, *The A Files*, texte publié dans le présent catalogue.

17 Justo Pastor Mellado, lettre à l'auteur, 2004.

18 Cité par José Alejandro Restrepo dans *Musa paradisíaca*, Bogotá, Museo de Arte Moderno, 1997, p. 13.

*En français dans le texte original.

Raphaëlle de Groot

Stan Douglas

Carlos Garaicoa

Cynthia Girard

Robert Houle

Liz Magor

Kent Monkman

Rubén Ortiz-Torres
en collaboration avec Jim Mendiola

Manuel Piña

Monique Régimbald-Zeiber

Rosângela Rennó

José Alejandro Restrepo

Cristián Silva

Regina Silveira

Adriana Varejão

Sergio Vega

Kara Walker

Raphaëlle de Groot

L'Histoire illustrée, 2003-2004
Installation : 245 impressions au jet d'encre sur papier montées sur aggloméré, 6 bandes vidéo, 6 moniteurs, pâte de sel, table, podium
Environ 3,34 x 5,23 x 6,9 m (dimensions variables)

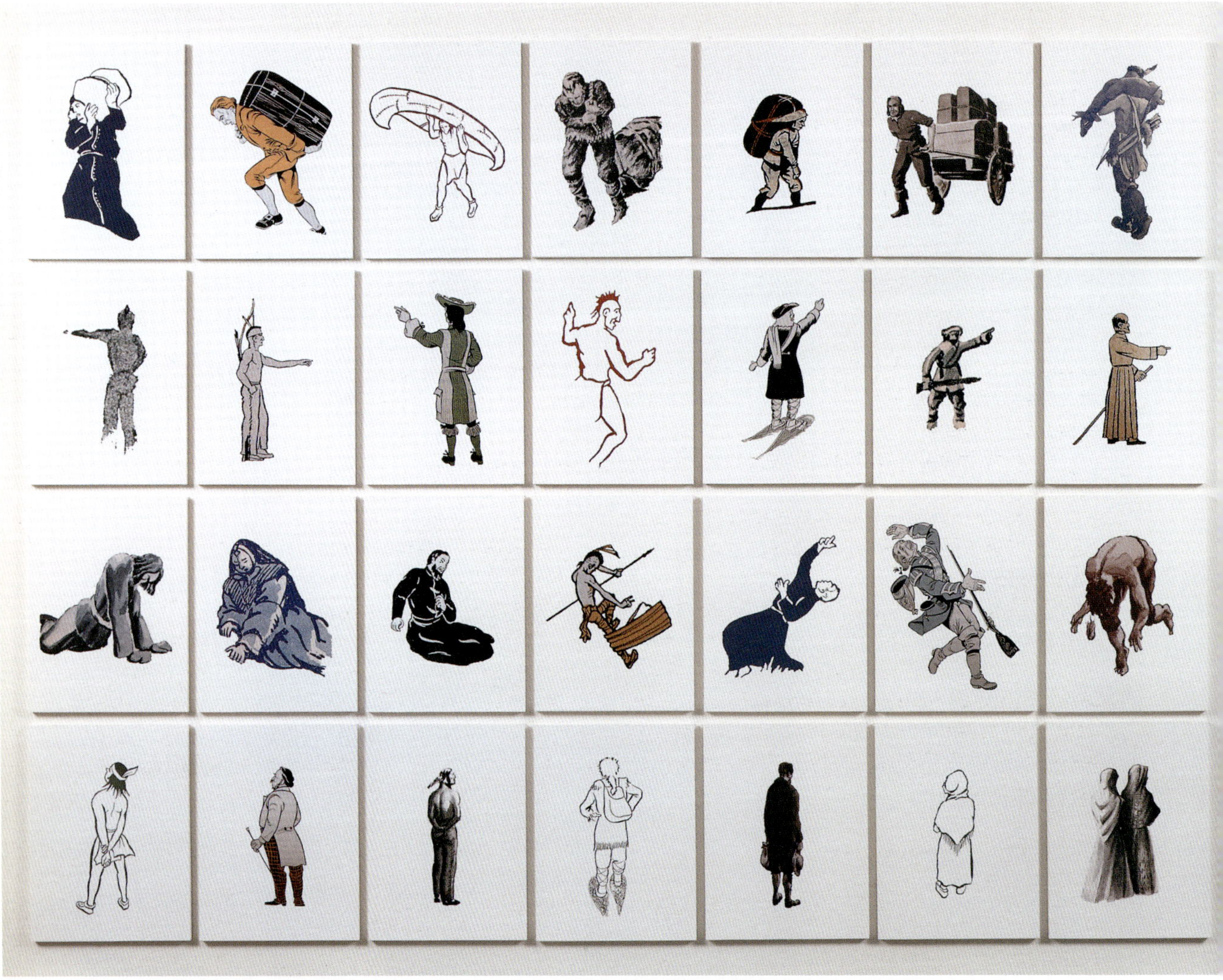

De l'enquête suggérée — évoquée par la récolte d'indices — à l'enquête véritable relevant d'une approche sociohistorique ou anthropologique, mon travail investigue des réalités ou des contextes spécifiques. Souvent présentées sous la forme d'ensembles au moment de la mise en exposition, mes réalisations témoignent avant tout d'un état d'écoute et d'attention permettant de cheminer du visible à l'invisible, du conscient à l'inconscient et, par extension, de soi à l'autre.

Je m'intéresse au potentiel révélateur du travail de l'artiste qui peut donner accès à ces aspects de l'existence si difficiles à représenter, tels la perception de soi, le regard porté sur les autres et les formes résiduelles de l'identité. Tout comme la mémoire humaine qui encode, stocke et restitue des données grâce à des mécanismes de mise en relation, je cherche à rendre perceptibles des univers hors champ, retenus ou en latence, en exploitant des processus d'ordonnance, de classification et de réorganisation d'une matière déjà existante.

La pièce que j'ai réalisée pour l'exposition « *Nous venons en paix...* » – *Histoires des Amériques* a pour point de départ une collecte d'images dans les manuels d'histoire du Canada des années 1950. J'ai isolé environ 250 personnages que j'ai ordonnés selon des catégories inventées : personnages regardant au loin, personnages pointant à l'horizon, personnages pointant une arme, personnages saluant, etc. Ces illustrations sont mises en relation, les unes par rapport aux autres, et exposées aux côtés d'une vidéo-performance qui est fragmentée en six temps — chacun présenté indépendamment des autres, mais simultanément, sur un moniteur différent. Au centre de la pièce se trouve également une masse de pâte de sel modelée en méandres sur elle-même et se cristallisant peu à peu tout au long de l'exposition.

La vidéo-performance est un nouvel élément dans mon travail. Élaborée en résonance avec la substance pâte présente dans plusieurs de mes travaux, c'est ma propre personne qui, sous l'objectif de la caméra, devient matière à modelage. Façonnée de manière diffuse par une Histoire que je connais à la fois trop bien et très mal, je me perçois comme une des dépositaires et héritières d'une identité friable qui échoue en moi comme une impasse, voire une « cancellation », une annulation. Mais ne sommes-nous pas tous handicapés ou impuissants face à l'Histoire, ce temps long qui meuble notre imaginaire collectif de tant de sédiments ? Comme le froid, le temps de l'Histoire est si grand et diffus qu'on ne parvient pas à l'enserrer — et pourtant, il est si présent et effectif qu'il nous fige.

Ce nouveau travail intitulé *L'Histoire illustrée* cherche à rendre palpable une matière identitaire fuyante. Provient-elle de soi-même ou d'un infini buvard gorgé d'images des grands récits ? Dans cette quête, la route est encombrée et les systèmes de mémoire, défaillants, comme toujours. R. d. G.

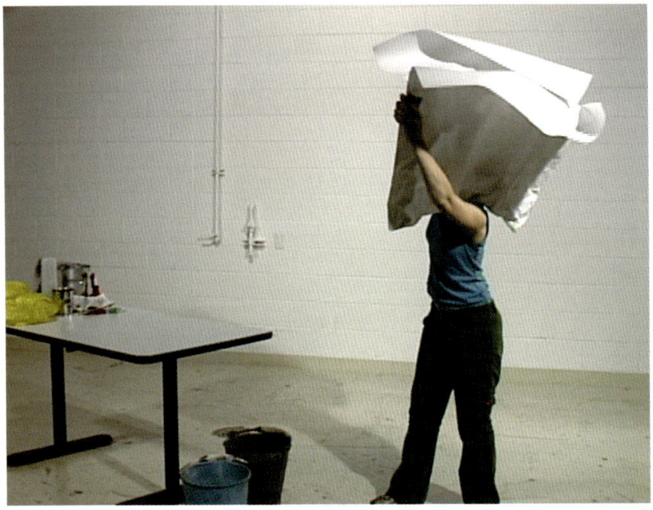

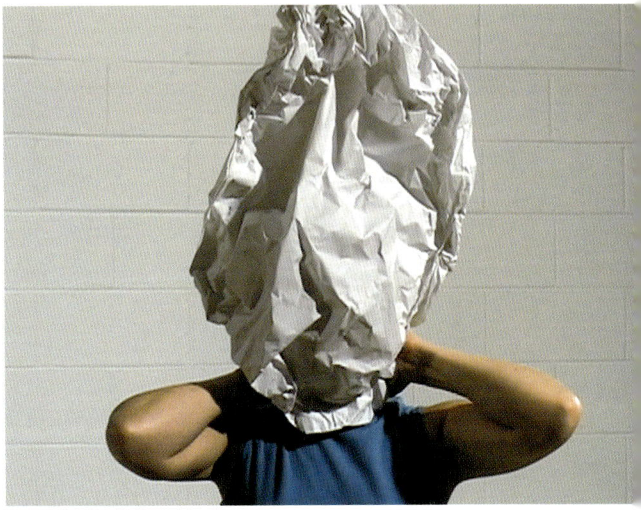

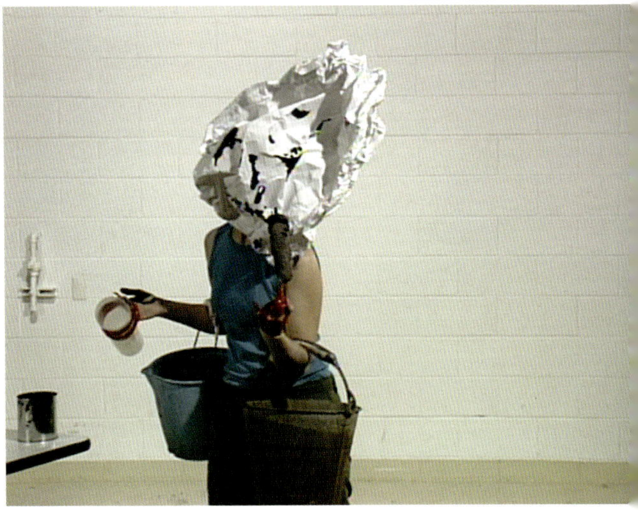

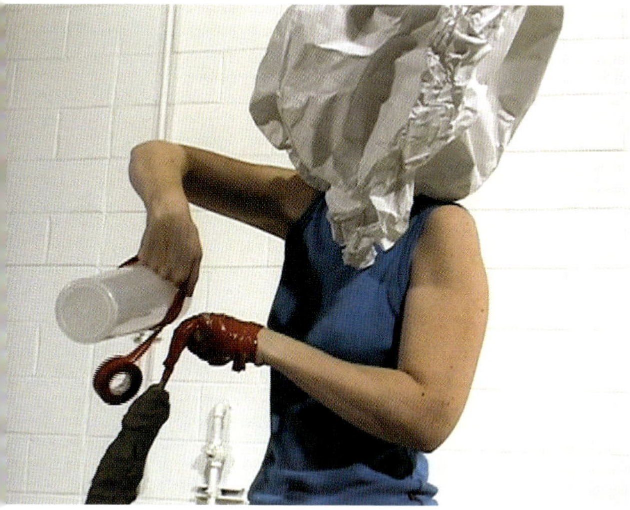

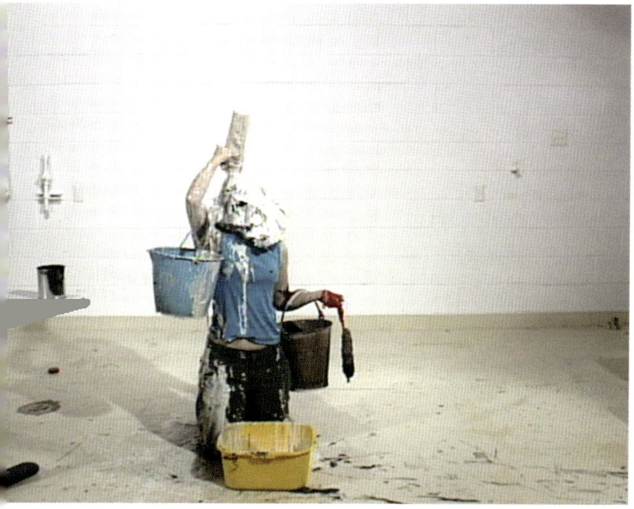

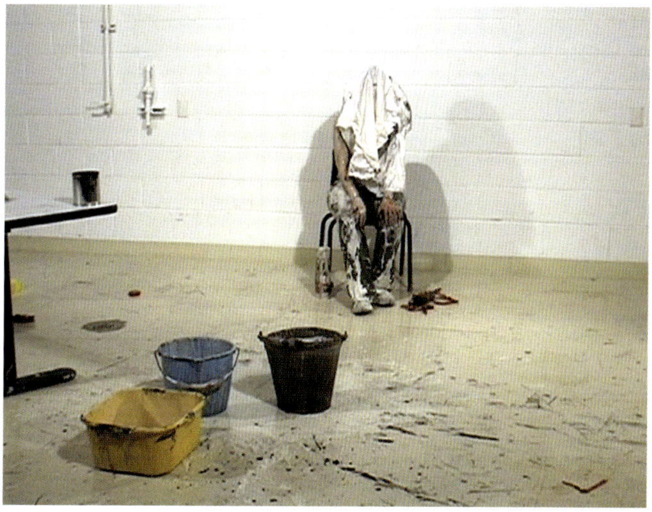

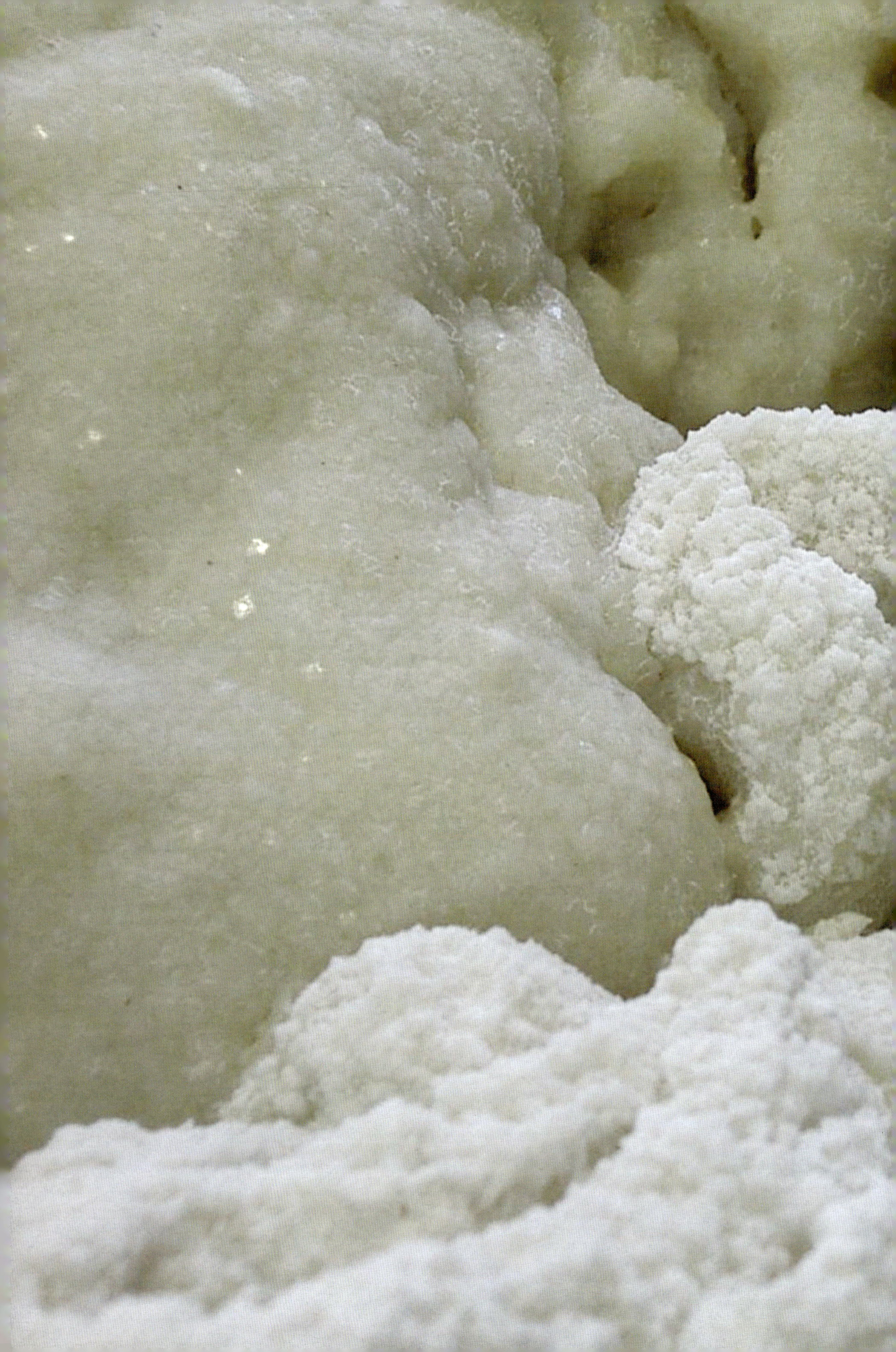

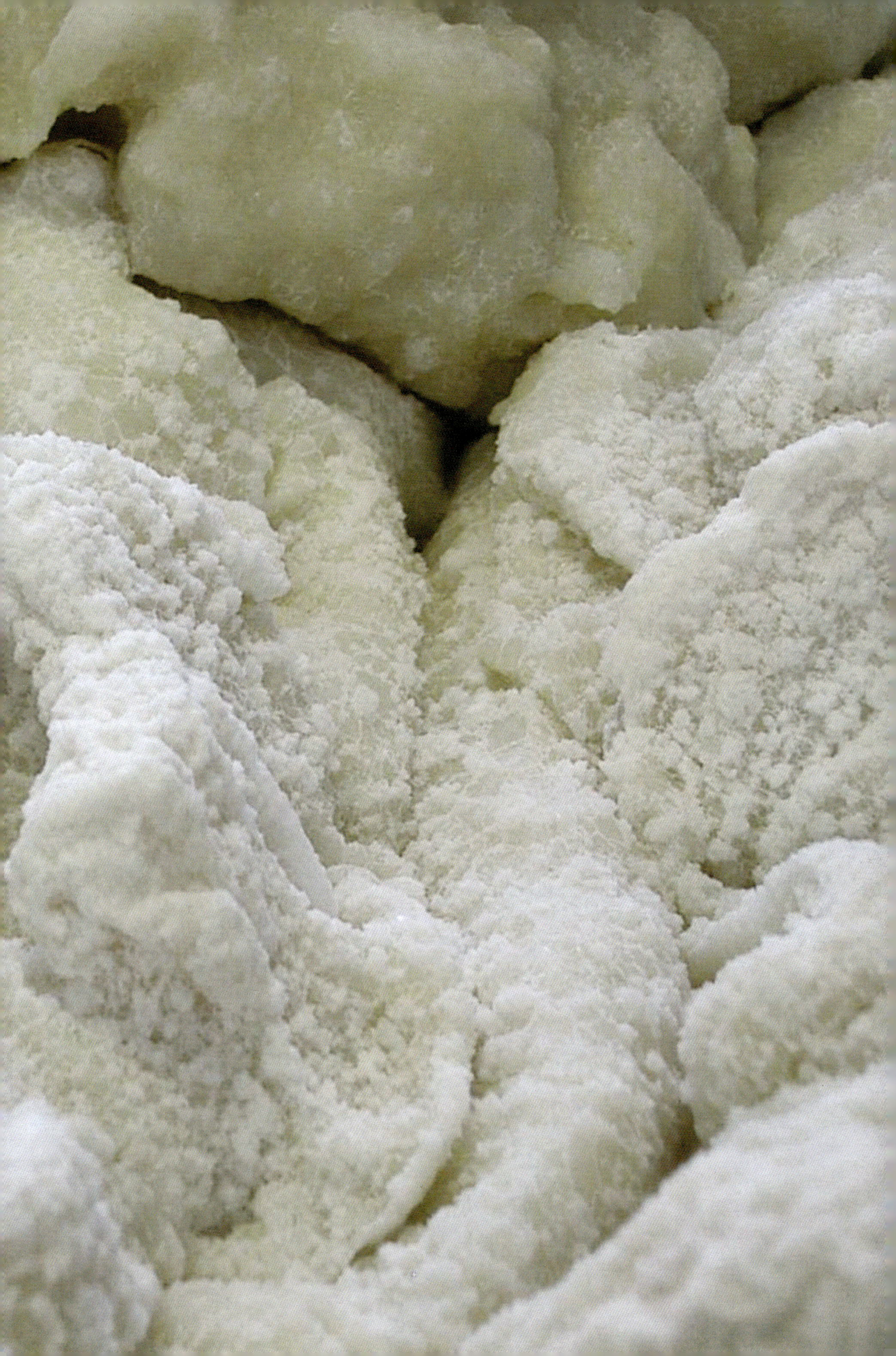

Nu•tka•
Repères historiques

Stan Douglas

Le roman gothique se reconnaît habituellement par un retour du refoulé, lorsqu'une violation commise dans le passé revient obséder puis détruire la personne, la famille ou l'ordre social qui en est l'auteur. Il n'est pas surprenant que ces récits aient fleuri alors même que l'impérialisme était à son apogée, que des régions lointaines et exotiques du monde étaient devenues des satellites de l'Europe, fournissant ainsi, si ce n'est la mise en scène, du moins l'objet sublimé de cette anxiété gothique. Quelles seraient donc les conséquences du contact et du mélange avec ces cultures radicalement étrangères ? Voici les réponses offertes par certains récits gothiques : une famille déchue se complaît dans la décadence en attendant d'être complètement anéantie (*Fall of the House of Usher/La Chute de la Maison Usher*); un monstre surgit et menace de contaminer l'ensemble de l'ordre social et naturel (*Frankenstein*); l'individu bourgeois lui-même risque d'être contaminé et commence à manifester des symptômes de morbidité mortelle (*Dracula*). *Nu•tka•* est un récit gothique canadien.

Le projet a pour contexte l'un des moments les plus sublimes de la période romantique, soit le premier contact entre Aborigènes et Européens sur la côte ouest de l'île de Vancouver à la baie de Nootka. Si l'explorateur espagnol Juan Pérez fut le premier à y poser pied en 1774, il faudra attendre quatre années pour que James Cook, en raison d'un malentendu qui perdure, donne à la région son nom. Au capitaine qui lui demandait le nom de sa patrie et de son peuple, le chef Maquinna répondit au langage par signes et aux mots inconnus de l'Anglais par « *Nootka* », suggérant ainsi au visiteur qui avait jeté l'ancre à l'anse Resolution, qu'il pourrait trouver un havre tout près à Yoquot, voire qu'il ferait mieux de s'en retourner là d'où il venait[1].

1 En fait, on ne peut-être certain de ce qu'a dit Maquinna à Cook puisque *nootka* n'est pas un mot complet; cependant, en mowachaht, les mots débutant avec ces deux syllabes tendent à référer à un mouvement circulaire.

Pendant quelques années, les « Nootkas » (Nuu-chah-nulth) et les Européens furent de grands partenaires commerciaux, quand ceux-ci découvrirent le type de prix qu'allaient valoir en Chine les peaux de loutres de mer, et que ceux-là comprirent qu'ils pouvaient acquérir de nouveaux biens, comme des produits de ferronnerie et des fusils, en changeant la structure des échanges. Les navires appartenant à des compagnies américaines et anglaises étaient devenus des habitués de Yuquot, le village d'été de Maquinna à l'entrée nord de la baie de Nootka, mais quand la rumeur que les Russes avaient commencé à descendre au sud depuis les îles Aléoutiennes atteignit la Nouvelle-Espagne, les Espagnols furent forcés de revenir. Le 17 février 1789, Estéban José Martínez était envoyé de San Blas avec deux navires rapidement équipés, avec la consigne d'établir une colonie à la baie de Nootka et l'objectif ultime de revendiquer toute la côte nord-ouest de l'Amérique de Nord au nom de la couronne espagnole, empêchant ainsi l'Angleterre et la Russie de faire de même.

Le 4 mai, alors que le *Princessa* de Martínez s'approchait de Yuquot, le capitaine du navire fut consterné de découvrir trois vaisseaux ancrés dans les environs de la baie que Cook avait baptisée « Friendly Cove » : des vaisseaux commerciaux américains, le *Columbia* et le *Lady Washington*, de même qu'un navire avec un capitaine écossais et un équipage anglais battant pavillon portugais, l'*Ifigenia Nubiana*. Martínez passa les jours suivants à refaire connaissance avec Maquinna (qu'il avait rencontré lors du voyage de Pérez en 1774) et à se présenter à ses collègues de port réticents; mais quand le *San Carlos*, vaisseau compagnon du *Princessa*, arriva le 12 mai, Martínez se sentit assez en confiance pour réagir à un passage inquiétant qu'il avait lu dans les papiers de l'*Ifigenia*, soit l'autorisation d'attaquer et de capturer les vaisseaux espagnols. Alors que le drapeau portugais de l'*Ifigenia* était remplacé par celui de l'Espagne, le peuple Mowachaht de Yuquot prenait connaissance des tensions croissantes et potentiellement violentes qui existaient entre ses invités européens, et déplaçait le village à quelques kilomètres au nord, sur la côte extérieure.

Puisqu'il n'avait pas encore les moyens d'incarcérer des prisonniers, Martínez donna à sa prise, le navire, la consigne de se diriger vers Macao sous son cautionnement et de payer la valeur du navire à la couronne espagnole, ordre qui fut oublié dès que l'*Ifigenia* se fut évanoui à l'horizon. Plutôt que d'aller vers le sud, le navire se dirigea immédiatement vers le nord, continuant à trafiquer les fourrures comme autrefois, pour ensuite traverser le Pacifique en direction de la Chine. Quand le navire arriva à Canton, son armateur, John Meares, fut informé de l'aventure de l'*Ifigenia*; et comme il croyait avoir déjà revendiqué la baie de Nootka au nom de l'Angleterre en y construisant un entrepôt l'automne précédent, il entama un processus de réclamation qui, plus tard, allait entraîner l'Espagne et l'Angleterre au bord de la guerre.

Le 24 juin, Martínez menait la cérémonie formelle de prise de possession, soit une allocution à la terre, un déplacement de roches et une coupe d'arbres; toutefois, une semaine plus tard, le 2 juillet, sa revendication était déjà contestée par l'arrivée d'un autre vaisseau appartenant à Meares, l'*Argonaut*, sous les ordres du capitaine James Colnett. Les négociations démarrèrent sur un mode courtois, mais dégénérèrent rapidement en un violent débat sur l'autorité et le statut de la baie, avec Martínez, le représentant du plus haut grade de Sa Majesté catholique sur la côte nord-ouest, refusant le défi lancé par un homme qu'il considérait comme l'employé d'une compagnie commerciale. Quand Colnett déclara que la baie de Nootka était un territoire britannique et qu'il était venu y construire des fortifications, Martínez l'informa qu'il n'avait d'autre choix que de le faire prisonnier de guerre.

Vers le 9 juillet, le capitaine anglais fut pris d'un délire paranoïaque. Ravagé par son incapacité de mener à terme son entreprise et convaincu qu'il était sur le point d'être pendu, il tenta à deux reprises de se suicider par noyade. Le chef Callicum de la baie de Clayoquot, qui percevait les Anglais comme des partenaires commerciaux raisonnables, n'appréciait pas de voir ainsi réduites ses possibilités économiques. Il décida de faire savoir à Martínez ce qu'il pensait de lui et, poussé par Colnett, il se lança dans une tirade contre le capitaine, le traitant de voleur et de menteur. Irrité par le fait que le chef ne voulait pas se laisser apaiser par des promesses de cadeaux, Martínez tira un coup « en guise d'avertissement », mais un membre de l'équipage du *Princessa*, croyant que le capitaine avait raté sa cible, visa et tua Callicum. Dégoûté par cet assassinat, Maquinna mena son peuple loin de Yuquot et jura de ne jamais refaire affaire avec Martínez et la garnison espagnole. Le 12 juillet, alors que l'*Argonaut* remis en état et son équipage prisonnier s'apprêtaient à partir, son vaisseau de compagnie, le *Princess Royal*, apparut à l'horizon. Grâce à un subterfuge, il fut lui aussi arrêté et, le 14 juillet 1789, inconscients du défi à l'empire qui se tramait en Europe, les deux vaisseaux anglais appareillèrent pour le département de San Blas en tant que captures de la couronne espagnole.

Bien qu'il ait reçu ordre d'abandonner le fort à Yuquot, Martínez avait conçu, à la fin de l'été, un plan grandiose qui ferait de San Miguel le premier de quatre « presidios » [forts frontaliers] et de seize missions, soit une vaste compagnie monopoliste qui dominerait le commerce tout au long de la côte ouest de l'Amérique du Nord. Le capitaine avait espéré que le nouveau vice-roi annulerait les ordres de son prédécesseur. Mais les pluies d'octobre avaient commencé et Martínez, toujours boudé par les Autochtones et sans nouvelles de soutien en provenance de San Blas, décida d'abandonner sa colonie et d'aller vers le sud. Quand il arriva en Nouvelle-Espagne, Martínez apprit que des consignes impériales explicites avaient été données pour le maintien de l'avant-poste à Nootka; cependant, la nouvelle de l'assassinat de Callicum ayant rejoint et choqué le public espagnol, il était évident que Martínez ne pouvait pas y retourner.

Le 3 avril 1790, Francisco Eliza arriva avec trois navires pour ré-instaurer la présence espagnole à la baie de Nootka. Après de longues négociations et l'assurance que Martínez n'aurait plus de rôle, Eliza fut en mesure de développer des relations d'affaires amicales avec Maquinna et les autres chefs Nuu-chah-nulth. Mais au delà de l'océan, John Meares s'était rendu à Londres où il présentait au Parlement un récit embelli de son séjour à Yuquot et de la capture de ses vaisseaux commerciaux (récemment libérés). L'histoire de Meares provoqua ce qu'on appela l'incident de Nootka, qui fit que les empires espagnol et anglais se proférèrent des menaces militaires pendant les quatre années suivantes. Cependant, en 1795, avec la signature de la troisième Convention de Nootka, les deux puissances s'entendaient pour qu'aucune d'elles n'occupât la côte nord-ouest. Mais en mars 1795, le représentant anglais Thomas Pearce et son homologue espagnol José Manuel de Álava procédèrent à la cérémonie d'élévation et d'abaissement de leurs drapeaux respectifs. C'est ainsi que prit fin la présence espagnole.

En l'absence d'Européens sur la côte ouest de l'île de Vancouver, le commerce s'y trouva dominé par des navires venus des États-Unis; cependant, après 1803, cette situation connut également une fin abrupte, une fois que la nouvelle se fut répandue du massacre de l'équipage du *Boston* aux mains des guerriers de Maquinna. Le chef de la confédération Mowachaht avait supporté plusieurs insultes de la bouche des Européens, mais lorsque le capitaine de navire américain John Salter injuria et insulta Maquinna en personne (s'attendant à ce qu'il ne comprenne pas l'anglais), ce fut la goutte qui fit déborder le vase et il en résulta une attaque durant laquelle périrent tous les membres de l'équipage du navire, à l'exception de deux; l'un de ceux-ci, le forgeron John R. Jewitt, allait s'évader par la suite et publier un récit de sa captivité, racontant les 28 mois qu'il avait vécus en tant qu'esclave de Maquinna.

Jewitt prétend que le massacre de ses collègues constituait le châtiment résultant de 14 années de violences commises par les Européens — mensonges, vols, meurtres —, mais une récente histoire orale laisse entendre qu'une injure additionnelle aurait causé l'ire d'un chef reconnu pour sa diplomatie. Pendant que les Espagnols étaient encore à Yuquot, ils commencèrent à violer régulièrement les femmes Nuu-chah-nulth et à torturer au fer rouge celles qui leur résistaient. C'est pour cette raison (et aussi comme manière de réaffirmer l'autonomie de son peuple) que Maquinna n'attendait qu'un prétexte pour exercer sa vengeance. Le même narrateur donne également une autre raison pour laquelle on abandonna San Miguel : les Espagnols auraient trouvé de tout petits navires à voiles, occupés par des marins homuncules vivants, au fond du puits dans lequel ils s'approvisionnaient en eau potable. Sur le champ, ils remplirent le puits de roches et quittèrent Yuquot. S. D.

(Traduction de Colette Tougas)

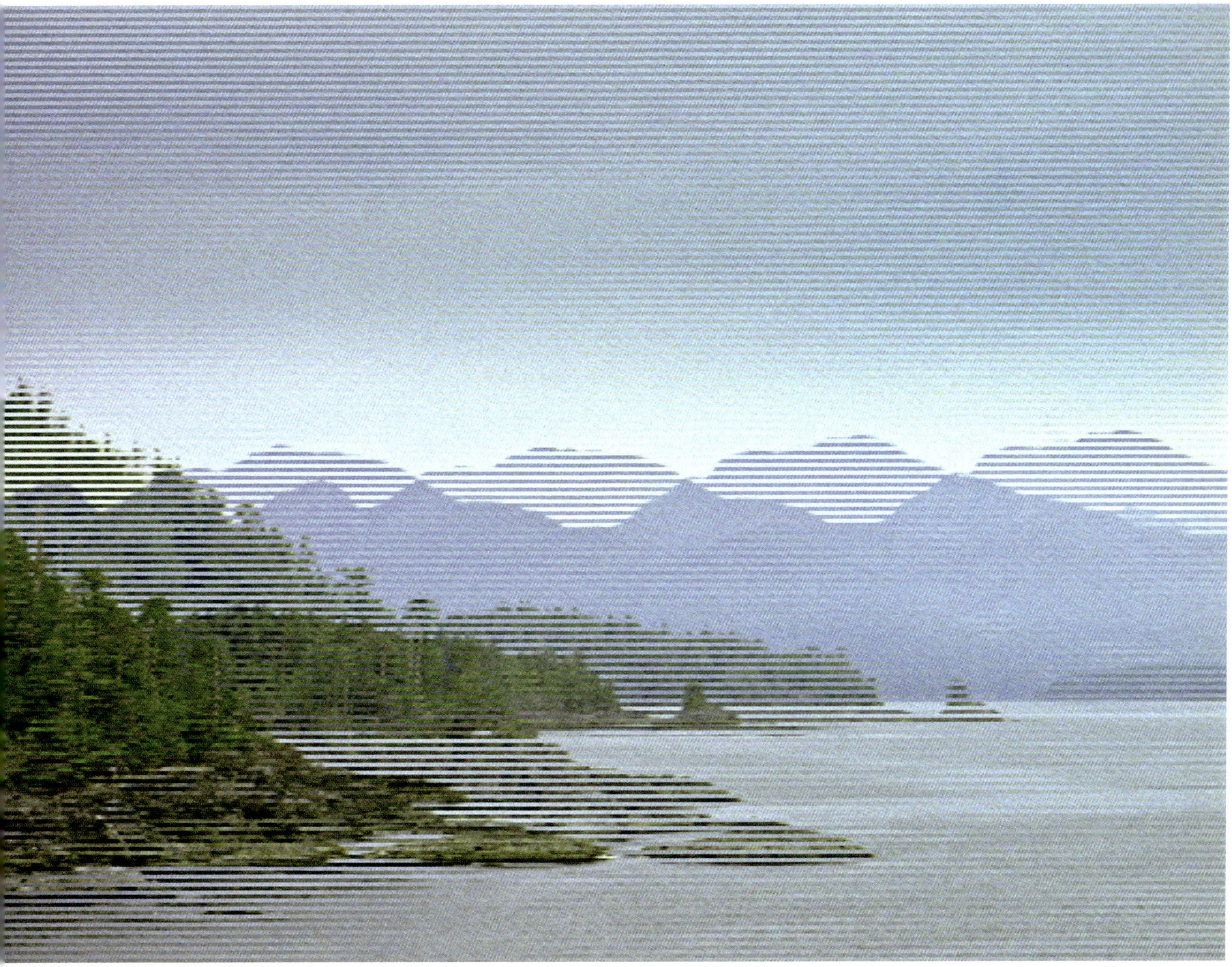

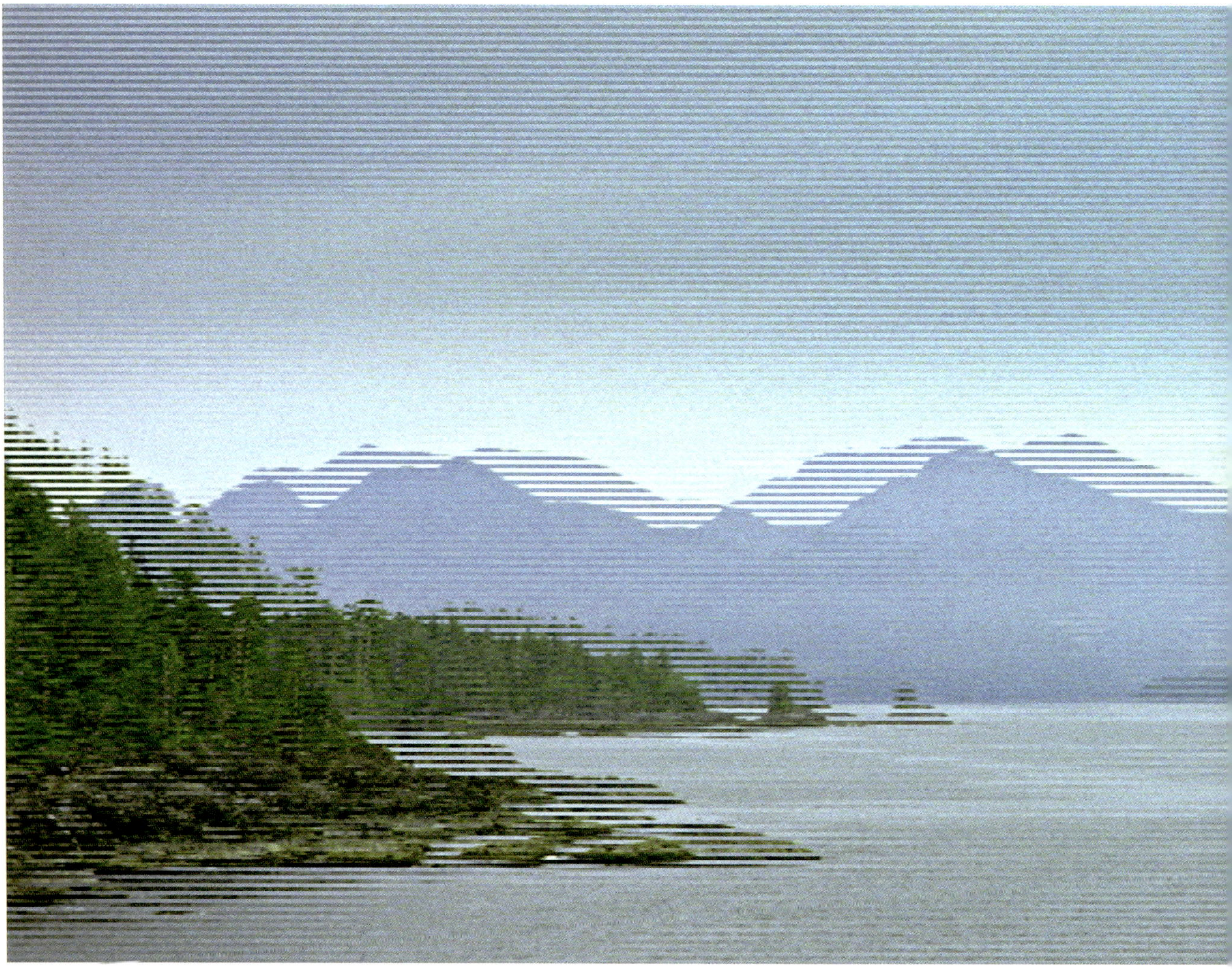

Nu•tka•, 1996
Installation vidéo monobande avec
son en quadriphonie
Durée d'une boucle : 6 min
4,6 x 10,4 x 8,8 m (dimensions variables)

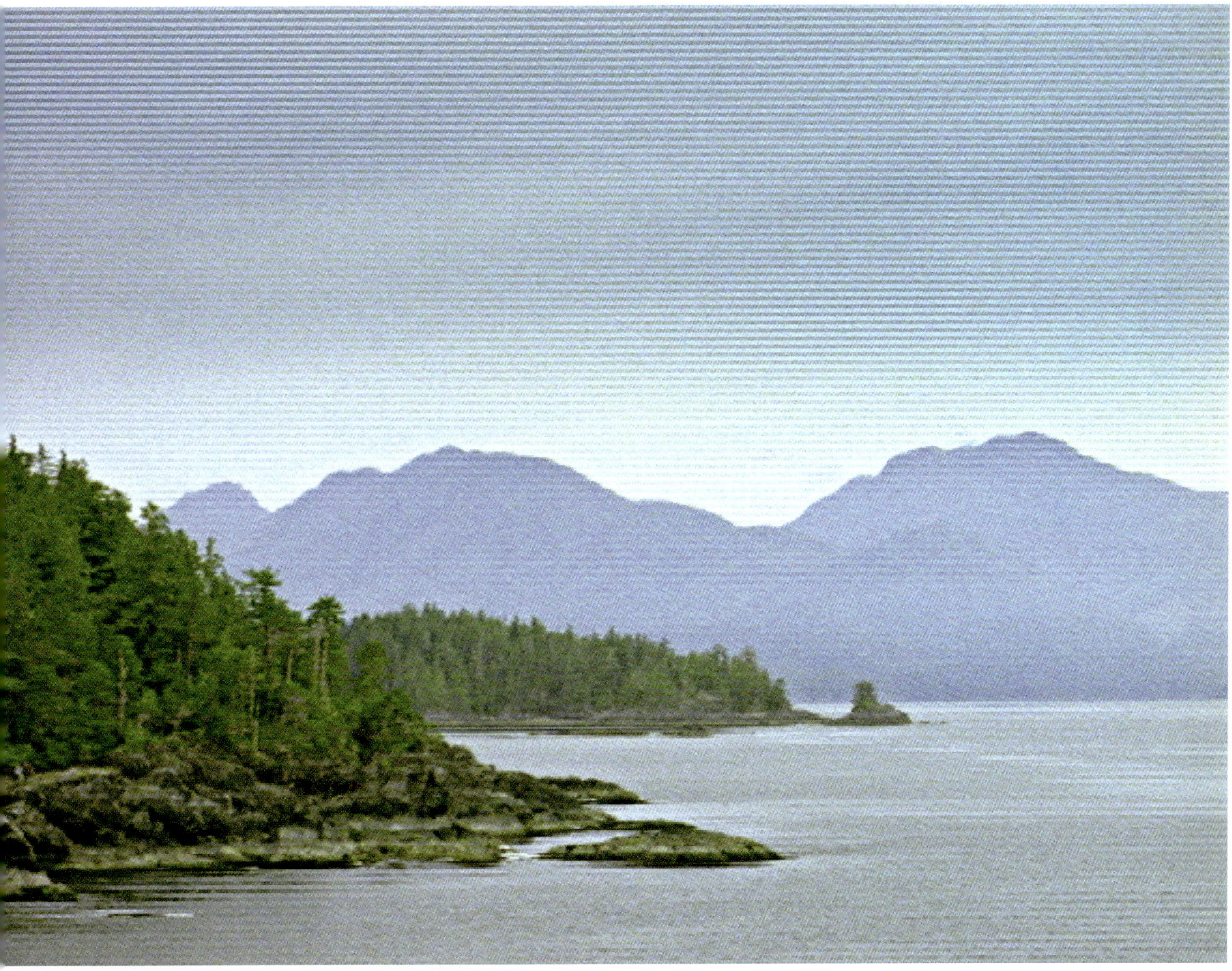

Continuité de l'architecture d'un autre[1]

Carlos Garaicoa

J'ai souvent utilisé comme points de départ d'une grande partie de mon œuvre l'histoire vue comme élément fictif et sa reconstruction compte tenu de ses implications par rapport à l'espace urbain. Dans des œuvres précédentes, j'étais « l'architecte » qui réinventait la ville à partir des fragments de ruines que je trouvais sur mon passage en déambulant dans La Havane, ville qui a été presque totalement construite avant 1959. Ces œuvres constituaient, à partir de dessins et d'installations, un projet d'avenir et d'utopie dans une ville marquée par la frustration et la dégradation urbaine et humaine. La fragmentation de la ville devenait la métaphore d'une éventuelle reconstruction physique et idéologique par le biais de propositions de luxe et de confort en provenance du monde occidental, projets étrangers à la réalité cubaine pendant plus de 40 ans. Par ailleurs, je voulais projeter l'imagination et l'absurde dans la trame urbaine et linguistique de la ville.

Pour ce nouveau projet, j'ai voulu revenir à mon travail apocryphe et me concentrer à nouveau sur La Havane. Alors que, dans une série de dessins antérieurs, je partais des *ruines physiques* de bâtiments construits, pour la plupart, entre la fin du XIXe siècle et le début du XXe, je voulais désormais me rapprocher dans le temps. En collaboration avec un architecte et avec une équipe de maquettistes et de sculpteurs, j'ai abordé sous un nouvel angle le phénomène urbain et architectural qui a le plus touché La Havane dans les 30 dernières années : la Micro-brigade sociale.

À Cuba, depuis que dure le socialisme, l'architecture est conditionnée par l'aléatoire tout comme bien d'autres projets sociaux. Les projets de construction visent essentiellement à édifier de nouveaux immeubles de logements, des écoles, des hôpitaux, etc., et laissent donc presque totalement de côté la restauration et la préservation du trésor architectural que constituent La Havane et d'autres villes de l'intérieur de l'île. La plupart des systèmes de construction utilisés, importés des pays socialistes de l'Europe de l'Est, se sont effondrés face à ce projet politique. S'il existe, pendant cette période, une architecture à Cuba, nous pouvons dire qu'il s'agit d'une architecture avortée, caractérisée par l'échec au niveau tant des fins utilitaires que des fins esthétiques.

Après la chute du socialisme en Europe, de nombreux travaux et projets d'architecture cubains ont été arrêtés ou abandonnés. À La Havane, comme dans d'autres grandes villes du pays, des ruines idylliques et sources de nostalgie de l'époque coloniale et de la première République coexistent avec celles d'un projet social et politique tombé en décadence. Il existe des centaines de bâtiments inachevés, délaissés ou en quelque sorte momentanément oubliés. En voyant ces lieux, on éprouve une étrange sensation; il ne s'agit pas des ruines d'un passé lumineux, mais d'un présent frappé d'incapacité. Nous sommes face à une architecture jamais achevée, pauvre parce que non terminée, déclarée ruine avant même d'exister. C'est la véritable image d'une ruine par abandon, que je désignerais sous le nom de ruines d'avenir.

1 Ce texte est un extrait de Carlos Garaicoa (cat. exp.), *Continuity of Somebody's Architecture: Project for Documenta 11*. Ed. Gli Ori, Italie, 2002, p. 8-11.

La collection de photographies, dessins et maquettes qui font partie de ce propos assure la continuité constructive de bon nombre de ces sites abandonnés. Pour cela, j'ai dû participer à la première étape d'où sont partis les architectes et à celle à laquelle ils sont arrivés (plans, élévations, perspectives, descriptions de la structure et des matériaux, et, dans la plupart des cas, réalisation des premiers murs et niveaux construits dans ces bâtiments). En quelque sorte, l'un de mes objectifs est de servir d'intermédiaire entre le processus de réflexion de ces architectes et concepteurs, et un nouveau moment dans la vie de ces espaces.

Dans chacun des projets, je tente non seulement d'aborder la recherche de fonctionnalités mais aussi de réfléchir sur des phénomènes inhérents à la société contemporaine : le public et le privé comme phénomènes en antagonisme qui définissent les relations humaines, la perte de l'intimité, la possibilité de vivre dans une société contrôlée, l'enseignement et la diffusion du savoir et de la connaissance, la solitude de l'être humain... C. G. (Traduction d'Amérique Latine)

Public Building as Greek Agora, 2002
Installation : 3 photographies noir et blanc, maquette (bois, carton, plexiglas et techniques mixtes), texte en vinyle
80 x 100 cm (2 photos)
120 x 180 cm (1 photo)
80 x 35 x 100 cm (maquette)

Pages suivantes
Somebody's Architecture, 2002
8 photographies noir et blanc,
8 dessins d'architecte
Photographies : environ 30 x 40 cm (chacune)
Dessins d'architecte : environ 50 x 80 cm (chacun)

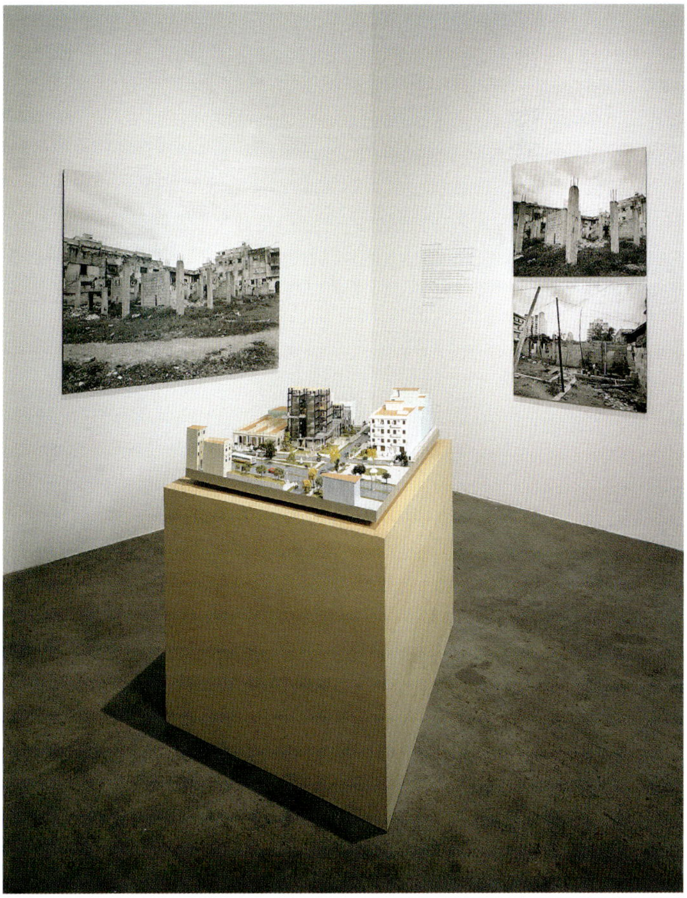

Plan d'origine pour un immeuble résidentiel situé sur la 19e rue, à l'intersection de la 48e rue, Playa, La Havane
Architectes : R. Izquierdo et J. Leyva
Photographie : Carlos Garaicoa
1 dessin d'architecte, 1 photographie noir et blanc du site dans son état actuel

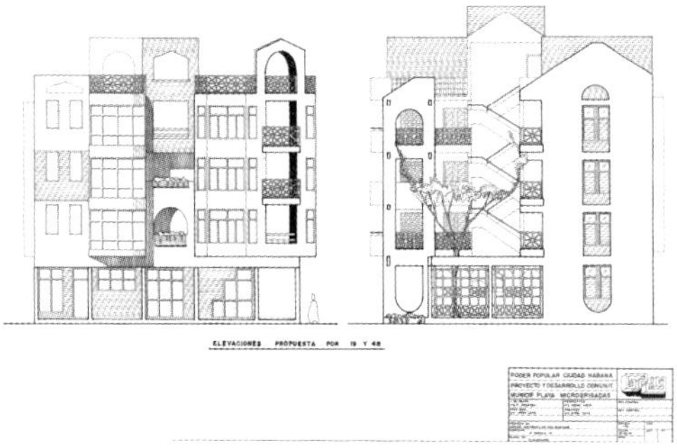

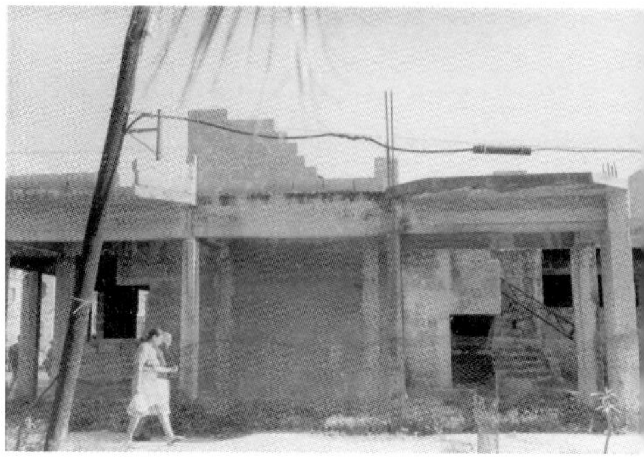

Plan d'origine pour un complexe d'habitation à loyer modique situé sur la 11e rue, entre les 46e et 48e rues, Playa, La Havane
Architectes : K. Ginard, G. Balin et G. H. Fortin
Photographie : Carlos Garaicoa
1 dessin d'architecte, 1 photographie noir et blanc du site dans son état actuel

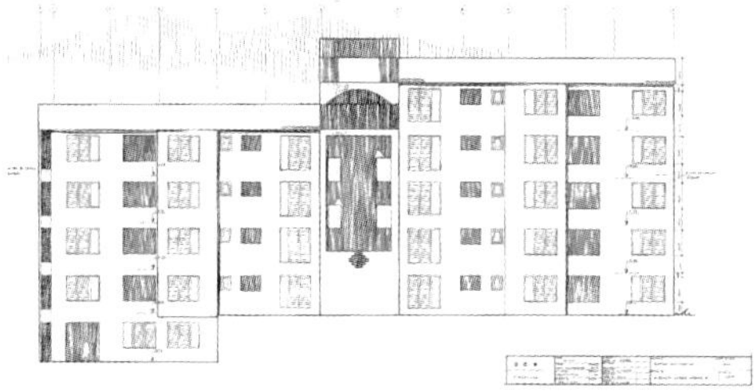

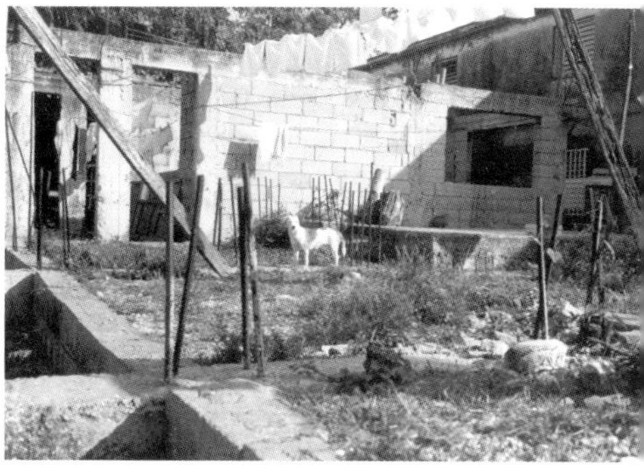

Plan d'origine pour un immeuble résidentiel situé au coin de la 13e rue et de la rue K, Vedado, La Havane
Architectes : D. Garrido, E. Alarcón et O. Pérez
Photographie : Carlos Garaicoa
1 dessin d'architecte, 1 photographie noir et blanc du site dans son état actuel

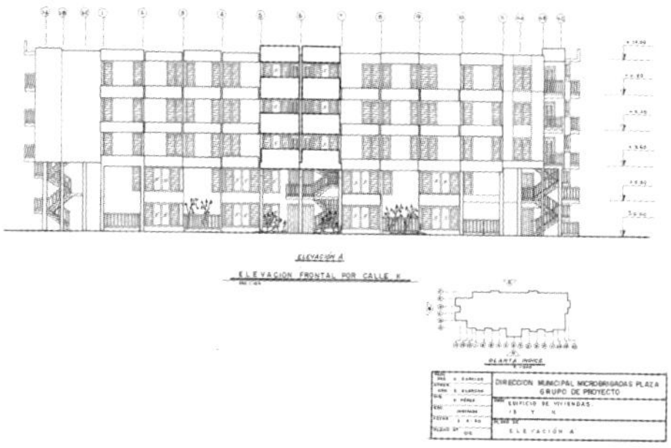

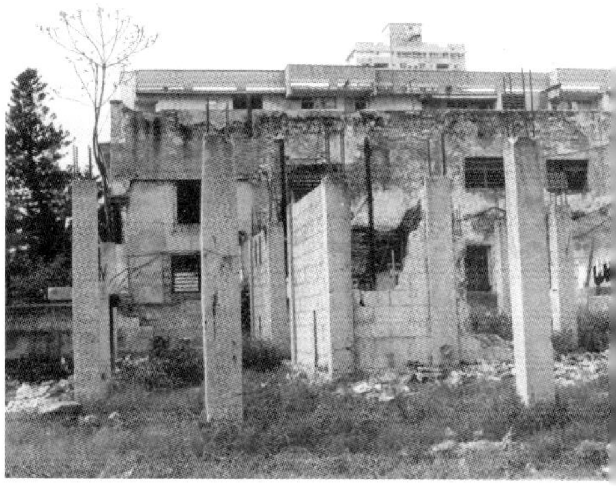

Plan d'origine pour un complexe d'habitation à loyer modique situé sur la 21e rue, à l'intersection de la 44e rue, Playa, La Havane
Architectes : R. Izquierdo et E. Camara
Photographie : Carlos Garaicoa
1 dessin d'architecte, 1 photographie noir et blanc du site dans son état actuel

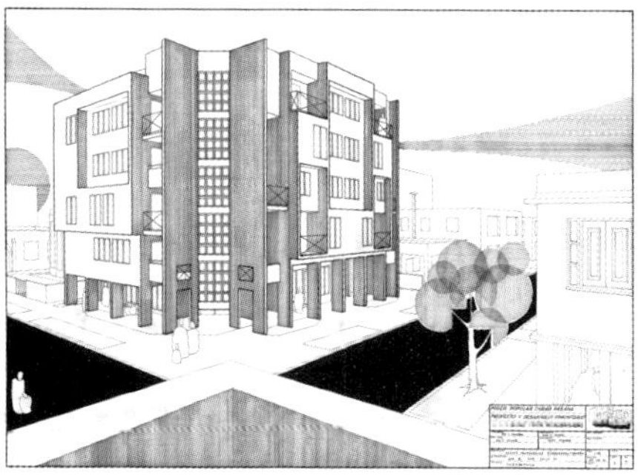

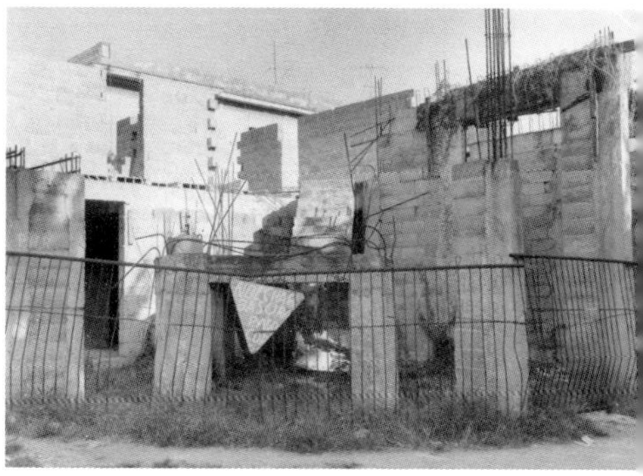

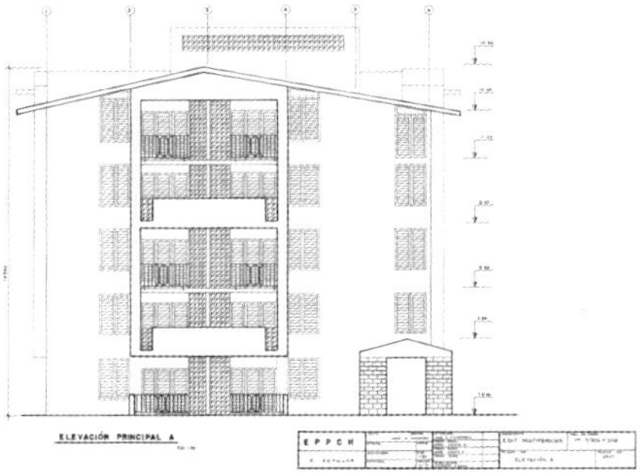

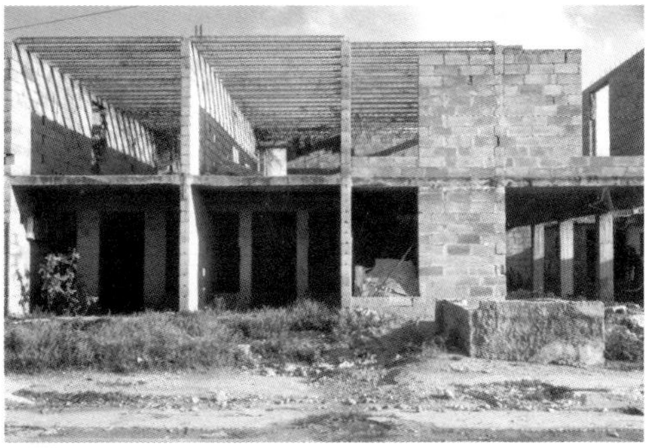

Plan d'origine pour un complexe d'habitation à loyer modique situé sur la 1re rue, entre les 306e et 308e rues, Santa Fe, La Havane
Architectes : H. Navarro, J. Vinardell et Nadia C.
Photographie : Carlos Garaicoa
1 dessin d'architecte, 1 photographie noir et blanc du site dans son état actuel

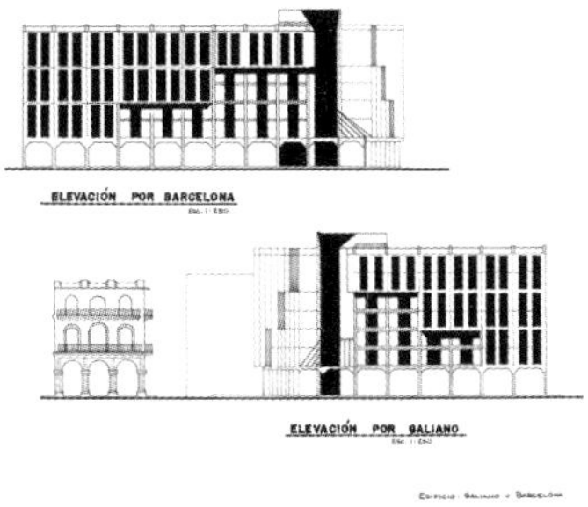

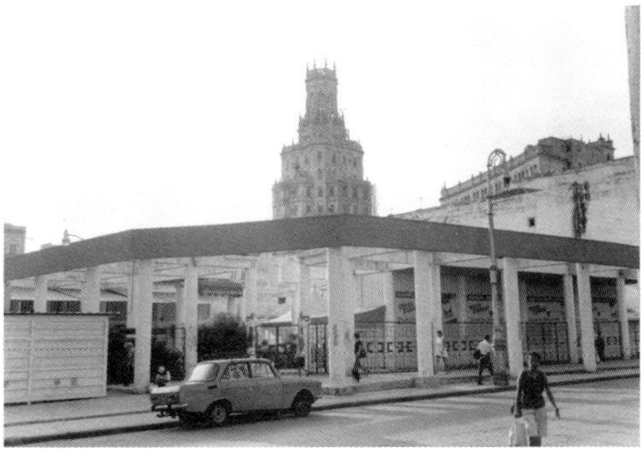

Plan d'origine pour un complexe d'habitation à loyer modique situé sur la rue Galiano, à l'intersection de la rue Barcelona, Centro Habana, La Havane
Architectes : L. Martínez et M. Marin
Photographie : Carlos Garaicoa
1 dessin d'architecte, 1 photographie noir et blanc du site dans son état actuel

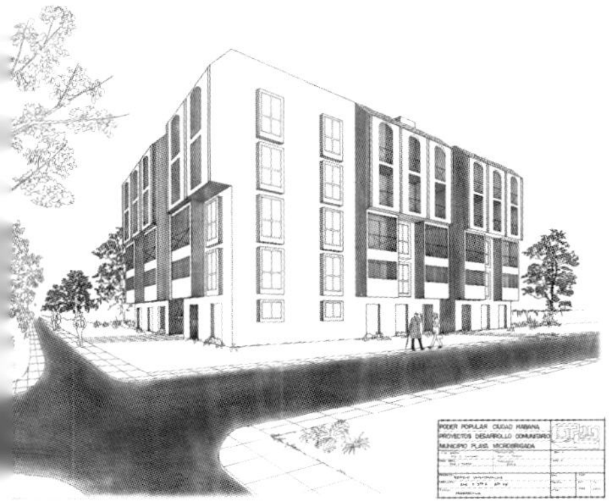

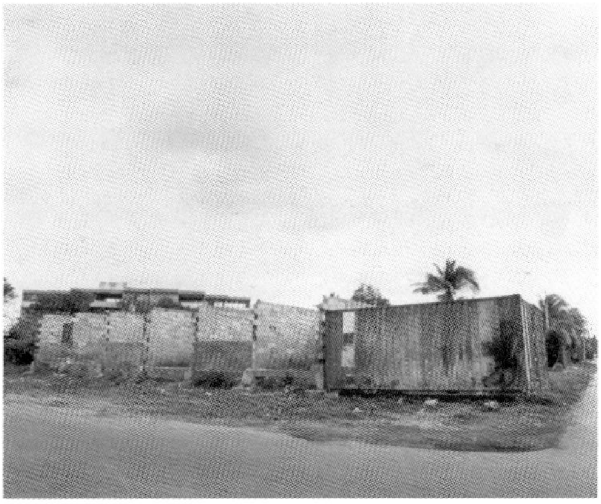

Plan d'origine pour un complexe d'habitation à loyer modique situé sur la 302e rue, à l'intersection de la 3e rue C, Santa Fe, La Havane
Architectes : H. Navarro et D. Toledo
Photographie : Carlos Garaicoa
1 dessin d'architecte, 1 photographie noir et blanc du site dans son état actuel

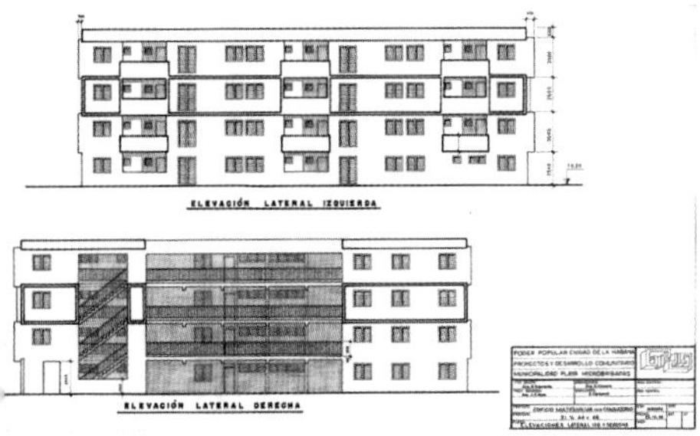

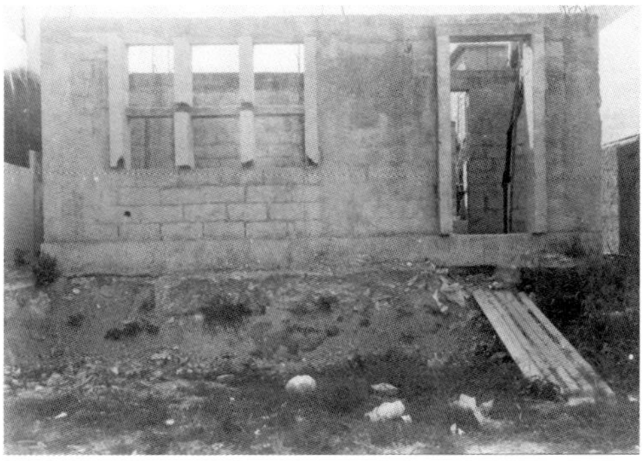

Plan d'origine pour un immeuble résidentiel situé sur la 21e rue, entre les 44e et 46e rues, Playa, La Havane
Architectes : R. Izquierdo, J. C. Ruiz et E. Camara
Photographie : Carlos Garaicoa
1 dessin d'architecte, 1 photographie noir et blanc du site dans son état actuel

Cynthia Girard

Filles du roi / Filles de joie

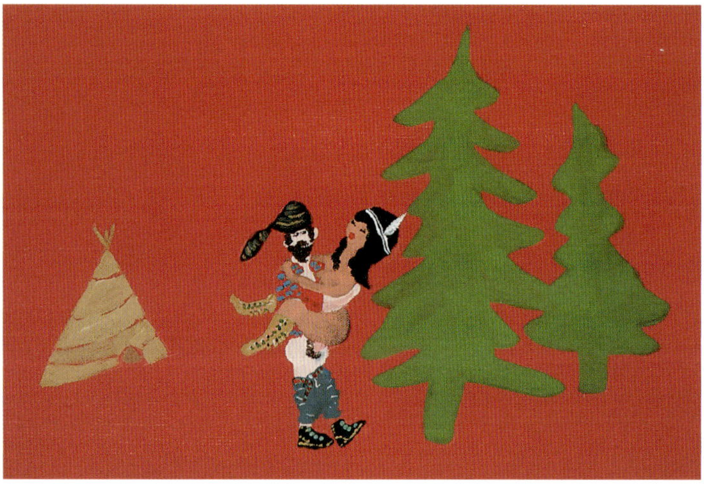

un coureur des bois
des soldats en érection
des femmes nues
un pays tracé à la ligne
une cabane dans le bois avec un sapin
une Amérindienne

Je suis le coureur des bois, l'Amérindienne, les femmes européennes lubriques, la cabane, le sapin, un régiment en érection, et ce, tout à la fois. Je suis une multitude. Je suis un pays tracé à la ligne, une zone érectile se mouvant sur de grandes flaques d'eau que l'on appellera lacs, mers et rivières. Je suis le fleuve de Fallope que l'on insémine artificiellement, une main profondément ancrée par la bouche anale coloniale qui attend la pipette valeureuse que l'on introduit dans le conduit vaginal. Je suis une faune et une flore, des animaux sexuellement actifs qui se reproduisent par les montagnes, les vallées, les marécages, les eaux envasées. Je suis une ourse noire qui cherche à mordre et déchiqueter la main du maître, de velours pourpre enveloppée.

« Regarde là-bas au loin arrivent des femmes ! » s'écrient les lièvres enchaînés, les lapins blancs émasculés.

Je suis une arbre, je suis une pin gigantesque foisonnant de cocottes qui tombent et cherchent à se multiplier sur des couvertes de laines carreautées. Lui là-bas, il est bean (fèves au lard). Je suis une immense conifère, lui là-bas la soupe aux pois, la tourtière, le lard et la farine. Je fais l'amour avec un homme de lard et de farine. Je masse vaillamment son sexe de pâte, je le roule, l'allonge et le trempe dans l'huile. Il est dur, moelleux et croquant, ses cuisses sont fortes, blanches et farinées, elles m'enserrent. Je le découpe en dix morceaux que je mangerai au souper, au dîner je mange des sandwichs au *Paris pâté* et un jus à la saveur de fruit; à la télé c'est *Chapeau melon et bottes de cuir*. J'engloutis mon sandwich de pain de mie avec mon pouding *Laura Secord*. J'ouvre l'atlas et trouve finalement le Québec, situé à droite de l'Ontario et en haut des États-Unis. Je le découpe, colle un aimant à l'endos et le dépose sur la porte du frigidaire aux côtés de Dorin le Roumain, mon boxeur préféré. C. G.

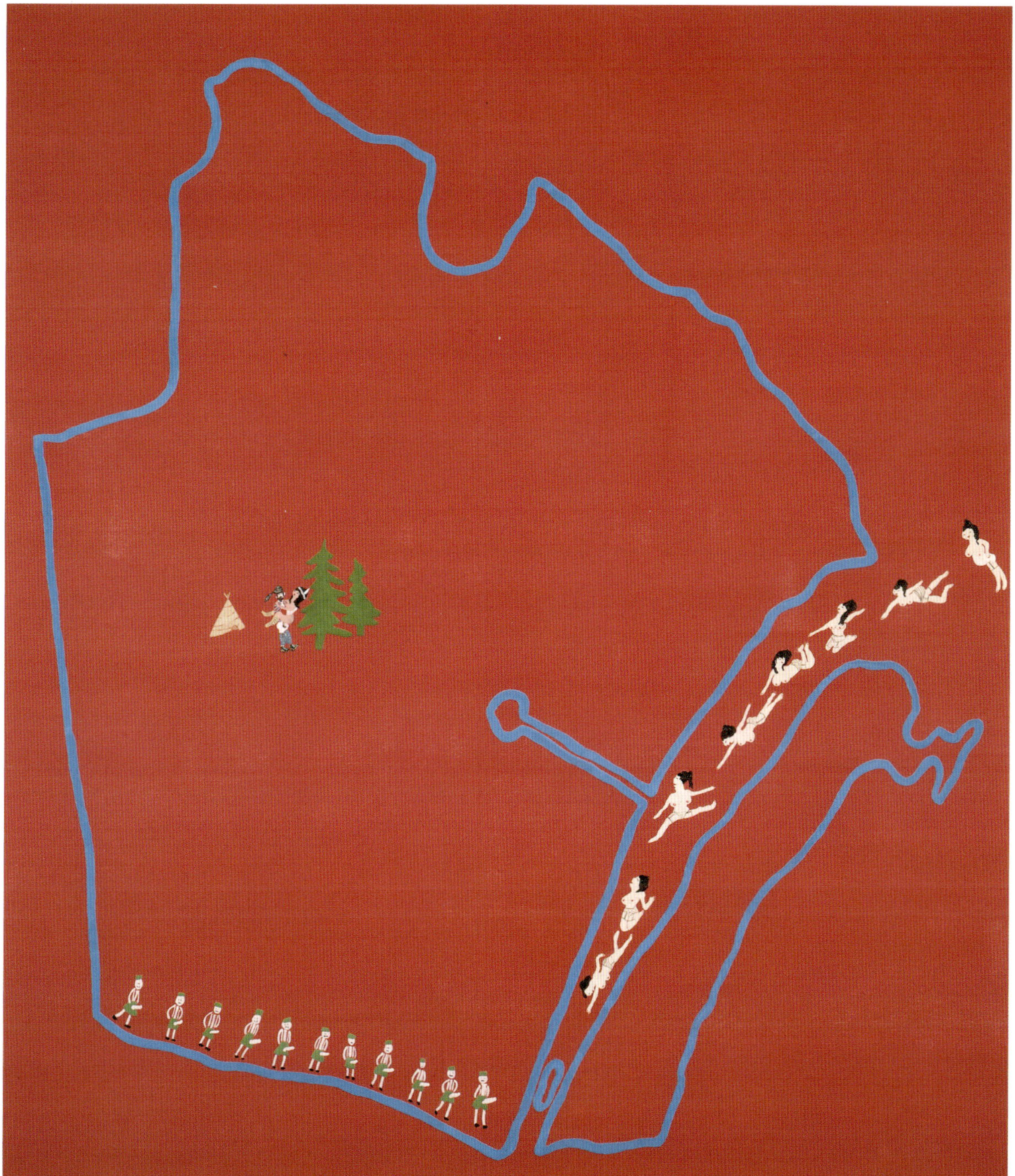

Filles du roi/Filles de joie, 2002
Acrylique sur toile
217 x 184,5 cm

Robert Houle

Kanata

L'œuvre intitulée *Kanata* a été créée à partir de deux sources d'inspiration : les histoires qu'avait l'habitude de me raconter mon grand-père maternel chaque fois qu'il voulait me donner une leçon et le révolutionnaire *tableau vivant* de Benjamin West (1738-1820), intitulé *The Death of General Wolfe* qui est au Musée des beaux-arts du Canada. En effet, pour moi qui viens d'une tradition orale, les paraboles de mon grand-père ont joué un rôle critique dans la définition de mon identité; et être en présence du tableau de West m'a fait comprendre qui avait écrit mon histoire.

Élevé par mes grands-parents, j'ai passé beaucoup de temps, lorsque j'étais enfant, avec mon grand-père qui me racontait toujours des histoires merveilleuses expliquant la provenance des taches ou des rayures des animaux, la source de la couleur chez les oiseaux et la manière dont les humains, surtout les chamans, pouvaient se transformer en créatures mythologiques afin d'intervenir dans les événements. La plupart du temps, il préfaçait ses récits des mots *jiishin gegoo wiiseg maa aking, Nishanaabe waabdann* (si une chose doit arriver, l'un de nous en sera témoin). Cette déclaration allait avoir un effet profond sur ma perception de moi-même au sein d'une nation. Cette mémoire, qui est régie par une expression nomade du temps, soit *mi-aash* (cela est arrivé), est ce qui situe les peuples autochtones au delà de la bataille de Québec en 1759 entre les généraux Wolfe et Montcalm, et même avant la première rencontre de 1492 entre Christophe Colomb et les Taïnos.

J'ai également été inspiré par la façon de West de représenter un guerrier Delaware : magnifiquement vêtu et pieds nus, il est le froid témoin d'un général agonisant après une bataille décisive. À mes yeux, le guerrier sans nom, assis à l'avant-plan, joue un rôle-clé dans la compréhension de toute l'image. Les historiens de l'art, qui s'entendent en général pour dire que le guerrier est une figure allégorique représentant les Amériques, continuent à se demander pour quelle raison le guerrier a été inclus alors que tout le monde savait que le général ne prisait pas les « Indiens » et que, durant la bataille, ceux-ci s'étaient alliés aux Français. Cependant, on sait également que l'artiste était en solidarité politique avec le pacifisme des quakers, qui encourageait des alliances paisibles avec les peuples aborigènes du Nouveau Monde. Le guerrier est une personnification de l'Amérique, de la conquête britannique, du patriarcat. Mais ce qui est encore plus important, c'est que la figure se voit reléguée au rôle de voyeur, de réfugié dans l'histoire du Canada.

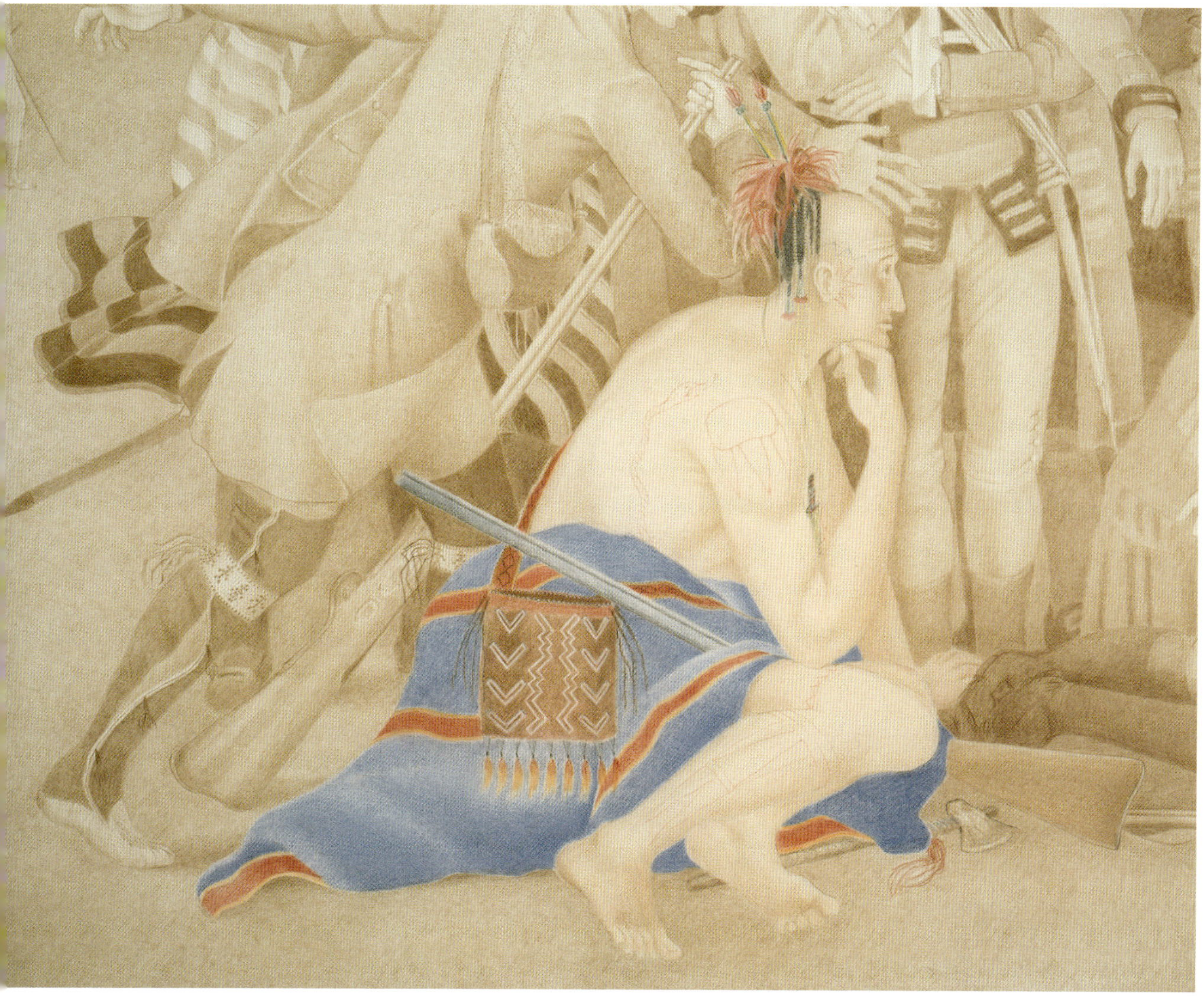

J'ai été motivé à créer *Kanata* pour invoquer une tout autre histoire qui, elle, s'appuie sur une mise en relief de la marginalisation historique en intensifiant la lecture allégorique du « noble sauvage » romantique dans le tableau de West. Néanmoins, l'histoire du « Nouveau Monde » continue à marginaliser une ligne de vie qui remonte aux origines de la mémoire culturelle. Cet héritage me pousse à revendiquer notre place entre les deux nations européennes qui ont formé un pays. Mon *Kanata* est un dessin au crayon Conté sur une toile vierge, flanqué de larges panneaux monochromes, deux champs de couleur respectivement rouge et bleu, représentant les forces/majorités anglaises et françaises. Cependant, la figure du guerrier est demeurée à l'avant-plan du dessin au crayon Conté; ironiquement, il est le seul à être en couleur, avec sa couverture rouge et bleue. Le vêtement autochtone est adopté par les figures tout autour, indiquant ainsi l'acquisition de moyens de survie par les Européens pour subsister dans les Amériques.

Dans *Kanata*, je me suis approprié les vocabulaires visuels classiques de *The Death of General Wolfe*, dans un contexte différent de l'original, comme stratégie visant l'établissement d'un discours critique sur la culture. Mon intérêt, c'est de voir le monde d'une manière qui n'est pas arrêtée, qui peut accueillir ce qui, jusque-là, a été exclu. Grâce à cette œuvre, je peux reculer dans le temps et redonner à l'histoire un éclairage du présent. R. H. (Traduction de Colette Tougas)

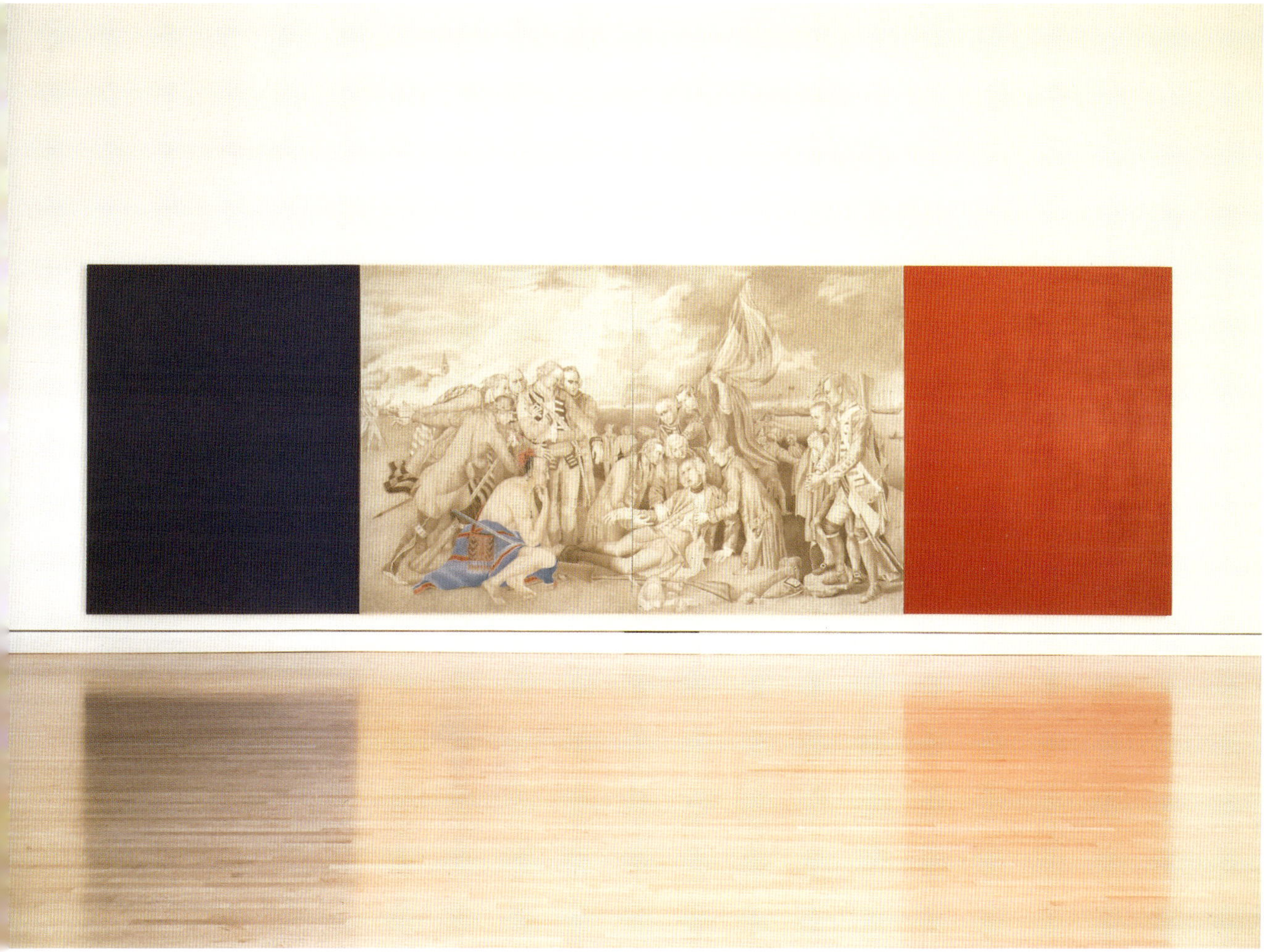

Kanata, 1992
Acrylique et crayon Conté sur toile
228,7 x 732 cm

Liz Magor

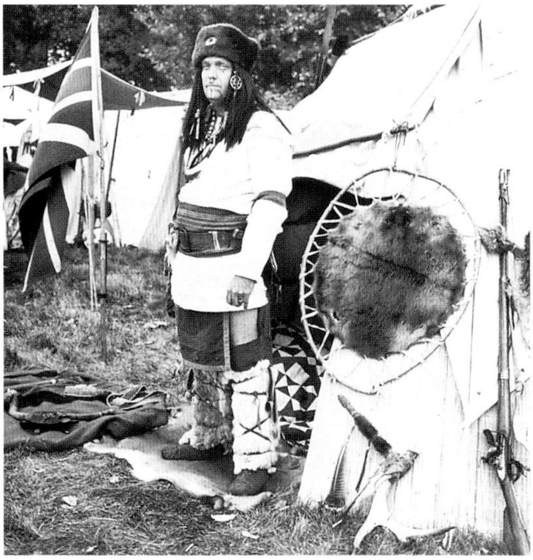

J'ai pris ces photographies entre 1989 et 1994 lors de diverses présentations d'histoire vivante au Canada et aux États-Unis. Elles constituent une forme de recherche sur les notions d'authenticité, de vérité, d'histoire et de réalité, sujets qui me sont tous d'une grande importance, comme ils le sont apparemment pour ceux et celles qui montent ces reconstitutions. Le succès d'un acteur dans un jeu d'histoire vivante se mesure en termes de détails dans le vêtement et l'attirail, c'est-à-dire les boutons, les insignes, les armes et l'équipement qui illustrent la figure représentée. Malgré toute l'attention apportée aux détails, il existe toutefois des omissions inévitables qui font échouer la volonté d'authenticité. Tôt ou tard, c'est le détail qui détruit l'illusion. Certaines caractéristiques corporelles sont négligées ou impossibles à changer : l'âge, la mollesse ou l'embonpoint, les dents blanches parfaites, les membres et les organes intacts. Nous ne souhaitons certainement pas voir ces hommes estropiés ou transpercés; mais l'histoire des soldats et des pionniers est faite de quoi sinon de sacrifices et de privations physiques ? Il y a bien quelques morts simulées avec du faux sang mais, dans ces reconstitutions, aucun interprète n'est à la recherche du cauchemar noir ultime comme il l'est de la veste ou du fusil authentiques. Aucun interprète ne vise à rendre la vérité de la blessure et de la mort. Il se dégage plutôt un air de camaraderie sous la pétarade de balles. Ces aventures sont de parfaits oxymores; ce sont des rencontres truquées, conçues pour contrecarrer l'entropie et arrêter le temps. Le joueur ressort plus intact de chaque représentation. D'une fois à l'autre, il n'est toujours pas un cadavre, il ne se perd pas dans la nature, n'est pas la victime d'un quelconque changement de pouvoir. Il survit au week-end. Sa désintégration est reportée grâce à la répétition de l'histoire, et il en émerge virtuellement plus jeune, fortifié par ces rites de conservation et de sécurité. L. M. (Traduction de Colette Tougas)

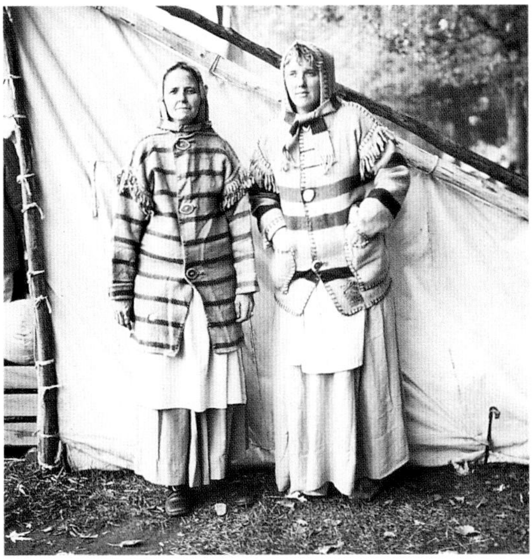

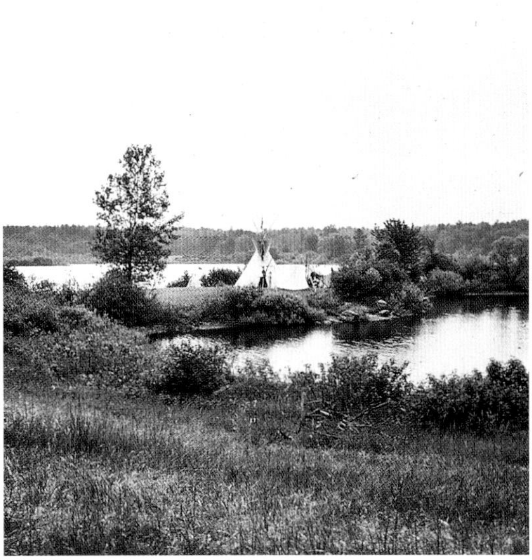

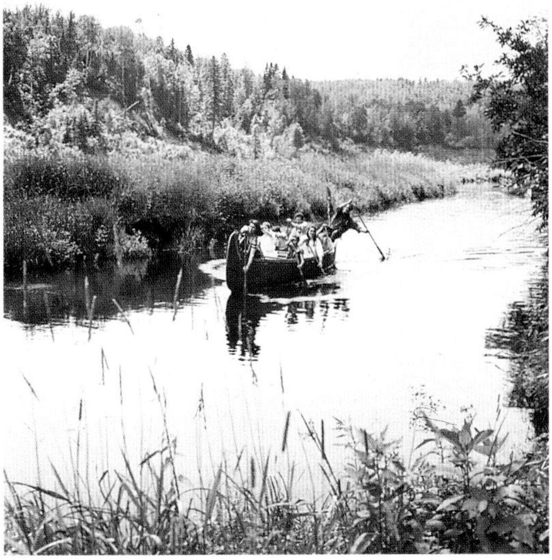

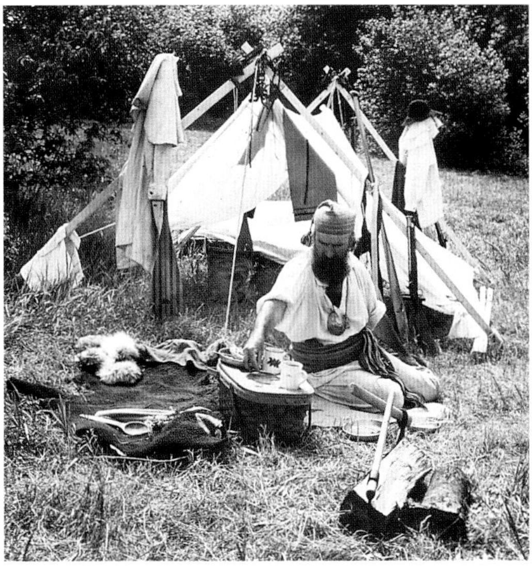

Fur Trade, 1996
Épreuves argentiques
(tirées d'une suite de 10)
40,6 x 50,8 cm (chacune)

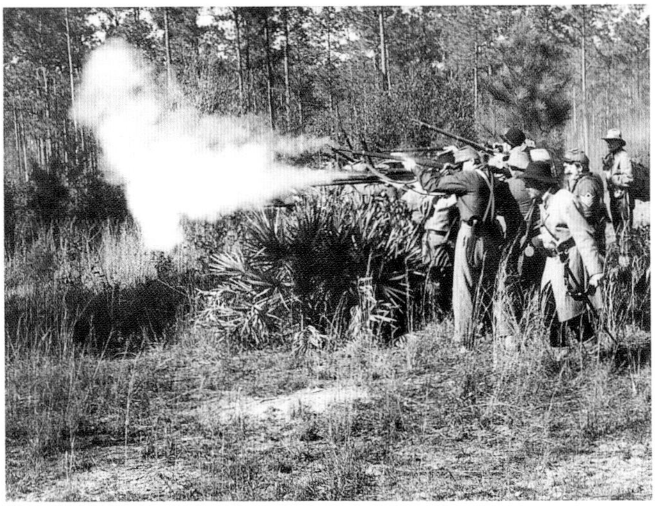

WHERE AN ARMY GAVE ITS OWN ORDERS

68 ***Civil War Portfolio,*** 1991
Épreuves argentiques avec texte
(tirées d'une suite de 14)
61 x 69 cm (chacune)

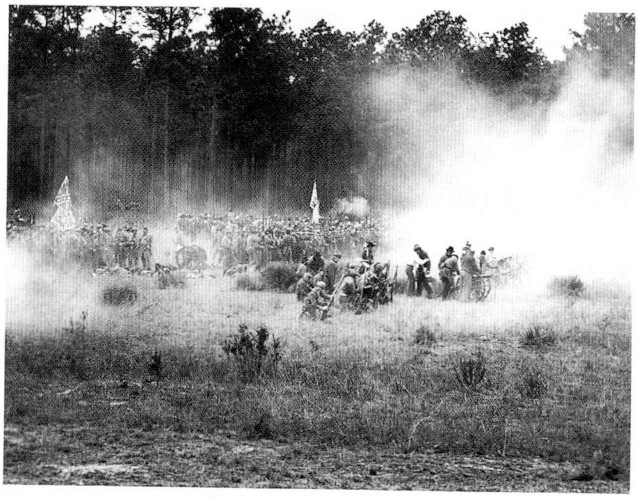

THE THRICE-FOUGHT GROUND

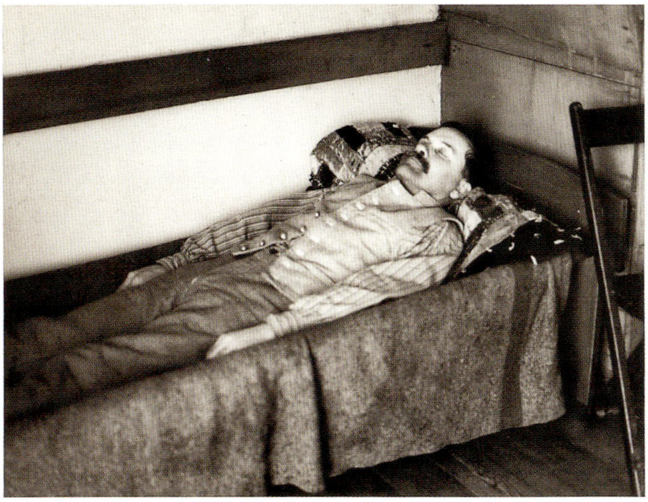

THE PLANS THAT FAILED

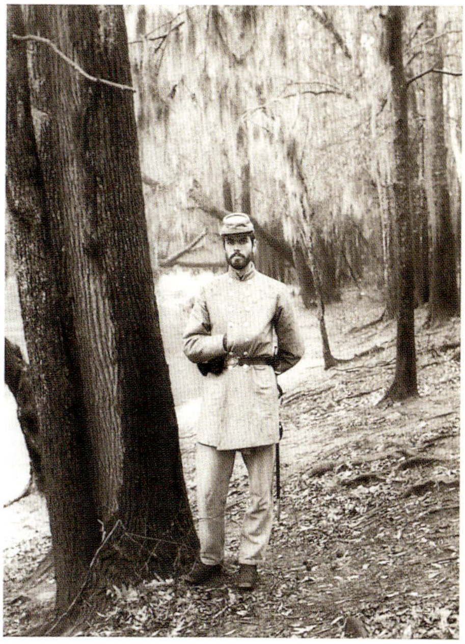

THE SPIRIT OF RESISTANCE

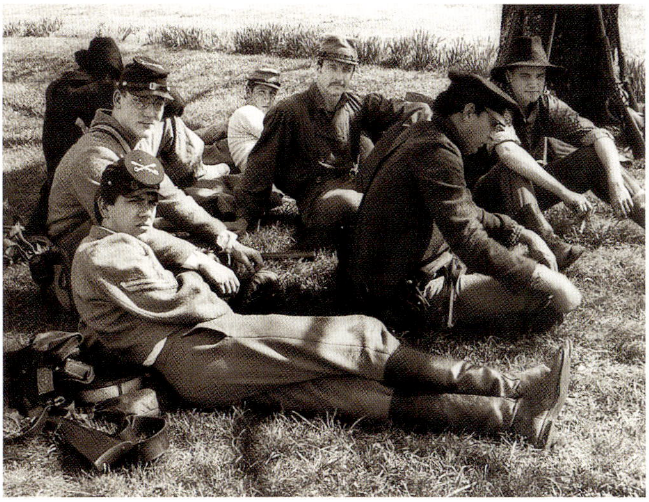

THE ONES WHO NEVER CAME BACK

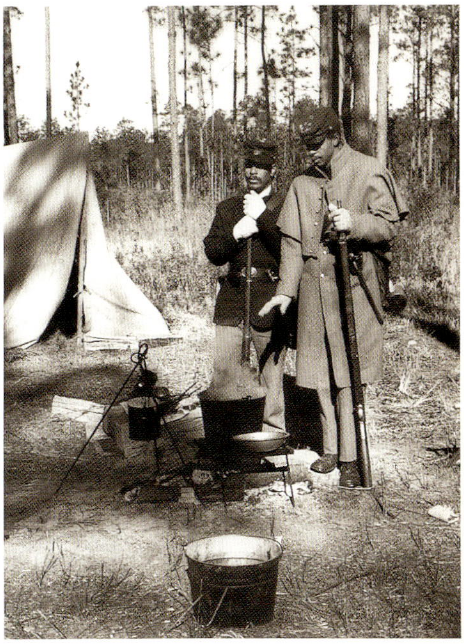

THE CORPS THAT STOOD ALONE

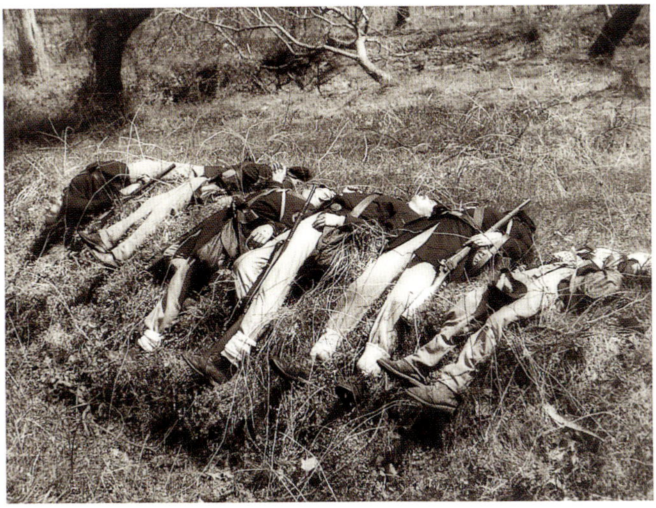

THE MEN WHO CAME TO STAY

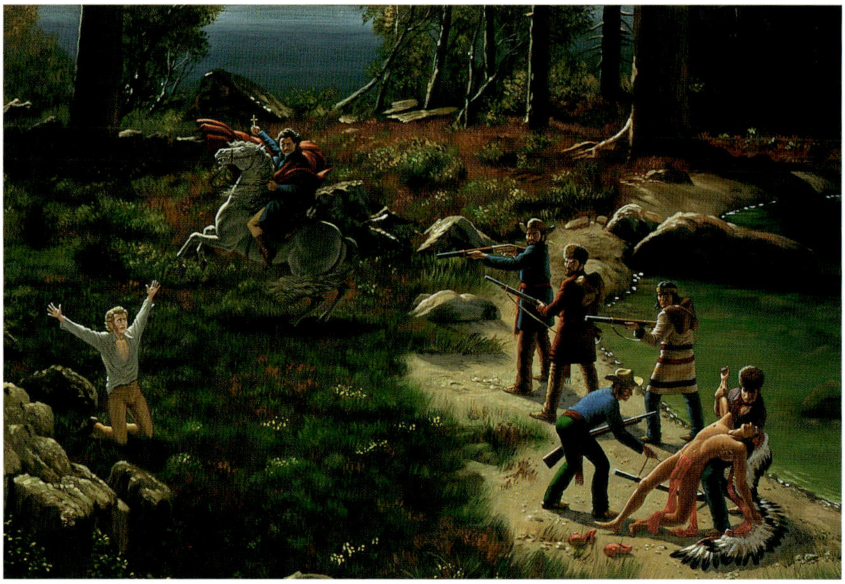

Kent Monkman

Sur les voyages d'un artiste

À mon retour en Amérique du Nord, après avoir passé beaucoup de temps à étudier les us et coutumes du mâle européen dans son habitat naturel en Europe, j'ai décidé de consacrer mes talents et mes compétences à l'exécution d'une série de tableaux illustrant le mâle blanc dans son décor nord-américain.

Il s'agissait d'un sujet qui m'intéressait vivement depuis l'enfance puisque, dans mon pays, je connaissais intimement des centaines de trappeurs, de coureurs des bois, de prêtres et de fermiers, fiers représentants des plus nobles races d'Europe.

Hélas ! le visage de l'homme blanc se transforme, la moindre trace de ce qu'il fut autrefois étant modifiée par ses contacts avec l'homme rouge. Je me suis donc donné pour tâche de documenter tout ce qui a trait à ses coutumes et à ses pratiques, espérant que ces images non seulement sauront intéresser le curieux, mais aussi qu'elles auront une valeur intrinsèque pour l'historien. (Traduction de Colette Tougas)

Miss Share Eagle Testikle
(Adaptation de *The Wanderings of an Artist Among the Indians of North America*, par Paul Kane, d'abord publié en 1859.)

The Fourth of March, 2004
Acrylique sur toile
182,9 cm x 274,3 cm

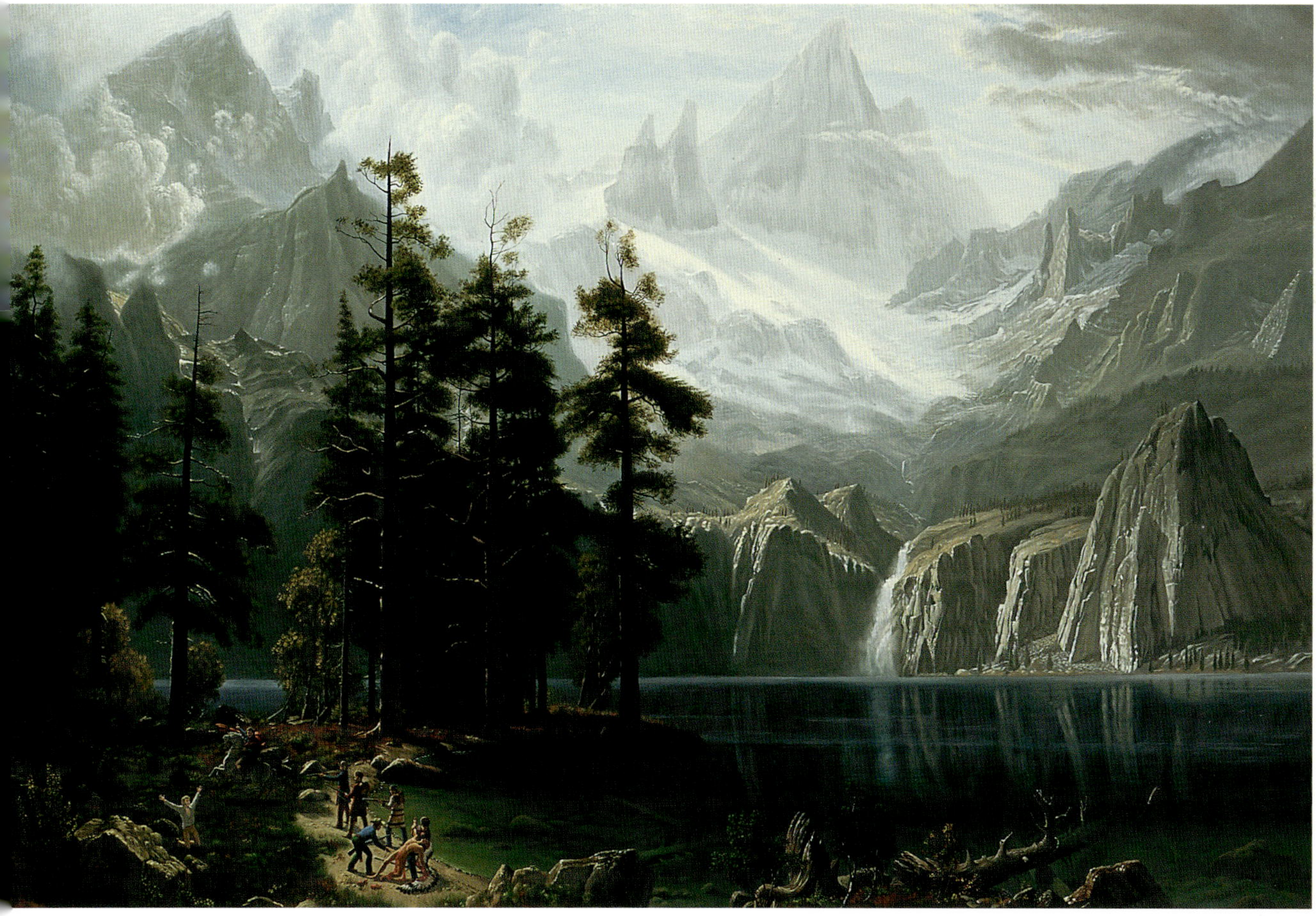

The Rape of Daniel Boone Junior, 2002
Acrylique sur toile
45,7 x 61 cm

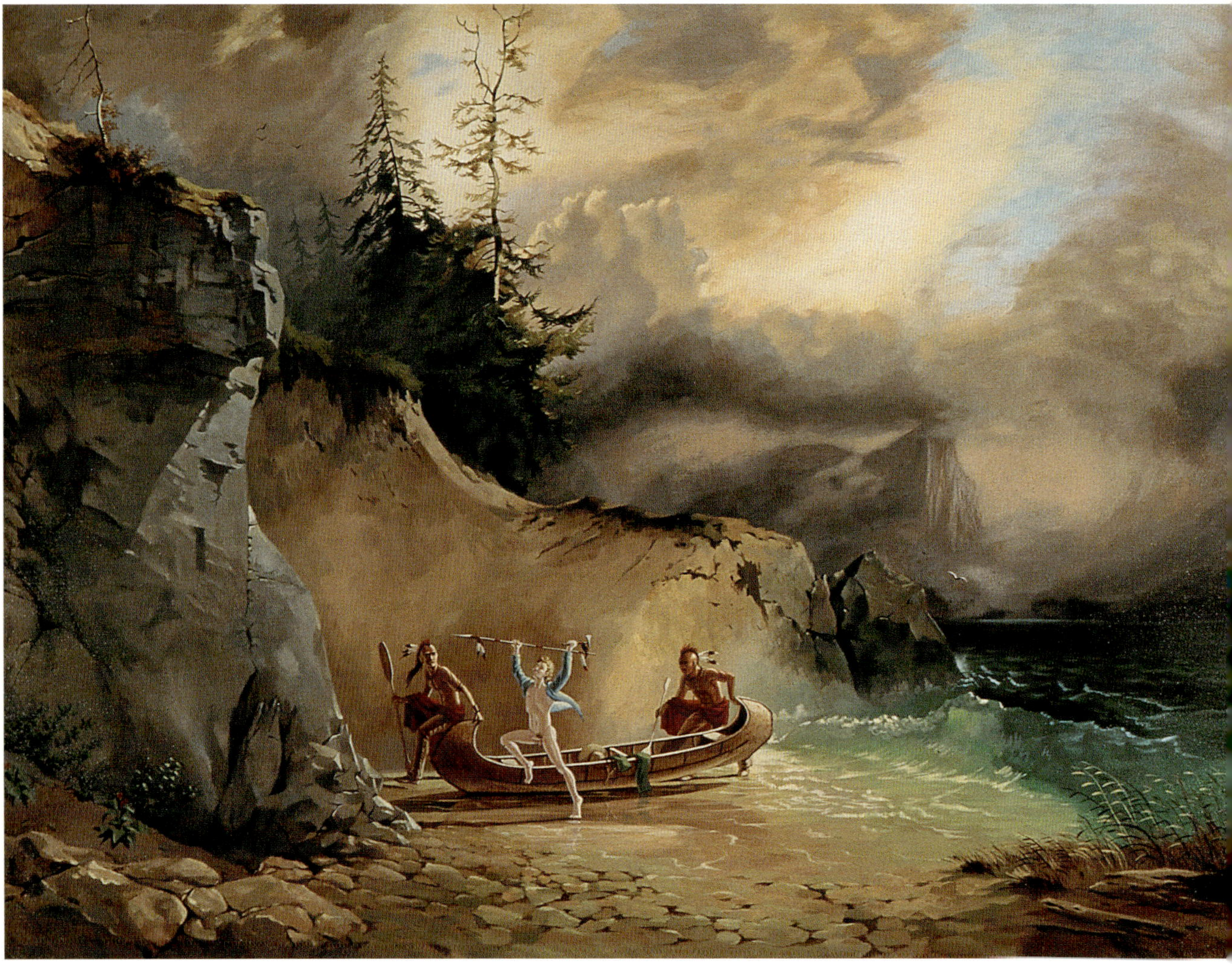

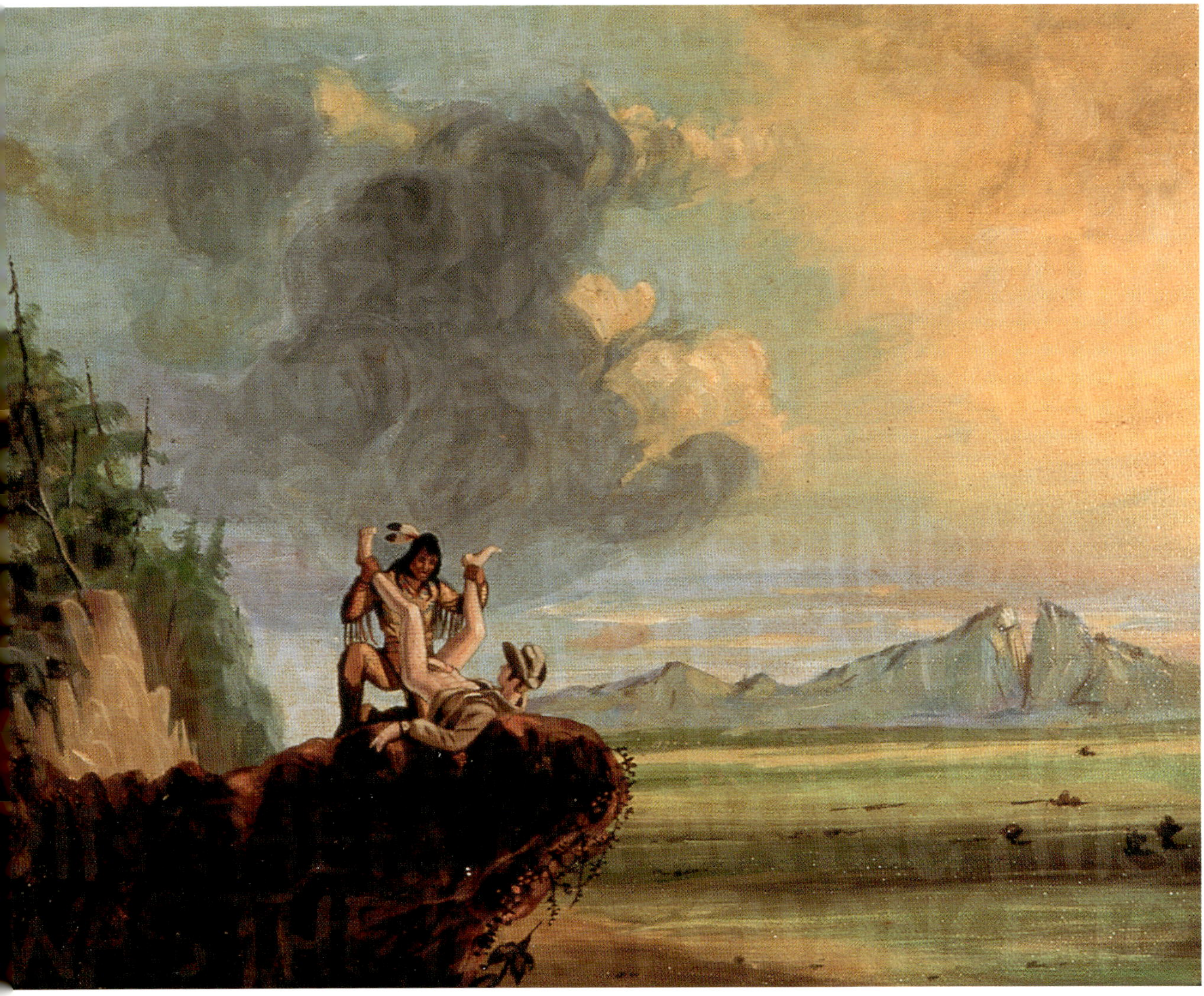

Daniel Boone's First View of the Kentucky Valley, 2001
Acrylique sur toile
20,3 x 25,4 cm

COW-BOY 1
Hé ! Fiston ! Comment tu t'appelles ?

PEE WEE HERMAN
Je ne m'en souviens plus.

COW-BOY 2
D'où viens-tu ?

PEE WEE HERMAN
Je ne m'en souviens plus.

COW-BOY 1
Te souviens-tu de quelque chose ?

PEE WEE HERMAN
Je me souviens de... l'Alamo[1] !

The A Files

74 # Rubén Ortiz-Torres
en collaboration avec Jim Mendiola

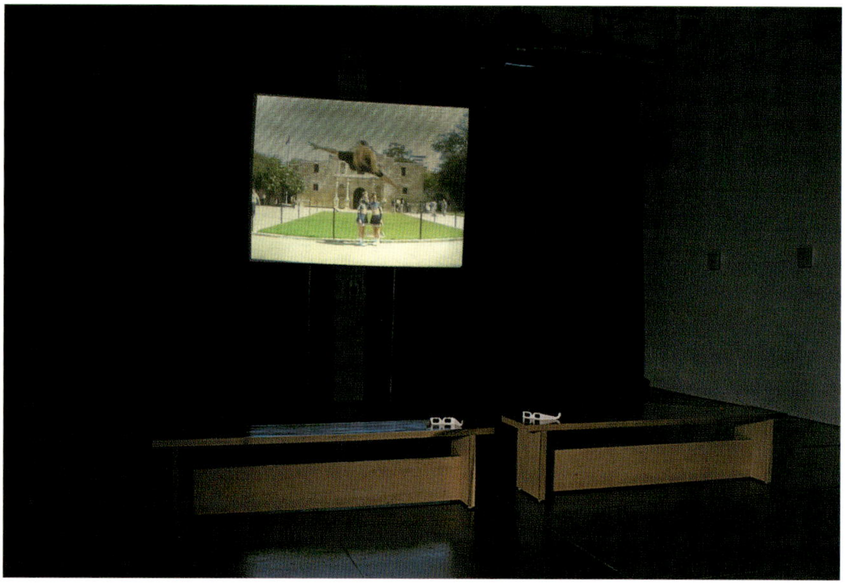

Spectacle/Spaztek Aztec Visits the Alamo, 2001
DVD en trois dimensions avec son « surround »; 5 min

Sous l'effet d'une généralisation grossière qui a tendance à occulter l'expérience des minorités, les États-Unis s'intéressent surtout à un présent et à un futur optimistes, et à la célébration de la réussite. Contrairement aux Mexicains et au reste du monde, ils ne semblent pas être obsédés ou traumatisés par un passé problématique. Il est donc certainement étrange que le moment historique qu'ils semblent vraiment vouloir se rappeler est cette bataille dans laquelle les Mexicains les ont surpassés en nombre et les ont vaincus. C'est peut-être parce que ces faits ont déjà été oubliés et remplacés par un simple cri de bataille, ou parce qu'ils sont aujourd'hui devenus un pur divertissement.

L'histoire est produite par les vainqueurs (dans le cas de l'Alamo, il s'agit exceptionnellement et paradoxalement des perdants de la bataille) qui peuvent ainsi en justifier le résultat. Ici, le processus se déroule de façon unique et plutôt extrême. Les gardiens du site ne sont pas des historiens ou l'État, mais un groupe de vieilles dames privilégiées, connu sous le nom de *Daughters of the Republic of Texas* (*Filles de la république du Texas*), dont la légitimité provient du fait qu'elles sont des descendantes de pionniers anglais venus s'établir au Texas avant que celui-ci ne fasse partie des États-Unis. Elles ont fait de ce site historique un lieu de pèlerinage qu'elles gèrent plutôt à la manière d'un parc d'attractions. Le savoir empirique a été remplacé par la foi, et celle-ci a finalement été remplacée par l'invention et le divertissement. L'histoire devient mythe et le mythe devient spectacle. Des preuves historiques douteuses sont déposées, telles des reliques sacrées, au cœur même de l'attraction. À un certain moment, une grande peinture à l'huile, illustrant le champ de bataille, montrait John Wayne dans le rôle de Davy Crockett.

1 *Pee-Wee's Big Adventure*, Warner Bros., Hollywood, 1985. [Notre traduction.]

L'Alamo est devenu un symbole contesté autour duquel plusieurs batailles continuent à se livrer. En juin 1980, une brigade maoïste remplaçait par un drapeau rouge celui du Texas. Le drapeau mexicain s'est agité sur le fort à nouveau, et sans permis, pendant le tournage du film de Peter Ustinov intitulé *Viva Max*. Le Ku Klux Klan y a paradé pour manifester en faveur de la suprématie de la race blanche. Pat Buchanan s'est servi du fort, dans lequel furent massacrés des immigrants, comme toile de fond pour déblatérer contre les immigrants. David Copperfield a voulu le faire disparaître. En 1975, un cheikh d'Arabie saoudite a souhaité acheter la forteresse pour l'offrir à son fils. En 1981, Ozzy Osbourne a pissé dessus; il devint ainsi une *persona non grata* au Texas et fut banni de San Antonio à vie (ou plutôt jusqu'à ce qu'il verse 10 000 $ aux *Daughters of the Republic of Texas* dix années plus tard).

A Files contient des photocopies de renseignements publiés qui portent sur l'histoire récente de l'Alamo. Même si certaines histoires peuvent sembler incroyables, des éléments prouvent qu'elles sont plus justes et exactes que le récit patriotique d'origine. Néanmoins, il est difficile de comprendre précisément ce qui s'est passé puisqu'il existe différentes versions de ces incidents récents. Ozzy prétend qu'il portait la robe verte de sa femme quand il a pissé sur l'Alamo, alors qu'un journaliste du *Melody Maker* prétend qu'il portait une jupe-culotte, et il n'y a pas de concordance entre eux et le rapport de police quant à l'endroit précis où s'est produit l'incident. L'histoire du symbole révèle non seulement la signification du lieu, mais peut-être aussi la signification même de l'histoire. À partir de ces faits, le cinéaste Jim Mendiola et moi-même avons créé notre propre musée/œuvre d'art/attraction touristique. On y trouve le premier film chicano en trois dimensions, qui est également la première réalisation de ce type consacrée à l'Alamo. Il juxtapose un travelling sur les multiples façades de ce bâtiment iconique, qui semble se reproduire de façon exponentielle dans les environs de San Antonio, et une bande sonore composée de versions différentes et contradictoires de visites guidées qui proviennent de plusieurs films. Une figure originale en cire d'Ozzy Osbourne urine dans l'espace du musée, reprenant le geste sacrilège (ou héroïque) qui s'est produit dans cet autre lieu de pèlerinage. En réaction à la tentative de David Copperfield de faire disparaître l'Alamo, nous avons produit une épreuve lenticulaire dans laquelle la façade archétype du site incorrectement reconstruit disparaît lorsqu'on circule. Si l'on recule, elle réapparaît comme si l'on était sur le point de se la rappeler. On ne peut pas se rappeler ce qu'on n'a pas oublié.

Notre intention n'est pas de réviser l'histoire[2] ou de formuler une sorte de critique institutionnelle, ou de malmener la vérité encore une fois pour en faire un instrument de pouvoir malléable au service de nos objectifs bien-pensants. Une façon possible de racheter le processus d'appropriation de l'histoire serait d'en faire de l'art. Si, comme on le dit, l'histoire devient mythe et le mythe devient spectacle, le spectacle pourrait être déconstruit pour devenir de l'art. Et l'art pourrait ainsi être le mensonge qui révèle la vérité. R. O.-T. (Traduction de Colette Tougas)

2 De nouvelles révisions de la version manichéenne originale de la bataille reconnaissent la participation de Tejanos parmi les insurgés, les présentant comme étant de « bons » Mexicains. Rudy Acuña et d'autres activistes chicanos les considéreraient plutôt comme des collaborateurs et des traîtres.

Fountain/Ozzy Visits the Alamo, 2001
Personnage en cire, cheveux humains, tubes en cuivre et pompe électrique
183 x 63,5 x 63,5 cm

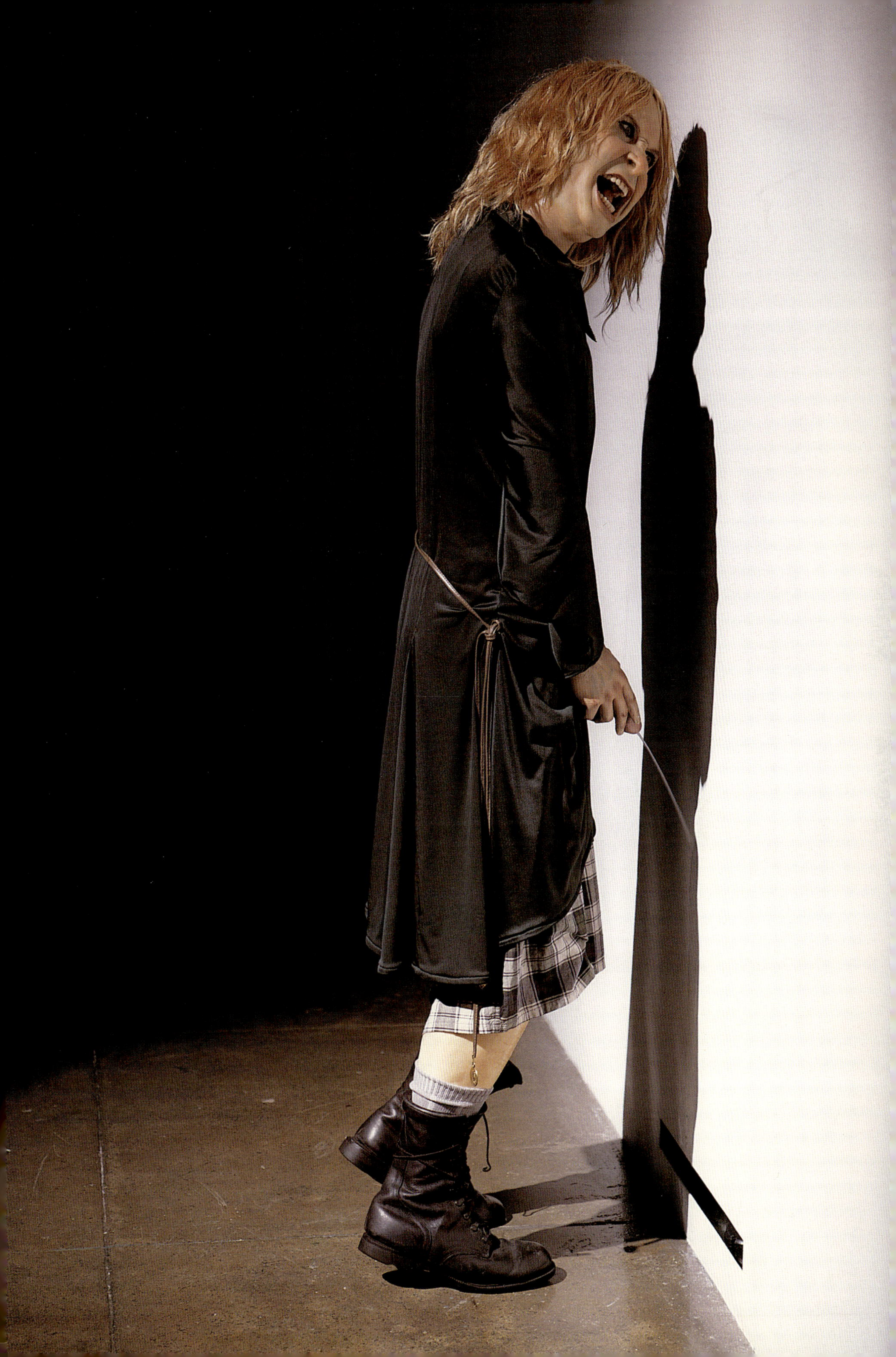

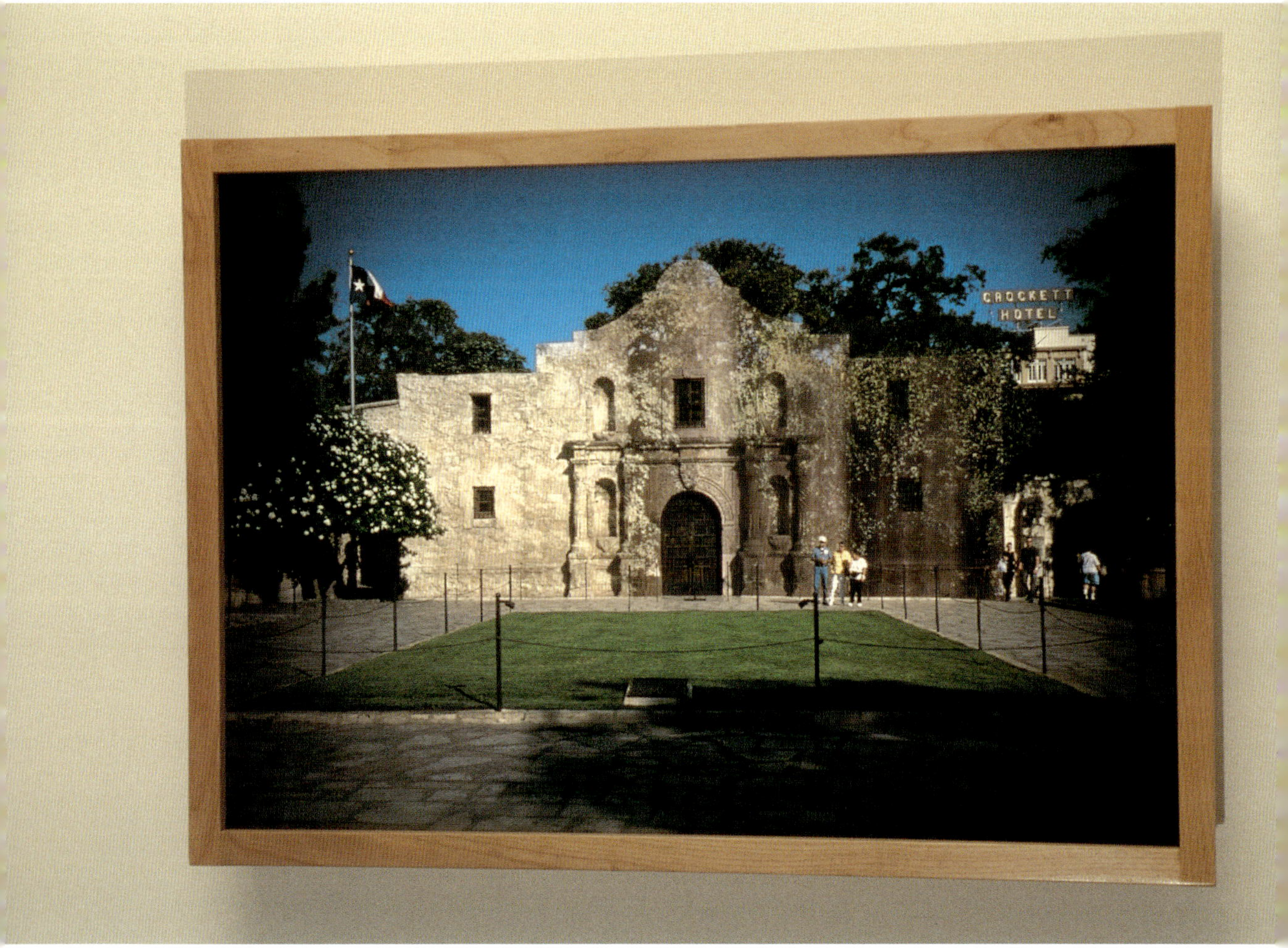

Tejano Dream/David Copperfield
Visits the Alamo, 2001
Photographie lenticulaire, caisson lumineux
80 x 115,6 x 12,7 cm

The A Files, 2001
Coupures de presse photocopiées
37,5 x 24,1 x 5,1 cm

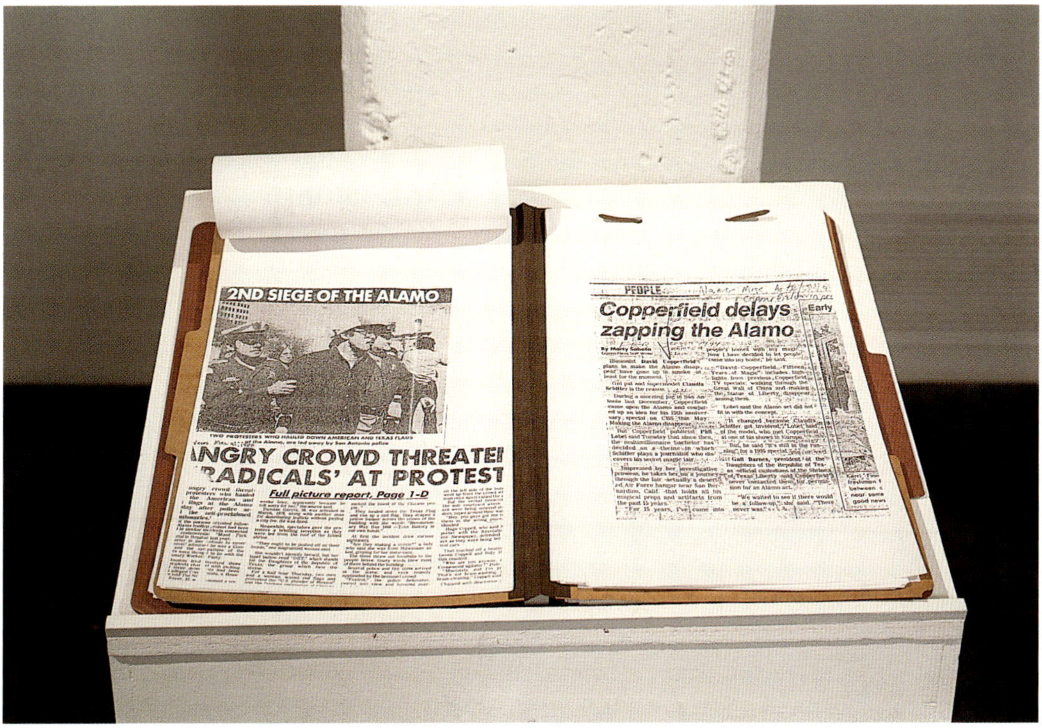

Manuel Piña

Dans mon travail, l'espace urbain est l'élément primordial. Parfois, je me sers de cet espace comme point de départ pour explorer et mettre en question le présent. À d'autres occasions, je me réfère au passé. La ville devient alors une espèce de trame de micro-récits. Nos histoires, tant les histoires personnelles et anonymes que les grands événements, marquent l'espace urbain. Un esprit averti peut s'en servir pour construire l'Histoire. Ma démarche est semblable à celle de l'historien. Sauf que je ne prétends pas, comme lui, exposer la réalité sur le passé. Ma motivation est bien sûr une velléité documentaire, mais elle s'intéresse à des événements qu'on ne peut pas toujours localiser, à des processus ou des sentiments, des aspirations et des frustrations. Pour ce faire, je manipule ouvertement des évidences en fonction de mon récit. Plutôt que de faire l'histoire, je préfère *raconter une histoire*.

Les images de cette série ont été prises essentiellement dans la rue G en 2000. Elles montrent des piédestaux vides et des espaces destinés à des monuments qui n'ont jamais été construits.

Le sentiment d'appartenance à une nationalité est bien souvent manipulé par les politiciens. Conscients de leur incapacité, ils se servent de la culture pour la définir. Mais, en réalité, ce qu'ils cherchent, c'est une définition qui leur convienne. La nationalité, selon la version officielle, est la partie de la culture qui sert le mieux le pouvoir pour arriver à ses fins. À Cuba, qui est un pays jeune, ces processus sont encore évidents. L'histoire de la rue G à La Havane illustre bien les tentatives réalisées dans ce sens par les gouvernements cubains tout au long du XXe siècle.

La rue G, l'une des plus belles de La Havane, est située dans le Vedado, la zone la plus moderne de la ville au moment ou elle a été tracée. Sa construction s'inscrivait dans les efforts de modernisation du pays au début du XXe siècle. Cet intense processus de construction avait un but non seulement social et économique, mais aussi idéologique. L'Espagne symbolisait le passé, une époque rétrograde que nous avions tellement besoin de reléguer dans l'oubli. Construire, moderniser la ville, c'était aussi réaffirmer notre indépendance vis-à-vis du pouvoir colonial espagnol. Le Vedado, avec ses larges rues et espaces publics, était la négation de l'autre partie de La Havane, le Vieux-La Havane, que nous avait léguée l'Espagne. Dans ce projet, la rue G avait un sens spécial : on l'appelait aussi avenue des Présidents, parce qu'on voulait édifier sur la promenade centrale des monuments dédiés aux présidents de la République.

Mais cet élan progressiste contenait en lui-même une contradiction : le modèle à suivre, les États-Unis, c'était aussi l'obstacle qui nous séparait de cet élément essentiel de la modernité d'un pays, soit son indépendance.

C'est peut-être pour cette raison que la rue G et le projet qu'elle incarnait avaient un destin commun : les deux ont échoué en raison de la corruption et de leurs liens vis-à-vis des présidents qui tentèrent, par anticipation, de se réserver une place d'honneur dans la mémoire du peuple.

Le triomphe de la Révolution a été l'occasion de nous défaire de ces symboles de cet autre passé que nous devions alors absolument oublier. Dans un geste authentique et utopique, ces monuments ont été démolis. Ce geste a été efficace car le passé a sombré dans l'oubli. Mais peut-être *trop*. Ces monuments constituent à présent une partie de notre histoire que nous connaissons peu, et encore par fragments.

Pendant plus de 40 ans, ces espaces sont demeurés vides jusqu'à ce que, il y a quelques années, peu après que j'eus réalisé ces photos, on a commencé à construire d'autres monuments à la place. Cette fois-là, cependant, des héros latino-américains étaient à l'honneur. Des héros qui, sans doute, méritent bien une statue dans ma ville.

L'avenue a commencé à se repeupler; les jardins sont maintenant mieux soignés mais, je ne sais pas pourquoi, en m'y promenant, je ressens un étrange sentiment de vide. C'est comme si, par moments, ces mêmes monuments nous rappelaient ces vides dans notre passé que nous devons, encore maintenant, reconnaître. M. P.

(Traduction d'Amérique Latine)

On Monuments, 2000
Épreuves couleur
(tirées d'une suite de 11)
101,6 x 152,4 cm (chacune)

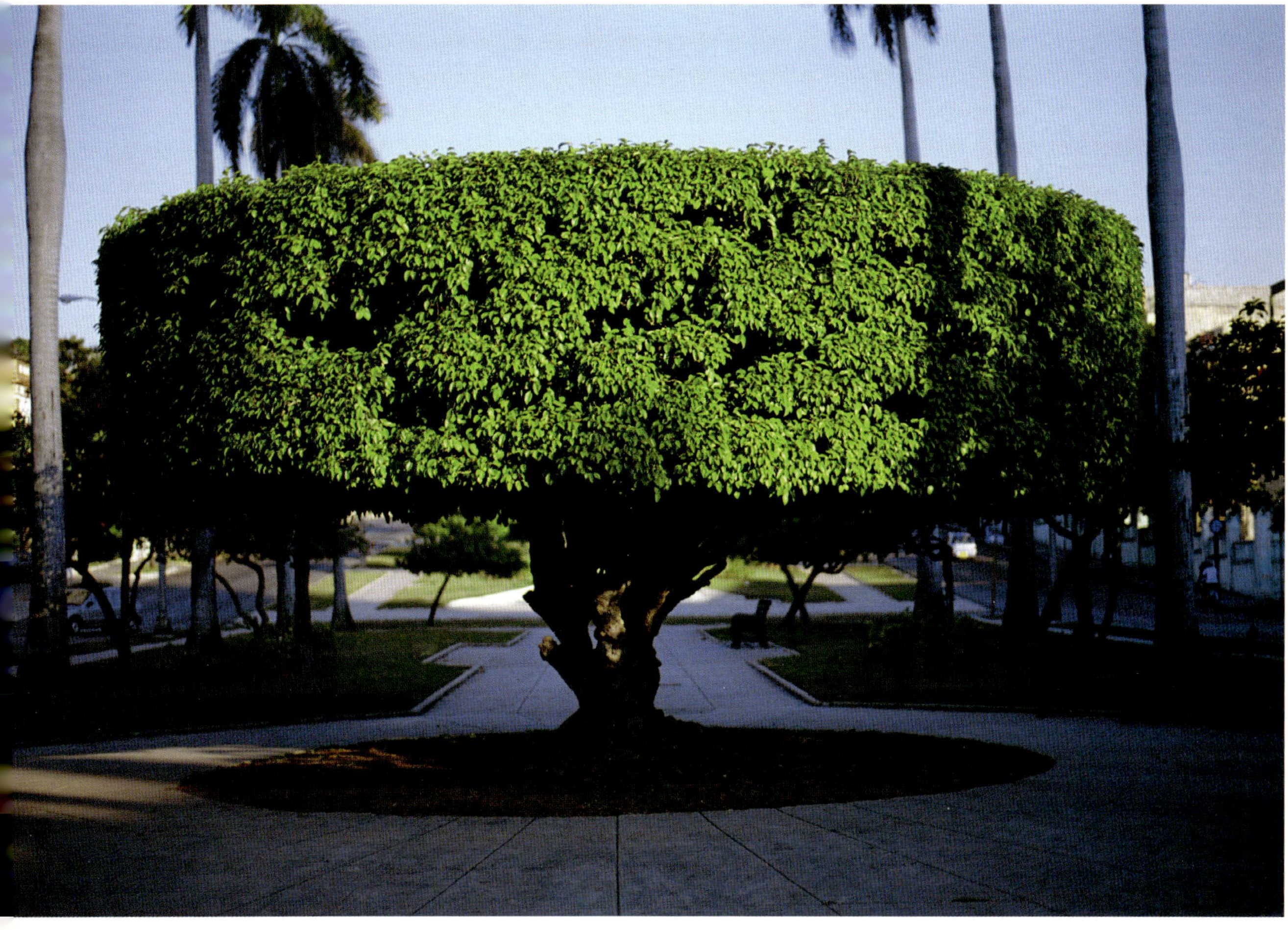

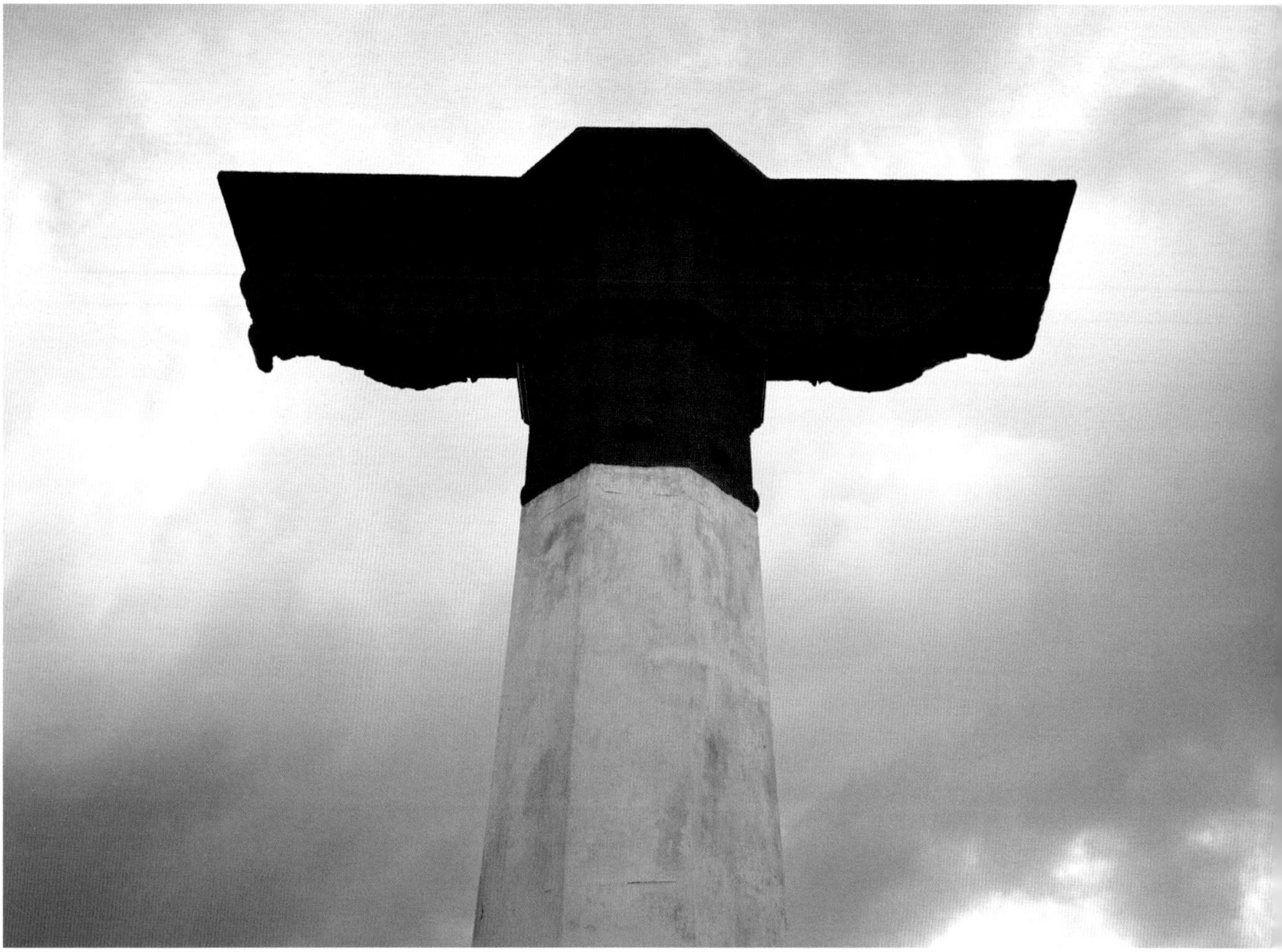

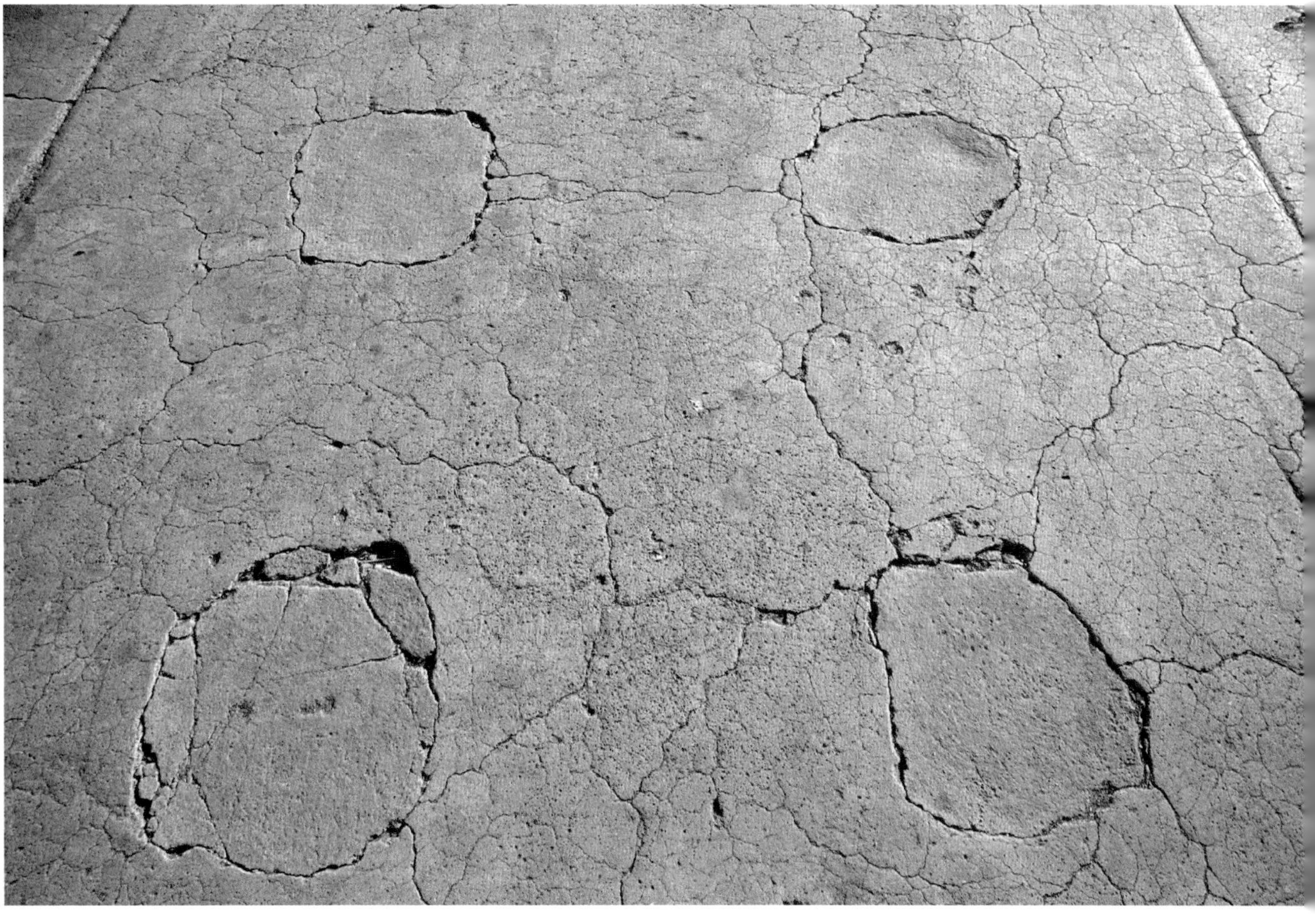

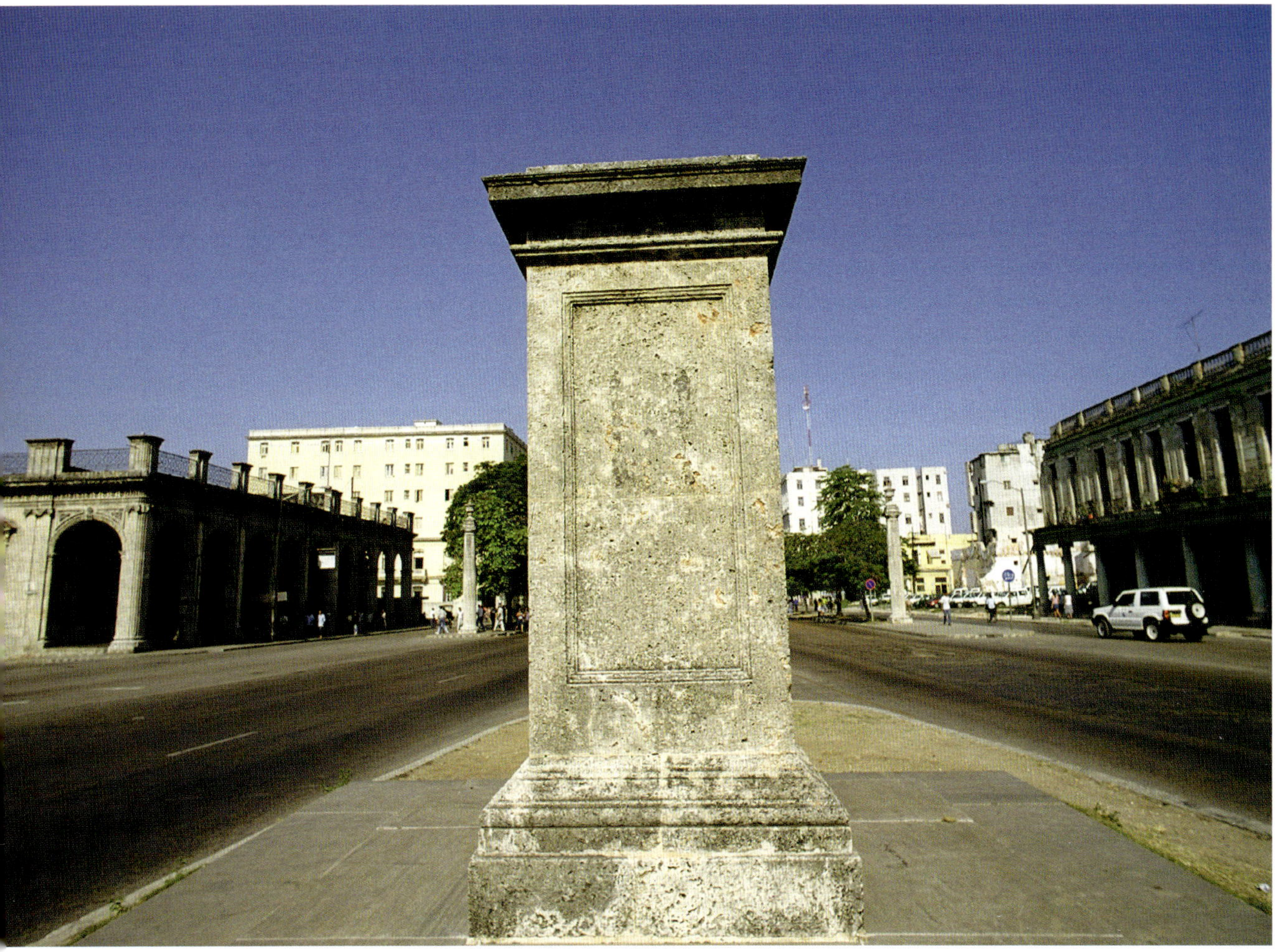

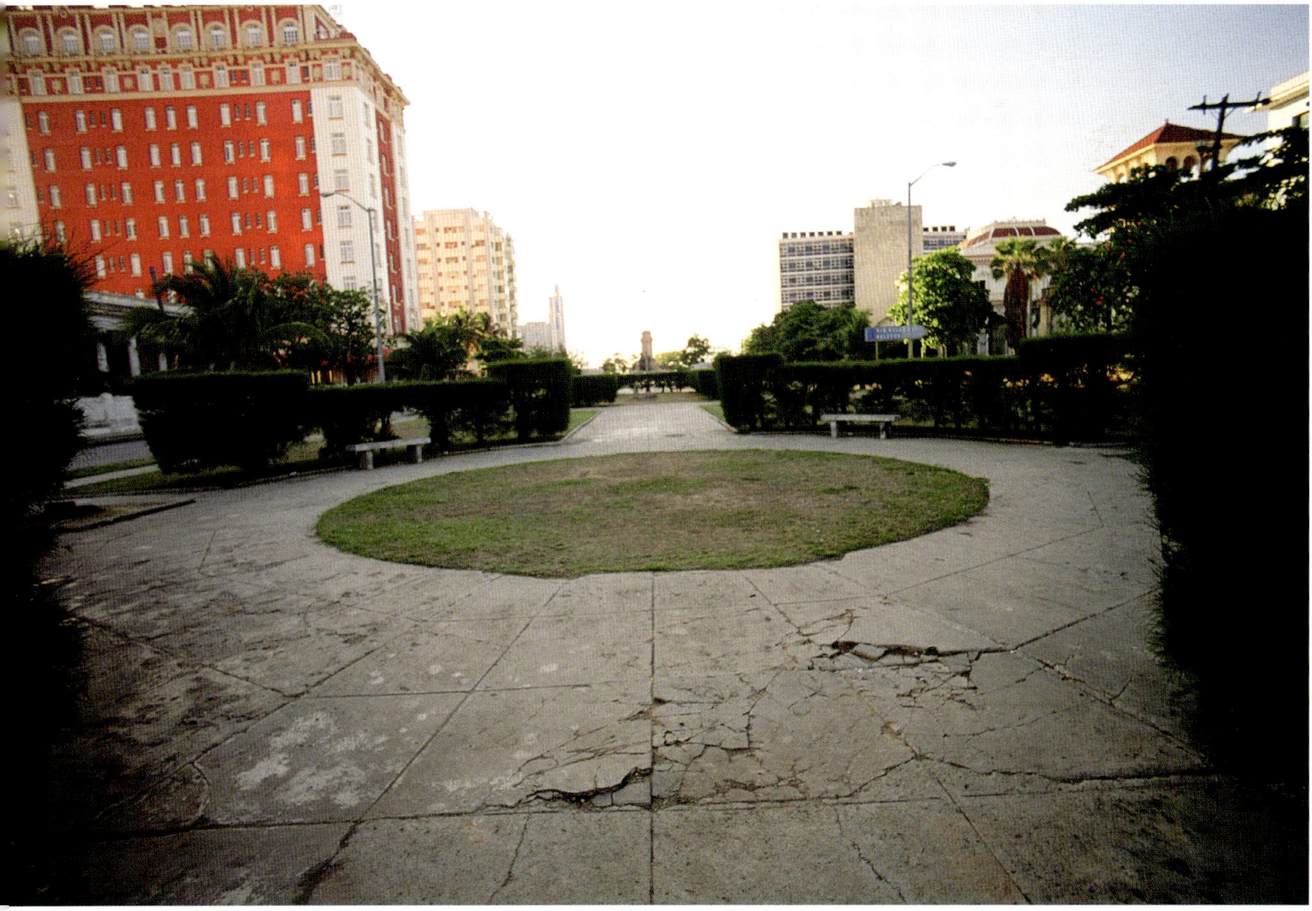

Monique Régimbald-Zeiber

Un auteur américain, je ne suis plus sûre duquel, Faulkner peut-être, aurait dit : « La seule chose qu'on doive à l'histoire, c'est de la réécrire. »

Pourtant, n'y a-t-il pas cette autre phrase connue depuis toujours : « On ne réécrit pas l'histoire. » ?

J'ai confié à ma peinture une relecture de l'histoire des femmes du Québec, à commencer par celle des femmes de la Nouvelle-France. Relire, c'est déjà un peu réécrire.

J'ai commencé par les Filles du roi. Leur histoire, violente je crois, représente un des passages les plus troubles et conséquemment des plus fascinants de l'histoire officielle. Nous savons tous cela. Aussi, il nous reste tous ces noms que nous n'apprenons pas.

Et puis, des notes en bas de pages ont aussi éveillé ma curiosité. Elles m'ont amenée à me pencher sur les écrits autographes de Marguerite Bourgeoys. Je ne les connaissais pas. Je les ai trouvés passionnants. Si bien que j'ai fini par les copier.

Ces écrits que je copiais étaient personnels. Cela créait une proximité qui m'intéressait. Dessous ces lignes, il y a des gestes, un souffle, un temps qui ont été précis, ma foi, intimes et tout petits si on les compare aux gestes, au souffle et au temps de l'Histoire.

Ainsi, copier c'était relire de manière tangible. Je l'ai fait quotidiennement, pendant plus de deux ans.

Une personne entrée dans l'Histoire cesse à jamais d'être seule. Elle devient image, objet, outil, exemple. Elle devient bien public, patrimoine. On oublie son lot quotidien : la peur, la soif, les moqueries, les mesquineries, les petites gourmandises, la maladie.

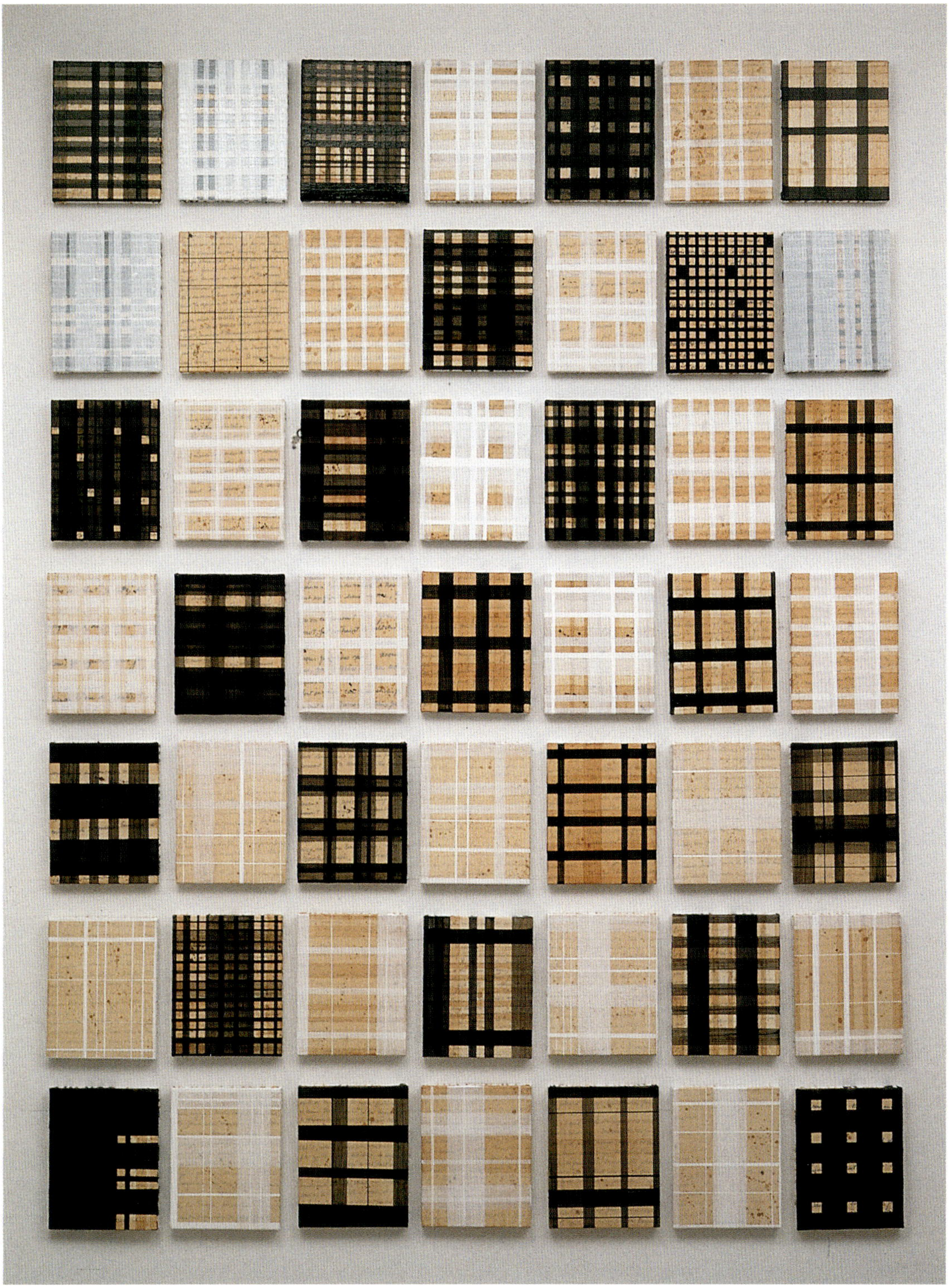

Les Dessous de l'histoire :
***Marguerite B., les écrits* (détails)**, 2002-2003
Huile sur toile
426 éléments
25,4 x 20,3 cm (chacun)

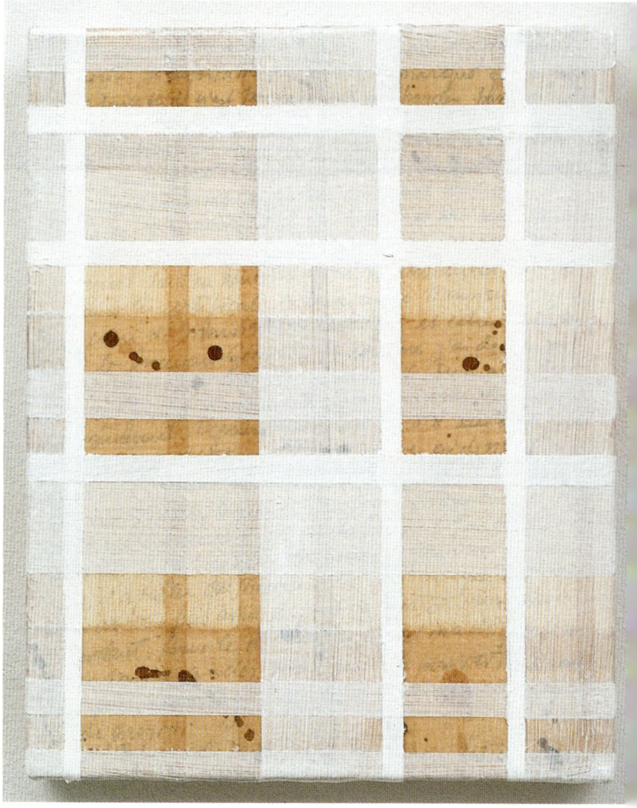

Voilà… par ces détours, ma peinture ne s'impose pas tant une relecture et une réécriture de l'histoire qu'elle ne propose, par le biais de l'histoire et de l'écriture, une sorte de rapprochement.

Revenons à Marguerite B.

Enseignante, la première, elle s'était donné pour mission d'enseigner aux filles. Enseigner quoi ? À prier, servir, compter, lire, écrire. Enseigner comment ? Où ?

Aventurière, elle a refait maintes fois la traversée. Elle va et revient. Elle va chercher de l'argent et des filles. Elle retourne en France, encore et encore. Elle revient. Elle raconte les voyages, les batailles, les *sauvages* et les habitants.

Religieuse, elle raconte les confesseurs, les *Monseigneurs*, la Communauté et les règles. Et puis, elle a des doutes.

Femme d'affaires, elle fait les comptes; elle achète des terrains, signe des contrats; elle construit des maisons. Elle a des ennuis. Aussi, elle interprète ses rêves. Elle entend des voix. Elle reçoit des signes. Il lui arrive presque de perdre la foi et même la raison.

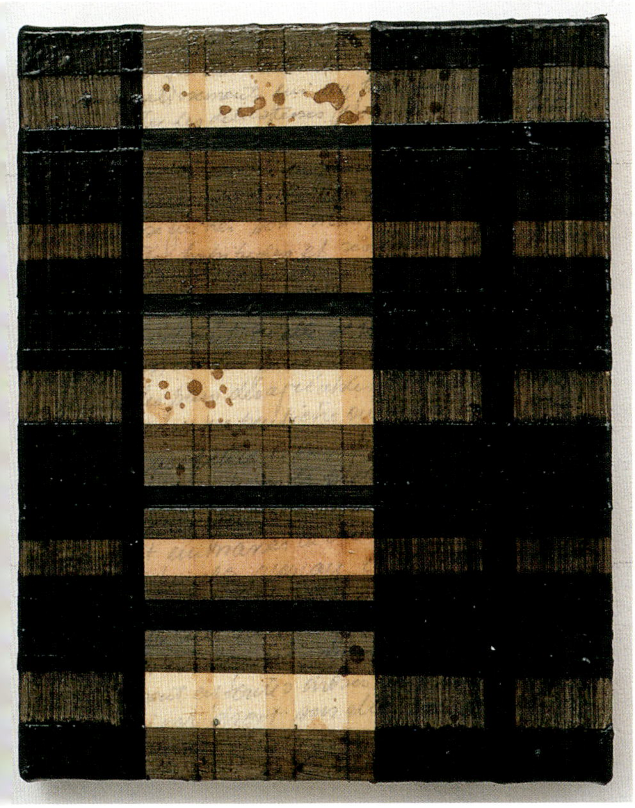

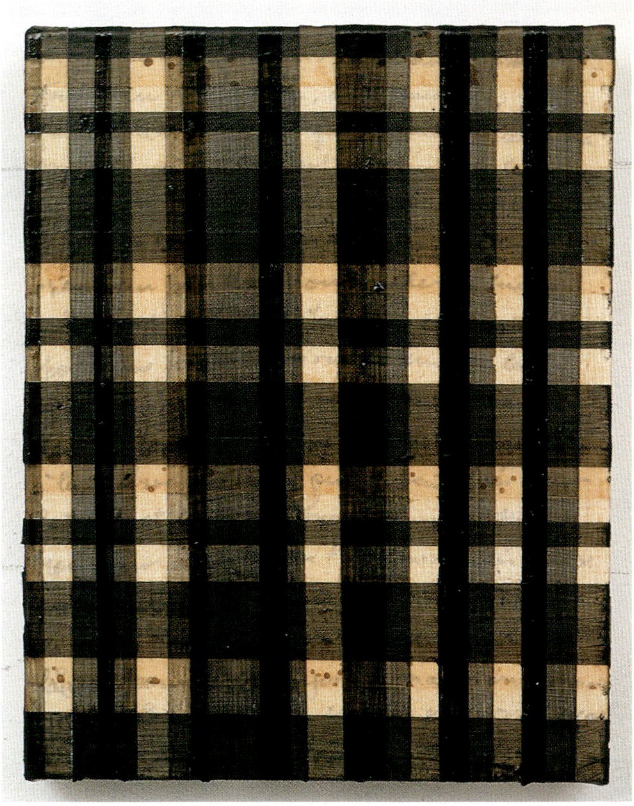

Elle écrit mais elle n'est pas écrivaine. Elle écrit l'histoire mais elle n'est pas historienne.

Pourquoi écrit-elle tout cela ? Pourquoi écrit-elle ?

Réécrire Marguerite B., c'est encore retrouver, je devrais dire reconnaître, une langue familière qui, comme l'histoire et la personne, s'éloigne, s'estompe, elle aussi. Or j'ai pour la langue autant d'intérêt et de curiosité que pour l'histoire et l'écriture. J'aime comme elles sont et vont ensemble. Ici elles sont humbles. Elles s'imbriquent l'une dans l'autre. Je veux que ma peinture en tienne et rende compte.

Plusieurs documents ont été brûlés. Des mots sont disparus; d'autres sont couverts. Les contextes manquent. Le temps et la distance ont créé des absences, des vides, des trous.

Les Dessous de l'histoire : Marguerite B., les écrits s'érigent comme un pan de restes, de retailles, petits bouts de vie au quotidien, d'informations et de peinture, une accumulation de gestes et de mots répétés, repris, remis ensemble, qui tout en reconnaissant l'absurdité et l'impossibilité de la condition du savoir humain, n'en tente pas moins d'y saisir quelque sens. M. R.-Z.

Rosângela Rennó

Le dialogue Vera Cruz

En l'an 1500 de l'ère chrétienne, il semble que les dessins et les récits écrits aient été la seule documentation possible de l'épisode de la découverte du Brésil. Si un document iconographique sur une telle aventure a jamais existé, il n'a pas survécu jusqu'à nos jours. Mais, par contre, il existe trois récits textuels de l'expédition de Pedro Álvares Cabral; le plus complet d'entre eux est constitué par la lettre signée par Pero Vaz de Caminha, adressée au roi Dom Manuel Ier du Portugal pour lui annoncer la découverte d'un nouvel Éden.

Malgré la richesse de détails sur les dix jours que son auteur a passés sur la côte de « l'Île de Vera Cruz » en compagnie des capitaines et marins portugais, ce fameux compte rendu frustre quelque peu nos expectatives et nos sens car il s'appuie sur la perception de celui qui arrive et découvre. Il nous manque la réaction et la réponse des Autres, ces créatures édéniques, si différentes du conquérant européen. De plus, le dialogue entre Portugais et natifs amérindiens était tout simplement impossible pour une raison évidente : la barrière de la langue. La lettre laisse entendre le développement d'un dialogue corporel — action difficilement explicable par écrit, aussi précis soit-il —, dialogue que le lecteur doit *imaginer* et utiliser comme un support pour pallier l'absence des paroles.

Tant d'impossibilités ne pouvaient qu'engendrer une œuvre fondée sur des impossibilités. Au dialogue impossible entre les Portugais et les natifs répond son double, celui de l'impossible existence d'une image et d'un son qui puissent constituer un document; et cependant tout est possible dans la fiction, il faut le voir et l'entendre pour le croire...

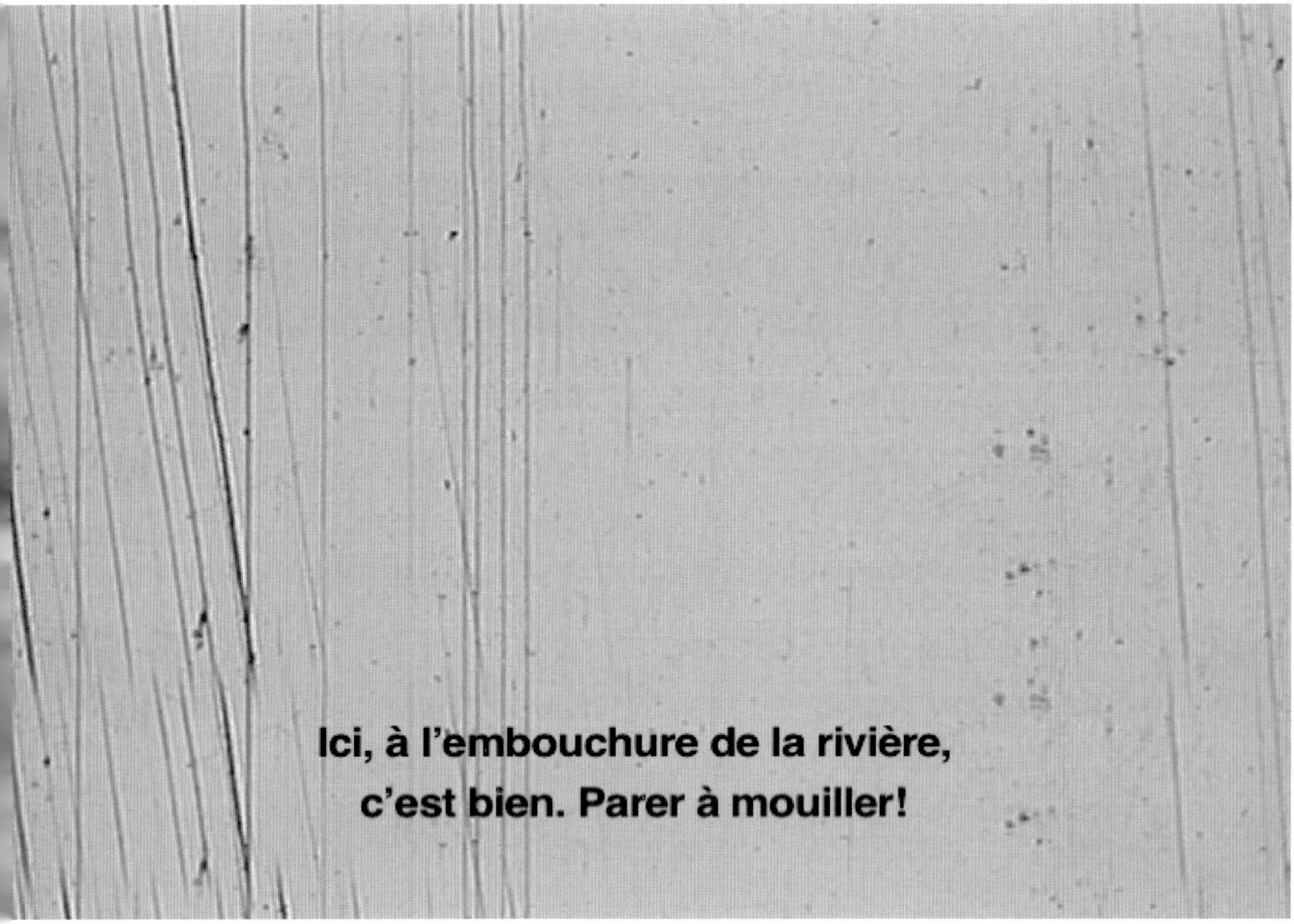

Vera Cruz, 2000/2004
Installation vidéo : 4 projecteurs, 3 bandes vidéo (versions française, portugaise et anglaise); 44 min
4,6 x 7,5 x 10,4 m (dimensions variables)

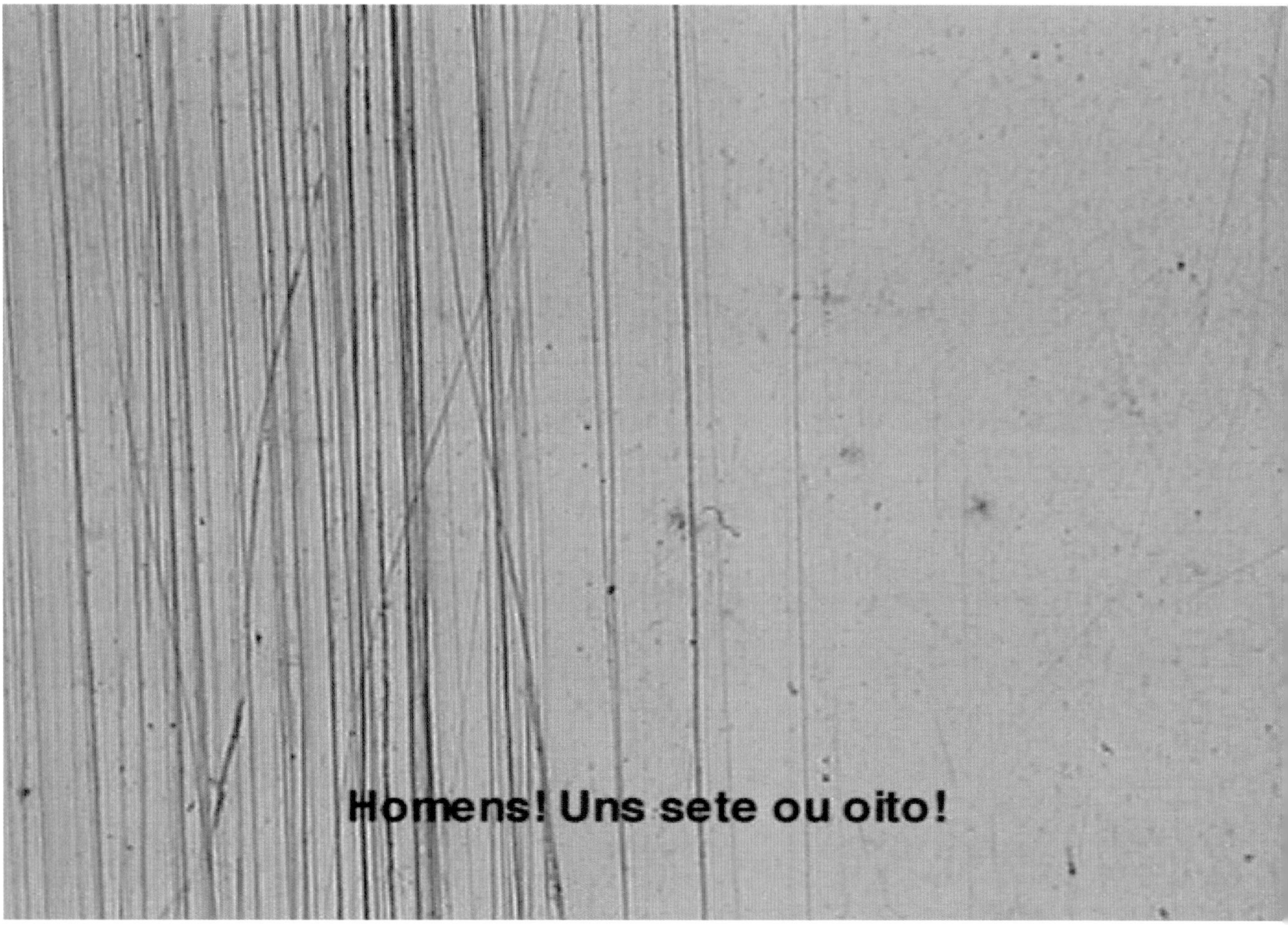
Homens! Uns sete ou oito!

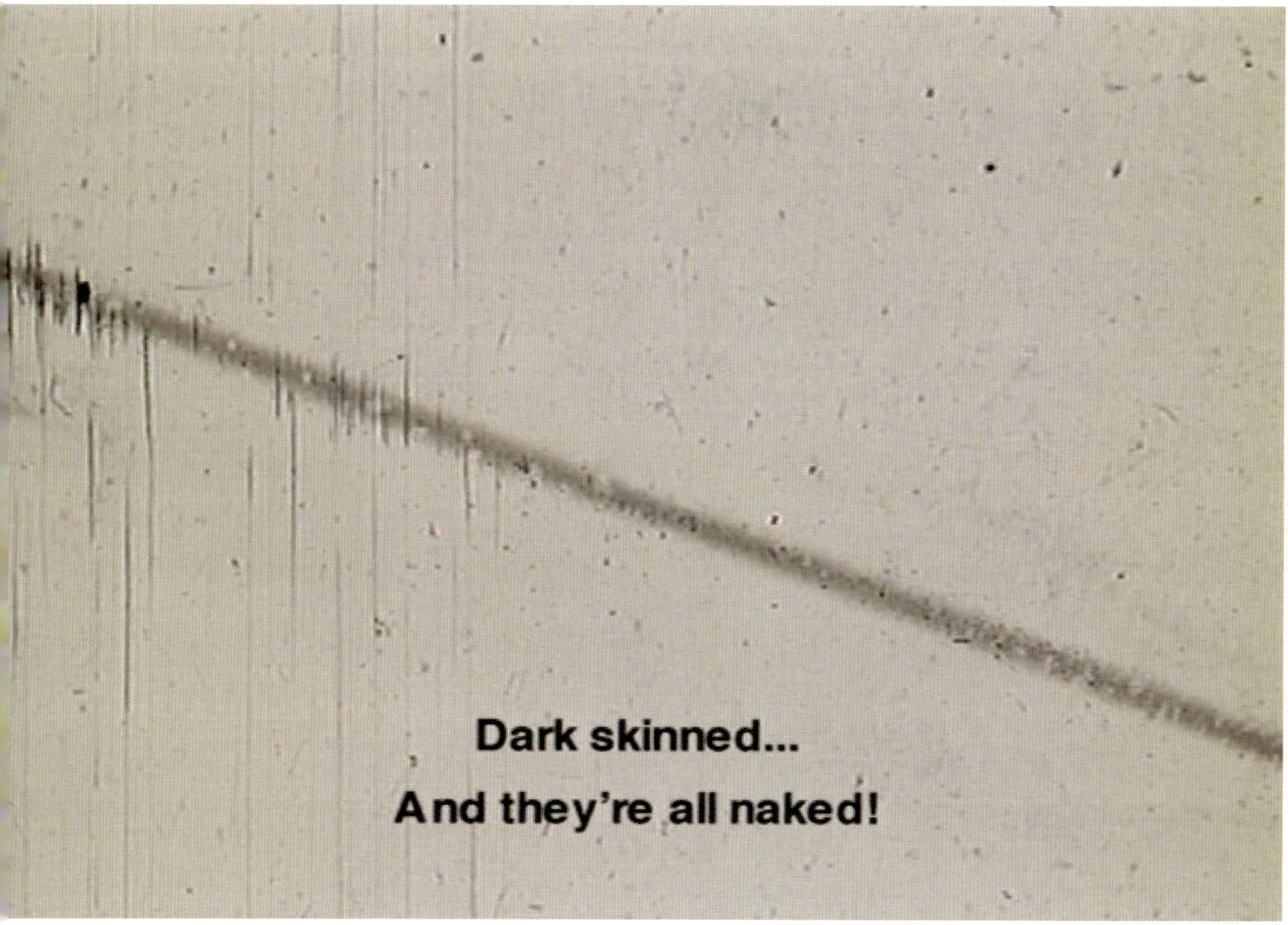
Dark skinned...
And they're all naked!

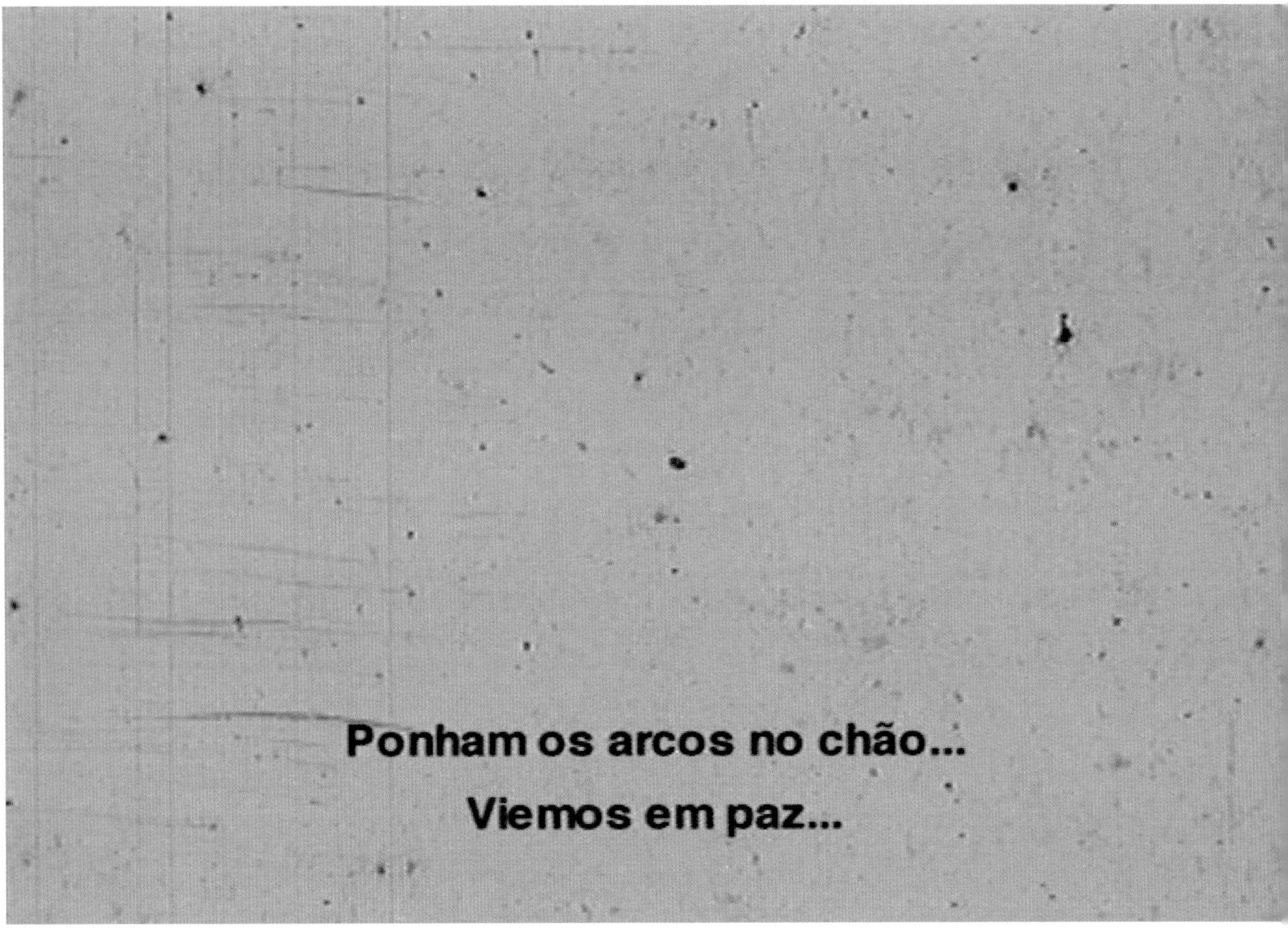
Ponham os arcos no chão...
Viemos em paz...

Vera Cruz est donc la copie vidéo d'un film (im)possible, hésitant entre le genre du documentaire et celui de la fiction, sur le moment de la découverte du Brésil telle qu'elle a été décrite dans la lettre de Pero Vaz de Caminha. De l'image soustraite, nous ne pouvons qu'entrevoir *l'image de la pellicule*, usée, éraflée, racornie par ses 500 ans d'existence et les fréquences de son utilisation. Le son des mots est également absent puisque le dialogue entre le conquérant et le natif, à proprement parler, n'a pas eu lieu. Demeurent à peine la rumeur de la mer et le souffle du vent — témoins de ce qui s'est passé — et le récit transformé en bande-légende, disponible en trois langues : portugais, français et anglais.

La coïncidence veut — de même que l'origine de cette œuvre repose sur l'existence de sa légende ou traduction textuelle — que la destinée du contenu si fragile de ce documentaire/fiction semble être également celle de sa traduction, dans le plus grand nombre possible de langues. Leur confrontation propose une situation sémantique toute particulière et curieusement didactique : un plus grand nombre de nouveaux dialogues (im)possibles, *ad infinitum*, qui nous conduisent à réfléchir sur la précarité de la perception et des médias et sur la fragilité des relations humaines. R. R. (Traduction d'Annie Davée)

José Alejandro Restrepo

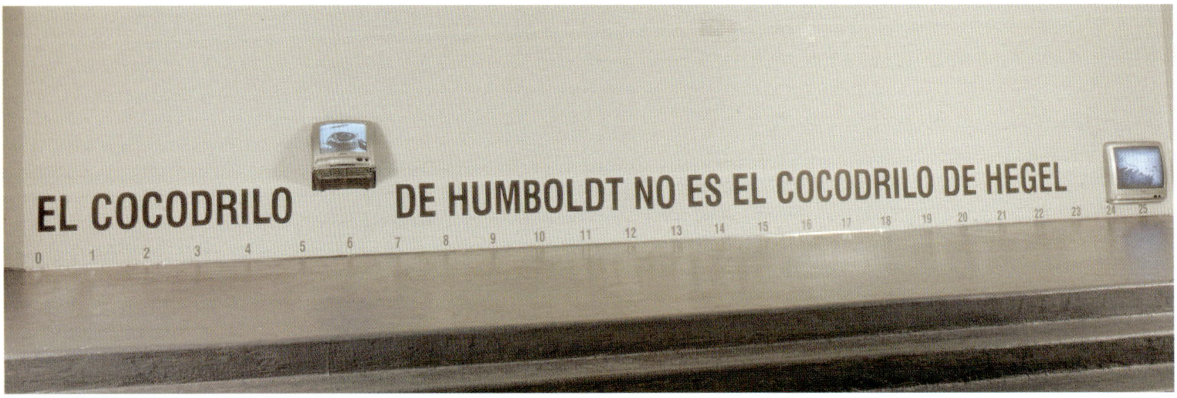

Un jour, José Alejandro Restrepo a entendu parler du fameux crocodile au cœur de la controverse qui avait éclaté entre Hegel et Humboldt parce que le philosophe avait tenté de refuser de concéder aux Américains qu'ils avaient atteint la maturité. Pour Hegel, l'Amérique était « physiquement et spirituellement impuissante » et, pour le prouver, il fit valoir que « ses lions, ses tigres et ses crocodiles, même s'ils ressemblent à leurs congénères de l'Ancien Monde, sont tous plus petits, plus faibles et moins puissants ». Humboldt, qui connaissait bien la faune américaine, lui répliqua : « Je renoncerais bien volontiers à la viande de bœuf européen, que, par ignorance, Hegel croit supérieure à celle de bœuf américain, pour vivre près des crocodiles délicats et faibles qui, malheureusement, mesurent vingt-cinq pieds de long ».

Dans cette controverse, il y a bien évidemment rupture entre la pensée spéculative et l'observation empirique. Mais il y a également incommensurabilité entre trois types de registres qu'on prétend appliquer à un même objet qui, en raison de la singulière dialectique déclenchée par l'établissement d'un lien entre ses registres, laisse entrevoir son caractère fantasmatique. L'installation vidéo dans laquelle Restrepo a inséré cet objet et la dialectique de ses registres consiste, en premier lieu, dans l'impression, sur un mur nu, de la phrase « Le crocodile de Humboldt n'est pas le crocodile de Hegel ». En second lieu, en une échelle graduée de 25 pieds, soit la longueur mentionnée par Humboldt. En troisième lieu, en deux écrans : le premier montre l'image fixe de l'œil d'un crocodile et le second, celle de la queue du même crocodile. Mais s'agit-il bien du *même* crocodile ? Impossible de le savoir vraiment, parce que les images sont nettement insuffisantes mais, grâce à un acte de foi, on se convainc que ce sont celles du même crocodile. Mais elles pourraient tout aussi bien être celles de deux crocodiles différents et même celles d'un crocodile de l'Ancien Monde et non pas celles d'un crocodile du Nouveau Monde, ou une combinaison des images de crocodiles des deux mondes. Toutefois si, malgré cette incertitude, nous croyons que ces images sont celles d'un même crocodile américain, c'est parce qu'elles sont reliées par l'échelle graduée qui, comme s'il s'agissait du bas de la photo, nous porte à penser que le crocodile que nous voyons est américain. Les crocodiles américains mesurent 25 pieds et celui-ci mesure 25 pieds, par conséquent c'est un crocodile américain. Mais les crocodiles des Amériques ont-ils tous la même longueur ? Ou seulement les mâles adultes de certaines espèces ? Ceux de l'Amazonie ou du Mississippi ? Les deux images ne nous permettront jamais de trancher. En réalité, nous *ne* voyons *pas* ce crocodile que nous sommes censés voir en associant les deux images vidéo avec la phrase qui les relie à Humboldt et Hegel, et avec l'échelle graduée en pieds.

En fait, nous l'imaginons. Nous nous représentons tout son corps à partir de quelques traces et indices de ce qui pourrait être effectivement son corps. Cela explique que ce crocodile fantasmagorique, cette entéléchie, soit, par conséquent, aussi imaginaire que le crocodile dont il est question dans la controverse entre Humboldt et Hegel. Seulement, pour le voir, avec « les yeux de l'âme », il est indispensable que le spectateur se prête au jeu de la dialectique en vertu de laquelle *nous voyons ce que nous ne voyons pas et nous ne voyons pas ce que nous voyons*. Absorbés dans cette dialectique, nous nous imaginons ce crocodile insaisissable — impossible d'avoir la certitude qu'il est en nous ou sur le mur que nous avons sous les yeux — parce que nous voyons l'échelle graduée simultanément comme étant la ligne qui représente le profil inférieur de son corps, parce que la phrase qui distingue le crocodile de Humboldt de celui de Hegel, nous la considérons comme son corps et parce que, enfin, les images vidéo, soit son œil et sa queue, complètent ce qui manquait dans l'ébauche.

Il est vrai qu'on pourrait en fait faire une lecture tout à fait à l'opposé : il n'existe pas d'autre crocodile que celui auquel la phrase fait allusion, que celui qui est mesuré par l'échelle graduée et que celui que reproduisent partiellement les images vidéo. Mais, je le répète, rien ne garantit qu'il y ait un seul crocodile et non pas *trois* crocodiles distincts : celui que suggère la phrase, celui qui est mesuré et celui qui est reproduit. C'est dans cette incertitude fondamentale entre l'illusion et la littéralité, qui relève davantage du monde des mirages que de celui des miroirs, que réside toute la différence entre le regard du philosophe et celui du naturaliste. S'il y a vraiment une différence, il s'agit en fait d'un jeu d'oppositions et non pas d'une incessante hésitation entre les deux. (Traduction d'Amérique Latine)

Carlos Jiménez

Je renoncerais bien volontiers à la viande de bœuf européen, que, par ignorance, Hegel croit supérieure à celle de bœuf américain, pour vivre près des crocodiles délicats et faibles qui, malheureusement, mesurent vingt-cinq pieds de long.

HUMBOLDT
Lettres américaines

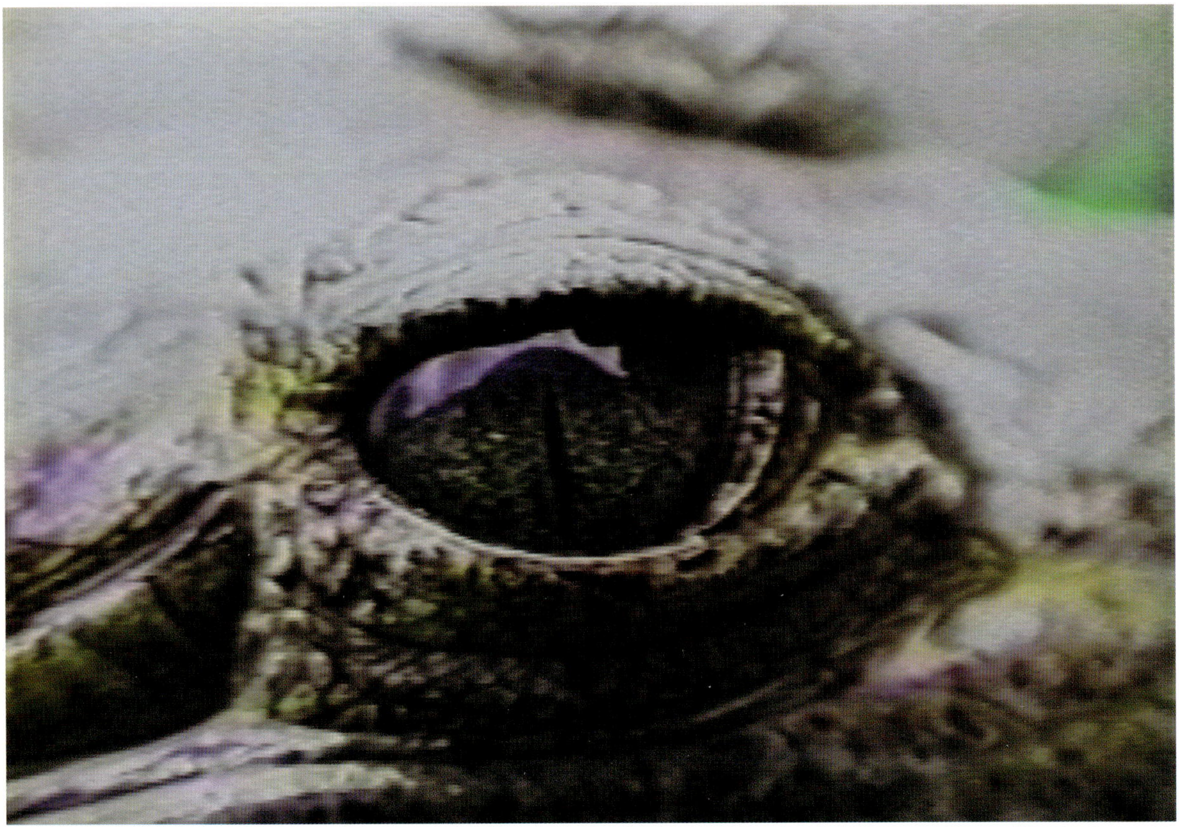

L'Amérique était physiquement et spirituellement impuissante et elle continue de l'être. Même s'ils ressemblent à leurs congénères de l'Ancien Monde, ses lions, ses tigres et ses crocodiles sont tous plus petits, plus faibles et moins puissants.

HEGEL
Leçons sur la philosophie de l'histoire

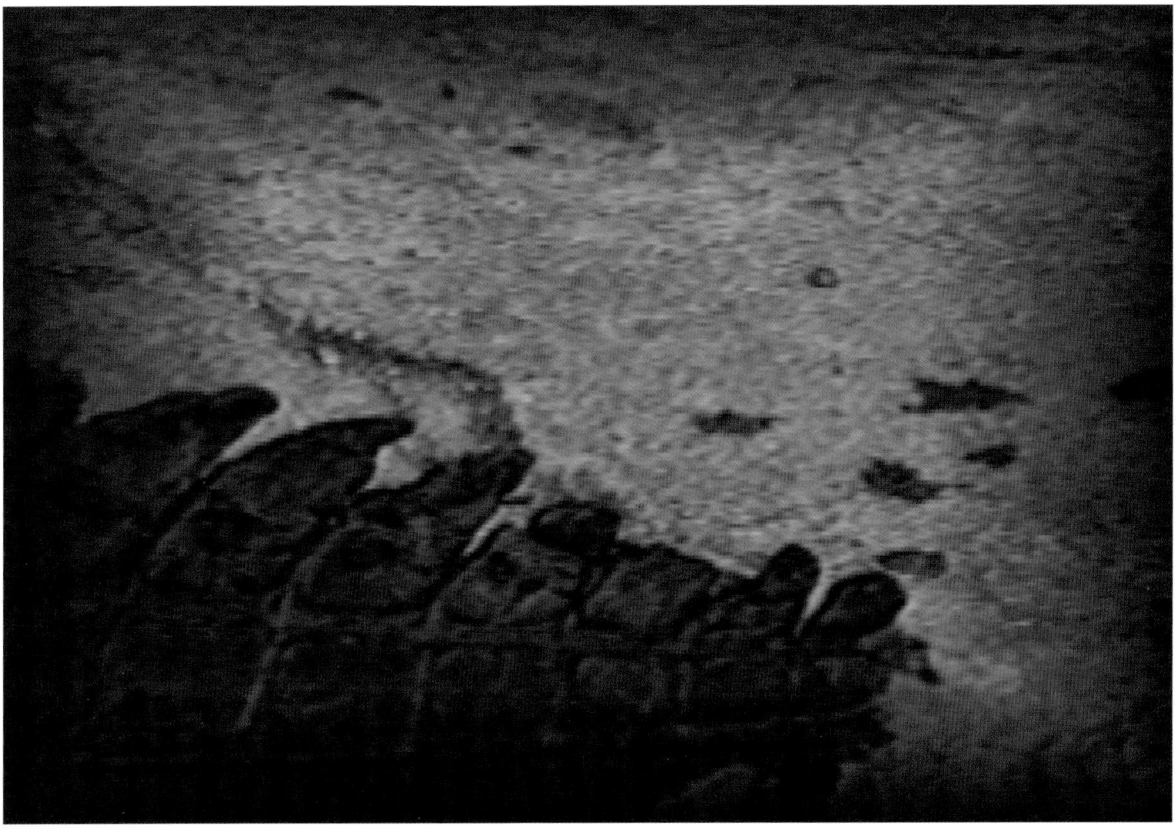

***El cocodrilo de Humboldt no es el cocodrilo de Hegel*, 1994**
Installation vidéo : deux moniteurs, deux bandes vidéo, textes au mur
2,1 x 7,9 m (dimensions approximatives)

Cristián Silva

Tableau de genre

Mon père avait l'habitude de me raconter qu'à chaque week-end, il devait lui-même installer tous les fils quelques heures avant le début du match puisqu'aucun technicien n'était disponible. Puis, dans la clameur euphorique qui accueillait les équipes se présentant sur le terrain, commençait le travail de reporter sportif qu'il aimait tant. Du début des années 1950 jusqu'à 1973, mon père, Sergio Silva Acuña, a été considéré comme le personnage médiatique polyvalent le plus aimé du Chili. D'abord à la radio et ensuite à la télévision, il a été remarquable dans ses divers rôles de lecteur de nouvelles, d'animateur, de comédien, de journaliste, de personnalité de la télévision commerciale et de maître des cérémonies, mais surtout de spécialiste sportif. À la radio, il commentait les matches de soccer en direct, installé derrière l'un des buts, alors que son collègue Darío Verdugo faisait de même à l'autre ligne de but; ce style typique de radiodiffusion — hilarant et plutôt frénétique — n'a certainement pas été surpassé depuis. Et même après que mon père eut participé à toutes les Coupes du monde de soccer, aux Jeux olympiques et autres grands événements sportifs du monde, le Stade national de Santiago est sans doute demeuré son lieu de travail préféré et celui où il était le plus à l'aise.

À la fin d'octobre 1973, pour des raisons politiques, la carrière de mon père s'arrêta subitement; une partie de ma famille, y compris moi, dut quitter le pays. Alors que nous nous établissions de façon précaire en Espagne puis en Hollande, des choses très douloureuses se passaient au Chili. Parmi celles-ci, le Stade national de Santiago avait rapidement été réquisitionné par l'armée pour servir de prison et de camp de torture, de façon à garder sous surveillance des milliers de suspects. La nuit, on faisait entrer de nombreux prisonniers dans ses sinistres structures intérieures à la Piranèse; c'est alors qu'avaient lieu tortures et exécutions, à la fois réelles et fausses. Quand venait le jour, cette multitude de gens désespérés s'assoyait dans les gradins et observait des scènes de cruauté arbitraire.

Presque dix années plus tard, nous sommes retournés au Chili avec mon père. Il faut dire qu'il n'a jamais retrouvé le poste qu'il avait laissé. Entre-temps, beaucoup d'autres choses avaient changé. Parmi elles, et bien qu'il eût conservé son allure, le stade avait subi une transformation idéologique pour devenir une sorte de centre gouvernemental voué au développement de la jeunesse, dans une tentative ratée d'effacer toute trace de souffrance et d'humiliation. Puis, lorsque la démocratie est finalement revenue au Chili à la fin des années 1980, le Stade national de Santiago fut le lieu hôte de cette grande célébration. Depuis, pratiquement tous les week-ends, des foules d'amateurs sportifs — en grande partie, des supporters de soccer — expriment et partagent leurs émotions les plus profondes à chaque match local. Et alors même qu'ils sont engagés dans ces exercices passionnés, joyeux, souvent violents, la plupart savent que doit toujours couler, sous ces gradins, une énergie terrible, muette et obscure.

En 1999, presque 13 ans après la mort de mon père (et ayant, en fait, peu réfléchi à ces considérations), j'ai réalisé une modeste maquette du Stade national de Santiago. Aujourd'hui, je la vois comme un jouet en carton et en bois, silencieux et en quelque sorte mystérieusement chargé; comme un vulgaire gâteau d'anniversaire qui aurait été abandonné; comme un petit cercueil blanc entouré de quatre grosses chandelles; comme un graphique en trois dimensions de la répartition nationale des revenus. Je peux y voir un rappel de l'intersection fragile de l'existentiel et du politique; la voir peut-être comme un ultime et tristement célèbre objet posé sur la table à café, toujours vide, de mon père. C. S. (Traduction de Colette Tougas)

Tristemente celebre, 1999
Carton et bois peints, ampoules miniatures
119,4 x 130,2 x 100,4 cm (incluant la base)

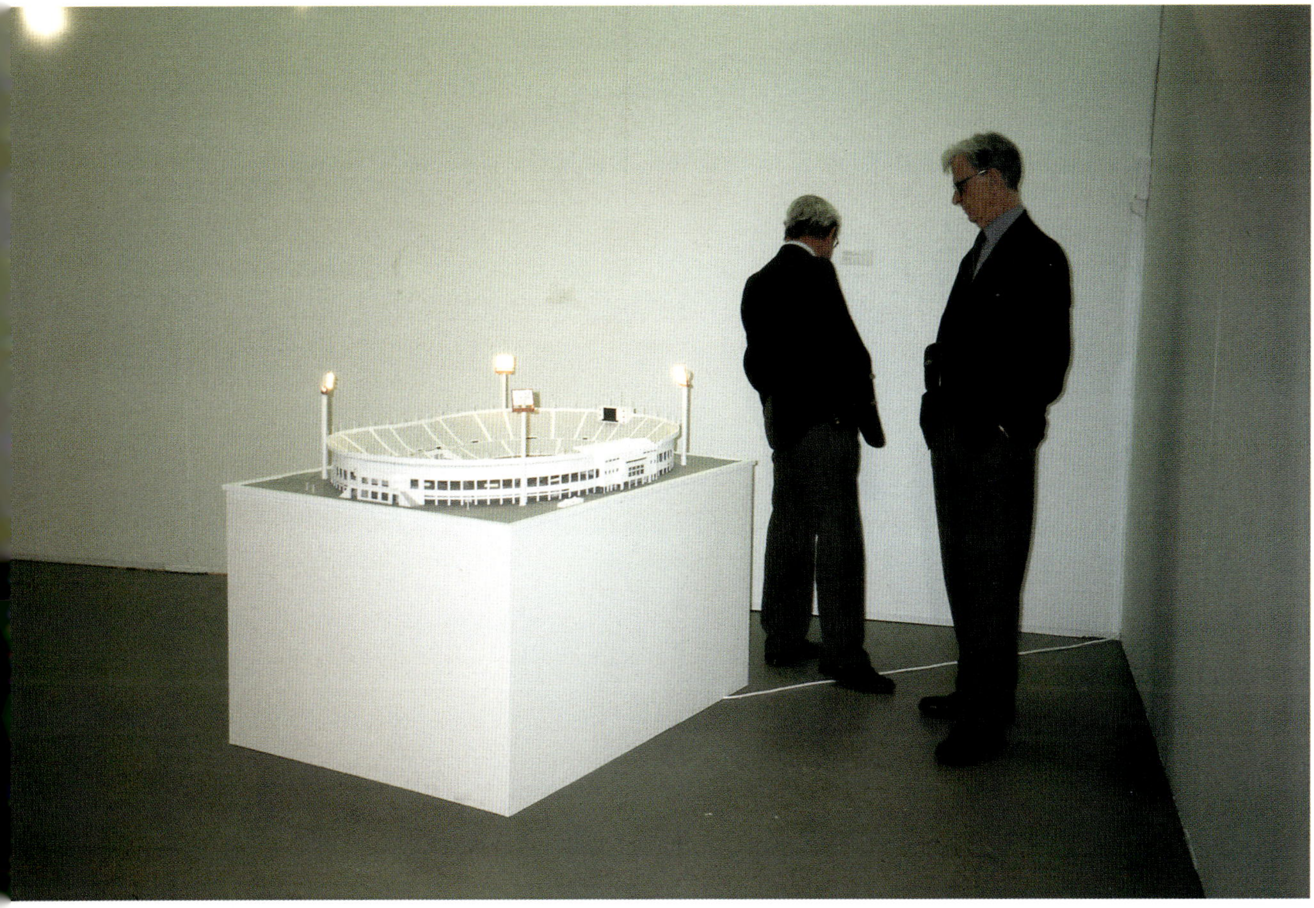

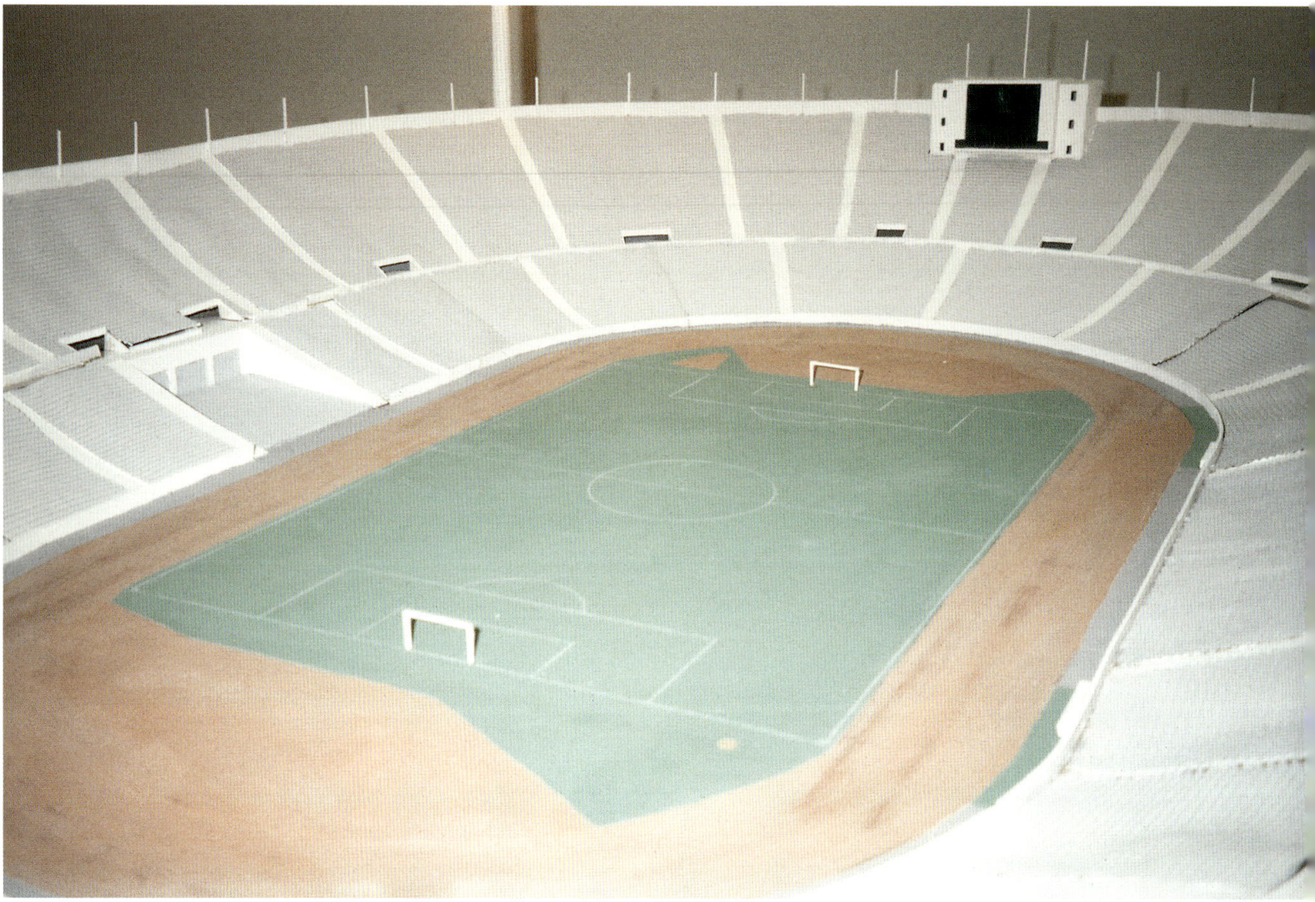

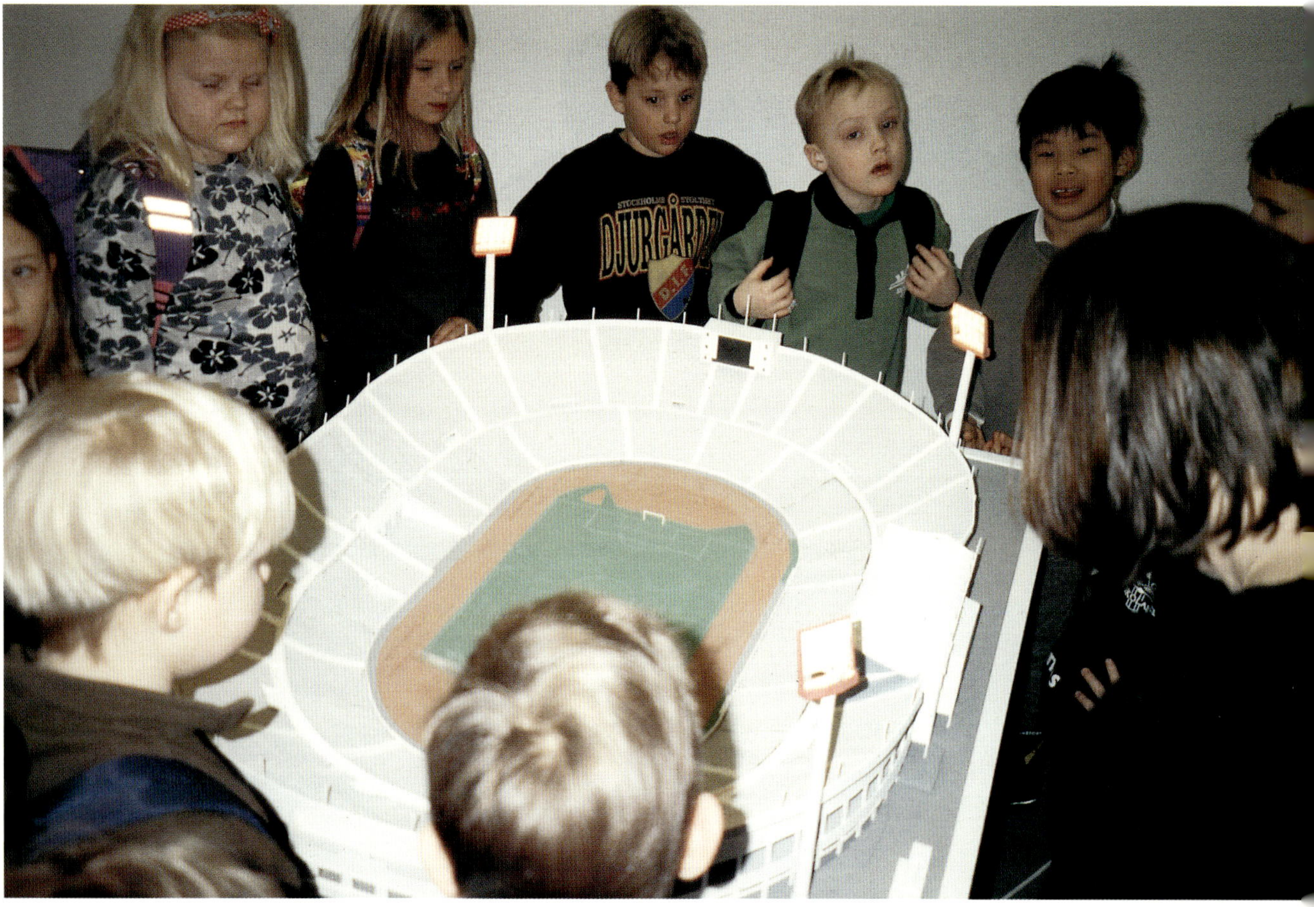

Prisonniers dans le Stade national
de Santiago, 1973

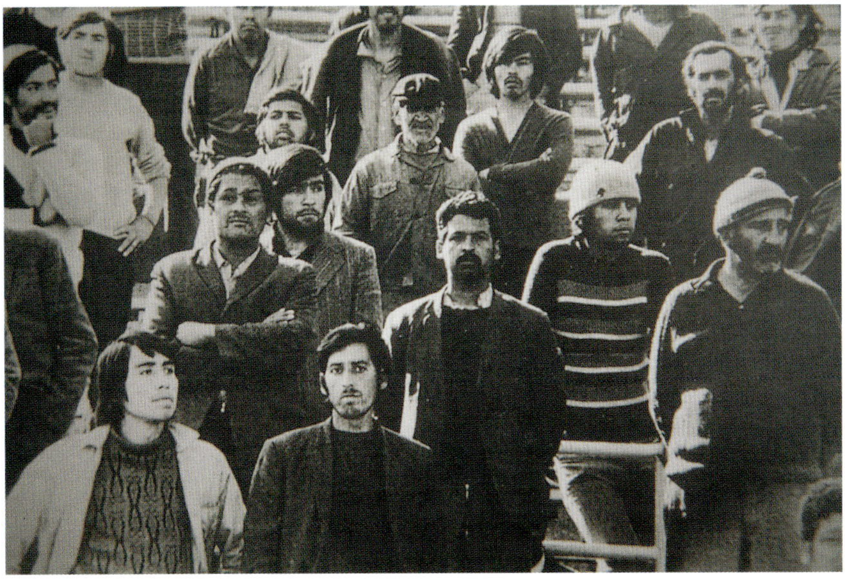

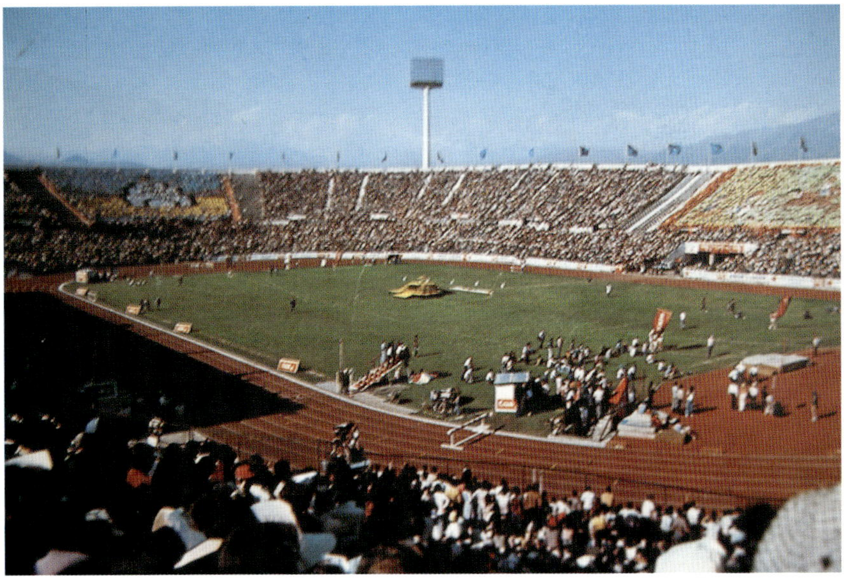

Vue d'ensemble du Stade national de
Santiago lors d'une compétition sportive

The Saint's Paradox, 1994/2004
Installation : vinyle découpé, statuette (Collection El Museo del Barrio, New York), socle
96 m² (dimensions variables)

Regina Silveira

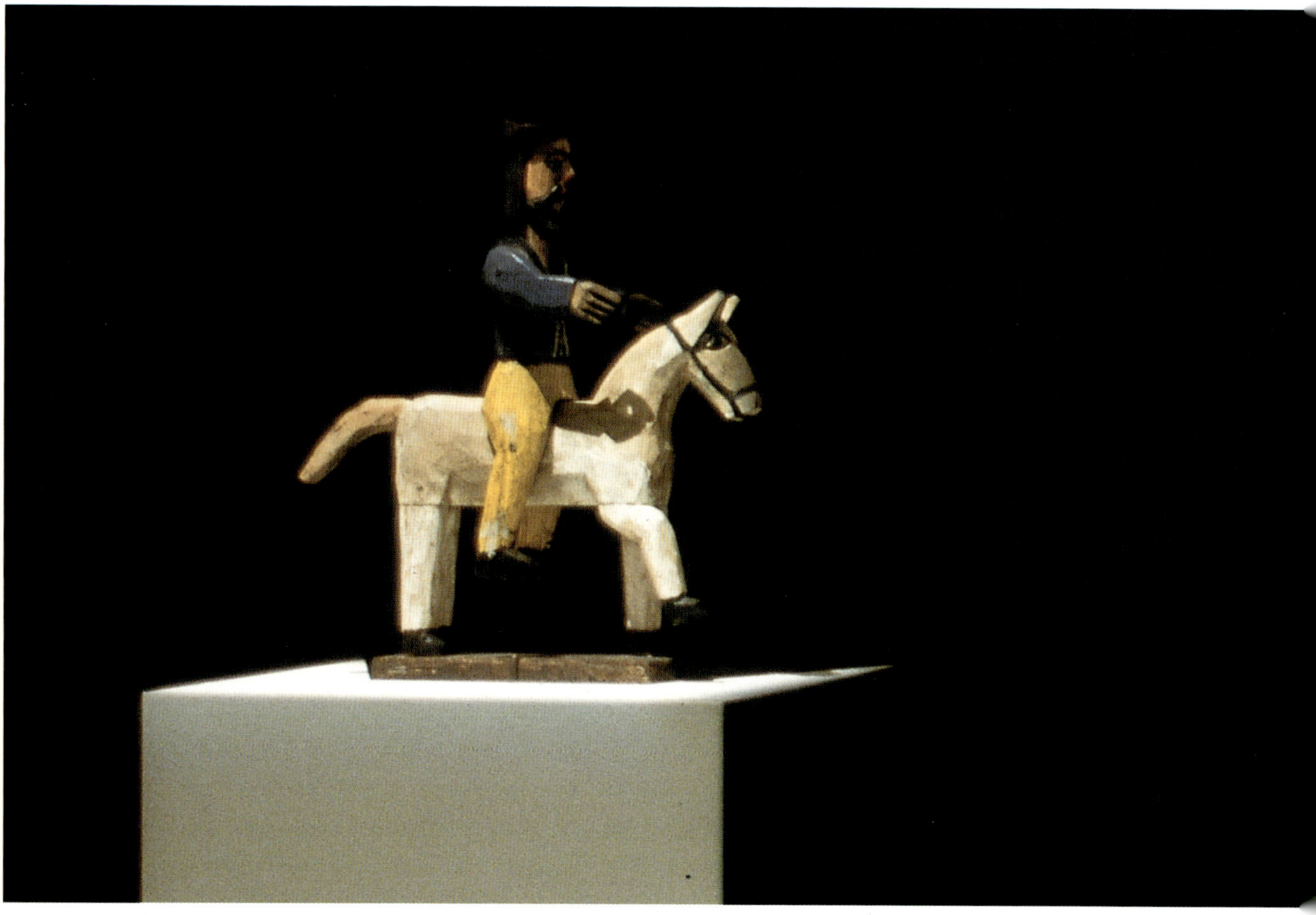

Retour sur *The Saint's Paradox*, dix ans plus tard

Bien avant que ne me vienne l'idée de créer *The Saint's Paradox* en 1994, le monument équestre du duc de Caxias, protecteur officiel de l'armée du Brésil, avait allumé mon imagination. S'il se dirige vers la station de métro Luz et emprunte le square de la princesse Isabel au centre-ville de São Paulo, le piéton sera frappé par la silhouette élevée et impressionnante de cette statue, sorte d'ombre gigantesque dotée de volumes intérieurs très simplifiés. Au sommet du haut piédestal en pierre, le héros militaire est assis sur un cheval robuste à la queue ondulée et, du bras droit, il brandit son épée en direction du ciel.

Ce qui suscitait alors mon intérêt ne relevait en rien de l'esthétique. La sculpture était l'une des dernières œuvres de Victor Brecheret (1894-1955), un Italien ayant immigré au Brésil à l'âge de dix ans, qui était finalement devenu une figure respectée du jeune groupe d'artistes modernistes brésiliens et l'auteur de plusieurs monuments dans la ville de São Paulo. Cependant, ce monument au duc de Caxias, élevé entre 1941 et 1945 en plein dans la ferveur patriotique de la Deuxième Guerre mondiale, est une statue au sceau décidément traditionnel, qui se démarque par des lignes solides qui caractérisent les meilleures œuvres de Brecheret.

C'est en fait l'aspect traditionnel et singulier de ce monument officiel qui m'a menée à m'approprier cette œuvre d'art afin d'approfondir certaines idées qui feraient de l'image du duc sur son cheval un juste représentant de tout monument équestre « générique[1] ».

Néanmoins, les photographies que j'ai prises du monument, même si elles constituaient du matériel brut à être exploité plus tard, étaient guidées par un objectif clair : saisir l'image de ce fort symbole du pouvoir militaire brésilien. Même avant que je sache quels gestes poétiques j'allais poser pour accentuer cet effet de pouvoir, mon désir encore imprécis était d'associer cette image équestre à d'autres références et de rendre le contour menaçant du monument encore plus dérangeant, en déformant la perspective. Ces opérations sur l'image visaient à explorer des significations aussi bien qu'à examiner l'ambiguïté des relations qui existent entre les ombres et les éléments qui les projettent. Durant cette période, mon intérêt premier portait sur des éléments absents du champ de vision mais qui, d'une manière quelconque, seraient présents dans l'ombre.

The Saint's Paradox, l'œuvre dans laquelle j'ai finalement utilisé la silhouette étirée et agrandie du monument équestre, a été créée spécialement pour l'exposition *Recovering Popular Culture*, présentée en 1994 au Museo del Barrio, à New York, pour célébrer le vingt-cinquième anniversaire de cette institution.

1 La sculpture ne fut installée au square de la princesse Isabel qu'en 1960, après le décès de Brecheret. En tant que symbole glorifiant l'héroïsme militaire, ce qui n'était certainement pas l'intention de l'artiste, la construction du monument s'accordait à l'ère des crises politiques et du pouvoir militaire qui allaient culminer au cours des années suivantes, créant une tension qui plongea finalement le pays dans 20 années de dictature militaire à partir de 1964.

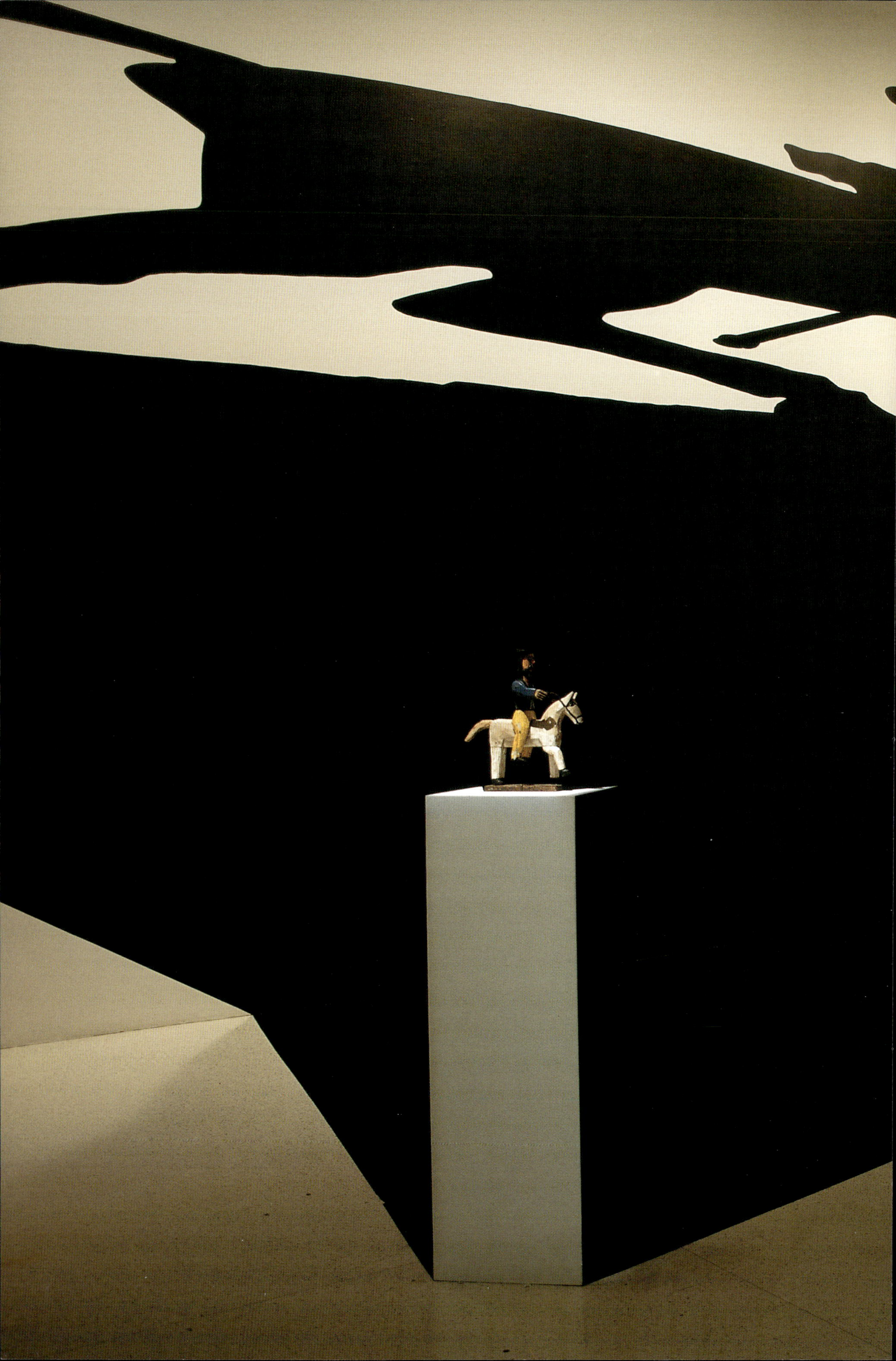

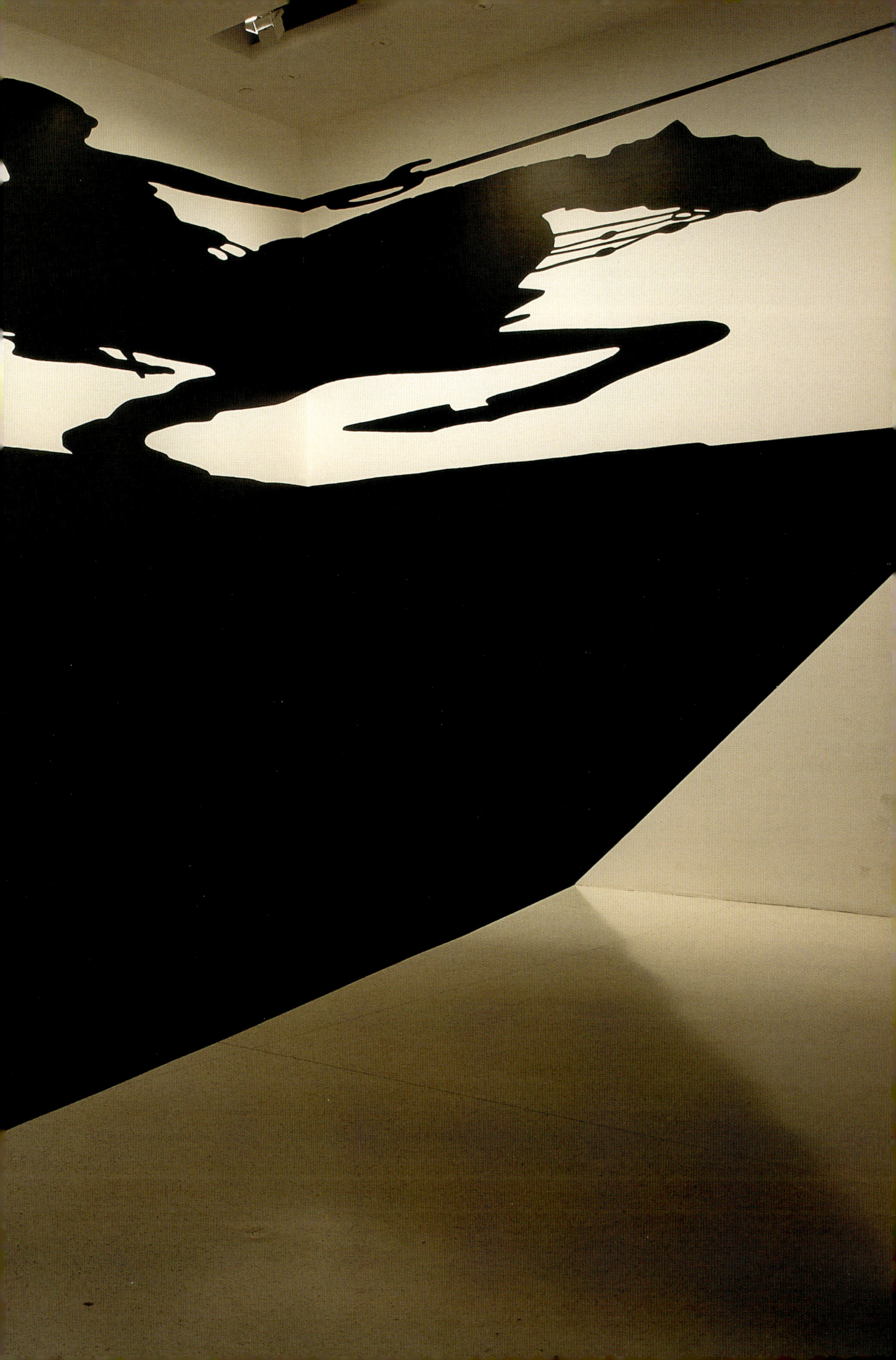

Dans le cadre de l'exposition, on avait demandé aux artistes de montrer chacun une œuvre qui serait en dialogue avec une œuvre qu'ils auraient eux-mêmes choisie dans la collection du musée. Une petite sculpture de bois peint, représentant San Tiago Apóstolo sur son cheval blanc, faite par un artiste anonyme et cataloguée comme étant de l'art populaire du Guatemala, s'avéra la contrepartie parfaite de l'ombre de mon autre chevalier.

Conçue pour la salle de projet du musée, mon installation consistait en une silhouette noire peinte sur trois des murs et sur une partie du plancher, accompagnée de la petite sculpture du saint perchée sur un piédestal en bois et intégrée à cette ombre comme point central semblant la projeter.

Dans cette juxtaposition de la silhouette et de sa fausse origine, le duc de Caxias devient l'ombre paradoxale et gigantesque (l'Autre pervers) de la petite figure ingénue et sommaire de San Tiago Apóstolo. Cette jonction est produite par le déplacement et le jeu d'une double absence, puisqu'à chacune des représentations manque son complément. L'ombre projetée par le saint en bois n'est pas là, alors que l'ombre du duc de Caxias est séparée de son origine, soit le monument qui, normalement, la projetterait.

Une autre différence paradoxale réside dans l'épée. Absente (enlevée ou perdue ?) dans la figure de bois, dont la main semble pourtant avoir été façonnée de manière à en tenir une, l'épée n'apparaît que dans l'ombre, empoignée par le chef militaire brésilien. Le bras contre le corps, la silhouette noire tend sa longue épée pointue dans un geste guerrier.

Cependant, le plus grand paradoxe à être inscrit dans l'aspect visuel de l'installation résulte d'une opération de « copier/coller » par laquelle j'ai réuni deux histoires et deux lieux géographiques de l'Amérique latine radicalement différents, sans égard pour le temps et l'espace ni pour tout événement possible ou fictif.

Dans ce cas-ci, le lien paradoxal entre la sculpture de bois et l'ombre peinte est supporté par des analogies qui, quoique ébauchées, peuvent être faites entre le saint et le monument militaire.

Le San Tiago ingénu est, en fait, Santiago Matamoros, le saint patron de l'armée espagnole pendant les guerres visant l'expulsion des Arabes de la Péninsule ibérique qu'ils occupaient depuis des siècles. Matamoros est également représenté dans des images de combat et de décapitation ayant pour cadre la domination coloniale des pays d'Amérique du Sud de langue espagnole, au temps de la « découverte », alors que des territoires étaient occupés et des cultures, massacrées.

Quant au duc de Caxias, le protecteur officiel de l'armée du Brésil, il a été commandant en chef de la triple alliance pendant la controversée guerre contre le Paraguay qui, de 1864 à 1870, a uni le Brésil, l'Argentine et l'Uruguay contre le dictateur Solano Lopez du Paraguay, dont les actions indépendantes ou expansionnistes menaçaient les intérêts territoriaux des autres pays impliqués, de même que les intérêts commerciaux que ceux-ci entretenaient avec l'Angleterre[2]. Les comptes rendus historiques de cette guerre longue et cruelle, durant laquelle a péri la moitié de la population du Paraguay et qui a ruiné le pays à un point tel que ses conséquences se font encore sentir aujourd'hui, ont été l'objet d'une révision historique critique au cours des dernières années en Amérique du Sud, laquelle a également réexaminé le rôle et l'héroïsme du général Caxias.

Dans *The Saint's Paradox*, le collage spatial juxtaposant le saint et son ombre fantasmagorique sert également mon intention primordiale qui est de commenter les relations d'affinité qui ont existé, dans le cours de l'histoire, entre militarisme, religion et pouvoir, et qui ont servi de base à la lutte pour la domination de l'Amérique latine.

Dans cette œuvre, les déformations de perspective et les proportions gigantesques données à l'ombre sont des dispositifs poétiques qui visent à mettre en lumière cet univers de significations, sur le mode allégorique, en termes purement visuels. R. S.

(Traduction d'Amérique Latine)

2 D'autres interprétations avancent que, parmi les raisons ayant mené à la guerre de la triple alliance, figuraient des conflits entre ces nations quant à des positions de domination et au contrôle de l'accès à la mer, ce que n'avait pas le Paraguay, conflits sous-tendus par des enjeux de navigation et d'expansion libre du commerce international.

Adriana Varejão

Temps et érotisme dans les *Ruines* d'Adriana Varejão

Le travail d'Adriana Varejão, depuis le début de sa carrière, se caractérise par la présence de deux éléments récurrents : l'azulejo (soit riche en références, orné, soit aseptique, neutre) et la chair, une chair nettement anecdotique, théâtralisée. Une série d'œuvres, *Ruinas de charque* (*Ruines de viande séchée*), que nous découvrons en partie dans le cadre de l'exposition « *Nous venons en paix...* » – *Histoires des Amériques* témoigne une fois de plus de la rencontre de ces deux éléments. Mais si l'azulejo et la chair sont présents dans les œuvres d'Adriana Varejão depuis 1995 — il existait déjà dans celles-là une tendance évidente vers l'extérieur, comme dans le cas de *Línguas* (*Langues*) et d'*Azulejarias em carne viva* (*Azulejos en chair vive*) —, c'est avec les *Ruines* que, pour la première fois, les peintures jaillissent vraiment du mur pour se développer dans l'espace, entamant ainsi un dialogue avec la sculpture et l'architecture.

Nous avons devant nous ces espèces de sculptures/peintures sous forme de ruines, recouvertes d'azulejos soit vierges, soit décorés. L'intérieur des ruines, en contraste net avec la surface plane et géométrique de l'extérieur, nous est représenté comme de la viande séchée. Là où l'on s'attendrait à trouver du ciment couleur de cendre, Adriana préfère exposer de la chair rouge.

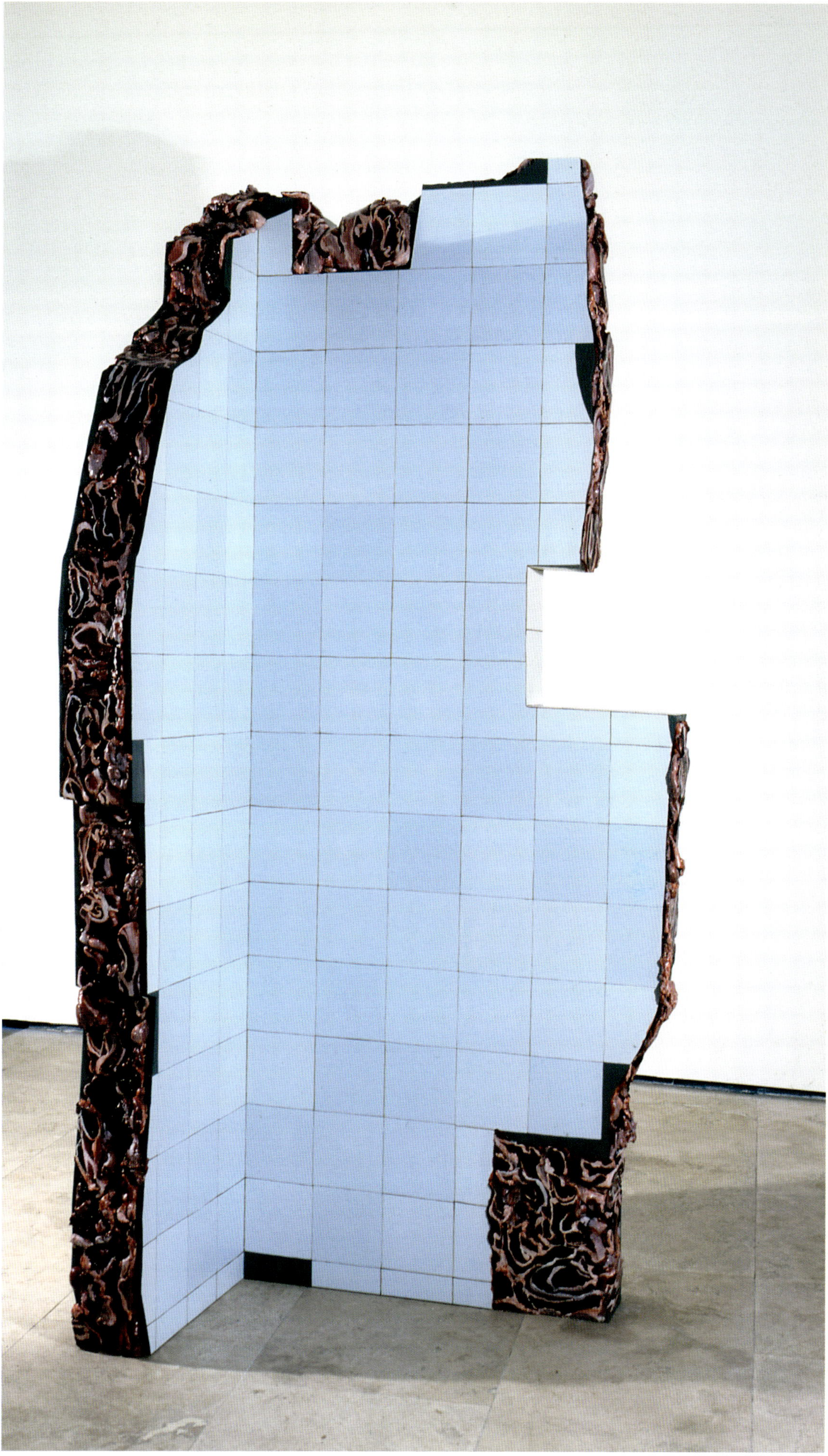

110 *Ruina de charque – Grumari,* 2001
Huile sur bois et polyuréthane
226 x 30 x 10 cm

Ruina de charque – Quina, 2003
Huile sur bois et polyuréthane
222 x 108 x 92 cm

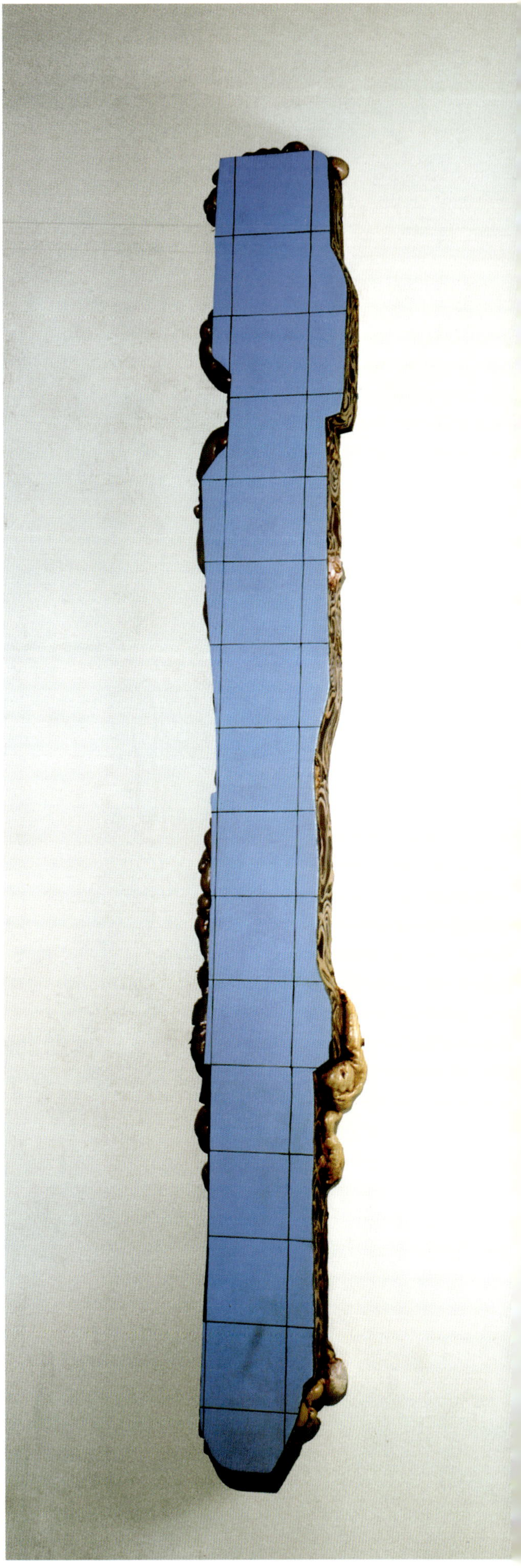

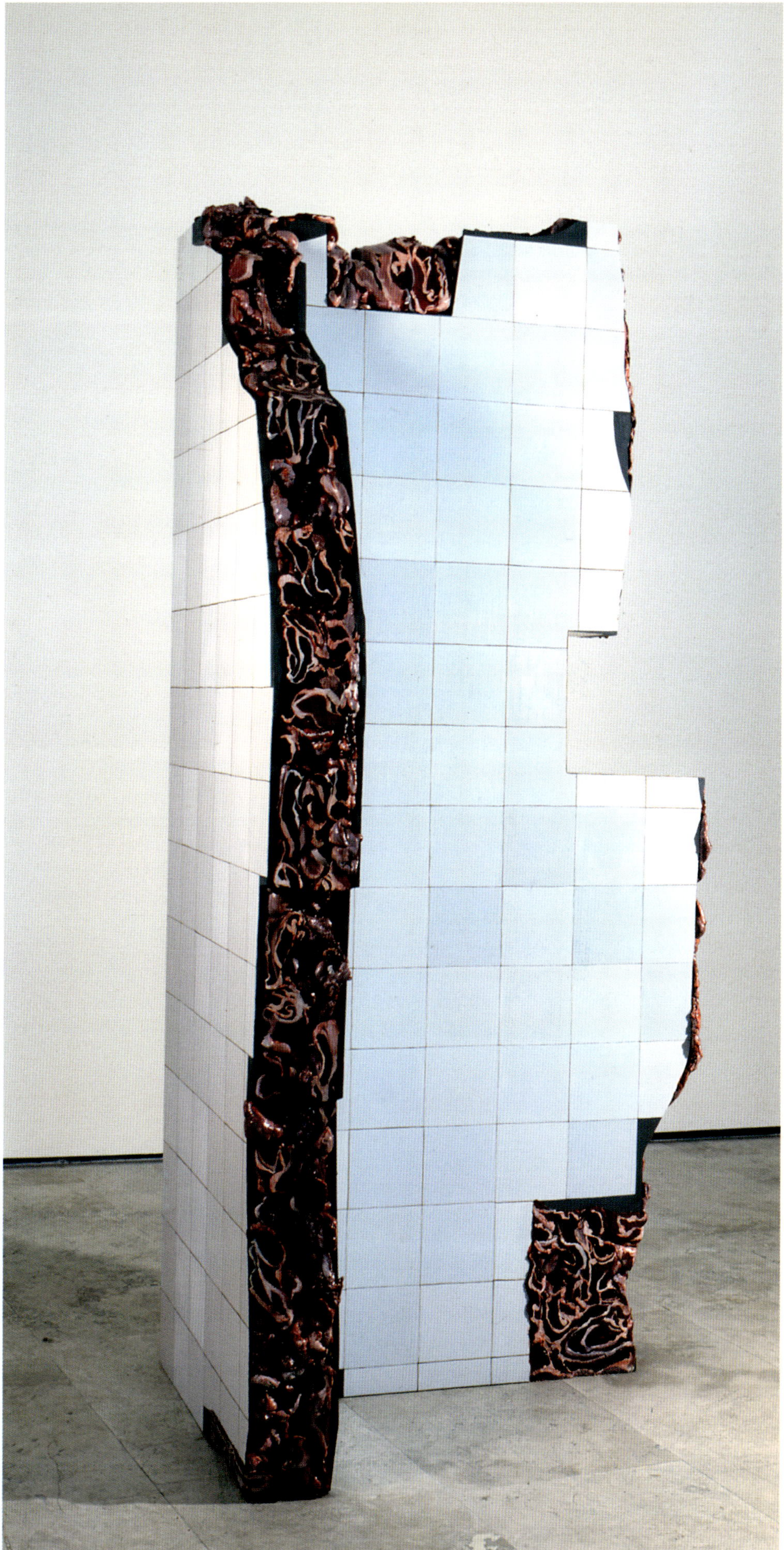

C'est Severo Sarduy qui a remarqué cette substitution comme étant l'un des procédés caractéristiques de l'esthétique baroque (dont la peinture de Varejão est l'héritière contemporaine). Cette substitution, différente de celle de la métaphore, représente un écart par rapport à la signification originelle, ce qui permet d'en établir une nouvelle. La chair exposée, excessive, finit par promouvoir l'érotisation, la vitalisation de ces ruines. Les images des ruines, à leur tour, représentent un univers symbolique chargé de diverses significations. Elles symbolisent un temps inachevé.

Temps et érotisme : voilà les deux éléments suggérés par Adriana Varejão dans cette série d'œuvres.

L'effet du temps dans les villes du Nouveau Monde est décrit avec précision par Claude Lévi-Strauss, dans le chapitre de son livre *Tristes tropiques* consacré à la ville brésilienne de São Paulo. La pensée de l'anthropologue français se résume dans la phrase suivante : « Ici tout est en construction, et c'est déjà une ruine[1]. » Ce temps où les choses n'ont jamais de fin, où « rien ne continue », où ce qui débute n'implique pas de fin, où la discontinuité est la règle, c'est le résultat du temps sur ce Nouveau Monde, dépourvu de tradition. C'est justement ce temps sans tradition, le temps de la modernité, de nature transitoire, que nous suggèrent ces *Ruinas de charque*.

1 Cette phrase est du chanteur et compositeur brésilien Caetano Veloso. Elle se trouve dans les paroles de la chanson « Fora da Ordem » [Hors du nouvel ordre mondial], dans l'album « Circuladô » de 1991.

Dans l'œuvre d'Adriana Varejão, la chair dont est fait l'intérieur des ruines, un intérieur qui semble ne pas se renfermer sur lui-même mais transperce la peau pour chercher à s'extérioriser, évoque en nous non seulement une théâtralisation de cette mort de la peinture tant annoncée, mais aussi une érotisation de l'art, du temps, de l'histoire. Cette profusion de chair exposée, de peau déchirée, suggère la sensualité, le sexe, la violation, la pénétration. De manière excessive, sans utilité aucune, sans finalité. En fait, il s'agit d'érotisme. L'érotisme se distingue avant tout par cette absence de finalité, de lien avec la reproduction biologique.

Dans son œuvre intitulée *Escrito sobre un cuerpo* (*Écrit sur un corps*), Severo Sarduy parle des relations entre le langage baroque et l'érotisme. Le baroque se caractérise justement par l'excès et la débauche sans finalité que l'on retrouve dans l'érotisme. L'un comme l'autre se justifient en soi. Dans le baroque, le langage s'écarte de sa finalité naturelle : la communication. Dans l'érotisme également, il y a interruption de la finalité de reproduction.

Ce règne de la débauche au profit du plaisir nous est suggéré par la chair rouge qui nous séduit (nous voulons la toucher) et nous répugne (le dessein nous effraie) en même temps. Les surfaces de chair des peintures d'Adriana sont recouvertes d'environ dix fois plus d'huile que celles d'azulejos. Nous sommes en présence de l'un des procédés techniques qui finissent par nous révéler l'une des principales caractéristiques de l'œuvre de l'artiste : le travail avec les contrastes. Le premier de ceux-ci est, sans aucun doute, le contraste entre l'extérieur et l'intérieur. C'est à partir de cette opposition fondamentale qu'entrent en jeu d'autres contrastes successifs : entre un extérieur géométrique et un intérieur qui suggère du volume, entre une exactitude constructive et une informalité baroque, entre la froideur aseptique et la sensualité de la chair rouge, entre le vêtu et le nu, entre la retenue et la convulsion, entre le calcul et la démesure, entre les rigueurs de la raison et les écarts de la pensée.

L'azulejo et la chair, qui nous suggèrent tous ces contrastes, sont donc les matières à partir desquelles l'artiste dialogue avec des traditions esthétiques distinctes : la tradition baroque, qui remonte au XVIIe siècle, la tradition séculaire des azulejos portugais et enfin le constructivisme brésilien, notre plus grand héritage moderne dans le domaine des arts plastiques. Nous sommes en fait en présence d'une œuvre qui, simultanément, maintient de manière sophistiquée et originale la tradition, et s'inscrit dans une poétique tout à fait individuelle — en présence de la peinture d'Adriana Varejão nous découvrons, sans aucun doute, un épisode extrêmement singulier de la vie contemporaine.

Luisa Duarte

(Traduction d'Amérique Latine)

Sergio Vega

Durant les huit dernières années, je me suis consacré à un projet intitulé *Paradise in the New World*. Ce projet artistique interdisciplinaire s'inspire principalement du livre homonyme *El Paraíso en el Nuevo Mundo*, écrit à Séville par Antonio de León Pinelo en 1650. L'auteur a tenté d'y démontrer que le jardin d'Éden était situé en Amérique du Sud. L'ouvrage de Pinelo a été d'une importance capitale pour la constitution des discours coloniaux dans l'histoire des Amériques. Son scientisme a éclipsé la fascination que nourrissait l'Europe envers le Nouveau Monde exotique en présentant l'inventaire d'espèces botaniques et fauniques le plus détaillé de l'époque. Le livre a servi de référence à la plupart des naturalistes faisant de la recherche au XVIIIe siècle et au début du XIXe. La singularité du texte concerne, en partie, les transitions intellectuelles du XVIIe siècle : le texte de Pinelo tente de réconcilier une version théologique de la création et une compréhension scientifique de la nature dérivant de l'histoire naturelle, discipline qui commençait alors à se développer.

J'ai fait plusieurs voyages de recherche au Mato Grosso afin d'établir l'emplacement du paradis de Pinelo. J'ai écrit un journal dans lequel je relate mes expériences, et j'ai produit une série de photographies, de vidéos, de dioramas et d'installations. J'y explore la manière dont les discours coloniaux ont été construits en rapport précisément avec la mythologie du paradis.

Une étude structuraliste de la pauvreté

Ma première rencontre avec le paradis s'est produite dans la ville de Cuiabá et ses *favelas* ou bidonvilles. Les œuvres intitulées *Structuralist Study of Poverty (Potato, Garlic and Onion)* ont pour point de départ ces bidonvilles. Bien que les données démographiques démontrent que ses demeures abritent aujourd'hui les travailleurs du secteur des services destinés aux classes supérieures, le bidonville porte toujours la marque exotique des ethnies paysannes déplacées — dans ce cas-ci, sur son toit, comme une coiffe sur la tête par Carmen Miranda. Pendant la tentative d'industrialisation des Amériques, de vastes populations migrèrent des provinces vers les centres urbains industriels, fuyant le déclin de l'agriculture et cherchant à s'intégrer à la société moderne.

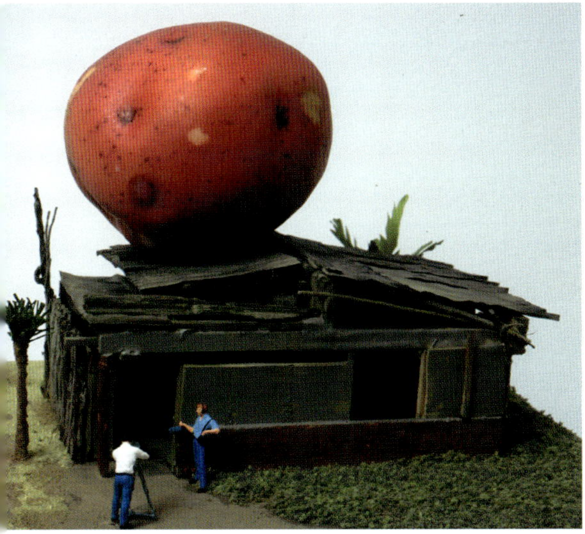

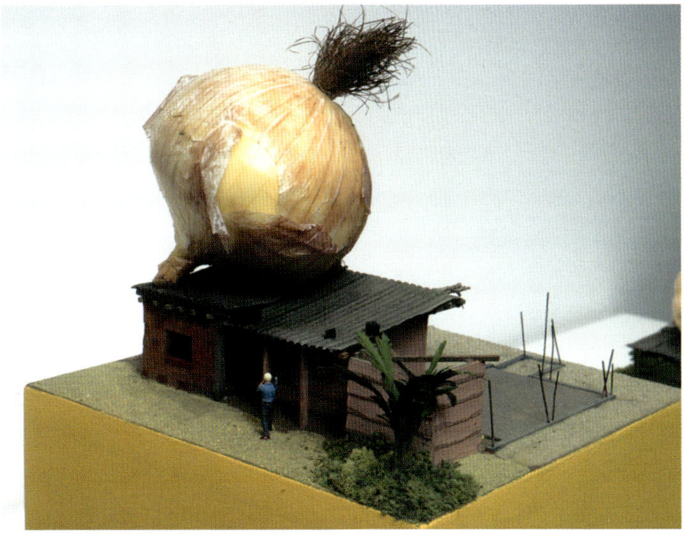

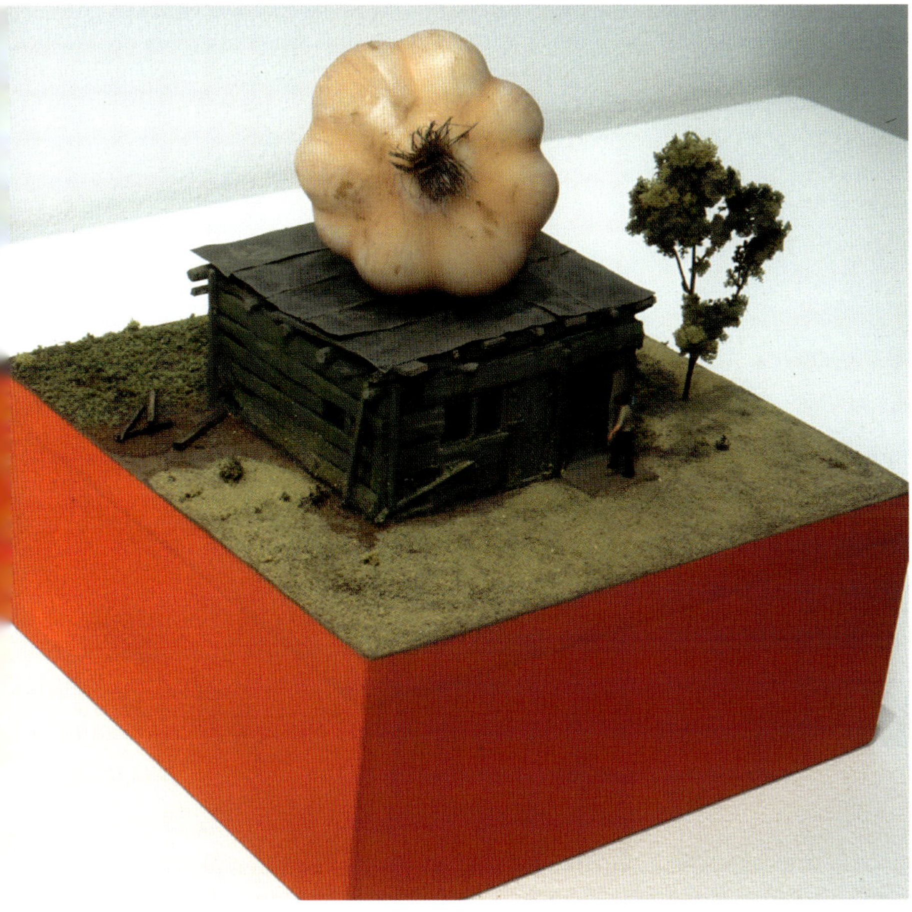

Structuralist Study of Poverty (Potato), 2002
Techniques mixtes
48,3 x 17,8 x 17,8 cm

Structuralist Study of Poverty (Onion), 2002
Techniques mixtes
35,6 x 17,8 x 17,8 cm

Structuralist Study of Poverty (Garlic), 2002
Techniques mixtes
20,3 x 17,8 x 17,8 cm

Banana Building

Dans ce projet, ma réflexion sur les styles esthétiques (le baroque, le romantisme, le modernisme) porte sur la manière dont ces styles ont servi à produire des fantasmes de paradis. Le cas de *Modernismo tropical* se rapporte à ce que j'ai vu dans l'architecture de Cuiabá. Ma conclusion critique est que, sous les tropiques, le modernisme a abandonné la logique cartésienne pour faire une sieste et qu'il s'est réveillé au beau milieu d'un rituel de chaman, travesti en animal ou en plante. Cette branche dionysiaque et voluptueuse de la modernité, emblématique des classes supérieures sous les tropiques, est celle que j'explore dans *Modernismo tropical*, sorte d'architecture à l'intention des cocktails, dont la maquette intitulée *Utopian Specimen: Banana Building* est un exemple.

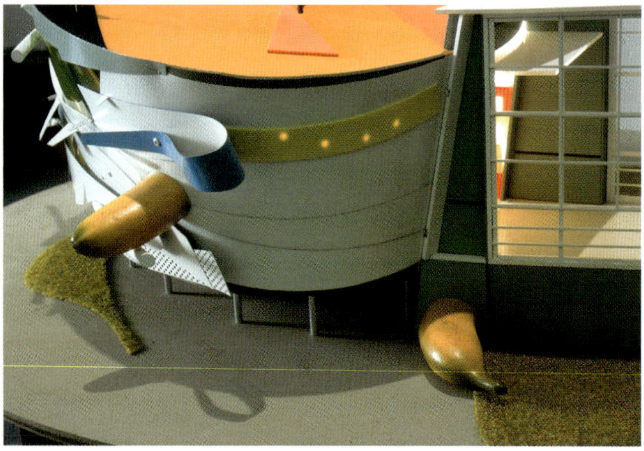

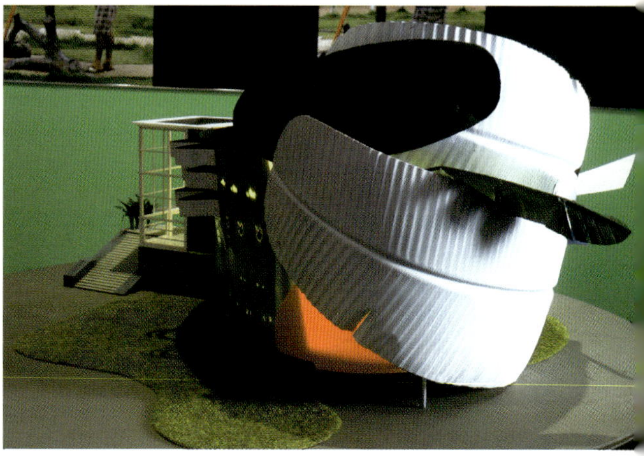

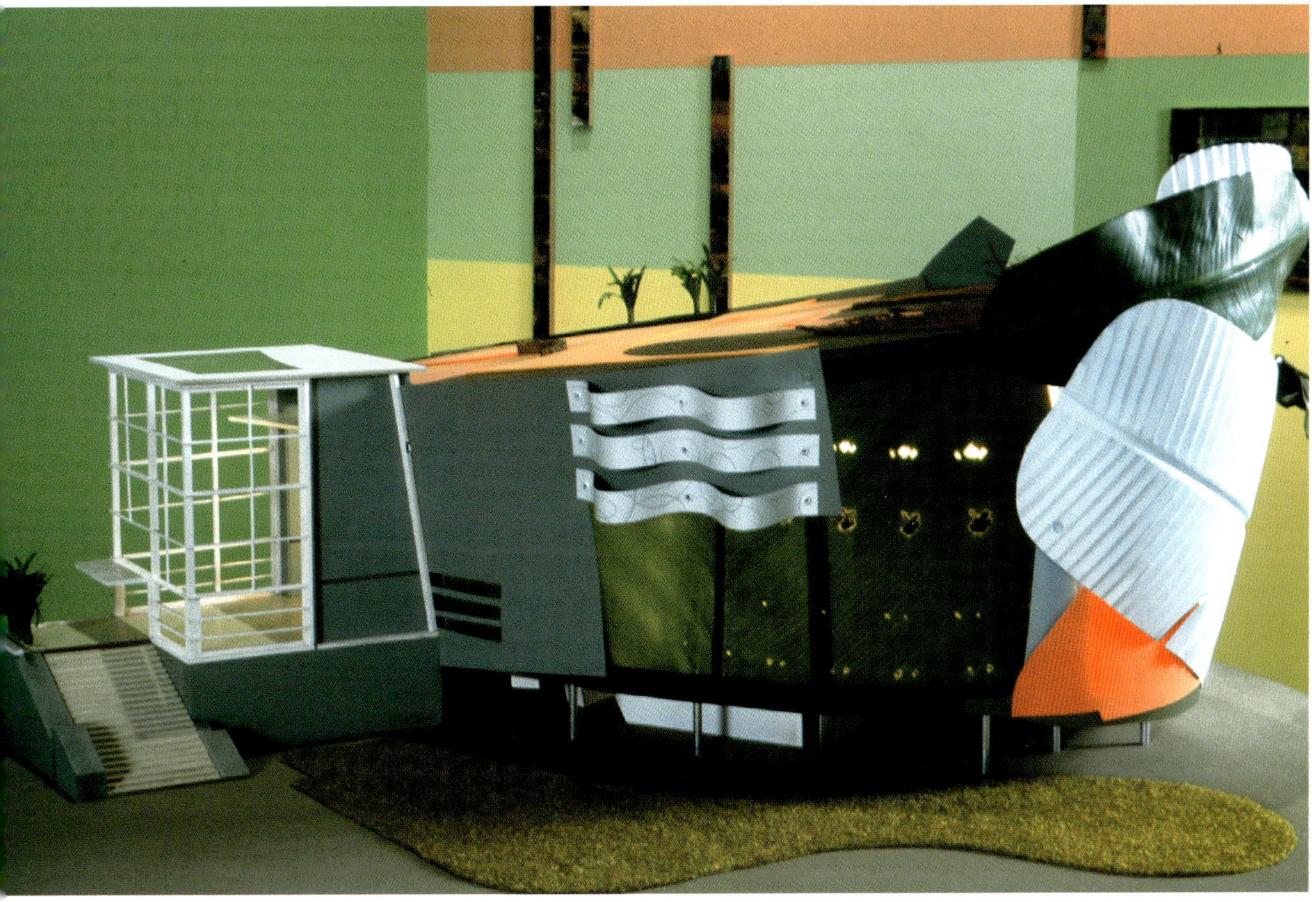

Utopian Specimen: Banana Building, 2002
Techniques mixtes
139,7 x 111,8 x 111,8 cm

Extraits du journal *El Paraíso en el Nuevo Mundo*

El Primer Día

Des nuées épaisses se sont élevées de la forêt pour s'évanouir lentement dans le soleil du matin. Deux vautours ont décrit des cercles tout près, le son brutal de leurs plumes évoquant une sorte de lacération du vent. L'aiguille de mon compas a eu un comportement irrégulier, comme si elle avait perdu le nord. Les deux appareils photo ont émis un étrange bourdonnement de parasites et, pendant une prise, l'obturateur s'est déclenché quelques secondes après que j'eus appuyé sur le bouton.

Était-ce ici que le temps avait perdu le courage de devenir histoire et abandonné son sort au chant insondable des oiseaux ? Où était-ce ici qu'Adam, notre père singe à tous, un jour normal qui allait également devenir le premier, s'était levé et avait marché[1] ?

Me tenant au centre même de l'Amérique du Sud, j'ai regardé le monde là-bas et pensé que l'âge des ténèbres serait peut-être bientôt terminé[2].

Des études géologiques ont révélé que la vie existait ici il y a plus de 45 000 ans, et les mystiques prédisent que des civilisations futures y verront le jour[3]. Les chercheurs ont trouvé au sommet de cette montagne une très vieille empreinte produite, paraît-il, par le pied d'Adam. Ivan est tombé sur le site archéologique par la bordure orientale du plateau. La trace primordiale de notre histoire sacrée, scientifique, antique et moderne s'est avérée être une petite empreinte floue, presque totalement effacée par l'érosion. Marcos l'a comparée à son pied et s'est esclaffé, se disant comme cet homme devait être petit, un Adanzinho (diminutif d'Adam), à peu près la moitié de sa taille.

Après tout, il semble que Florentino n'ait raté le site que de quelques kilomètres[4].

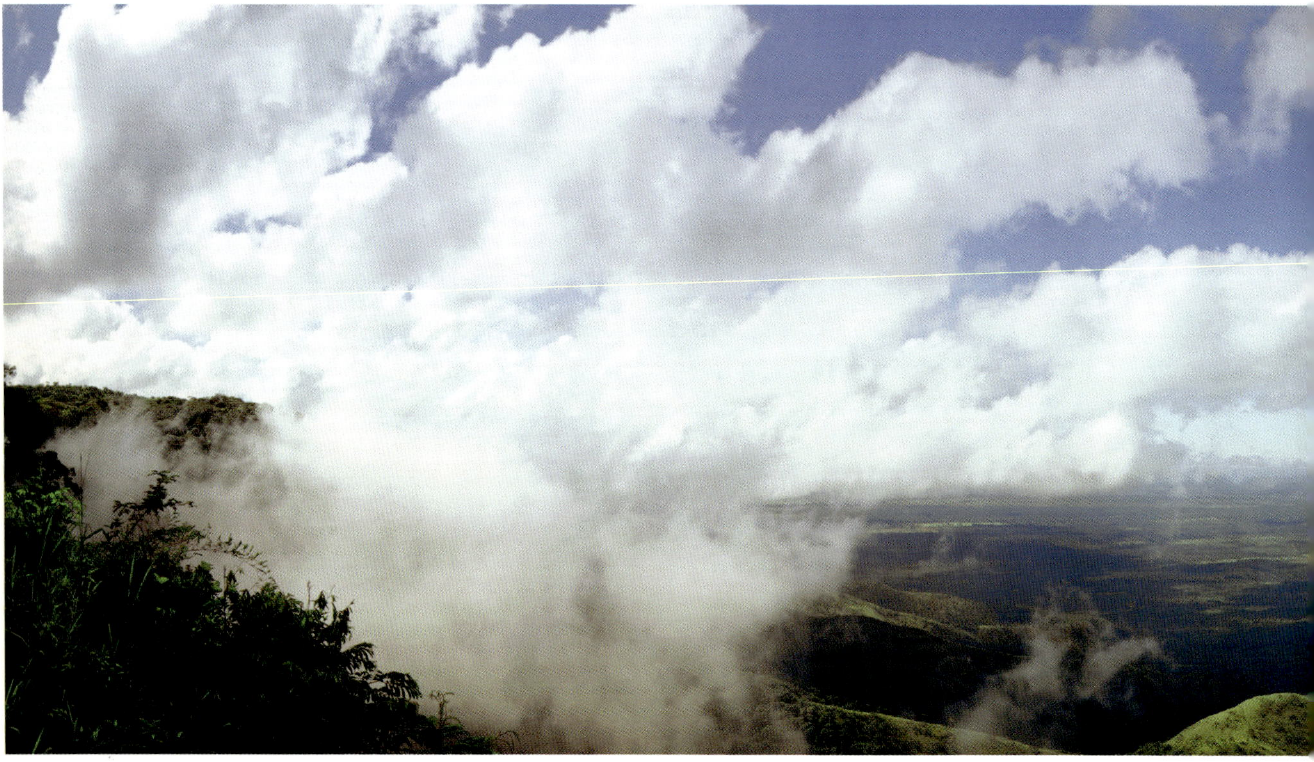

Les marques laissées par les scientifiques bon chic bon genre qui sont passés avant nous rappellent la méthode des félins qui délimitent leur territoire avec leur urine. Ils avaient également laissé, un peu partout dans le secteur sous étude, des outils, des boîtes de conserve vides et des rouleaux de fil métallique.

Les géologues ont établi que, dans le passé, le sud était le principal champ magnétique de la Terre. Cette polarité inversée, appelée paléomagnétisme, se trouve dans les pierres à travers le monde. Étranges restes d'une autre époque, ces pierres sous-développées sont demeurées fixées à l'orientation désuète de leur jeunesse, il y a des millions d'années. Imaginez la confusion si toutes les aiguilles des compas pointées vers le nord se mettaient soudainement à indiquer le sud. De quelle renaissance s'agirait-il ? Serait-ce celle du magnétisme dessiné par Torres-Garcia dans les années 1940 et anticipé par Pedro Quiróz en 1618 lorsqu'il dressa une carte du paradis ? S. V. (Traduction de Colette Tougas)

1 Ici, l'auteur spécule sur l'idée qu'Adam n'était pas un homo sapiens, mais un homo erectus, soit le premier singe à se lever et à marcher.

2 Le centre géodésique de l'Amérique du Sud est situé à Chapada dos Guimarães. Le mont São Jerônimo est le point le plus élevé de la région.

3 Pamela Bloom, *Fielding's Amazon*, Fielding Worldwide Inc., 1995, p. 167.

4 Florentino Ameghino (1854-1911), célèbre paléontologue et anthropologue argentin. Dans son ouvrage intitulé *La plus haute antiquité de l'homme en Amérique*, écrit en 1880, Ameghino soutient que l'humanité provient des basses plaines de l'Argentine.

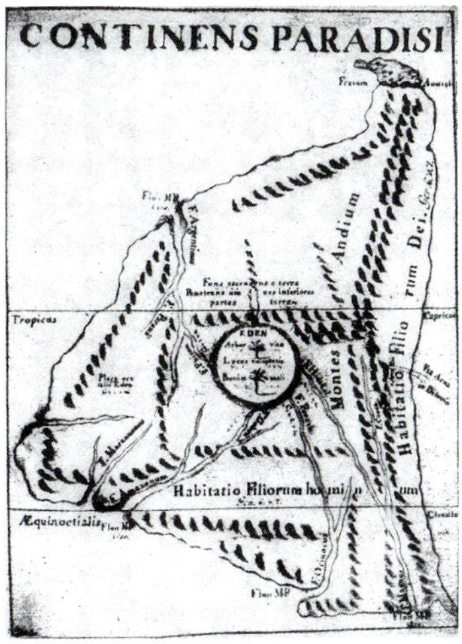

El Primer Día (détails), 2003
1 tirage numérique
(impression au jet d'encre)
56,5 x 208,3 cm
4 impressions au jet d'encre :
texte, carte satellite de
l'Amérique du Sud, *Nord-Sud*
de Joaquín Torres-García,
Continens Paradisi de
Pedro Quiróz
35,6 x 27,9 cm (chacune)

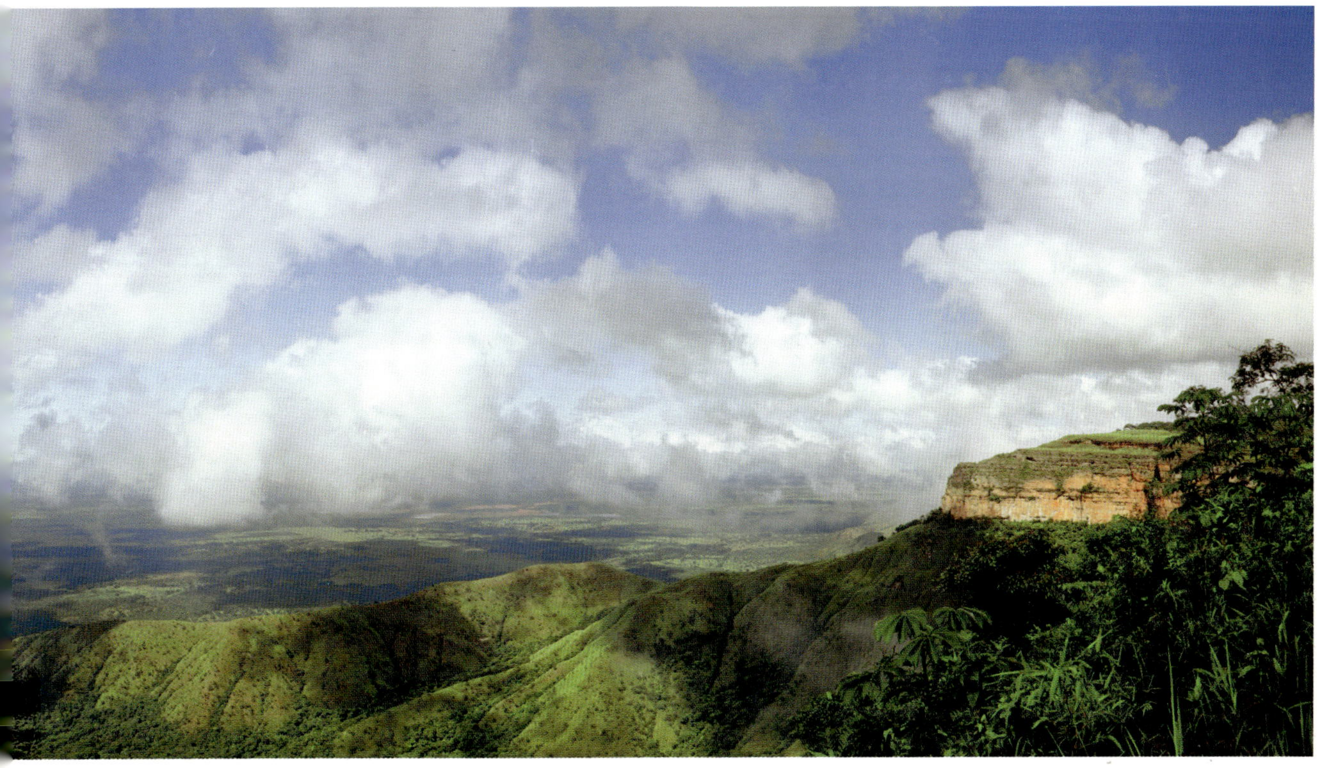

Kara Walker

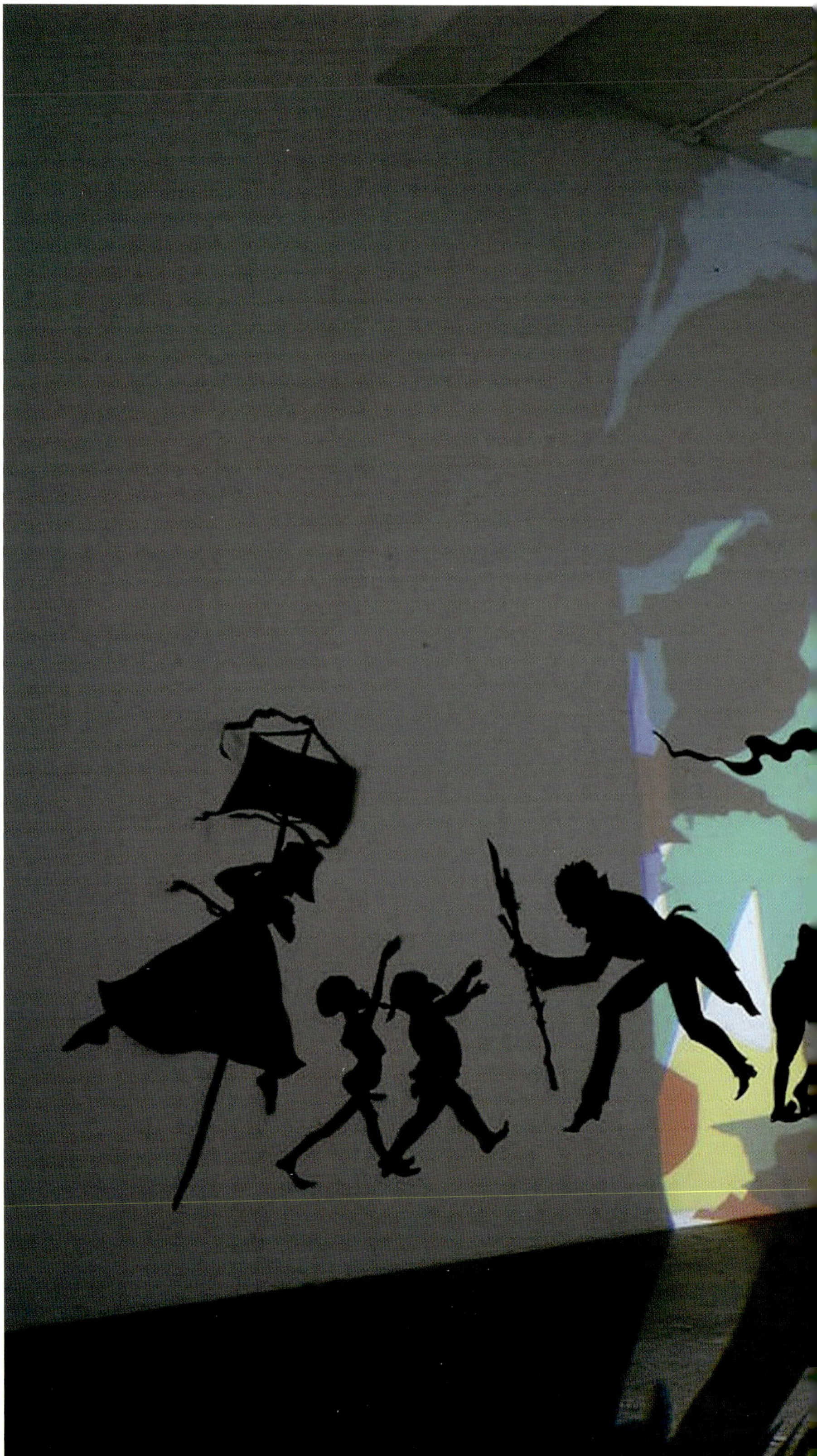

Darkytown Rebellion, 2001
Projection, papier découpé
et ruban adhésif au mur
4,27 x 11,43 m

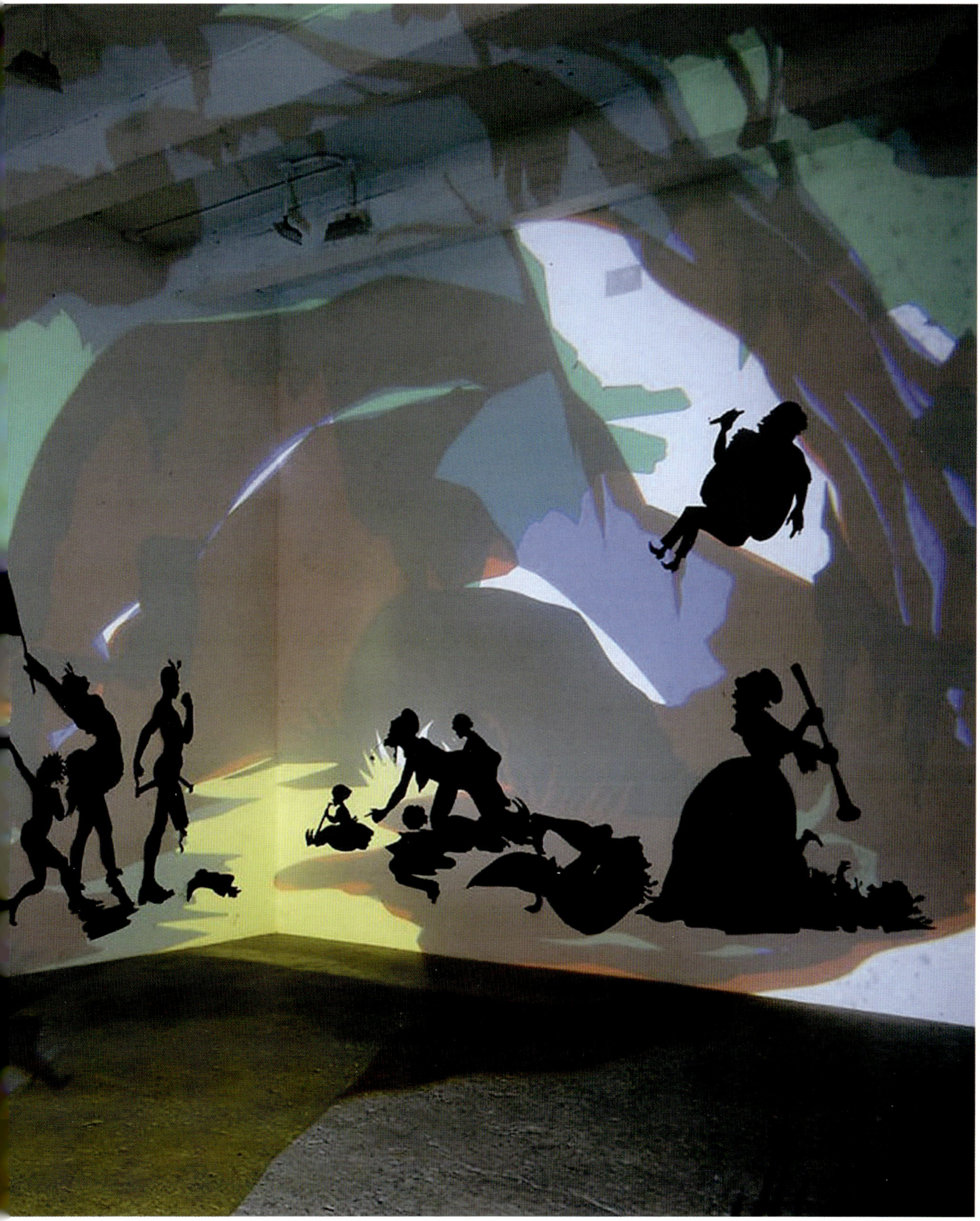

BLACK NEGRO AFRICAN AMERICANS CAN BE
Conjured at the calling, some of them
in the flesh (emerging fat and american
from beaming white ships) but more
routinely, fromthe bellies of anicient
slavers, docked unsuccessfully at the
bottom of the North Atlantic. En route
as it were to Ancestory.

I never believed in those hokey spirits
typical
modern black with
too many
white faces to pretend to bend in front
of. They will never know.
What I now know
about
the afterlife.

AN AFTERLIFE WHICH I WILL PRETEND TO
ELUCIDATE NOW HERE.

Im so far from them. spirits move slow.
traveling ancient lifelines- following
the trace elements and radio signals
refracting off our bodies.
they follow faint heartbeats and
electrical impulses in the brain
they "know" you by your "knowing"
them.

THEY HAD VERY NEARLY CAUGHT UP WITH ME
when in an hour of needyness, I held
"MY GRANDMOTHERS AMULET"
and electricty shot through my right arm.

(maybe, because my arm, hanging awkwardly
over the edge of the bed? No.)

They like being written about, painted
drawn, they aren't as judgemental as th
ose mortal critics which view such (bad)
art.

Although, once in a while, a gifted
"talent" will get the signals straight
and write a "beloved" or something-
and remind us about how unforgivably
greedy ghosts are when conjured.

especially those that have been
wounded in life. Which
We All Have Been-
Sayeth the Negro clairvoyant.

An Clairvoyant who speaks as though
she knows (she does) that Black ghosts
want blood, or
flesh
but, black ghosts had such a bad time
with
flesh to begin with, so they are
wild and conflicted, which black ghosts
had sucha hard time with being painted
"savages" so they are still andparanoid
which ~~links~~ binds black ghosts with mortal
counterparts more
closely than ever.

ON BEING STILL
and paranoid

(the "spirits" cock theri collective heads
to the side and look askance)

I shouldn't have to lower myself or my
eyes in front of any one, but it is my
National Heritage.

I, Alabama schoolboy, jerk lower my head
and hang it upon my doubled under shoulders
and harbor fantasies of revenge, carried
out, me my own superhero.

back in High School
appeasing the delicate sesibilities
of white folks.
I disgust myself with
obsequiousness.
Look, I is so sweet and
accomodating
I hate you and I hate explaining
my point a view as though it's the
exception
and not the rule.

And I hate that you don't know what
a minefield you are dealing with,
offering me a coupla coffees.
OH and worse for me, if my mines
Fail, when trod upon
worse for me
if I alone suffer
her schrapnel.

Coming away like a war-torn child, deaf
and limbless and playing
soccer in the Iowa suburbs three years
after the last bandage.

I leave every tea with you , an amputee

YOU know
who YOU
are.

Don't be coy.

You say"
I'm afraid I may be ignorant on these and
these many points about Black
History, black culture, you fill me to
the brim of understanding just what a
shock it was for you (and you , and you...
) the first time you were in the MInority
"the only White person, I was" and
my eyes nearly roll out of my skull
for having heard it all before,
If I told you there was never a time
I wasn't surrounded in some fashion
by white people, who have told me that
selfsame tale... would you shut it then?

a walking reliquary

the feet of which are polished ~~wth~~ by
tears and alms

I see it in the eyes
of Locals
who never have the opportunity to
say to any Black (American or otherwise)
What a shame slavery was, or how great
the cause of Mumia or the Terrible
attack on byrd or king or King or X
I, a Walking defacto saint. My blacknuss
makes me GRATE

Do you care that it troubles me to entertain
you? It troubles me almost as much as it thrill
s me.

For as much as I long to have a visible
soul, to materialize into a Some Thing in
within your tender embrace, as it were; I
am too aware that that something will never
resemble-quite- the whatever I know myself
to be.

Traductions et versions originales

Histories of the Americas

Pierre Landry

This exhibition focuses on two notions—history and America—that do not generally figure high on the list of themes explored by contemporary artists.[1] They are nevertheless notions that once enjoyed a certain prestige in the realm of art—a fact that may well be the source of the slight suspicion with which they are now regarded.

For several centuries, history painting topped the hierarchy of painting genres established by the French Academy. An instrument of authority, this painting of "history" came eventually to reflect the subordination of the artistic profession to those in power. As for America, its so-called "discovery" in the late fifteenth century would give birth to one of the principal "master narratives" of the Renaissance, generating a vast iconography that includes numerous allegories. One of these, executed in the seventeenth century by Jan Van der Straet, has been described in particularly eloquent terms by Michel de Certeau: "Amerigo Vespucci the voyager arrives from the sea. A crusader standing erect, his body in armour, he bears the European weapons of meaning. Behind him are the vessels that will bring back to the European West the spoils of a paradise. Before him is the Indian 'America,' a nude woman reclining in her hammock, an unnamed presence of difference, a body which awakens within a space of exotic flora and fauna. An inaugural scene: after a moment of stupor, on this threshold dotted with colonnades of trees, the conqueror will write the body of the other and trace there his own history. From her he will make a historied body—a blazon—of his labours and phantasms. She will be 'Latin' America."[2] In just a few words, this description identifies the "weightiest" features of this first contact between Europeans and Native Americans: its status as an inaugural event; the inception of an essentially Eurocentric history; a relationship to the other based on a manifestly racist and sexist power dynamic.

"We come in peace..." announces the title of this exhibition—a claim that historical hindsight now colours with a cruel irony. But who does it denote, this "we" whose words seem intended to reassure the other? Although here the words are spoken by the Portuguese explorer featured in Rosângela Rennó's video work *Vera Cruz* (*True Cross*)[3] we may assume that many other "makers of contact" employed the formula throughout the colonization of America, not to mention the internal migrants whose movements had, since time immemorial, led to contact between different Aboriginal peoples. The continent's many axes of traffic and points of encounter have made it highly pluralistic—a characteristic that, though evident, is often eclipsed by misleading generalizations, of which the most common is undoubtedly the label "Latin America."

This exhibition revolves, then, around two "oscillations" that also play the role of catalysts. It is driven first by some of the problems history poses for the practice of art. According to the most widespread definition—a definition that has governed the choice of the works in this exhibition—history is a narrative, and thus a form of discourse. But, as Lyotard has explained, "the position of art is a denial of the position of discourse," although he adds that "language leads to the visible, the ear to the eye ... the gestural range that produces depth or representation, far from being signifiable in words, lies alongside them like their power to designate ... [it] is also the matrix of their power to express, thus does it complement them, thus is it their shadow, in a sense their end, in a sense their beginning."[4] The aim of this exhibition is therefore to identify some of the strategies that recent art has employed to integrate historical information in order—without being engulfed by it—to examine it in a different light and, in so doing, to make it signify (otherwise) something other.

The exhibition also centres on the vagueness of the term "America." Despite its appropriation by a single country, the name is still used to denote a continent (or two) whose identity is fragmented, as debates surrounding the Free Trade Area of the Americas (FTAA) show.[5] The territorial markers posed (and imposed) by this exhibition are real but unstable, their role far more that of a foil designed to throw the greatest light on the artwork than of a tribune for continental affirmation. Which is to say that the assembled works have been selected first and foremost (and quite obviously) for their aesthetic qualities, and that it would be pointless to try to extract from the mosaic of histories presented here a clear picture of America.

It will be observed, rightly, that all the pieces on view embody, to varying degrees, an outside reference. But it will also be noted that these historical borrowings are treated for the most part rather roughly, and that the interest of the works lies precisely in the way in which they tend to distance themselves from history. The rest of this essay, then, examines the works from a dual perspective, focusing at once on the historical landscape under scrutiny and the various ways in which this landscape has been reworked.

~

In *The Saint's Paradox*, Regina Silveira seems at first primarily concerned with a major figure of Brazil's military history—the Duke of Caxias who, as a general, played a leading role in the territorial disputes that divided Brazil and Paraguay in the mid-nineteenth century. The duke's silhouette, reproduced on the wall in the form of a (fake) shadow, echoes the equestrian monument dedicated to his memory that stands in a square in São Paulo. But the figure also evokes the image of St. James the Greater, apostle of Spain and patron saint of its army during the period that saw both the expulsion of the Moors from the country by the Catholic kings and the conquest of America. This association of the Brazilian general with the saint-as-warrior is complicated by the work's third element, a small wooden horseman from the collections of the Museo del Barrio in New York. Catalogued as an example of popular Guatemalan art, this statuette testifies both to the broad diffusion of the figure of St. James in Latin America and to the assimilation by the general population of a symbol embodying conquest and domination.[6] However, the sculpture's physical characteristics (its small size, its naive execution, its anonymity, the missing spear) tend to undermine the image of power projected by the silhouette on the wall, giving substance to the salutary paradox referred to in the title.

The installation on the subject of the Alamo by Rubén Ortiz-Torres (made in collaboration with filmmaker Jim Mendiola) also employs strategies of chronological fragmentation and narrative multiplication. The four-part piece focuses on a former mission (known as El Alamo) founded during the period when the colonial authorities of New Spain were occupied with the evangelization of the Native people of what is now Texas. Site in 1836 of a fierce battle between the Mexican army and a group of American pioneers, who were eventually defeated, the Alamo (around which the town of San Antonio has since grown up) is today a place where showmanship, of both the entertainment and the political variety, vies for primacy with historical commemoration. Rather than adding to the many different historiographic interpretations that have been proposed over the years, Ortiz-Torres and Mendiola have chosen to concentrate on several more recent episodes in the site's history. As Cuauhtémoc Medina explains, the resulting installation "ironically monumentalizes a series of recent events located at the junction of popular culture, political symbolic actions, and tabloid stories provoked by the status of the Alamo as a site of American trauma—for this is a monument that commemorates defeat in a country that glorifies success."[7] For example, the work makes reference to the highly symbolic (and sacrilegious) act committed by Ozzy Osbourne in 1981, when he urinated against the walls of the Alamo, and to the stunt performed by magician David Copperfield, which involved making the whole building disappear. The section of the installation entitled *The A Files*, consisting of a number of newspaper clippings, documents some of these episodes, reinforcing the temporal shifts (and changes of interpretative level) that operate within the work: "[The] Alamo project is a blueprint for a hypothetical museum that sarcastically looks at the nature of historical legends and the technical mechanisms through which tourist traps, popular documentaries, theme parks, and museum and souvenir shops merchandise their 'true' narratives to the contemporary consumer."[8]

A similar interest in contemporary representations and repercussions of the historical fabric informs Liz Magor's series of photographs on the phenomenon of "re-enactment." This activity, a keenly pursued hobby for a large number of North Americans, involves the recreation of certain historical events—in this case, the War of American Secession and the major expeditions of the fur trade. During these reconstructions, everything—clothes, weapons, dwellings, the manners and gestures of the "actors"—is calculated to make the re-enactment as believable as possible. Scrupulous attention is paid to each detail so as to create the perfect illusion. The illusion is shattered somewhat, however, by Magor's photographs, whose ambiguous feel (simultaneously "period" and contemporary) comes between the original reality and its reconstruction. The result is a sort of telescoping of time, and a reminder that any representation of the past is very much a creation of the present.

In his investigations into the location of the Garden of Eden—earthly paradise—in South America, Sergio Vega also makes use of a temporal shortcut, one that takes him to Mato Grosso, in the very heart of present-day Brazil. According to the book *El Paraíso en el Nuevo Mundo* (*Paradise in the New World*), written in the mid-seventeenth century by the historian Antonio de León Pinelo, this was the site of Eden. As Vega explains elsewhere in this catalogue, both the tone and the content of Pinelo's study reflect his attempt to combine the theological and scientific thinking of the time. "Pinelo's book," the artist claims, "was of great importance for the constitution of colonial discourses in the history of the Americas." So Vega decided to travel to Mato Grosso in order to identify, conceptually as well as geographically, the various forms the notion of paradise takes today. Describing his arrival in the region's capital, Vega writes: "My first encounter with Paradise was the city of Cuiabá and its *favelas* or shantytowns." Out of this trip came the series of small sculptures grouped under the general title *Structuralist Study of Poverty*, which in a tone at once ironic and critical conveys something of the exoticism generally associated with the idea of paradise. This same exoticism permeates *Utopian Specimen: Banana Building*, a work that conjures some tropical version of architectural modernism in order to parody a vision of paradise common among society's dominant classes. The unambiguously paradisiacal photograph entitled *El Primer Día* (*The First Day*) offers a more conventional picture, although it locates the viewer at cloud level, far away from any human trace or presence.

Vega's exploration of paradise's various guises takes place in the first person. Simultaneously director and actor, the artist makes his own role in the "adventure" quite evident, not least in the private journal of which he occasionally publishes extracts. Vega's project is in fact unequivocally plural in nature, at the same time analytical, fictional and autobiographical.

Cristián Silva's *Tristemente celebre* (*Sadly Notorious*) is another work that employs a convergence of historical and autobiographical narratives. The piece, which looks like a rather simply made model of a soccer stadium, strikes the viewer initially as amusing, almost playful. Its title, however, hints at another dimension: This stadium, at first glance just like any other, is in fact the soccer stadium in Santiago de Chile, which was the main site of the imprisonment and torture (and countless executions) meted out to opponents of General Augusto Pinochet's regime. The perceptual shift embodied in the title, which leads us from the anonymous model to these tragic events, imbues the piece with an undeniable dramatic tension, which Silva reinforces by an additional element that seems to take us full circle. This is a text (p. 187) in which he tells the spectator/reader about his father, a well-known Chilean radio and television personality from the pre-Pinochet era—a respected journalist, host, newsreader and sports commentator who often worked on broadcasts of soccer matches held in the stadium of Chile's capital.

The irruption of the artist's world into historical events takes an entirely different form in the work of Kent Monkman. In the series entitled *The Moral Landscape*, which employs a style parodying that of the Hudson River School, the artist explores the role played by Judeo-Christian morality in the conquest of the continent, and particularly in the control and repression of sexual customs. Among the prejudices entertained by the European colonizers, one that recurs frequently, especially in paintings on the theme of captivity, is that of the Aboriginal as a sexual predator. Aside from their anecdotal interest, these works throw light on the "civilizing" dimension of the colonial project, which was threatened by the so-called "savagery" of the Native people.[9] Monkman, with some irony, contradicts not so much the accusations of "savagery" levelled by Christian morality as the values on which that morality is founded. Using a variety of scenarios (several of which are based on historical fact), these works present, if not a complete reversal of roles, definite shifts in the balance of power that has historically governed relations between Native Americans and Europeans. Occasionally, Monkman himself appears in the picture in the guise of an individual he describes as "a half-breed Cher look-alike"—in *The Fourth of March*, for example, which depicts the execution of Thomas Scott, on March 4, 1870, by the Métis leader Louis Riel—thus playing on (and with) several stereotypes and subverting somewhat the course of the events being recounted.

A similar play on historical stereotypes is central to Cynthia Girard's practice. In the work *Filles du roi/Filles de joie* (*Daughters of the King/Daughters of Joy*) the artist evokes a well-known episode in the history of the colonization of New France by examining ideas about the social origins of this group of young women, shipped to the shores of the St. Lawrence under the protection of the French monarch. In a composition that identifies the country with the female reproductive system, the artist focuses on two facets of this effort to increase the region's population: intermarriage and demographic weight. The soldier/colonists of the Carignan regiment, lined up and ready to procreate (in a waiting game that suggests a reversal of traditional roles), are counterbalanced by a scene in the centre of the painting that portrays the coupling, in the heart of the forests of the Canadian Shield, of a *coureur de bois* and an Aboriginal woman. This earthy, satirical image also recalls the observations of many foreign travellers, who—from the Jesuit historian François-Xavier de Charlevoix to the poet and essayist Henry David Thoreau—noted a propensity among the French-speaking inhabitants of the St. Lawrence Valley to adopt a Native lifestyle.

Like her other works, Kara Walker's installation *Darkytown Rebellion* is composed of cutout silhouettes that evoke the contribution made by history (and art history) to the entrenchment and perpetuation of racial prejudices. The piece takes the form of a long mural portraying what appears to be some kind of revolt, showing decapitated (or otherwise mutilated) bodies, people vomiting (pieces of human organs?) and bizarre sexual unions. Coloured-light projections give a phantasmagorical feel to the whole piece, which assimilates the spectator's own shadow as soon as he or she approaches and comes between the wall and the light source. As Mark Reinhardt has written: "*Darkytown Rebellion*'s particular cannibalistic revenge fantasy enacts the very scene that most haunted the nineteenth century white imagination, the moment in which, without warning, Sambo dropped his mask and revealed the vengeful gleam of Nat [Turner]."[10] In reaction to the "excessive" nature of racial stereotypes, Kara Walker has chosen to add further excess, thus underlining their fantasy component. In so doing she creates a situation of literal proximity that outlines different facets of the oppressor/oppressed relationship.

In a work that juxtaposes two European views of the Americas, José Alejandro Restrepo re-explores the battle of words that pitted the philosopher Hegel against the naturalist and explorer Alexander von Humboldt. Restrepo's piece in fact looks at two opposing ways of seeing reality: on the one hand, an essentially speculative approach and on the other an empirical one—Humboldt explored much of South America, thus contributing significantly to the "scientific conquest" of the continent.[11] Against Hegel's allegations regarding America's "physical and spiritual impotence," Humboldt brought the convictions (the "truth") of one who had come and seen for himself—and whose perception of things therefore had to be more accurate. At first view, then, Humboldt's view appears to be more "scientific." But the incomplete image of a crocodile, of which we see only one eye and the tail on the two video monitors, quickly recalls the element of subjectivity (of projection) integral to all representation. Like many other explorers, Humboldt illustrated his observations with his own drawings. And as José Roca has pointed out, "despite the pretension of objectivity that could exist in [the] scientific viewpoint ... scientist-artist[s] could not distance themselves from the specific positioning of their training and education, derived in every case from European canons."[12]

European canons are also at issue in Robert Houle's work *Kanata*, which in the centre of a huge three-part composition reproduces Benjamin West's painting of *The Death of General Wolfe*. In his Conté crayon copy of this famous picture of the Battle of Quebec—which in September 1759 pitted the French against the British and eventually led to France's loss of its St. Lawrence Valley colonies—Houle focuses the spectator's attention on the figure of the Aboriginal man, the only element of the composition to be rendered in colour. As the artist notes (p. 172), the inclusion of this figure in the dramatic tableau raises a number of questions. Certain historians believe that the Native warrior serves here as an allegory of the American continent. For Houle, this figure, shown kneeling at a slight distance from the central group, is rather a reminder of the marginal place assigned to Aboriginal people in the history of Canada. Flanked—bracketed—by two monochrome surfaces, whose modernist overtones are coupled with a clear symbolic content (the blue of the French and the red of the English), the Aboriginal figure in fact underlines a dual erasure, operating simultaneously in the realms of history and of art history.

The obliteration of the Native presence is also at the heart of Stan Douglas's video installation *Nu•tka•*, which takes us back to the second half of the eighteenth century, when Europeans began arriving on Canada's West Coast. The work, which centres on the struggle between the Spanish and the British for control of trade in Nootka Sound, consists of a video image showing a panoramic view of the region. This is accompanied by two soundtracks on which can be heard the voices of representatives of the two colonial powers, each relating their version of events. At certain moments the narratives, initially out of synch, briefly coincide, and the image, unfocused to start with, becomes clearer. Then the picture blurs once more, and the voices separate. The two European soliloquists have virtually nothing to say about the Aboriginal people who inhabited the area and who played a vital role in the trading activities of their two countries. Only the broad movement of the camera suggests—paradoxically—their presence: "As the camera makes a panoramic study, it symbolically encircles a voice that is absent from the piece: that of the First Nations who have populated these lands for thousands of years. These inhabitants become present through their very absence, indicative of their underrepresentation in most forms of ensuing colonial power structures."[13]

The travelogue can serve as one of the most effective forms of erasure-through-writing. Based on a letter written by Pero Vaz de Caminha to King Manuel I of Portugal, the video piece entitled *Vera Cruz* (*True Cross*), by Rosângela Rennó, is a fictional documentary that, like the text that inspires it, recounts the so-called "discovery" of Brazil. Nothing remains today of this historical event but a written narrative, and the artist offers a portrayal where text—in the form of subtitles—becomes the principal component of the work. For the duration of the video the image is simply that of a damaged film, while the soundtrack consists of nothing but the noise of wind and sea. Presented as a dialogue between the Portuguese crewmembers, the subtitles recount the various episodes of this first European expedition to the Brazilian coast. The sequence of events is particularly telling: the first contact ("Men! Seven or eight!"), the first fears ("We come in peace…"), the first exchanges ("Thanks for the necklace"), the growing number of Native people who flock to the beach to get a look at the Europeans ("Their numbers are growing…"), their nudity ("But they have no shame"), the first Mass ("In nomine Patris…"). At first captivated by the passing subtitles, the spectator/reader gradually comes to realize that this history has been written from a single perspective. The impossible dialogue of the first contact finds a contemporary echo, moreover, in the linguistic barrier imposed by the subtitles, and in the loss of meaning resulting from the translation process. The work is shown here in three versions (Portuguese, English and French), reflecting its various presentations to date. We can assume that other versions will be added in the future, but these—despite the illusion that the original narrative is being more broadly disseminated—will simply multiply the manipulations of history.

The tensions between the visual and the written are also central to Monique Régimbald-Zeiber's painting *Les Dessous de l'histoire : Marguerite B., les écrits* (*The Underpinnings of History: Marguerite B.–The Writings*). The artist employs a decisively pictorial approach in describing the complexity of the relationship between these two at once distinct but compatible modes. Based on the writings of Marguerite Bourgeoys—schoolteacher, founder of a religious community and one of the key figures in the establishment, in the mid-seventeenth century, of the colony that would become Montréal—this monumental ensemble of over 420 small paintings is the product both of writing and of its erasure. Having transcribed the whole of Marguerite Bourgeoys's written works, transposing them from paper to canvas, the artist has covered the writing with painting, using a chequered composition that possesses a certain modernist rigour but that also conjures the patterns of domesticity. Régimbald-Zeiber's dual approach creates a complex of tensions that make this a dynamic and multi-dimensional work. The virtual elimination of writing by painting has the paradoxical effect of increasing its impact on the spectator, whose attention is drawn to the "range" of these scriptural traces.

In his series of photographs entitled *On Monuments*, Manuel Piña examines urban space through the lens of the dual inscription/erasure process imposed on it by history. This corpus is made up of views of public spaces in Havana that were once the site of monuments to past presidents (largely pro-American) who governed Cuba from the end of the colonial period up to Castro's revolution. Destroyed following that revolution, these monuments have left little trace: a statueless pedestal, marks on the ground where a base once stood, a carefully tended tree, whose presence in the middle of a grand boulevard hints at the former presence of a commemorative statue. Commemoration and eradication are in fact strangely fused here in the authorities' desire to get their story straight. These sober and meticulously composed photos also reveal how commonplace this process of erasure has become over the years.

The recent work of Carlos Garaicoa, another link to the history of Cuba, explores the evidence left in public spaces of the stoppage of the social micro-brigades project. Launched by the government in the early 1970s to counter the country's housing shortage, this utopian project was designed to involve ordinary citizens in the construction of their own homes. The project came to an abrupt halt with the disintegration of the Soviet bloc, which had been the source of most of the material resources it required. This resulted in the abandonment of numerous construction sites and the appearance of what Garaicoa calls "ruins of the future." In *Somebody's Architecture*, the artist places the architectural plans for several of these building projects alongside black-and-white photographs of the corresponding sites as they are today. Devoid of nostalgia, this juxtaposition throws into relief the temporal confusion that results from the interruption of a historical process. A strange dialectic is set up between the plan, which shows the project in its ideal form, and the corresponding site, now completely overrun by vegetation—one that seems to suggest that building might recommence. In *Public Building as Greek Agora*, Garaicoa juxtaposes photos of an abandoned construction site with a model of the same area, to which an apartment building has been added. This structure, whose transparent sides allow spectators to see both the ruins of the site and the interiors of the apartments, is like a reworking of the original project that suggests both the need for a utopian vision and the illusory nature of a complete subordination of private life to the imperatives of public space.

The works by Adriana Varejão titled collectively *Ruinas de charque* (*Jerked-Beef Ruins*) also involve an interweaving of time. As in this artist's earlier pieces, the recurring motifs here are meat and *azulejos*, a type of decorated ceramic tile made traditionally in the Iberian peninsula. Employing techniques not usual in the field of painting (the paint is applied to three-dimensional structures made of wood and polyurethane), the artist seems intent on stretching the boundaries of the discipline. The tension created by the juxtaposition of tiles (whose smooth surface evokes both a sense of order and a feeling of decorative lightness) and meat (an irregular surface that is simultaneously compressed and abundant) imbues the works with an extraordinary expressive power. With their multiple connotations (restraint, exuberance, sensuality, violence), these paintings in the form of ruins are in a sense the embodiment of the forces at work in the historical process. Lacking specific references, they are like a précis of history, a fictional space (as the illusionist handling of the painted surfaces indicates) where different periods and different narratives clash.

Raphaëlle de Groot's work *L'Histoire illustrée* (*History Illustrated*) is a perfect example of the *mise en scène* of historical narrative. Combining video and sculpture with a group of illustrations taken from history textbooks, the artist recounts her story in several different registers, which both contradict and complement one another. The most spectacular component of the piece is undoubtedly the approximately 250 illustrations produced during the 1950s for Canadian history textbooks. These images, which show people occupied in a variety of ways, are displayed on the wall like a kind of inventory of history's activities. Counterbalancing this component of the work, which is the result of a huge amount of research and classification, are a series of sculptures made of play-dough and a video shown fragmentedly on six monitors. These elements, quite loosely executed, seem to be the result of a more intuitive approach; the actions of the artist recorded by the video possess a random quality, while the sculptures seem either to show forms coming into being or disintegrating, or some process whose outcome is uncertain.

This work, which appears to aim at embracing the whole of history, makes use of most of the mechanisms identified in this essay that give form and volume to the historical narrative: the fragmentation of time, a multiplication of accounts, the irruption of the artist into the historical realm, an examination of types and stereotypes, the presentation of a fact or a figure via its erasure or its decontextualization. The result of all this is an exploding of the narrative structure, a magnification of its significance, a diversifying of its directions, a liberating of its energies. This spatialization of history represents neither its celebration nor its negation. To re-quote Lyotard, it rather represents (literally) history's gestural range—at once its end and its beginning. (Translated by Judith Terry)

1 There have, however, been a few exceptions. In Montréal, for example: the event *Mémoire vive*, organized jointly by the DARE-DARE artist-run centre and the Centre d'histoire de Montréal, which was presented at various locations throughout the city during the summer of 2002; and the trilogy of exhibitions by Cynthia Girard entitled *Le Pavillon du Québec*, presented in 2001-2003, which included the work *Filles du roi/Filles de joie* (*Daughters of the King/Daughters of Joy*) also in this exhibition. On the international scene, we should not forget the 1996 exhibition *Face à l'histoire*, shown at the Musée national d'art moderne at Paris's Centre Georges Pompidou.

2 Michel de Certeau, *L'Écriture de l'histoire* (Paris: Éditions Gallimard, 1975), p. 9. This translation, by Tom Conley, taken from *The Writing of History* (New York: Columbia University Press, 1988), p. xxv.

3 The words "We come in peace..." appear in the subtitles of the video piece by Rosângela Rennó that is part of this exhibition.

4 Translated from Jean-François Lyotard, *Discours, figure* (Paris: Éditions Klincksieck, 1978), p. 13-14.

5 What follows is a passage from the introduction to the symposium "Construire les Amériques," organized by the Centre Études internationales et Mondialisation of the Université du Québec à Montréal: "Is the integration of a continent like the Americas, marked by realities as fragmented as they are diverse, possible? It's a question worth asking. The expression 'the Americas' immediately conjures up something, a whole, at the very least an active construction site, an area undergoing changes that will have considerable impact in the short, medium and long term." (Translated from a text included in the promotional package accompanying the event.)

6 "Throughout the conquest, 'James forward!' was the cry of the Spanish in their combats with the Natives, just as it has been in the past in their wars against the Moors ... Since the main role assigned to James during the colonial period was that of controlling the Native rebellions, his figure must have been perceived by the Natives as the conquistador with invincible arms and supernatural power." In fact, there exists a version of the figure of St. James conceived specifically with the aim of conquering and controlling the Aboriginal peoples. This is the figure of Santiago Mataindios—literally, St. James the Indian Killer: "The first Jameses painted in Peru in the sixteenth century were not James the Killer of Moors of the Spanish Reconquista, but rather James the Killer of Indians of the conquest of America. " (Gustavo Navarro Castro, "Latin American Iconography of Saint James the Killer of Moors," in *America, Bride of the Sun*, catalogue of an exhibition presented at the Royal Museum of Fine Arts (Antwerp: Imschoot Books, 1992), p. 190, 192.

7 Cuauhtémoc Medina, "Jim Mendiola and Rubén Ortiz-Torres," in *Dreaming Red/Creating ArtPace* (San Antonio: ArtPace, A Foundation for Contemporary Art, 2003), p. 242.

8 Ibid., p. 241-242.

9 Speaking of the Hudson River School paintings, Monkman explains: "These paintings confirm the status of the Native American, as seen through the eyes of the early American populace ... They were usually depicted in one of two forms: the 'Indian' as guardian of a natural paradise—unable to move forward, he remains a mute witness of the progress that he is unable to participate in; and the 'savage,' the unrestrained aspect of nature, an obstacle to be eliminated in the plunder of the virgin American landscape" (Artist Statement, unpublished).

10 Mark Reinhardt, "The Art of Racial Profiling," in Ian Berry et al., *Kara Walker: Narratives of a Negress*, catalogue of an exhibition organized by the Tang Teaching Museum and Art Gallery at Skidmore College, and the Williams College Museum of Art (Cambridge, Mass.: The MIT Press, 2003), p. 119.

11 "Perhaps the true discovery of America occurred in the second half of the 18th century, when scientific expeditions explored the territories of the New World. Then it was not greed for gold or missionary zeal that motivated exploration of unknown lands. It was the eye of science that scrutinized geography" (Juan Luis Mejía Arango, "Hombre, naturaleza y paisaje en la Antioquia del siglo XIX," in *Poesía de la naturaleza* [Medellín, Colombia: Suramericana, 1998], p. 7. Quoted by José Ignacio Roca in *TransHistorias – Historia y mito en la obra de José Alejandro Restrepo* [Bogotá: Biblioteca Luis Ángel Arango, 2001], p. 58.)

12 Roca, *TransHistorias – Historia*, p. 57 (see n. 11).

13 Daina Augaitis, "Casting Doubt: The Narratives of Stan Douglas," in *Stan Douglas*, exhibition catalogue (Vancouver: Vancouver Art Gallery, 1999), p. 36.

In memory of Louis Marin

The Meeting of Two Americas

Johanne Lamoureux

To study the relationships of art and history is—still today—to subject the reader to a veritable litany on *history painting*, which legitimates those who seek to undermine the hegemony of painting or the "pictocentrism" of Western art history. To think that the practices of sculpture and architecture, to say nothing of what photography has to offer, have never been subjected to the constraint or invitation to measure themselves against referents arising from history. It is not that painting has been the only art form to represent events, examples, heroes, etc., but that it, unlike the other "fine arts," has rounded out these representations with greater narrative maestria. Thus the monument (from the triumphal arch to the statue in the square) in which a historical reference is inscribed does not *recount* it: rather, it merely recalls it, points to it, imposes it on our vision.

One of the leitmotifs in the narrative of modern art consists in having the latter begin with the slaying of history painting.[1] If one wanted to sketch out a brief morbid history of modern painting one could, taking an easy shortcut, even say that it represents a short period of art history between the decline of history painting and the end of painting as such, as if the death of the great *genre*, signalling the end of the separation of genres, could have no other meaning today than as a prefiguration of the death of the great *medium*—which would, in turn, show the category of medium to be obsolete.

Still, there need be no doubt about it: The death of history painting does not mean that art has stopped taking history into account. If modern art has turned its back on the recounting of historical facts, this is precisely because it views itself as a site from which to rethink the historical account, now understood as a new relationship to time and the present; it is also because modernity sometimes thinks of itself as a site for the production of history. Its strategies go well beyond abandoning past exploits and anecdotes in order to represent more contemporary events, as Géricault already did with the *The Raft of the Medusa*. It is no longer a matter of changing the date on what is related, of simply reducing the distance between the time of the utterance and that of the enunciated. Nor is it a matter of leaving behind the terrain of political and military events (treaties, battles, sieges, surrenders, triumphs, etc.) in order to render worthy of the appellation "historical" certain behaviours and practices that have so far been unable to claim the status for themselves. Consider, in this regard, the coup executed by Courbet[2] (before his time as a sociologist or anthropologist) who invested a village burial of some unknown figure with the kind of heroic dimensions and historical claims usually reserved for the deaths of heroes—and did so with the conviction that time would prove him right. More recently, Jacques Rancière has enumerated in a most remarkable and succinct manner three ways in which the painting of the last century—one could also extrapolate the categories he proposes to other contemporary media—has manifested a concern with history without, however, making it into a narrative or a referent in the usual meaning of the term. He thus identifies the construction of symbols, commentary on images-signs and unbound figuration.[3]

If history is still a consideration in today's visual arts, and if it manifests itself in them by means other than the presence of a certain category of utterance, what are we to expect from this summoning of history programmed by the museum as an artistic statement? First, to the evidence: History comes back into art in ways other than those in which it used to be represented, transformed as it is by its exile, its masks and the disfavour in which it is currently held, but also by the enlargement (in every sense of the term) of its definition in the social sciences, a development dating from the moment at which history painting gave off its last death rattles. 1) Let us note, therefore, that the return of history does not, this time, develop along hegemonic lines as some master narrative, or from a superior position in some putative hierarchy of subjects or genres. In fact, its return does not even occur within the stabilizing frame of a genre. 2) Consequently, historical statements prove henceforth to be statements like any other within a free field of competing themes, but with the more or less pronounced desire, in most cases, to have done with the self-referentiality of art. 3) Finally, the "history" we are discussing here appears more indeterminate, falling as it does under a category that has, like all categories, become problematic due to the elasticity of its boundaries, the shifts in scale of its objects, or its cross-pollination with other disciplines, which shapes it to uses that make it unrecognizable or unexpected.

It remains to be seen how each work in this exhibition turns to the task of accounting for (i.e. in the sense of "taking into consideration," as well as in the economic sense) history. What history or histories would thereby be accounted for? To what ends, however diverse? What is the meaning of this calling upon history, indeed on the historical referent, within art history institutions (in either their university or museological forms) at the very time in which historical exhibitions are giving way to thematic exhibitions, and when art criticism has given up historicist legitimation and historical value (precedence, innovation, contextualization) contributes practically nothing to the artistic value of contemporary art? All questions, these, that will find no answers here.

You will not have been too surprised to note that the common denominator in the works selected for this exhibition comes through in the subtitle, *Histories of the Americas,* which from the outset poses the historical question in relation to space and territory and, indeed, to contested territories. ("We come in peace," the title's affirmation borrowed from Rosângela Rennó's video, can be understood henceforth only in its cruel irony and in all the grammatical, semantic, ethical and political ambiguity that it invites us to grasp and clarify.) There is nothing surprising in this insofar as the nineteenth century, the "century of history," has already familiarized us with such an equation by making the Nation not only the privileged scene of historical narrative but its actual protagonist. National history becomes, for the duration of the exhibition, continental. And what this double institutes is not so much an extension as—the double-barrelled plural of the subtitle says as much—a fracturing and multiplication of objects, narratives and manners henceforth inscribed, or capable of being inscribed, under the banner of history. Note also that this geographical demarcation is ideologically inflected. In other words, the selection of works for the exhibition is constructed around a subversive ellipse that leaves little room for the United States, the very nation that made off with the label *America* in the unqualified singular, thereby requiring all other inhabitants of the continent to modulate their claim to Americanness via subcategories like North American and South American.

Placed against the backdrop of the art production of the last thirty or forty years, this geographical parameter reframes the developments of site-specific practices during the period, developments whose main axis I have had occasion to specify elsewhere. During this time, the site-specific installation's taking of the site into account was reformulated so that it no longer defined itself exclusively in relation to the *lieu d'accueil*—Daniel Buren's expression refers to the place in which the practice is invited to insert itself—but in a dialectical relationship between the (material, institutional, urban and national) embedding context and the (sexual, ethnic and national) "context" of provenance. From that point on, the "*in*-situation" of art practices stems from a matching of sites that combines destination and provenance, context and subjectivity.[4] Starting in the late 1980s, site specificity began to take shape around identity-related claims. From a quick tour of the exhibition it seems undeniable that most of the works in it are marked by such an in-situation of subjects (the subject matter, as well as the subject who speaks and who is inferred from the author function). But this characteristic is not in itself sufficient to distinguish the present exhibition. The phenomenon takes on a measure of singularity and requires reflection only when one considers that the subject in question here, namely, history (or histories), was long defined as precisely that which compelled the disappearance of all marks alluding to the speaking subject and the production of narrative.

Nearly thirty years after their publication, Louis Marin's works on the representational apparatus of history painting in the classical age (which were inspired by the theories of enunciation of the linguist Émile Benveniste) still formulate the question in a manner as yet unsurpassed. Taking as his point of departure Benveniste's distinction between story [*histoire*] and discourse [*discours*], Marin writes: "A story, then, is characterized by a specific mode of enunciation that consists in effacing or excluding all signs of the enunciative process from the resulting utterances: in a story, the act of enunciation is not itself enunciated. A narrative [*récit*], in short, is a discourse without a narrator, a discourse whose narrator is absent. The events of the story *seem* to narrate themselves without referring to the act that produces the narrative. A first peculiarity of the narrative is that it is a discourse without the markers of discourse."[5]

Marin buttresses these theoretical considerations with a remarkable analysis of an episode from *L'Histoire du roi*, a series of tapestries that Charles Le Brun designed as a tribute to Louis XIV. Entitled *L'Entrevue de Philippe IV et de Louis XIV dans l'île des Faisans* (1660), the scene in question relates a meeting between Louis XIV and Philip IV of Spain that took place on the Île des Faisans in 1659. It was on this occasion that the Treaty of the Pyrenees was signed, and the marriage contract of Louis XIV and Marie-Thérèse drawn up. The choice of the Île des Faisans is a good indication of the careful protocol surrounding the event. Located in the middle of the Bidassoa River, which marked the border between Spain and France, the Île des Faisans was a Franco-Hispanic condominium, thus a space of shared sovereignty. Le Brun's composition shows the two processions advancing in the foreground of the canvas and converging toward the middle of this lateral axis. Certainly, if one looks closely at the details of the scene one can easily detect a pro-French point of view behind the apparent equality of the two nations. The King of Spain, defeated at the Battle of the Dunes the previous year and having, as a result, to give up certain territories, approaches the King of France, who is immobile and more impassive. The carpet under the feet of the French delegation has a more geometrical pattern, with stripes that serve as perspective lines, while the Spanish carpet is extravagantly floral. The centre background of the composition is occupied by a mirror, on each side of which one sees a landscape. Nature on the French side appears less wild than it does on the Spanish side, and within it one can make out an ancient temple, a mark of culture the ownership of which is here the exclusive privilege of France. To an attentive observer, these details clearly indicate that the narrative is not neutral but inflected by a bias in favour of the French. Nonetheless, these traces pertain to the utterance, to the iconographic plane of the image. Now what interests Marin in this historical composition has to do with enunciation and the artistic devices that distinguish it within the visual regime of the image. Adapting Benveniste's remarks on personal pronouns to the logic of the image, Marin associates the third person (he, she) with the lateral axis along which the episode develops, while relating the frontality of the perspectival device to the dialogic relationship implicit in the use of the first and second person "I" and "you." In *L'Entrevue*, "the vanishing point of the perspectival framework is situated in the lower left-hand corner of what would appear, at first sight, to be an open window at the back of the room, but which 'in reality' is a mirror reflecting a window. Thus the window must necessarily be situated outside the 'painting.'... As a result of this mirror and the window it reflects, the point of view is shown in the representation as the vanishing point. The point of view, which in one sense is absent from the 'painting,' is also present as the vanishing point generated by the mirror's reflection."[6] The device of *L'Entrevue* therefore posits the reversibility of the classical perspectivist structure (point of view/ vanishing point) in an exemplary manner, but only in order to deny it. Indeed, continues Marin in his analysis, the "point of view is situated in the lower left-hand corner of the window reflected in the mirror, the site where the viewer's eye necessarily is located. *Yet this eye is not itself made manifest.* It is not reflected in its virtual image unless the mirror reflecting the window is envisaged as the gaze by which the painting conveys to the viewer the image of his own eye."[7]

The truth effect of historical narrative has long inhered in this denial of enunciation. The fine arts, whose operations in the classical age were governed more by a paradigm of imitation than of expression—the latter came into view with Romanticism—were able to comply with this requirement without producing any major rifts. Today, any history that might seek to present or impose itself as such by erasing discursive marks, i.e. by trying to mask the process of its fabrication on behalf of what it relates, would likely spark reactions such as suspicion, lack of interest, incredulity and denunciation. Any story that seems to tell itself, or to be told by no one in particular, is going to instantly come up against the accusation that it is the narrative of a conqueror, oppressor or colonizer. The diversity of what the works selected for this exhibition bring together under the name of history is obviously owing, as I said earlier, to contemporary uncertainty with respect to what constitutes historical material. But this diversity is based on the constantly renegotiated shift between memory and history, on the growing importance of testimony, factors that involve recognition of a clearly identifiable enunciative position whose devices remain to be analyzed.

Let us consider for a moment the commentary on history painting constituted by one of the most well-known paintings from the 1980s: Mark Tansey's *The Triumph of the New York School*. In it, Tansey quotes a work by Velasquez, *The Surrender of Breda*, which is in many respects in the tradition of Le Brun's *L'Entrevue*, although its spatial system is different. Tansey's canvas represents the defeat of the French avant-garde (need we be reminded of the military origin of the term) by the forces of the American avant-garde. At the centre of the composition, the two main characters stand on either side of a table. André Breton signs the declaration of surrender under the triumphant gaze of Clement Greenberg. But Breton is not recognizable; indeed he can be identified only by referring to one of those labelled diagrams that accompany so many of Tansey's large-scale compositions from the mid-1980s. The erasure of Breton's face, the most radical of the whole painting, and the loss of his specific profile cannot be explained by automatic recourse to the conventional view which has it that the vanquished are condemned to anonymity or that history remembers only the names of the conquerors. Breton has turned his back on the viewer, ignoring him just as he ignores the painter whose position he imitates. If this is the way things are, it is only because Breton's position is determined by the presence within the image of the scene's historiographer: the photographic lens. And there is no doubt as to the position of the photographer crouched behind his camera—he is on the side of the Americans. Breton turns toward him. The representation of the historic event is controlled by the photographic opportunity, the photo op.[8] As Caroline A. Jones has observed, "Just as the painter dominates this image of a constructed past, he constructs this apparition of a camera with a flash whose metaphorical illumination will fix the painter in a documentary history of his own invention."[9] By turning toward the lens, Breton breaks the strict laterality of the narrative axis; he compromises his grammatical third-person status, mirroring the painter's pose before the canvas in progress as well as that of the viewer before the finished work. Pivoting toward the frontal, dialogic axis of the familiar mode of address, he defines the historical caption and inscription as a *face-to-face encounter* that, at a literal level, entails his own "loss of face." On a virtual level, there is a corresponding loss on the part of the viewer, who is in turn subjected, via the arrangement of the figures and the gap above the table, to the eye of the camera.

In 1989, on the occasion of the exhibition *Passages de l'image*, Louis Marin analyzed a work by Jeff Wall as his point of departure for another look at history painting in the age of photography.[10] *Eviction Struggle* shows a suburban street that tapers off at a sharp angle toward the horizon. *Peripheral to* this precipitous tapering off but adjacent to the geometric centre of the image, a compact group of extras is caught in various poses: A man whom police officers are attempting to subdue is landing a spectacular punch. Marin is intrigued by the position of the eye that captures the scene: The photograph is taken from a point high above the middle of the street, from a place, in fact, that the human eye could never occupy (without the technical support of a camera hoist). Locating the eye high above the scene, Marin gives it a position akin to that of the unrelenting sun, which strikes fire from the windshields of the cars parked along the street—traces of the eye-sun that recall the apparatus of photography, but that must have also evoked, for Marin, the window reflected in the mirror of *L'Entrevue*. These shards of sunlight allude to the position of the disembodied subject, of the absent narrator. But if, as Marin notes, the scene seems to narrate itself, the artificial poses of the protagonists, the arrested catastrophic climax, the overpowering glare of the sun and the frozen composition all betray the fact that we are seeing a staged incident and undermine the truth effect that the erasure of the traces of enunciation produced in classical history painting. Narrative (in Benveniste's meaning of the term) and the truth effect have become separated.

Eviction Struggle is based, of course, on a news item but, as the title indicates, it falls well within the tradition of territorial disputes, a subject that has often provided material for history painting, if only through the dénouement motifs constituted by surrenders and the signing of treaties. In this respect, Jeff Wall's colossal photograph dovetails with a major subtext of this exhibition: the contested occupation of a site. Indeed, this holds whether the matter at hand is mercantile or political competition between colonial powers, as evoked in Stan Douglas's *Nu•tka•* or Robert Houle's *Kanata*; the iconoclastic insertions of Rubén Ortiz-Torres (with his commemoration of Ozzy Osbourne marking and defiling the mythic fort of the Alamo with a stream of urine); the fictions of Kent Monkman, in which the appropriation of an idealizing landscape tradition is often twinned with the taking possession of a body (*The Rape of Daniel Boone Junior*); or whether, again, we are dealing with Carlos Garaicoa's utopic co-opting of ruins or Manuel Piña's photographs which catalogue places emptied of their monuments by the rewriting of history. The site appears as the problematic ground of history and its representation, even if it sometimes does so in a humorous manner: Thus Cynthia Girard's pictorial fantasy represents as it were the artificial insemination of New France by the arrival of the *Filles du Roy*, here depicted in the act of territorial penetration via the fluvial "canal" of the St. Lawrence River. The allusion to the *Filles du Roy* enables Girard to make room for women of New France who were neither nuns nor saints. The compact sexual vignette in the middle of the map also recalls the importance of populating the territory in the war between colonial powers and the French response to this challenge, namely, the revenge of the cradle.

We must see, however, that this emphasis on sites speaks of what history represses in the Americas at the same time as it helps to maintain it as such by strengthening the belief that history there began with the landing of the Europeans, that is, with writing, the prerequisite for history, which relegates to the domains of myth, legend and fable anterior modes of transmission, the oral tradition that bears the memory of the first inhabitants of the "new" continent. Through its subtitle, *Histories of the Americas*, and despite the latter's plural form, the exhibition necessarily focuses on the sequel to the initial encounter of the two worlds, after the violence to which this systematically gave place.

In this regard, it is extremely interesting to note how emphatically the artists in this exhibition uproot every conception that would define historical representation as the capture or transparent rendering of an original or originary moment. In so doing, they invalidate every viewing position built on the illusion of having been there, of being, indeed, in the presence of the event at the time of its ineluctable occurrence—as related by Nobody, that great absent narrator of the historical narrative. Not only do the works appear to be shot through with subject positions that they especially do not bother to erase, but they assume and display their own artistic mediation, in the process manifesting the reprise-like quality inherent in every re-presentation. Also, a surprisingly large majority of these artists seem to be grappling with earlier artistic mediations, as if history had always already been related, illustrated, commemorated and replayed. From this angle, the photographs in Liz Magor's *Civil War Portfolio* take on an emblematic dimension. In them Magor documents an exemplary cultural exercise, the re-enactment—a tradition that, although extending to numerous events, is especially popular when it comes to the American Civil War: People today continue to dress up in Yankee and Confederate uniforms and replay the decisive moments of the conflict. The photographs are striking, particularly in the concentration of the protagonists, but they do not seek to create an illusion; rather, they record a moment of reconstruction, a situation in which reconstruction does not take the place of the event but one in which the event-like nature of the rehearsal can be glimpsed.

If this work appears exemplary to me, it is because so many of the works in the exhibition are positioned within a framework of quotations, allusions, resurgences and reroutings—most of which, however, add the trace of a different artistic mediation to that of the work. As we have seen, Robert Houle quotes Benjamin West's *The Death of General Wolfe*, setting a monochrome version of the painting within the centre of a hybrid colonial flag, in the blank of history, limiting the use of colour exclusively to the trappings of the Native. The latter, meanwhile, instead of throwing himself like the others at the dying general's feet, contemplates him in the traditional attitude of melancholy, a pose that the Western pictorial tradition tends to favour for representations of the artist—consider, for example, Raphael's portrait of Michelangelo in *The School of Athens*. Monkman, for his part, alludes to the sublime landscapes of the Hudson River School. But the most frequent references are not to pictorial mediation. Carlos Garaicoa, Cristián Silva and Sergio Vega belong to that remarkable contingent of Latin American artists who are profuse in their use of architectural declensions. Architecture offers a spectacular jumble of historical periods—whether it is because buildings owe their origins to a historical imperative, to a desire to leave towering traces, while the passage of time and the socioeconomic conditions of the present bring them back to another reality; or whether it is because precarious, insalubrious constructions containing features of both ruins and building projects inspire, on the basis of the recycling logic that gave rise to them, utopic, dreamlike extensions productive of amusing, moving or critical effects. The expunged monuments of Manuel Piña's series *On Monuments* target the commemorative representation of public sculpture, while Regina Silveira's *The Saint's Paradox* alludes to the same type of historical markers, highlighting the discrepancy between an equestrian statue and its shadow and translating literally the operations of projection and distortion from which monuments proceed and by means of which they survive. Kara Walker's paper cutout murals evoke a spectacular and populist mediation, that of shadow pantomime projections which the author "fleshes out" to the extent allowed by outlines or silhouettes; the fanciful and fleeting world of the magic lantern is set dramatically against the backdrop of the "demonized" world of the black ghetto in revolt, so that the elegant diversion slides imperceptibly into subversion.

Through this emphatic evocation of artistic mediations (painting, sculpture, architecture, performance) that often supplement the medium of each work, one can gauge a desire to keep the referent of historical representation at a distance, to show the impossibility of grasping it directly. The moment of the exhibition that best conveys this impossibility is also the one that most directly measures itself against it: Rosângela Rennó's video *Vera Cruz* is a docufiction on the landing of a contingent of Europeans on a beach in South America. For forty-four minutes the videotape plays without showing any images aside from a blackness that is not, however, blank, marked as it is by a texture of scratches, stains and static-like effects. The soundtrack brings us sounds of waves and wind, the noises of an invisible nature. There will be no recording of this first encounter, only a dialogue (in subtitles) among uneasy Europeans who perceive neither the univocal character of their conversation nor its ambiguities.

Two other modalities manifest this impossibility of the original, the necessary inscription within an inevitable secondariness: the work as lacunary and palimpsestic. The works of Houle, Rennó or Piña reflect on the lacunae of inscription or historical representation, while those of the other artists are more concerned with the effects of layered traces and projects; in them history is shown to be a complex hybrid, a stratified composite of narratives and inscriptions that cloud clarity. Allow me to conclude with two works from the Québec contingent of the exhibition that seem to exemplify each of these two modalities. Monique Régimbald-Zeiber's mammoth series of small pictures, *Les Dessous de l'histoire : Marguerite B., les écrits (The Underpinnings of History: Marguerite B. – The Writings)*, has something of the character of a re-enactment. Each work begins with a transcription of an excerpt from the writings of Mother Marguerite Bourgeoys, which subsequently disappears under strips of tape and numerous translucent layers of flesh-coloured pigment. History begins with a graphic form that is already a rewriting. The "relating" it produces begins with the repetition of the act of historiographic enunciation, of a form of writing by women, by people to whom history has, as we know, devoted so little space. Nonetheless, by the time the series ends almost none of the writing can be deciphered and history is less present as content than as form, which could very well constitute the quintessential historical operation, what historical representation has traditionally sought to camouflage and what displays itself here in a dangerous structure of seduction.

Raphaëlle de Groot is also concerned with gestures or actions, not with the act of writing per se, but with an an action that in and of itself often sums up the content of history. For if it is true that history traditionally claims to relate the exemplary actions of humanity, the figure *par excellence* of action within *visual* representation is gesture. But what constitutes exemplary value is modified in de Groot's series of photographs, which do not give us unique or admirable acts to imitate, but gestures reproduced and repeated so often that they can be placed in a series of comparable values. While none of these gestures give birth to *narratives*, together they constitute a *series*. These are prosaic, mundane actions like washing, praying, carrying things, etc. And the very representation of them is strangely familiar to us. They have been taken from illustrations scattered among old manuals. They are Épinal-style images of a history free of epics, a history completely taken up with the pursuit of survival, a litany of the daily round. Cut out after being photographed, these actions are, consequently, devoid of any goal or background; they are produced like so many lacunary images, of which only the silhouette remains, to the detriment of context. Their meaning stems from repetition, from the place assigned to them in the highly regulated registry that the series constitutes. Reproductions of the gesture—for Régimbald-Zeiber, the act of writing; for de Groot, daily actions and those represented in old illustrations—reverse the meaning of an ancient category of historical account, the mediaeval *geste* or exploit. But in these gestures there are no more feats, heroes or narratives, only a simple affirmation of doing, of action.

1 Patricia Mainardi, *Art and Politics of the Second Empire: The Universal Expositions of 1855 and 1867* (New Haven and London: Yale University Press, 1990), p. 154-174.

2 James Henry Rubin, *Realism and Social Vision in Courbet and Proudhon* (Princeton: Princeton University Press, 1980).

3 Jacques Rancière, "Sens et figures de l'histoire," *Face à l'histoire* (Paris: Centre Georges Pompidou, 1996), p. 20-27.

4 Johanne Lamoureux, *L'art* insitu*able. De l'in situ et autres sites* (Montréal: Centre 3DD, *lieudit* collection, 2001), p. 85-96.

5 Adapted from Louis Marin, *To Destroy Painting*, Mette Hjort, trans. (Chicago: University of Chicago Press, 1994), p. 24.

6 Ibid., p. 48-49.

7 Ibid.

8 Michel Frizot, "Faire face, faire signe. La photographie, sa part d'histoire," *Face à l'histoire*, p. 49-57 (see n. 3). On the relationship between history and photography, see Vincent Lavoie's excellent *L'instant-monument. Du fait divers à l'humanitaire* (Montréal: Dazibao, 2002).

9 Translated from Caroline A. Jones, "La politique de Greenberg et le discours postmoderniste," *Les Cahiers du Musée national d'art moderne*, 45/46 (Fall/ Winter 1993), p. 105-137. The function of the camera within the apparatus of representation is also discussed in Arthur C. Danto, *Mark Tansey: Visions and Revisions* (New York: Harry N. Abrams Inc., 1992), p. 22.

10 Louis Marin, "Jeff Wall," in *Passages de l'image*, Catherine David et al., eds. (Paris: Centre Georges Pompidou, 1989).

Extended Labels

José Roca

I have just travelled, once again, through the Quindío Passage (El Paso del Quindío). I must say that, definitively, Von Thielmann's description is too far from reality.

J. A. Restrepo, *Diarie*, 1991

The pictorical representation of the Quindío Passage was certainly made by Humboldt from his memory of it, given that it fails to correspond in any way to reality.

Max von Thielmann, *Four Routes through America*, 1879

In his pictorical representation of the Quindío Passage, Koch gave free rein to his imagination and failed to adequately confine himself to my sketches.

A. von Humboldt, *Diarie*, 1810

Duttenhoffer's engraving of the Quindío Passage does not entirely capture the spirit of my drawings ... it does not satisfy me because of its excessive stylization.

Joseph Anton Koch, in a letter to Humboldt, 1810

In 1991, Colombian artist José Alejandro Restrepo began a singular endeavour: to retrace the mythical Paso del Quindío (Quindío Pass) through the Colombian central mountainous chain, following the steps of Humboldt, Thielmann and many other scientific travellers that had preceded him since the European scientific penetration of the New World that had begun in the eighteenth century. His goal was to highlight the distance between experience and representation, and to make clear that *seeing* is not a physiological function but an ideological apparatus that *constructs what is looked at* according the subject's own background, the historical tradition in which he or she is inscribed, and his or her personal interests or political agendas: "In Restrepo's videography, knowledge, not being naïve or innocent, is problematized as an integral part of seeing.... It is clear for the artist that Anthropology not only does not describe reality—it in fact writes fictions—but its writings are a personal account, an interpretation of interpretations. The Anthropologist is a professional of difference."[1]

In a way, going to the site meant *re*visiting it, since Restrepo had made the same trip many times before through the accounts of the European travellers that—through a gaze trained in the tradition of Western thought and at the service of Science (and of the colonial powers they represented)—had contributed, willingly or not, to opening the way for the capitalist exploitation of the territory. But that is an*other* story. What is essential in Restrepo's installation *El paso del Quindío* resides in its active use of the historical account as a way to establish critical distance from the present. The use of History in Restrepo's *oeuvre*, as in the work of many of the other artists from "The Americas" included in this exhibition, is done with the benefit of doubt. Through a critical use of historical accounts, History is redefined according to the current state of affairs, in a work of *un-archiving*—the inverse of a cataloguing process that relegates historical facts to the already trod and bypassed space of the Archive—indicating genealogies for it and establishing its causes. One of Restrepo's main concerns is to establish *where* the gaze comes from ("who makes history, who writes it, how it is written, who represents it"), signalling the *transhistorical*, rescuing images from history to attest to their contemporary currency. As in Restrepo's artwork, the relation to historical documents in the work of many of the artists included in this exhibition is symbiotic: The one lives off the other and informs it, that is, the work inscribes itself in a particular history but reformulates it as it revisits history in the present. This active gaze questions historical "facts" as it evidences their subjective, mediated and instrumental character.

In "The Author as Producer," Walter Benjamin underlined the ways in which relations of production determine social relations, and thus proposed that all critical art, instead of focusing on the latter, should try to change the relations of production in which they are inscribed.[2] Artistic agency can allow for a re-evaluation of the notions of truth that are present in official histories through a deconstruction of their rhetorics from within, usually making use of their methods, their accounts or their images, re-composing them as fiction.[3] In *The Return of the Real*, Hal Foster addresses the contemporary tendency in which the artist works as the Other (cultural or ethnic), or in his or her name,[4] the artist as ethnographer, anthropologist or historian. But said agency is not without its risks; as Geoff Cox remarks, "For Foster, there is the danger of inscribing otherness if due attention is not given to the production process itself; he calls for reflexivity advocating 'work that attempts to frame the framer as he or she frames the other.'"[5]

"Frame the framer" or, in other words, take into account the limits of the institutional frame in which the work functions. This topic has been the subject of numerous debates, especially in relation to curatorial practice as the "brokering" of a particular cultural or ethnic group. Thinkers like Mari Carmen Ramírez, Gerardo Mosquera and Luis Camnitzer have addressed this issue in relation to the presence of Latin American or Latino artists in the United States and Europe. Camnitzer quotes Manfred Schneckenburger, director of *Documenta IX*, when he tries to justify his decision to include only one artist from Latin America (the Chilean artist Alfredo Jaar): "It is not possible to show the situation of countries where art is always trapped between a great tradition lost and a wish for contact with the modern world."[6] According to Camnitzer, Schneckenburger was trying to justify "the lack of the necessary funds to present in a reasonable manner the context and the particular conditions he describes." What context are we referring to? How would Schneckenburger have presented the art of Latin America if he had had "the necessary funds": more artists from that region, or more para-artistic events (conferences, seminars and the like) to make the works understandable? Evidently, the work of Alfredo Jaar—who in his explicitly political art makes use of formal strategies borrowed from the Minimalist tradition—either was hegemonic enough not to need contextualization, or provided its own context.[7] In this sense, Jaar "frames his framer," clearly signalling what is seen or neglected according to the viewer's knowledge of a given context, thus foregrounding his or her operating schemes.

The question of whether there is an adequate context or not is tricky in itself, because it depends on who enunciates it, and is often counterproductive, since it can be used negatively to justify the exclusion of a given work with the excuse of not being able to provide it a proper treatment (of the type "if it's not done well then it's better not to do it at all"—clearly the position of the director of *Documenta IX*). From the perspective of the artist, its effect can mean transvestizing the work with mainstream codes to facilitate its assimilation (although, as Camnitzer points out, this can also be regarded as an effective strategy to penetrate the centres). A possible way out from this impasse can lie precisely in negating the necessity for the work to function outside the context in which it is readily understandable (or relevant), disregarding the need for access to the centres. Referring to a work by Colombian artist Antonio Caro, *Homenaje a Manuel Quintín Lame (Homage to Manuel Quintín Lame)*, Luis Camnitzer has described this very scenario. *Homenaje a Manuel Quintín Lame* is a performance in which Antonio Caro rewrites the signature of Quintín Lame (an indigenous leader who fought for the rights of his people during the 1930s in Colombia). In doing so, Caro reinstates in the current political scene the presence of a community that is still marginalized and discriminated against by society at large. Lame's signature is in itself highly symbolic—the syncretism of a baroque nineteenth-century calligraphy and an indigenous pictogram—and in that sense it can be seen as the space for the difficult coexistence of two social systems, two ethnicities and two different countries within the same nation. According to Camnitzer, "Quintín Lame's signatures have power only in Colombia. The moment these works cross the Colombian border their impact is lost. Historical knowledge, the resonances of the legend beyond the strictly anecdotal facts, are part of the work. Without them, the only thing that remains is a visual skeleton that can be understood as an empty decoration. In this sense, this particular work of Caro's not only deals with a geographic specificity, but also with a specificity of audience—it negates the idea of the necessity of international understanding of a work of art.[8]" In his double role of artist (that produces symbolic capital) and critic (that frames his own production—and others'—in a social sphere), Camnitzer has declared that the equation should be reformulated: "Thus the question is not our access to the mainstream, but the mainstream access to us. Only put this way can the mainstream act as a resonance box for our activities without eviscerating us. Whether the mainstream comes to us or bypasses us is of secondary importance. Of primary concern is that we remain in the trade of building a culture and know as precisely as possible what and whose culture we are building."[9]

Critic Michèle Faguet notes the dangers of positing the question of the intelligibility of a work that is produced in the context of the periphery when it is shown in artistic centres as a dialectic between its cultural specificity and international languages, because it forecloses any possibility for the work to exist outside or beyond this opposition. Faguet argues:

> Much of the discussion about the reception of art practices from peripheral locations has attempted to come to terms with the specificity of these practices in relation to what has come to be described as "mainstream" or "global." To set up this sort of dialectic is to assure the exclusion of work whose particular references become incomprehensible, or merely irrelevant, within an international context. More importantly, it preserves a methodological approach that is no longer applicable given the fluidity of information characteristic of this very same process of globalization. Elsewhere, this same problem [has been addressed and described] as "the reception of a work of art in the absence of a proper context," [with the argument] that "lack of context is often the same as lack of interest, which ultimately equates to ignorance." [Breaking] with this dialectic, [it is held] that any work, regardless of its geographical origin, requires a minimum of external information, whether it relates to personal anecdotes related to the artist, the conditions of the work's production or to more general cultural and social issues into which the work is inscribed. Clearly, an important assumption is at work here—that cultural knowledge operates unevenly across geographical divides, relegating those practices that fall outside the purview of dominant narratives to an oversimplified process of decodification that might serve to crack unfamiliar codes but does little justice to the complexity of the work.[10]

Faguet is referring to an exhibition I curated for the APEX art Curatorial Program in New York in 2000, titled *Define "Context"*. The exhibition delved into the difficulties of establishing a dialogue between the context of production of a given work and its context of reception, and the complexities that this conversation entails (where the language spoken is not necessarily the same, nor the codes shared). In fact, the title of the show, with the word "context" between quotation marks, was alluding to the need to qualify that term in order to define more clearly the common ground so an understanding can happen. New York and the art centres in general tend to think of themselves as "non-contexts," meaning that the codes for the reception of a work are already naturalized there and are understood as given, and anything that falls outside those codes is expected to make the effort of "contextualizing" itself at the risk of being ignored or disregarded. As Colombian artist François Bucher has ironically remarked, "why can't popcorn see itself as ethnic food?"

Among the many articles that commented on Cildo Meireles' retrospective in New York, there was one that struck me for its patronizing tone: "If you've never been to a banana republic (except, perhaps, to buy a sweater), much of the historical import of Brazilian sculptor Cildo Meireles' current retrospective at the New Museum may be completely lost on you." Even if it was only a commentary in a weekly cultural guide, I thought that the phrase summed up many of the assumptions that still exist *vis-à-vis* what is referred to as "peripheries." It has been common practice to regard artistic production from the fringes of the art centres as "impossible to grasp" unless an "adequate context" is provided, be it political, sociological or religious. This, of course, is either a fallacy (that can be used as a means of exclusion), or else it also applies to a large part of current artistic production regardless of where it comes from. Joseph Beuys' work can be seen by anyone without an explicit knowledge of his personal history, though it can be argued that his use of materials and their symbolic references can be somewhat lost without this minimum context. But in the case of art from the margins, it is assumed that the work inserts itself in the space of a common, largely homogeneous postcolonial history that is either taken for granted or presumed to be absent, thus leaving the work unable to be properly experienced or understood: The dialogue tends not to take place. As a matter of fact, a minimum, general context tends to be shared (but not that of a common "Latin American"—or "African," for that matter—specificity): Within the parameters of Western culture (and most artists, except for those whose work is considered "primitive," operate inside this tradition), current globalization has made information available to all, and cultural referents are shared more horizontally by everyone regardless of the geographical or even political context. Under the cultural construct "History of Art," some things tend to be homogeneous, and local specificity tends to connect to global concerns. How, then, to define this "proper context"?

In the museum realm, this context tends to be provided in the form of a curatorial gesture that establishes points of coincidence—thematic, geographical or other—between works of diverse origin, or by making explicit the context of each work in particular, in what in museum jargon is referred to as "extended labels." Referring to the gesture of making explicit the context in which a given work is produced, Homi Bhabha signals the danger that the contextual fact might fulfil a doubly negative role. On the one hand, homogenizing the markers of difference for its easy cultural consumption (i.e., the idea of a Latin America that shares common traits: a "same difference"); on the other, the reduction of the work to being an illustration of a cultural anecdote. Referring to Frantz Fanon, Bhabha states that "Fanon recognizes the crucial importance, for subordinated peoples, of asserting their indigenous cultural traditions and retrieving their repressed histories. But he is far too aware of the dangers of the fixity and fetishism of identities within the calcification of colonial cultures to recommend that 'roots' be struck in the celebratory romance of the past or by homogenizing the history of the present."[11]

Making explicit the conditions of production linked to a work in particular, without trying to make it coincide with some type of regional or national essentialism (i.e., a closed notion of what "Latin America" means), can be more useful in a time when identity issues tend to transcend geographical limits and there is a growing state of indetermination of what can be referred to as "national" or "regional" cultures. Critic Carolina Ponce de León quotes Cildo Meireles, who has said that he is waiting for the day when "each work shall be seen not as an object of aesthetic lucubration, but as the marks, the memory and the evocation of real and visible conquests." Ponce de Leon argues that "it is within the perspective that art can transcend the notion of the object, and appropriate space by visual, physical and metaphorical strategies, that it can be understood; it is not in any specific form of representation that Latin American art will be understood, but in its incisive means of fracturing categories."[12]

"The consumer of the text/other is not able to understand," remarks Chilean critic Justo Pastor Mellado, "because in the end 'otherness' is a question of distance."[13] And he proposes a model of "rates of particularity" versus "rates of universality" to approach the problem of intelligibility of a given work. This model proposes that a work of art is understandable outside the context in which it is produced (where the codes are shared) if, in a play of ratios between singularity and universality (which can be applied to its referents or to its rhetorical structure), "universality" prevails. A work like Alfredo Jaar's has a high degree of particularity in its subject and at the same time the visual language it uses is universal, and thus it is easily understood in hegemonic contexts. Cuban artist Carlos Garaicoa alludes to a universal referent—the crisis of the Modern project—from a precise situation: the physical ruins of Havana, symptom and effect of the failure of the political and social project of Revolutionary Cuba. Being born and raised within a political project that built its own its history and mythology in a conscious and accelerated manner, he finds the contingent nature of historical accounts perfectly evident and consequently equal to fiction. His work sets out to signal the fissures that appear in any hegemonic discourse and that end up breaking it down.

Although, at the beginning of his career, his art was invariably read in a contextual manner,[14] Carlos Garaicoa's work is currently understood in wider terms; in a globalized environment in which information circulates more horizontally, it is understood that even if a work alludes to a precise set of problems, it can be likened to similar situations in other contexts. Rubén Ortiz-Torres' work also inscribes itself in a very precise context—"border culture"—and in that sense it is read from the perspective of the historically violent encounter between Mexico and the United States, an issue that is widely known outside the contexts where it constitutes a lived and ever-present tension. But in his work about El Alamo, Ortiz-Torres rewrites the history of the monument from his own worldview, rescuing it from the misconstrued version that has been built by official rhetorics and mass culture, making it *singular*. Something similar happens in the work of Robert Houle (*Kanata*, 1992), who relocates as the axis of discourse the presence (seemingly marginal) of the figure of the Indian that had been portrayed as a passive onlooker to the construction of his own history in all official accounts. Houle, who has stated that "seeing the [Benjamin] West painting (*The Death of General Wolfe*) made me realize who had written my history," goes back to oral traditions in his own family to deconstruct the official history from the most personal of accounts. And if in the previously examined examples the context is History, we must conclude that it is a singular history we are referring to and not Universal History, and one that has been read through the lens of subjectivity. These personal accounts, *petits récits*, are not understood as rewritings of history but as spaces of contestation, acknowledging the power of historical fiction by planting the seed of doubt on Truth. In doing so, they open up the space for the plausibility of other histories—even those that at first glance would appear extremely far-fetched. Cuban artist Manuel Piña makes explicit his subjective relationship with history: "I am interested more in storytelling than in making history."[15] Ortiz-Torres, for his part, has stated that "it is not our intention to revise history or to do some form of institutional critique nor to abuse truth once again as a malleable instrument of power for our own self-righteous purposes. Perhaps a way to redeem the process of the subjectivization of history would be to make art out of it."[16] It is always the winner's images that configure history and in that sense they define the account that will constitute the "universal" referent. As a consequence, the issue of what is singular and what is universal also bears a relation to the issue of political hegemony. In this state of ideas, Mellado argues that what can be seen as Universal is in fact "an organic expansion of a hegemonic singularity."[17] We can conclude that an activity of cultural resistance would be to reformulate the Universal from what could be termed as a *peripheral singularity*. Writer Alejo Carpentier once said that in America the conflict was at first a war of bodies and later a war of signs.[18] Alfredo Jaar recovers, in *A Logo For America* (1987), the continental dimension of the word America (a bitter term, since it has been confiscated), making use of Capitalism's own rhetorics and displacing them. Similarly, the reformulation, from a radical subjectivation, of the symbolic territory that has been mapped out by the historical account, constitutes itself as a space for cultural resistance and for rethinking the "adequate context" for the reception of the art that comes from the rather imprecise territory that in this exhibition is referred to, in a provocative manner, as "The Americas."

1 Paulo Herkenhoff, "José Alejandro Restrepo's Polysemous Hunger," *TransHistorias – Historia y mito en la obra de José Alejandro Restrepo* (Bogotá: Biblioteca Luis Angel Arango, 2001), p. 45.

2 Walter Benjamin, "The Author as Producer," *Selected Writings, Vol. 2, 1927-1934* (Cambridge, Mass.: Belknap Press, 1996).

3 Venezuelan artists Daniela Lovera and Juan Nascimento, who appropriate Hollywood films, edit them and then recirculate them within traditional circuits, have stated that "Fiction is equivalent to history: history with a capital H is a main narrative construction that operates in contradictory terms with alternative micro-histories." Quoted by Michèle Faguet in "Four South American Artists Explore Identity and Global Culture," *Arts Atlantic* 71.

4 Hal Foster, *The Return of the Real* (Cambridge, Mass: MIT Press, 1996) p. 203.

5 Geoff Cox and Chris Rodrigues, quoting Hal Foster, ibid., in "Agent Provocateur," Invencao International conference, ISEA-Leonardo-ITAU, São Paulo, Brazil (http://www.anti-thesis.net/ texts/agent.html).

6 Luis Camnitzer, "Wonder Bread and Spanglish Art," *Beyond the Fantastic. Contemporary Art Criticism from Latin America* (Cambridge, Mass.: MIT Press, 1996), p. 157.

7 Referring to the reception of Alfredo Jaar's work in hegemonic centres, Camnitzer has stated that "[Jaar] shares the impeccability and the immaculateness of hegemonic presentations. In part this is the product of his own education and taste, but for him it also becomes a manipulatory device to get his points across and understood within the mainstream." Camnitzer, "Wonder Bread and Spanglish Art," p. 161.

8 Luis Camnitzer, "Antonio Caro, Guerrillero visual," *Revista Poliéster* 1995, p. 43.

9 Luis Camnitzer, "Access to the Mainstream," *Beyond the Fantastic*, p. 222.

10 Faguet, "Four South American Artists" (see n. 3.)

11 Homi Bhabha, *The Location of Culture* (London: Routledge, 1994), p. 9.

12 Cildo Meireles, quoted by Carolina Ponce de León in "Random Trails for the Noble Savage," *Beyond the Fantastic*, p. 228; Carolina Ponce de León, op. cit.

13 Justo Pastor Mellado, letter to the author, 2004.

14 Gerardo Mosquera begins his presentation of Garaicoa's work in *Fresh Cream* with the following statement: "No one has constructed the imagery of the fall of Cuba better than Carlos Garaicoa. His work is one great metaphor for the downfall of the utopia, symbolizing Cuba's tragic history." Gerardo Mosquera, "Carlos Garaicoa," *Fresh Cream. Contemporary Art in Culture* (London: Phaidon, 2000), p. 286.

15 Manuel Piña, text published elsewhere in this catalogue.

16 Rubén Ortiz-Torres, *The A Files*, text published elsewhere in this catalogue.

17 Justo Pastor Mellado, letter to the author, 2004.

18 Quoted by José Alejandro Restrepo in *Musa paradisíaca* (Bogotá: Museo de Arte Moderno, 1997), p. 13.

Extended Labels

José Roca

Acabo de recorrer una vez más el paso del Quindío.
Debo decir que definitivamente la descripción de Von Thielmann está demasiado lejos de la realidad.

J. A. Restrepo, *Diarios*, 1991

La representación pictórica del paso del Quindío con seguridad Humboldt la hizo basándose únicamente en sus recuerdos, dado que no corresponde en absoluto a la situación real.

Max von Thielmann, *Cuatro rutas por América*, 1879

En su representación del paso del Quindío, Koch dio rienda suelta a su imaginación sin ceñirse adecuadamente a mis bosquejos.

A. von Humboldt, *Diarios*, 1810

El grabado que hizo Duttenhoffer del paso del Quindío no capta enteramente el espíritu de mi dibujo [...] no termina de satisfacerme por su excesiva estilización.

Joseph Anton Koch, Carta a Humboldt, 1810

En 1991, el artista colombiano José Alejandro Restrepo emprende una travesía singular: rehacer el mítico paso del Quindío a través de la cordillera central colombiana siguiendo los pasos de Humboldt, von Thielmann, y muchos otros científicos viajeros que le habían precedido desde la penetración científica europea en el Nuevo Mundo a partir del siglo XVIII. Su interés: evidenciar la distancia entre experiencia y representación, y poner en claro que *ver* no es una función fisiológica sino un aparato ideológico que *construye lo mirado* de acuerdo con la propia formación, la tradición histórica en que se inscribe el sujeto, sus intereses personales o sus agendas políticas: "en la videografía de Restrepo, el conocimiento, no siendo ingenuo o inocente, es problematizado como parte integrante del mirar" [...] Para el artista es claro que la antropología no describe la realidad—escribe ficciones—, sino que sus escritos son un relato, una interpretación de interpretaciones. El antropólogo es un profesional de la diferencia" [1].

En cierto modo, ir al sitio significaba también revisitarlo, pues Restrepo había realizado ese viaje previamente a través de los relatos de los viajeros, quienes desde su mirada entrenada en la tradición del saber occidental y al servicio de la ciencia (y de las potencias coloniales a las cuales representaban) contribuyeron voluntaria o involuntariamente a allanar el terreno para la posterior explotación capitalista del territorio. Pero ésa es *otra* historia. Lo esencial en la videoinstalación *El Paso del Quindío* consiste en la utilización activa del relato histórico como una manera de tomar distancia crítica con el presente. El uso de la historia en Restrepo, como en muchos de los artistas de lo que se ha dado por llamar "las Américas" presentes en esta exposición, se realiza con beneficio de inventario. A través del uso crítico del relato histórico, éste es redefinido a la luz de la situación actual, en un trabajo de des-archivística—lo inverso de una catalogación que relega el hecho histórico al espacio ya transitado y superado del archivo—estableciendo genealogías para el estado de las cosas y señalando sus causas. A Restrepo le interesa explicitar *desde dónde* se mira para realizar estos relatos ("quién hace la historia, quién la escribe, cómo se escribe, cómo se representa") y señalar lo *transhistórico*, rescatando imágenes de la historia para constatar su supervivencia en la sociedad contemporánea. Al igual que en Restrepo, la relación con el documento histórico en el trabajo de muchos de los artistas incluidos en esta exposición es simbiótica: el uno vive del otro y lo informa, es decir, la obra se inscribe en una historia precisa, pero la reformula al revisitarla en el presente. Esta mirada activa cuestiona el hecho histórico al poner en evidencia su carácter subjetivo, mediado e instrumental.

Walter Benjamin subrayaba cómo las relaciones de producción determinaban las relaciones sociales y por lo tanto todo arte crítico debía, en vez de enfocarse en estas últimas, tratar de cambiar las condiciones de producción en que ellas se inscriben[2]. Y la agencia artística puede permitir justamente una reevaluación de las nociones de verdad presentes en las historias oficiales a través de una deconstrucción de sus retóricas desde adentro, usualmente sirviéndose de sus métodos, sus relatos o sus imágenes, recomponiéndolos como ficción[3]. En *El Retorno de lo real*, Hal Foster se referiere a la tendencia contemporánea en la cual el artista trabaja en tanto Otro (cultural o étnico), o en su nombre[4], el artista como etnógrafo, antropólogo o historiador. Pero esta agencia no está exenta de riesgos; como anota Geoff Cox, "para Foster, existe el peligro de inscribir la otredad si no se le da la atención necesaria al proceso de producción mismo; Foster hace un llamado a la reflexividad, abogando por 'la obra que intente enmarcar al enmarcador en el instante en que él o ella enmarca al otro'"[5].

"Enmarcar al enmarcador", o dicho de otro modo, poner en evidencia los límites del marco institucional en donde la obra se pone a funcionar. Este tópico ha sido objeto de numerosos debates, en particular con respecto a la práctica curatorial como "brokering" de un determinado grupo cultural o étnico. Pensadores como Mari Carmen Ramírez, Gerardo Mosquera o Luis Camnitzer se han referido a este problema en relación con la presencia de los artistas latinoamericanos o latinos en los Estados Unidos. Camnitzer cita a Manfred Schneckenburger, curador de *Documenta IX* justificando su decisión de incluir en ella solamente un artista de América Latina (el chileno Alfredo Jaar): "No es posible mostrar la situación de países cuyo arte está siempre atrapado entre una gran tradición perdida y un deseo de contacto con el mundo moderno"[6]. De acuerdo con Camnitzer, Schneckenburger estaba tratando de justificar "la falta de los fondos necesarios para presentar razonablemente el contexto y las condiciones particulares que describe". ¿A qué contexto nos estamos refiriendo? ¿Como habría presentado el arte de América Latina en caso de haber tenido "los fondos necesarios"? ¿Más artistas de la región o más manifestaciones para-artísticas (conferencias, seminarios, etc.) para hacer comprensibles las obras? Visiblemente, la obra de Alfredo Jaar—quien en su trabajo explícitamente político recurre a estrategias formales arraigadas en la tradición minimalista—o bien era suficientemente hegemónica como para no necesitar una contextualización, o bien proveía su propio contexto[7]. En este sentido, Jaar "enmarca a su enmarcador", señalando de manera clara qué es lo que se ve o se deja de ver en función del conocimiento de un contexto dado: pone en evidencia su esquema de operación.

La cuestión de si existe o no un contexto adecuado es relativa, pues depende de quién enuncia la pregunta, y a menudo contraproducente, pues puede ser utilizada negativamente para justificar la exclusión de la obra con la disculpa de estarle haciendo justicia (el argumento de "si no se hace bien es mejor no hacerlo" —claramente la posición del curador de *Documenta IX*). Si se plantea desde la perspectiva del artista, puede tener como efecto un travestimiento de la obra con códigos *mainstream* para facilitar su asimilación (aunque esto también puede ser, como se señaló, una estrategia efectiva). Una salida posible a este *impasse* puede radicar en plantear la futilidad de que la obra funcione fuera del contexto en el cual es entendible (o relevante), negando la necesidad del acceso a los centros. Precisamente, refiriéndose a la obra *Homenaje a Manuel Quintín Lame* del artista colombiano Antonio Caro, Camnitzer ha descrito este escenario. *Homenaje a Manuel Quintín Lame* consiste en una performance en la que Antonio Caro reescribe la firma de Quintín Lame (un líder indígena que trabajó por los derechos de su pueblo durante los años treinta en Colombia) y al hacerlo inscribe en el actual escenario político la presencia de una comunidad que aún hoy la sociedad discrimina y marginaliza. La firma de Lame es en sí misma altamente simbólica -el sincretismo entre una caligrafía muy elaborada típica del siglo XIX y un pictograma indígena- y en ese sentido puede ser vista como el espacio de difícil coexistencia de dos sistemas sociales, dos etnias y dos países distintos. Escribe Camnitzer: "Las firmas de Quintín Lame solamente tienen vigencia en Colombia. En el momento en que una de esas obras cruza la frontera colombiana su impacto se pierde. El conocimiento de la historia, las resonancias de la leyenda más allá de los datos estrictamente anecdóticos, son parte del trabajo. Sin ellos, lo único que queda es un esqueleto visual que se entiende como decoración vacua. En ese sentido, esta obra de Caro no solamente trata con una especificidad geográfica sino con una especificidad de público y con ello se contrapone a la idea de una necesidad de comprensión internacional de una obra de arte"[8]. En su doble condición de artista (que produce capital simbólico) y teórico (que enmarca tal producción—y la de otros—en un espacio social), Camnitzer ha declarado que hay que reformular la ecuación: "(...) la cuestión no es nuestro acceso al *mainstream*, sino el acceso del *mainstream* a nosotros. Sólo si lo ponemos de esta manera puede el *mainstream* actuar como una caja de resonancia para nuestras actividades sin sacarnos las vísceras. La preocupación primordial es que nos mantengamos en la empresa de construir una cultura y sepamos tan precisamente como sea posible qué cultura y la de quién estamos construyendo"[9].

La crítica Michèle Faguet señala el peligro de plantear la cuestión de la inteligibilidad de una obra producida en contextos periféricos durante su presentación en los centros artísticos como una dialéctica entre su especificidad cultural y los lenguajes internacionales, pues se cierra cualquier posibilidad para la obra de existir fuera de esta oposición. Faguet afirma que:

> Mucha de la discusión acerca de la recepción de prácticas artísticas de áreas periféricas ha intentado entender la especificidad de estas prácticas en relación con lo que se ha llegado a describir como '*mainstream*' o 'global'. Establecer este tipo de dialéctica es asegurar la exclusión de obras cuyas referencias particulares se vuelven incomprensibles, o simplemente irrelevantes, dentro de un contexto internacional. Y lo que es más importante, mantiene un acercamiento metodológico que ya no es aplicable debido a la fluidez de la información característica del proceso mismo de globalización. José Ignacio Roca ha explorado este mismo problema, que describe como "la recepción de una obra de arte en la ausencia de un contexto adecuado", argumentando que "ausencia de contexto es a menudo lo mismo que falta de interés, lo que en últimas equivale a ignorancia". Al tratar de 'definir el contexto', Roca rompe con esta dialéctica, sosteniendo que cualquier obra, independientemente de su origen geográfico, requiere un mínimo de información externa, sea relacionada con anécdotas personales relacionadas con el artista, las condiciones de producción de la obra o a cuestiones más generales de índole cultural y social en las cuales la obra está inscrita. Claramente, aquí está en juego una asunción importante—que el conocimiento cultural opera de manera desigual a través de las fronteras geográficas, relegando aquellas prácticas que funcionan fuera de las narrativas dominantes a un proceso demasiado simplificado que tal vez sirva para descifrar códigos no familiares pero que no le hace justicia a la complejidad del trabajo[10].

Faguet se está refiriendo a la exposición *Define "Context"*, que curé para APEX art Curatorial Program de Nueva York a finales de la primavera de 2000. La exposición planteaba la dificultad de establecer un diálogo entre el contexto de producción de una obra dada y su contexto de recepción, y las complejidades implícitas en esta conversación (en donde no necesariamente se está hablando el mismo idioma ni se comparten los códigos). De hecho, el título de la exposición, con la palabra *contexto* entre comillas, hablaba de cómo había que cualificar ese término, definir claramente cuál es el campo común para que pueda darse un entendimiento. Nueva York y en general las metrópolis artísticas se entienden en sí mismas como un "no contexto", es decir, que los códigos para la recepción de una obra dada ya están naturalizados allí y se entienden como dados, y se espera que todo aquello que salga de estos códigos haga el esfuerzo de "contextualizarse", a riesgo de ser ignorado o descartado. Como afirma irónicamente el artista colombiano Francois Bucher, "¿porqué el *popcorn* no puede verse en sí mismo como comida étnica?

Entre los artículos que aparecieron con motivo de la presentación de la retrospectiva de Cildo Meireles en Nueva York, hubo una nota que me llamó la atención por su paternalismo: "si usted no ha estado nunca en una república bananera (excepto, tal vez, para comprar un suéter), gran parte de la importancia histórica de la retrospectiva del escultor brasileño Cildo Meireles en el New Museum se le escapará completamente". A pesar de tratarse simplemente de un comentario en una guía cultural neoyorquina, me pareció que la frase resumía muchos de los a prioris que existen respecto al arte de las mal llamadas "periferias". Es práctica habitual considerar la producción artística de los márgenes de los centros artísticos como "imposible de entender" a menos que se provea un "contexto adecuado", sea político, sociológico o religioso. Esto, por supuesto, es o bien una falacia (que puede ser utilizada como un medio de exclusión), o es también aplicable a una gran parte de la producción artística contemporánea, independientemente de donde provenga. La obra de Beuys puede ser vista por cualquiera sin un conocimiento explícito de la historia personal del artista alemán, pero podría argumentarse que su utilización de ciertos materiales y sus referencias simbólicas pueden tal vez perderse sin ese mínimo contexto. Pero en el caso del arte de los márgenes, se asume que el trabajo se inscribe en el espacio de una historia poscolonial supuestamente común y homogénea, la cual o bien se da por descontada o se presume ausente, dejando la obra en una situación de imposibilidad de ser percibida o entendida correctamente: el diálogo tiende a no darse. De hecho, hay un contexto mínimo y genérico que tiende a ser compartido (pero no el de una especificidad común "latinoamericana" o "africana", en tal caso): dentro de los parámetros de la cultura occidental (y la mayoría de los artistas, excepto aquellos cuya obra es considerada "primitiva" trabajan en esta tradición), la globalización actual ha hecho que la información sea asequible a todos, y los referentes culturales son compartidos de manera más horizontal, independientemente del contexto geográfico o inclusive político. Bajo la construcción cultural "Historia del arte", muchas cosas tienden a ser homogéneas, y la especificidad local tiende a conectarse con asuntos globales. ¿Cómo, entonces, definir este "contexto adecuado"?

En el ámbito museal, el contexto tiende a proveerse de diversas maneras: mediante el gesto curatorial (estableciendo puntos de encuentro—temáticos, geográficos u otros- entre obras de diversa procedencia), o explicitando el contexto de cada pieza en particular, en lo que en la jerga museológica se conoce como "fichas extendidas". Homi Bhabha, refiriéndose al acto de explicitar el contexto cultural en que se produce una obra dada, señala el peligro de que el dato contextual cumpla un propósito doblemente negativo: de una parte, homogeneizar los caracteres de la diferencia para su fácil consumo cultural (por ejemplo, la idea de una Latinoamérica que comparte rasgos comunes: una "misma diferencia"); de otra, la reducción de la obra a la ilustración de una anécdota cultural. Refiriéndose a Frantz Fanon, Bhabha afirma que "Fanon reconoce la importancia crucial, para los pueblos subordinados, de afirmar sus historias reprimidas. Pero tiene muy claros los peligros de fijar o fetichizar las identidades dentro de la calcificación de las culturas coloniales como para recomendar que las 'raíces' se queden atrapadas en el romance celebratorio del pasado o en homogeneizar la historia del presente"[11].

Explicitar las condiciones de producción ligadas a la obra en particular, sin tratar de hacerla coincidir con algún tipo de esencialismo regional o nacionalista (una noción cerrada de "lo latinoamericano", por ejemplo), puede ser mas útil en una época en la cual las cuestiones identitarias trascienden los límites geográficos y hay una creciente indeterminación en lo que podría llamarse "culturas nacionales" o "culturas regionales". Carolina Ponce de León cita a Cildo Meireles, quien afirma esperar aquel día en que "cada obra sea vista no como un objeto de elucubración estética, sino como las marcas, la memoria y la evocación de conquistas reales y visibles"; Ponce de León argumenta con justicia que "es dentro de la perspectiva de que el arte puede trascender la noción del objeto, y apropiarse del espacio a través de estrategias visuales, físicas y metafóricas, que puede ser entendido; no es en ninguna forma específica de representación que el arte latinoamericano será entendido, sino en sus maneras incisivas de fracturar categorías"[12].

"El consumidor del texto-otro no está habilitado para comprender", anota el crítico chileno Justo Pastor Mellado, "pues finalmente la 'otredad' es una cuestión de lejanía[13]". Y propone un modelo de "tasas de particularidad" versus "tasas de universalidad" para acercarse al problema de la inteligibilidad. Este modelo plantea que una obra es entendible fuera de su contexto inmediato de producción (en el cual los códigos son compartidos) si en un juego de porcentajes de singularidad/universalidad (que se pueden aplicar o bien a sus referentes o bien a su estructura retórica) prima lo "universal". Una obra como la de Alfredo Jaar tiene un grado alto de particularidad en su sujeto de estudio y a la vez un grado alto de universalidad en sus lenguajes, y en ese sentido es inteligible en contextos hegemónicos. El artista cubano Carlos Garaicoa, por su parte, alude a un referente universal—la crisis del proyecto moderno- desde una situación particular: la ruina física de La Habana, síntoma y efecto del fracaso del proyecto social y político de la Cuba revolucionaria. Habiendo nacido y crecido en un sistema político que construyó de manera consciente y acelerada su propia historia y su propia mitología, el carácter contingente del relato histórico es para Garaicoa una evidencia, y en consecuencia asimilable a una ficción; su trabajo se encamina a señalar las grietas que aparecen en todo discurso hegemónico y que terminan por resquebrajarlo. De una lectura radicalmente contextual en sus inicios[14], la obra de Garaicoa se entiende ahora en términos más amplios; en un medio globalizado en el que hay mayor circulación de la información, se entiende que aun si una obra alude a problemáticas precisas, los planteamientos pueden ser asimilables a situaciones similares en otros contextos. El trabajo de Rubén Ortiz-Torres también se inscribe dentro de un contexto muy preciso—el de la "cultura de borde", y en ese sentido asegura una lectura de su obra desde la perspectiva del encuentro históricamente violento entre México y los Estados Unidos, una problemática ampliamente conocida inclusive fuera de los contextos en los cuales es una tensión vivida y presente. Pero en *The A Files*, Ortiz-Torres reescribe la historia del monumento desde su propia visión de mundo, rescatándola de la versión tergiversada que la retórica oficial y la cultura de masas le habían otorgado, *singularizándola*. Algo similar sucede en el trabajo de Robert Houle, quien intenta relocalizar en el eje del discurso la presencia (en apariencia marginal) de la figura del indígena como espectador pasivo de la construcción de su propia historia en los relatos oficiales. Houle, quien afirma que "ver la pintura de [Benjamin] West (*La Muerte del General Wolfe*) me hizo comprender quién había escrito mi historia", se remite a la tradición oral de su familia para deconstruir esta historia oficial desde el relato más personal. Y si el contexto en los ejemplos anteriormente citados es la Historia, hay que concluir que se trata de una historia singular y no de la Historia Universal, una historia pasada por el filtro de la subjetividad. Estos relatos personales, *petits récits*, no se plantean como reescrituras de la historia sino que se reivindican como espacio de contestación, reconociendo el poder que tiene la ficción histórica de sembrar la duda sobre la Verdad, abriendo de un golpe el espacio para la plausibilidad del relato—cualquier relato, incluso el que en apariencia parece más absurdo. El artista cubano Manuel Piña explicita su relación subjetiva con la historia: "Más que hacer la historia me interesa historiar"[15]. Por su parte, Ortiz-Torres ha afirmado que "No es nuestra intención revisar la historia o hacer alguna forma de crítica institucional y abusar de la verdad como un instrumento maleable del poder. Tal vez una forma de aprovecharse del proceso en que la historia se vuelve más subjetiva sería hacer arte de ello"[16]. Son siempre las imágenes del vencedor las que configuran la historia, y en ese sentido definen el relato que constituirá el referente "universal": en consecuencia, la cuestión de qué es singular y qué es universal se relaciona también con el asunto de la hegemonía política. En este orden de ideas, Mellado afirma que lo universal no es más que "la expansión orgánica de una singularidad hegemónica"[17]; podríamos concluir que una actividad de resistencia cultural consistiría en reformular lo universal desde lo que vendría a ser una *singularidad periférica*. Alejo Carpentier decía que si en un principio en América la lucha fue de cuerpos, más adelante la lucha fue de signos[18]. Y así como Alfredo Jaar rescata en *A Logo For America* (1987) la dimensión continental para el nombre América (una palabra amarga, pues ha sido confiscada) sirviéndose de los medios mismos de la retórica capitalista, desplazándolos, la reformulación del territorio simbólico que ha sido cartografiado por el relato histórico desde una radical subjetivación del relato se constituye en un acto de resistencia cultural y un espacio para la repensar el "contexto adecuado" para la recepción del arte de ese territorio impreciso que en esta exposición se denomina de manera provocadora "Las Américas".

1 Herkenhoff, Paulo, "El hambre polisémica de José Alejandro Restrepo", en *TransHistorias – Historia y mito en la obra de Jose Alejandro Restrepo* (Bogotá: Biblioteca Luis Angel Arango, 2001), p. 45.

2 Benjamin, Walter, *El autor como productor*, 1934.

3 Los artistas venezolanos Daniela Lovera y Juan Nascimento, quienes apropian películas de Hollywood, las editan y las ponen a re-circular en los circuitos tradicionales, han afirmado que "la ficción es equivalente a la historia. Historia con H mayúscula es una construcción narrativa principal que opera en términos contradictorios con micro-historias alternativas". Citados por Michèle Faguet en "Four South American artists Explore Identity and Global Culture" en *Arts Atlantic Magazine* #71.

4 Foster, Hal, *El retorno de lo real* (Cambridge: MIT Press, 1996) p. 203.

5 Hal Foster, ibid., citado en Geoff Cox et Chris Rodrigues, « Agent Provocateur », conferencia Invencao International, ISEA-Leonardo-ITAU, São Paulo, Brasil (http://www.anti-thesis.net/texts/agent.html).

6 Camnitzer, Luis, "Wonder Bread and Spanglish Art", en *Beyond the Fantastic. Contemporary Art Criticism from Latin America* (Cambridge: MIT Press, 1996), p. 157.

7 Refiriéndose a la aceptación de la obra de Alfredo Jaar en los centros hegemónicos, Camnitzer ha afirmado que "[Jaar] comparte el carácter impecable e inmaculado de las presentaciones hegemónicas. Esto es en parte producto de su propia educación y gusto, pero también se vuelve para él un dispositivo de manipulación para lograr que sus argumentos se vean y se entiendan dentro del *mainstream*". Camnitzer, *op. cit*, p. 161.

8 Camnitzer, Luis, "Antonio Caro, Guerrillero visual" en *Revista Poliéster* 1995, p. 43.

9 Camnitzer, Luis, "Access to the Mainstream", en *Beyond the Fantastic. Contemporary Art Criticism from Latin America* (Cambridge: MIT Press, 1996), p. 222.

10 Faguet, Michèle, *op. cit.*

11 Bhabha, Homi, *The Location of Culture* (London: Routledge, 1994), p. 9.

12 Cildo Meireles, citado por Carolina Ponce de León en "Random Trails for the Noble Savage", en *Beyond the Fantastic. Contemporary Art Criticism from Latin America* (Cambridge: MIT Press, 1996), p. 228; Carolina Ponce de León, *op. cit.*

13 Mellado, Justo Pastor, en correspondencia con el autor, 2004.

14 Gerardo Mosquera inicia la presentación de la obra de Garaicoa en *Fresh Cream* con la siguiente afirmacion: "Nadie ha construido mejor la imagen de la caida de Cuba que Carlos Garaicoa. Su trabajo es una gran metáfora del desplome de la utopía, simbolizando la historia trágica de Cuba". Gerardo Mosquera, "Carlos Garaicoa," *Fresh Cream. Contemporary Art in Culture* (London: Phaidon, 200), p.286.

15 Piña, Manuel, texto incluido en este catálogo.

16 Ortiz-Torres, Rubén, *The A Files*, texto incluido en este catálogo.

17 Mellado, Justo Pastor, en correspondencia con el autor, 2004.

18 Citado por José Alejandro Restrepo en *Musa paradisiaca* (Bogotá: Museo de Arte Moderno, 1997), p. 13.

Raphaëlle de Groot

From the idea of an investigation—suggested by the gathering of signs—to a real investigation, following a socio-historical or anthropological approach, my work explores specific realities or contexts. Often exhibited in groupings, my works speak above all of a state of listening and attentiveness allowing a progression from the visible to the invisible, from the conscious to the unconscious and, by extension, from self to other.

I am interested in the revelatory potential of the artist's work that can give access to these aspects of life that are so hard to depict, such as self-perception, the gaze we cast on others and the residual forms of identity. Just like human memory, which encodes, stores and reconstitutes information through relational mechanisms, I try to make perceptible those worlds that are out of sight, that are held back or latent, through processes of arranging, classifying and reorganizing material that already exists.

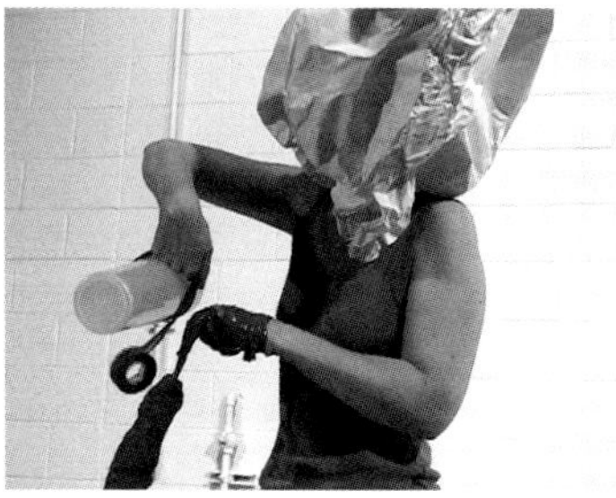

The piece I have produced for the exhibition *Histories of the Americas* takes as its starting point images I culled from Canadian history textbooks from the 1950s. I picked out about 250 people, whom I arranged in invented categories: people looking into the distance, people pointing at the horizon, people pointing a weapon, people saluting, etc. These illustrations are placed next to each other and displayed alongside a video-performance that is divided into six phases—each presented independently, but simultaneously, on a different monitor. In the middle of the room there is also a lump of playdough twisted around on itself and gradually crystallizing throughout the exhibition.

Video-performance is a new element in my work. As a kind of counterpart to the clay-like substance present in several of my works, it is my own self that, under the camera's lens, becomes modelling material. Shaped in a diffuse way by a History that I know both too well and too little, I see myself as one of the repositories and heirs of a friable identity that lands up in me as if it had reached a dead end, or even a cancellation, a nullification. But aren't we all handicapped or helpless in the face of History, that long time that fills our collective imagination with so much sediment? Like the cold, the span of History is so great and so diffused that we cannot manage to encompass it—and yet, it is so present and effective that it renders us immobile.

This new work entitled *L'Histoire illustrée* attempts to give palpable shape to an elusive identity-forming material. Does this material generate itself or come from an endless blotting pad saturated with images of the great narratives? In this quest, the road is congested and the memory systems are faltering, as ever. R.d.G.

(Translated by Susan Le Pan)

Stan Douglas

Nu•tka•
Historical Background

The Gothic romance was typically characterized by a return of the repressed: Some past transgression haunts, then destroys, the culpable person, family or social order. It is no surprise that these narratives flourished during the era of high imperialism, when remote and exotic areas of the world were being drawn into the European orbit and providing, if not the *mise en scène*, then at least the sublimated object of Gothic anxiety. What would contact and mingling with radically foreign cultures bring? Gothic tales answer: A decrepit clan wallows in decadence awaiting its final annihilation (*Fall of the House of Usher*); a monster appears, threatening to infect the whole of the social and natural order (*Frankenstein*); the bourgeois individual himself might become infected and begin to display mortally morbid symptoms (*Dracula*). *Nu•tka•* is a Canadian Gothic.

The project is set in one of the most sublime moments of the romantic period—that of first contact between Aboriginals and Europeans on the west coast of Vancouver Island at Nootka Sound. The Spanish explorer Juan Pérez was the first European there, in 1774, but it wasn't until four years later that James Cook, thanks to an abiding misunderstanding, gave the area its name. When asked by the captain the name of his home and of his people, Chief Maquinna replied to the Englishman's unfamiliar sign language and words, *"Nootka"*—suggesting that the visitor anchored at Resolution Cove could find safe harbour nearby at Yuquot or, perhaps, that he should go back to where he came from.[1]

1 What Maquinna actually said to Cook is uncertain because *nootka* is not a complete word; however, Mowachaht words beginning with these two syllables tend to refer to circular motion.

For a few years, the "Nootkans" (Nuu-chah-nultch) and Europeans were great trading partners, once the latter discovered what kind of prices sea otter pelts could fetch in China, and the former found that by re-routing existing trade patterns, they could acquire novel items such as ironwork and guns. Ships owned by American and English companies became frequent visitors to Maquinna's summer village of Yuquot at the northern entrance of the Sound, but when rumour that the Russians had begun to move south from the Aleutian Islands reached New Spain, the Spanish were compelled to return. On February 17, 1789, Estéban José Martínez was dispatched from San Blas with two hastily outfitted ships, instructions to establish a colony at Nootka Sound and the ultimate goal of claiming the entire northwest coast of North America for the Spanish Crown—thus preventing England or Russia from doing the same.

As Martínez' *Princessa* approached Yuquot on May 4, its captain found, to his dismay, three vessels already anchored in the vicinity of the bay Cook named "Friendly Cove": the American trading vessels the *Columbia* and the *Lady Washington* and a ship with a Scottish captain and English crew flying Portuguese colours, the *Ifigenia Nubiana*. Martínez spent the next few days reacquainting himself with Maquinna (whom he had met during Pérez' 1774 voyage) and introducing himself to his cagey harboured colleagues; but once the *Princessa's* companion vessel, the *San Carlos*, arrived on May 12, Martínez felt confident enough to react to a disturbing passage he had read in the *Ifigenia's* papers: licence to attack and capture Spanish vessels. As the *Ifigenia's* Portuguese flag was being replaced by that of Spain, the Mowachaht people of Yuquot became cognizant of the growing and potentially violent tensions between their European guests and moved the village a few miles up the outside coast.

Since he did not yet have the means to incarcerate prisoners, Martínez instructed his prize to sail to Macao under its own recognizance and to pay the ship's value to the Spanish crown—an order that was disobeyed as soon as the *Ifigenia* was out of sight. Instead of heading south, it sailed immediately north, continued trading furs as before, then crossed the Pacific to China. When the ship arrived in Canton, its employer, John Meares, was informed of the *Ifigenia's* adventure, and because he believed he had already claimed the Sound for England when he built a packet there the previous autumn, he began a process of petition that would later bring Spain and England to the brink of war.

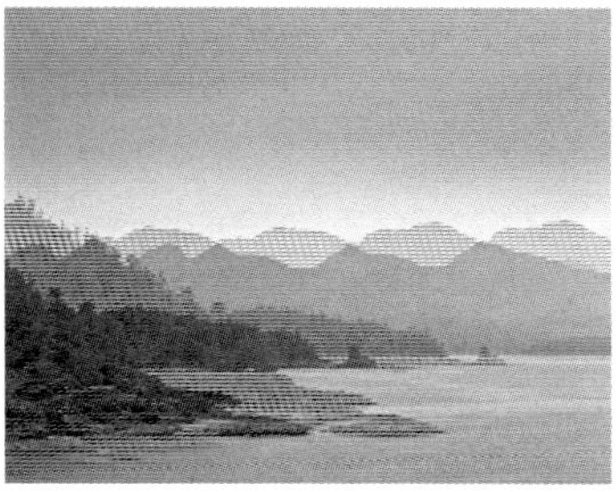

On June 24, Martínez conducted the formal possession ceremony—an address to the land, the moving of stones and cutting of trees—but only a week later, on July 2, his claim would be challenged by the arrival of another of Meares' vessels, the *Argonaut*, captained by James Colnett. Negotiation began with civility but soon devolved into a violent argument over authority and status, with Martínez, the highest-ranking representative of his Catholic majesty on the northwest coast, refusing the challenge of a man he regarded as an employee of a trading company. When Colnett declared that the Sound was British territory and that he had come to build fortifications, Martínez informed him that he had no alternative but to detain him as a prisoner of war.

Around July 9, the English captain entered into a paranoid delirium. He was agonized by his failure to complete his enterprise and, under the conviction that he was about to be hung, twice tried to commit suicide by drowning. Chief Callicum of Clayoquot Sound, who knew the English as reasonable trading partners, did not enjoy seeing his economic options limited. He decided to let Martínez know what he thought of him and, egged on by Colnett, began a tirade against the commander, calling him a thief and a liar. Irritated that the chief could not be assuaged by the promise of gifts, Martínez fired a "warning shot," but one of the *Princessa's* crew, assuming that the commander had missed his mark, took aim and shot Callicum dead. Disgusted by the assassination, Maquinna led his people further away from Yuquot and vowed never again to have commerce with Martínez and the Spanish garrison. On July 12, when the refitted *Argonaut* and its prisoner-crew were ready for transport, its companion vessel, the *Princess Royal*, hove into sight. After some subterfuge, it too was arrested, and on July 14, 1789, unaware of the challenge to the empire brewing in Europe, the two English ships embarked for the Department of San Blas, possessions of the Spanish crown.

Even though he had received orders to abandon the fort at Yuquot, Martínez had by late summer devised a grandiose scheme in which San Miguel would be the first of four presidios and sixteen missions—a huge monopoly trading company that would dominate commerce all along the west coast of North America. The commander had hoped that the incoming viceroy would rescind his predecessor's orders. But as the October rains began to set in, Martínez, who was still shunned by the Natives and had still received no support from San Blas, decided to abandon his settlement and head south. When he arrived in New Spain, Martínez was informed of explicit imperial instructions to maintain the outpost at Nootka—but since news of Callicum's assassination had reached and scandalized the Spanish public, it was clear that he would not return.

On April 3, 1790, Francisco Eliza arrived with three ships that would re-establish the Spanish presence at Nootka Sound. After much negotiation, and assurances that Martínez was no longer in charge, Eliza was able to develop amicable trading relationships with Maquinna and other Nuu-chah-nulth leaders. But an ocean away, John Meares had journeyed to London, where he presented an embellished narrative of his stay at Yuquot and the capture of his (recently released) trading vessels to the Houses of Parliament. Meares' tale precipitated the so-called Nootka Controversy, which led the Spanish and English empires to threaten each other militarily over the next four years. However, by 1795, with the signing of the third Nootka Convention, both powers agreed that neither would occupy the northwest coast. In March of 1795, English representative Thomas Pearce and his Spanish correspondent José Manuel de Álava each witnessed the other ceremonially raising and lowering his nation's flag—and the Spanish presence came to an end.

With the absence of Europeans on the west coast of Vancouver Island, trade there was dominated by ships from the United States, but after 1803 that too came to an abrupt halt once news spread about the massacre of the *Boston*'s crew at the hands of Maquinna's warriors. The chief of the Mowachaht Confederacy had endured many insults from Europeans, but when the American ship's captain, John Salter, swore at Maquinna and insulted him to his face (expecting that he couldn't understand English), it was the final blow, leading to an attack that killed all but two of the ship's crew, one of whom, John R. Jewitt, would eventually escape to publish a captivity narrative recounting the twenty-eight months this blacksmith endured as Maquinna's slave.

Jewitt proposes that the massacre of his colleagues was retribution for fourteen years of European transgression—lies, theft, murder—but a recent oral history suggests that an additional injury was the cause of the wrath of a chief noted for his diplomacy. While the Spanish were still at Yuquot, they began regularly raping Nuu-chah-nulth women and torturing with red-hot iron rods those who resisted. It was for this (and also as a way to reassert the autonomy of his people) that Maquinna wanted revenge and awaited a pretext. The same speaker also has an alternative account of why San Miguel was abandoned: The Spanish found tiny sailing vessels occupied by living, homuncular sailors at the bottom of the well they used for drinking water. They immediately filled the well with stones and quit Yuquot.   S.D.

Carlos Garaicoa

Continuity of Somebody's Architecture[1]

The conception of history as a fictitious element and its reconstruction, taking into account its implications in relation to the urban space, have been some of the presuppositions I have worked with in many of my projects. In previous works, I acted as an "architect" who reinvented the city from the remains of the ruins I found as I walked through Havana, a city that was almost totally built before 1959. Those works elaborated, from drawing and installation, a project full of future and utopia in a city inhabited by frustration and human and urban deterioration. The fragmentation of the city turned into a metaphor for a "possible" physical and ideological reconstruction by means of proposals offering luxury and comfort and coming from the First World, which were foreign to the Cuban reality for more than forty years. In addition, I was interested in the projection of the imagination and the absurd within the city's urban and linguistic framework.

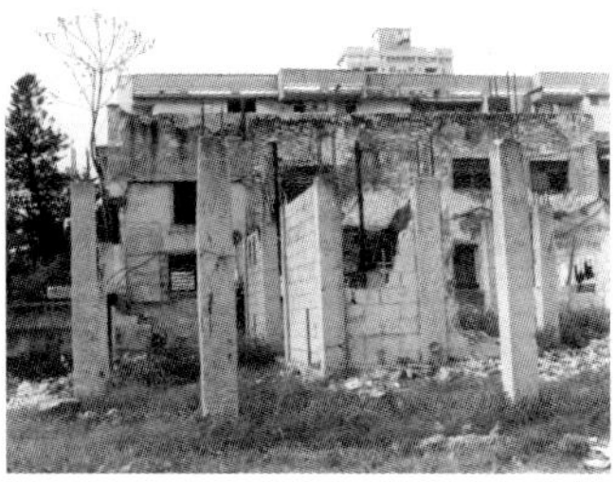

For this new project, I wanted to go back to my apocryphal trade and work on Havana again. While, in a series of previous drawings, I started from the physical ruins of buildings constructed mostly between the late nineteenth and early twentieth centuries, now I wanted to be at a more recent point in history. With the participation of an architect, a team of model makers and sculptors, I have made a re-statement of the urban and architectural phenomenon that has marked Havana most strongly in the last thirty years: the social micro-brigade.

Since socialism in Cuba, architecture has had a random nature, as have many other social projects. Construction plans have been focused on providing new housing, schools, hospitals, etc., leaving in almost absolute abandonment the restoration and maintenance of the architectural treasure constituted by Havana and other cities in the interior of the island. Most of the construction systems used, imported from socialist countries in Eastern Europe, have collapsed, together with this political project. If there is architecture in Cuba during this period, we could see it as an aborted architecture, which failed in both its utilitarian and aesthetic purposes.

After the decline of European socialism, many Cuban architectural works and projects were stopped or abandoned. In Havana, as in other cities in the country, idyllic and nostalgic ruins of the colonial era and the first republic coexist with the ruins of a social and political project that has sunk into decay. Hundreds of unfinished, discarded or momentarily forgotten buildings exist. An encounter with these places evokes a strange sensation; they are the ruins not of a luminous past, but of a present stricken with inability. We find ourselves facing an architecture that was never completed, poor in its incompletion, proclaimed a ruin before it even existed. It is a true image of a ruin by abandonment; I would call it ruins of a future.

1 Adapted from Carlos Garaicoa, trans. Luis M. Cárdenas, *Continuity of Somebody's Architecture: Project for Documenta 11* (Italy: Ed. Gli Ori, 2002), pp. 8-11.

The series of photographs, drawings and models that compose this proposal allow the continuity of construction of many of these abandoned sites. For this, I took part in the primary stage from which the architects started and the stage which they reached (plans, elevations, perspectives, structural and material descriptions, and in most cases, the incorporation of the first walls and levels constructed in these buildings). In some way, one of my objectives is to mediate between the thought process of these architects and project designers and a new moment in the life of these spaces.

In each project, I try not only to initiate a search for functionalities, but also to ponder the phenomena inherent in contemporary society: public and private as antagonists that define human relations, the loss of privacy, the possibility of life within a controlled society, the teaching and dissemination of wisdom and knowledge, human solitude, and so on... C.G.

Carlos Garaicoa

Continuidad de una arquitectura ajena[1]

La concepción de la historia como un elemento ficticio y la reconstrucción de ésta teniendo en cuenta sus implicaciones con relación al espacio urbano, han sido muchos de los presupuestos sobre los que he trabajado en gran parte de mi obra. En obras anteriores actuaba como un "arquitecto" que reinventaba la ciudad desde los fragmentos de ruinas que encontraba a mi paso por La Habana, una ciudad que fuera construida casi en su totalidad antes del año 1959. Aquellas obras elaboraban desde el dibujo y la instalación un proyecto de futuro y utopía en una ciudad poblada por la frustración y el deterioro urbano y humano. La fragmentación de la ciudad devenía metáfora para una "posible" reconstrucción física e ideológica mediante propuestas de lujo y confort provenientes del primer mundo, ajenas a la realidad cubana por más de cuarenta años. Por otra parte me interesaba proyectar la imaginación y el absurdo dentro del entramado urbano y lingüístico de la ciudad.

Para este nuevo proyecto quise regresar a mi apócrifo oficio e incidir nuevamente sobre La Habana. Si en una serie de dibujos anteriores partía de *la ruina física* de edificios construidos en su mayoría entre fines del siglo XIX y principios del XX, ahora he querido situarme en un punto más reciente de la historia. Con la participación de un arquitecto, un equipo de maquetistas y escultores, se ha hecho un replanteamiento del fenómeno urbano y arquitectónico que ha incidido más fuertemente en La Habana de los últimos 30 años: la Microbrigada Social.

1 Este texto es un extracto de Carlos Garaicoa (cat. exp), *Continuity of Somebody's Architecture: Project for Documenta 11*. Ed. Gli Ori, Italy, 2002, pp. 8-11.

Durante el socialismo en Cuba, la arquitectura ha tenido un carácter contingente como también lo han tenido muchos de sus proyectos sociales. Los planes de construcción se han centrado en proporcionar nuevos edificios de viviendas, escuelas, hospitales, etc., sumiendo en un abandono casi absoluto la restauración y el mantenimiento del tesoro arquitectónico que son la Ciudad de La Habana y otras en el interior de la isla. La mayoría de los sistemas constructivos utilizados, importados de los países socialistas de Europa del Este, ha colapsado junto a este proyecto político. Si existe una arquitectura en Cuba durante este período, pudiéramos entenderla como una arquitectura abortada, fracasada tanto en sus fines utilitarios como estéticos.

Luego de la caída del socialismo europeo muchas obras y proyectos arquitectónicos cubanos han sido detenidos o abandonados. En La Habana, como en otras ciudades del país, coexisten la ruina idílica y nostálgica del tiempo colonial y la primera república, con la ruina de un proyecto social y político venido a menos. Abundan cientos de edificios inconclusos, preteridos, o en una especie de olvido momentáneo. El encuentro con estos lugares produce una rara sensación; no se trata ya de la ruina de un pasado luminoso, sino de un presente de incapacidad. Estamos ante una arquitectura nunca consumada, pobre en su inconclusión, proclamada ruina antes de su existencia. Es la verdadera imagen de una ruina por abandono, yo la denominaría ruinas de futuro.

La serie de fotografías, dibujos y maquetas que componen esta propuesta permiten la continuidad constructiva de muchos de estos sitios abandonados. Para ello he intervenido en la etapa primaria de la cual partieron y hasta la cual llegaron los arquitectos (planos de planta, elevaciones, perspectivas, descripciones estructurales y de materiales, y en la mayoría de los casos, la incorporación de los primeros muros y niveles construidos en estos edificios). De alguna manera uno de mis objetivos es mediar entre el proceso de pensamiento de estos arquitectos y proyectistas y un nuevo momento en la vida de estos espacios.

En cada uno de los proyectos intento debatir no sólo una búsqueda de funcionalidades, sino también reflexionar sobre fenómenos inherentes a la sociedad contemporánea: lo público y lo privado como antagónicos que definen las relaciones humanas, la pérdida de la privacidad, la vida dentro de una posible sociedad de control, la enseñanza y la distribución del saber y el conocimiento, la soledad del ser humano... C.G.

Cynthia Girard

Filles du roi/Filles de joie

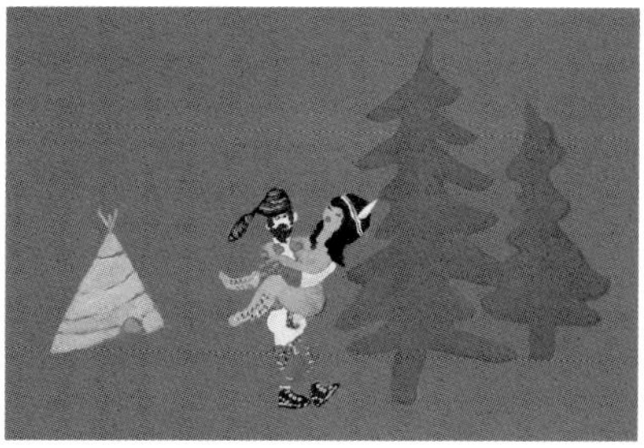

a coureur de bois
soldiers with erections
naked women
a country mapped out in lines
a shack in the woods with a fir tree
a Native woman

I am the *coureur de bois*, the Native woman, the libidinous European women, the shack, the fir tree, a regiment with erections, and I am all of these things at once. I am a multitude. I am a country mapped out in lines, an erectile zone moving on top of great puddles of water that will be called lakes, seas and rivers. I am the Fallopian river that is artificially inseminated, a hand thrust deep in the colonial anal orifice that awaits the valiant pipette inserted into the vaginal canal. I am a specimen of flora and fauna, sexually active animals that breed all over the mountains, valleys, swamps, mud-choked waters. I am a black she-bear who tries to bite and shred the master's hand, wrapped in purple velvet.

"Look, off in the distance, there are women coming!" cry the chained-up hares, the emasculated white rabbits.

I am a tree, I am a gigantic pine teeming with trollop-cones who fall down and get ready to multiply on checked wool blankets. That guy over there, he's a bean (pork and beans). I am a giant conifer, he's pea soup, tourtière, flour and lard. I'm making love with a man of flour and lard. I valiantly knead his member made of dough, I roll it, stretch it out and dip it in oil. It is hard, moist and crunchy, his thighs are strong, white and floury, they enclose me in their grip. I cut it into ten pieces that I'll eat for dinner, for lunch I'll have sandwiches made of *Paris pâté* and a fruit-flavoured drink; on TV, it's *The Avengers*. I gulp down my white-bread sandwich with my *Laura Secord* pudding. I open up the Atlas and finally find Québec, just to the right of Ontario and up from the United States. I cut it out, stick a magnet on the back and put it on the fridge door next to Leonard "The Lion" Dorin, my favourite boxer. C.G. (Translated by Susan Le Pan)

Robert Houle

Kanata

The creation of *Kanata* stems from two sources of inspiration: stories my maternal grandfather used to tell to me whenever he wanted to teach me a lesson, and the revolutionary, historical *tableau vivant*, *The Death of General Wolfe* (1770) by Benjamin West (1738-1820), at the National Gallery of Canada. For me, coming from an oral tradition, the parables of my grandfather were critical in defining my identity, and seeing the West painting made me realize who had written my history.

As a child raised by my grandparents, I spent a lot of time with my grandfather who would always tell wonderful stories of how animals got their spots or stripes, how birds got their coloration, and how people, especially shamans, could transform themselves into mythological creatures in order to influence events. He would most often preface his narratives with *jiishin gegoo wiiseg maa aking, Nishanaabe waabdann* (if something is going to happen, one of us will witness it). This declaration profoundly affected how I was to see myself within the context of a nation. That memory, governed by a nomadic expression of time, *mi-aash* (it has happened), is what posits the Aboriginal people beyond the battle for Québec of 1759 between generals Wolfe and Montcalm, and even before the first encounter of 1492 between Christopher Columbus and the Tainos.

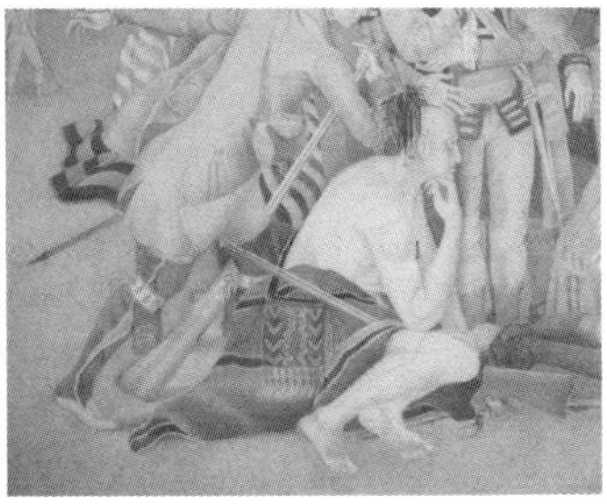

I was also inspired by West's depiction of a splendidly attired, barefooted Delaware warrior, a dispassionate witness to a dying general after a definitive battle. For me, the nameless, seated warrior in the foreground is key to understanding the whole picture. Art historians, who generally agree that the warrior is an allegorical figure representing the Americas, continue to speculate as to why the warrior was included when it was known that the general was not fond of "Indians" and that during the battle they were allied with the French. However, it is also known that the artist had political sympathies towards Quaker pacifism, which encouraged peaceful alliances among Aboriginal people in the New World. The warrior is a personification of America, of the British conquest, of patriarchy. But more to the point, the figure is cast in the role of voyeur, a refugee of Canada's history.

I created *Kanata* because of a desire to invoke another history, one based on underlining historical marginalization by heightening the allegorical reading of the Romantic "noble savage" in the West painting. Nonetheless, "New World" history still marginalizes a lifeline that goes as far back as cultural memory. This legacy motivates me to claim our place between the two European nations that formed a country. My *Kanata* is a Conté drawing on raw canvas bracketed by broad monochromatic colour field panels, one red, one blue, representing the French and English forces/majorities. However, the Conté warrior is still the foreground figure; ironically, he alone is in full colour, his blanket, red and blue. Native dress is appropriated by surrounding figures, signalling the acquisition of life skills by Europeans for their own survival in the Americas.

In *Kanata*, I have appropriated classical, visual vocabularies in a context different from the original, *The Death of General Wolfe*, as a strategy to establish a critical discourse on culture. My interest is to view the world in a way that is not fixed, that can embrace that which has hitherto been left out. Through this work I can go back in time and bring history into the light of the present. R.H.

Liz Magor

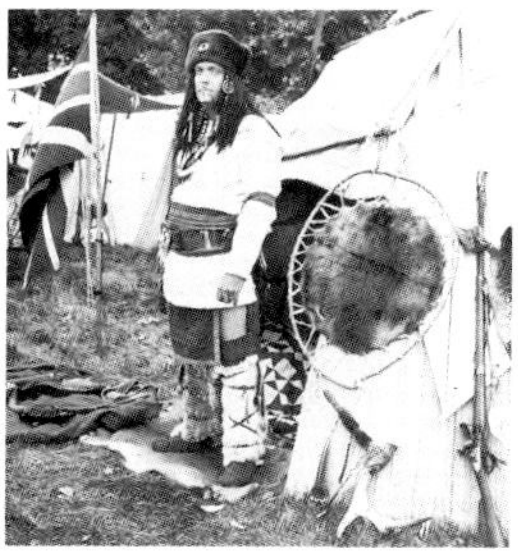

These photographs were taken between 1989 and 1994 at various living-history events in Canada and the United States. I took them as a form of research into notions of authenticity, truth, history and reality, all topics of utmost importance to me and, apparently, to re-enactors. A player's success in the living-history game is measured in terms of detail in clothing and paraphernalia: the buttons, badges, weapons and gear that describe the imagined figure. But, for all the attention to detail, there are inevitable omissions that frustrate the struggle for authenticity. Eventually, it is detail that undoes the illusion. Some features of the body are overlooked or unchangeable: the age, the softness and overweight, the perfect, white teeth, the intact limbs and organs. Not that we want these men maimed or punctured, but what is the history of soldiers and pioneers if not one of physical sacrifice and deprivation? There is some faking of death with squirt bags of blood, but no re-enactor strives for the ultimate black nightmare as he does for the genuine jacket and gun. No re-enactor gets real about injury and death. Instead, there is an air of camaraderie under the hail of fire-cracker bullets. These adventures are perfectly oxymoronic, rigged encounters intended to thwart entropy and stall time. Each outing renders the player more intact. Again and again he is not the corpse, not lost in the wilderness, not victimized by some power shift. He survives the weekend. His disintegration is deferred by the repetition of the story and he emerges virtually younger, restored by these rituals of conservation and security. L.M.

Kent Monkman

On the Wanderings of an Artist

On my return to North America from the continent of Europe, where I passed considerable time in studying the customs and manners of the European Male in his native habitat, I determined to devote whatever talents and proficiency I possessed to the painting of a series of pictures illustrative of the North American White Male and scenery.

The subject was one in which I had felt a deep interest since boyhood, having become intimately familiar in my native land with the hundreds of trappers, *coureurs de bois*, priests and farmers who represented the noblest races of Europe.

But alas, the face of the white man is changing, all traces of his former self are being altered through contact with the red man. Thus, it has become my undertaking to record all manner of his customs and practices, as I trust these pictures will possess not only an interest for the curious, but also an intrinsic value to the historian.

Miss Share Eagle Testickle
(Adapted from *The Wanderings of an Artist Among the Indians of North America*, by Paul Kane, first published in 1859)

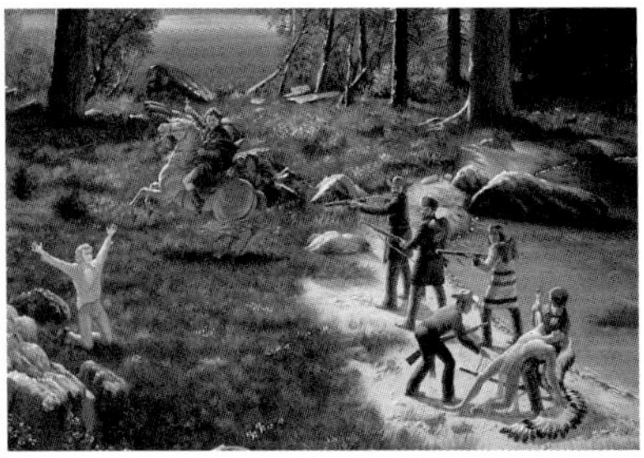

Rubén Ortiz-Torres
in collaboration with Jim Mendiola

The A Files

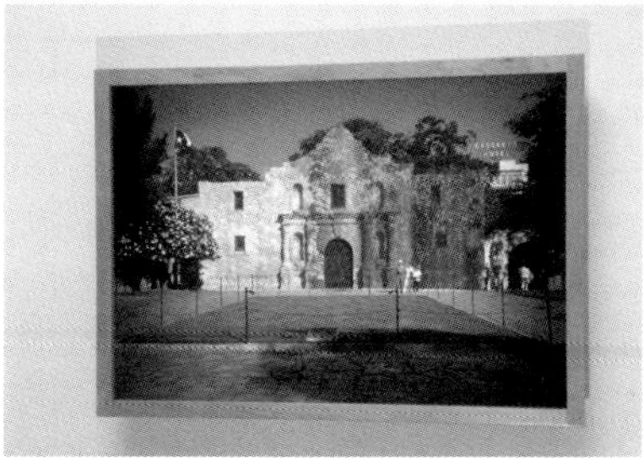

COWBOY 1
Hey Kid, what's your name?

PEE WEE HERMAN
I can't remember.

COWBOY 2
Where are you from?

PEE WEE HERMAN
I can't remember.

COWBOY 1
Can you remember anything?

PEE WEE HERMAN
I remember... the Alamo![1]

In a gross generalization that tends to forget the experience of minorities, the United States is most interested in an optimistic present and future and in celebrating success. They do not seem to share with Mexicans and most of the world a traumatic obsession with a problematic past. Therefore it is certainly odd that the one thing in history they seem to be eager to remember is the one battle where Mexicans outnumbered them and defeated them. Perhaps this is because those facts have already been forgotten and substituted by just a battle cry, or because they have become pure entertainment.

History is made by the winners (in this exceptional case paradoxically the losers of the battle) to justify its outcome. In the Alamo this happens in a unique and rather extreme way. The custodians of the site are not historians or the state but a group of privileged old ladies known as the *Daughters of the Republic of Texas* whose legitimacy comes from being descendants of Anglo pioneers who came to Texas before it became part of the U.S. They have turned the historical site into a shrine that functions more like an amusement park. Faith was substituted for empirical knowledge, to be finally substituted by romance and entertainment. History becomes myth and myth becomes spectacle. Questionable historical evidence is presented as sacred relics at the centre of the attraction. At some point they included a big oil painting of the battle scene that portrayed John Wayne as Davy Crockett.

1 *Pee-Wee's Big Adventure*, Warner Bros., Hollywood, 1985.

The Alamo has become a contested symbol where many battles are still being fought. In June 1980, a Maoist brigade substituted its Texas flag with a red one. The Mexican flag waved over it once again and without a permit during the shooting of the Peter Ustinov movie *Viva Max*. The Ku Klux Klan has paraded in front of it in support of white supremacy. Pat Buchanan used this fort where immigrants were massacred as the background of his anti-immigrant rants. David Copperfield wanted to make it vanish. In 1975, a sheikh from Saudi Arabia wanted to buy the fortress as a gift for his son. In 1981, Ozzy Osbourne peed on it, becoming *persona non grata* in Texas and banned in San Antonio for life (or rather, until he donated $10,000 to the *Daughters of the Republic of Texas* ten years later).

The *A Files* contain photocopies of published information on the recent history of the Alamo. Although some of the stories seem unbelievable, there is certainly evidence to prove them to be more accurate and trustworthy than the original patriotic narrative. Nevertheless, quite often there are different versions of these recent incidents that make an accurate understanding of what happened difficult. Ozzy claims that he was wearing his wife's green dress when he peed on the Alamo, a Melody Maker journalist claims that he was wearing culottes, and there is no agreement between them and the police report as to where exactly the incident happened. The history of the symbol reveals not just the meaning of the place but also perhaps the meaning of history itself. On the basis of these facts, film director Jim Mendiola and myself have created our own museum/art piece/tourist attraction. It includes the first Chicano and first Alamo 3D movie. It juxtaposes a travelling shot around multiple façades of the iconic building, which seems to replicate itself exponentially around San Antonio, with a soundtrack composed of different and contradictory versions of the guided tour appropriated from different movies. An original wax figure of Ozzy Osbourne urinates in the Museum or gallery space, replicating the desecrating (or heroic) action that took place in that other shrine. In response to David Copperfield's attempt to make the Alamo vanish, we produced a lenticular print where the archetypical façade of the wrongly reconstructed site disappears as you walk around it. If you walk back, it reappears as if you were to remember it. You cannot remember what you have not forgotten.

It is not our intention to revise history[2] or to do some form of institutional critique, nor to abuse truth once again as a malleable instrument of power for our own self-righteous purposes. Perhaps a way to redeem the process of the subjectivization of history would be to make art out of it. If as explained, history becomes myth and myth becomes spectacle, then spectacle could be deconstructed as art. Then art might be the lie that reveals all truth. R.O.-T.

2 New revisions of the original Manichean version of the battle acknowledge the participation of Tejanos among the insurgents, presenting them as "good" Mexicans. Rudy Acuña and other Chicano activists would consider them more collaborators and traitors.

Manuel Piña

In my work, urban space is a key component. Sometimes, I use this space as a starting point for exploring and questioning the present. At other times, I refer to the past. The city then becomes a kind of frame on which to hang micro-stories. Our stories, both personal, anonymous ones and major events, have left their mark on urban space. A knowledgeable mind can use them to construct History. My approach is similar to the historian's. Except that unlike the historian, I don't claim to reveal the reality of the past. My motivation is somewhat documentary, of course, but this vague desire focuses on events that cannot always be pinpointed, on processes or feelings, aspirations and frustrations. To this end, I openly manipulate obvious facts to suit my narrative. Rather than tell *history*, I prefer to tell a *story*.

The images in this series were taken for the most part on G Street in 2000. They show empty pedestals and spaces meant for monuments that were never built.

The sense of belonging to a nationality is often manipulated by politicians. Aware of their own inability to define it, they use culture to do so. But in reality, what they are looking for is a definition that suits them. Nationality, according to the official version, is the part of culture that best serves power in achieving its goals. In Cuba, a young country, these processes are still evident. The history of G Street in Havana is a good illustration of the attempts made along these lines by Cuban governments throughout the twentieth century.

G Street, one of the most beautiful streets in Havana, is in Vedado, the city's most up-to-date neighbourhood at the time the street was laid out. Its construction was part of the country's modernizing efforts in the early twentieth century. This intense building campaign had not only a social and economic purpose, but an ideological one as well. Spain symbolized the past, a retrograde era we so needed to relegate to oblivion. Building and modernizing the city also meant reaffirming our independence from the Spanish colonial power. Vedado, with its broad avenues and public spaces, was the negation of the other part of Havana, Old Havana, which was a legacy left by Spain. In this project, G Street had special meaning: It was also called Avenue of the Presidents, because monuments dedicated to the presidents of the Republic were supposed to be erected on the central promenade.

But this progressive surge held an inherent contradiction: The model to follow, the United States, was also the obstacle that separated us from this essential element in a country's modernity, namely its independence.

That may be the reason why G Street and the project it embodied shared a common fate: They both failed because of corruption and their ties to the presidents who attempted, in advance, to reserve a place of honour for themselves in the people's memory.

The triumph of the Revolution was an opportunity to get rid of these symbols of that other past which we then had to absolutely forget. In a gesture that was both genuine and utopian, the monuments were demolished. The gesture proved effective—maybe *too* effective—as the past sank into oblivion. These monuments now form a part of our history of which we know very little, and only in fragments, at that.

For more than forty years, these spaces remained empty until, a few years ago, shortly after I made these photographs, other monuments began to be built instead. This time, though, Latin American heroes were honoured. Heroes who, no doubt, are indeed worthy of a statue in my city.

People have started moving back to the avenue; the gardens are now better tended but, I don't know why, when I walk around there, I have a strange sense of emptiness. It is as if, at times, these same monuments reminded us of gaps in our past that we must, even now, acknowledge. M.P. (Translated by Susan Le Pan)

Manuel Piña

En mi trabajo el espacio urbano es protagónico. Algunas veces tomo ese espacio como punto de partida para explorar y cuestionar el presente. En otras ocasiones recurro al pasado. Entonces la ciudad se convierte en una especie de entramado de microrelatos. Nuestras historias -tanto personales y anónimas como los grandes sucesos- van dejando huellas en el espacio urbano. Un ojo avisado las puede hilvanar para construir la Historia. Mi proceder es semejante al del historiador. Sólo que yo no pretendo, como él, exponer la realidad sobre el pasado. Existe sí una aspiración documental, pero interesada en sucesos no siempre localizables, sino en procesos o sentimientos, aspiraciones y frustraciones. Para ello abiertamente manipulo evidencias en función de mi relato. Más que hacer la historia me interesa *historiar*.

Las imágenes de esta serie fueron tomadas fundamentalmente en la calle G en el año 2000. Documentan pedestales vacíos y espacios destinados a monumentos que nunca se erigieron.

El sentimiento de pertenencia a una nacionalidad es muchas veces manipulado por los políticos. Conscientes de su incapacidad, éstos recurren a la cultura para definirla. Sólo que en realidad lo que buscan es una definición que les avenga. La nacionalidad—en versión oficial—es la parte de la cultura que mejor sirve al poder para sus fines. En Cuba, como nación joven, estos procesos son aún evidentes. La historia de la calle G en La Habana es un ejemplo de los intentos en ese sentido de los gobernantes cubanos a través del siglo XX.

La calle G, una de las más bellas de La Habana, se halla situada en el Vedado, la más moderna zona de la ciudad en el momento en que surgió. Su construcción era parte de los esfuerzos de modernización del país a principios del siglo XX. Este intenso proceso constructivo no tenía sólo un fin social y económico, sino también ideológico. España era el símbolo del pasado, de lo retrógrado que tanto necesitábamos dejar atrás. Construir, modernizar la ciudad, era también reafirmar nuestra independencia del poder colonial español. El Vedado, con sus amplias calles y espacios públicos, era la negación de esa otra Habana, La Vieja, que nos legara de España. En ese proyecto, la calle G tenía un sentido especial: llamada también "Avenida de los Presidentes", estaría destinada a albergar en su paseo central monumentos a los presidentes de la República.

Pero este impulso progresista encerraba en sí mismo una contradicción: el modelo a seguir, Estados Unidos, era también el obstáculo que nos separaba de esa parte esencial de la modernidad de una nación que es su independencia.

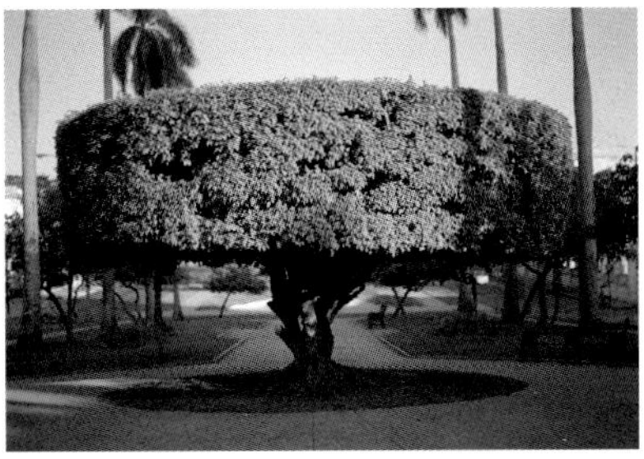

Es tal vez por esto que la calle G—como el proyecto que encarnaba—tenía un destino común: ambos se malograron por la corrupción y dependencia de los presidentes que de antemano intentaron asegurarse un espacio de honor en la memoria popular.

El triunfo de la Revolución fue la oportunidad para librarnos de esos símbolos de este otro pasado que ahora necesitábamos olvidar. En un gesto auténtico, utópico, esos monumentos fueron derribados. El gesto fue efectivo, el pasado fue olvidado. Pero tal vez *demasiado*. Esos monumentos son ahora parte de un período de nuestra historia que conocemos poco, por retazos.

Por más de 40 años esos espacios se mantuvieron vacíos hasta que, hace un par de años—poco después que yo hiciera estas fotos—comenzaron a aparecer monumentos allí nuevamente. Esta vez, sin embargo, se honra a héroes latinoamericanos. Héroes que sin dudas, bien merecen una estatua en mi ciudad.

La avenida ha comenzado a repoblarse nuevamente, los jardines están ahora más cuidados pero, por alguna razón, al caminar por ella, a veces me asalta una incómoda sensación de vacío. Es como si a ratos los propios monumentos devinieran recordatorios de eso vacíos en nuestro pasado a los que aún hay que hacer justicia. M.P.

Monique Régimbald-Zeiber

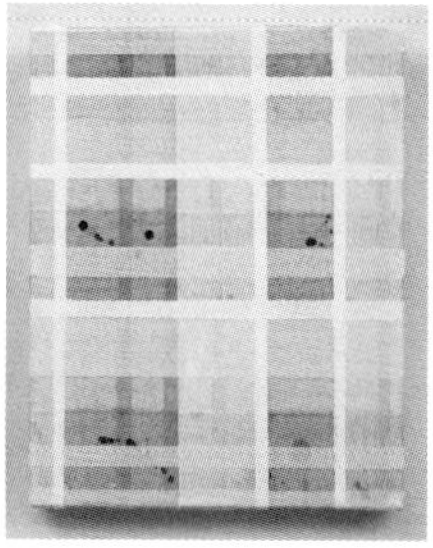

An American author, I'm no longer sure who, Faulkner perhaps, is supposed to have said, "The only thing we owe history is to rewrite it." And yet, isn't there also that other oh-so-familiar saying: "You don't rewrite history."?

I have turned to painting for a rereading of the history of Québec women, starting with that of the women of New France. Rereading is already rewriting, to a certain extent. I began with the *Filles du roi*. Their history, a harsh one I believe, represents ones of the murkiest, and consequently one of the most fascinating, periods in official history. We all know that. But we are still left with all those names that we never learn.

My curiosity was also sparked by footnotes. They led me to delve into Marguerite Bourgeoys's own writings. I wasn't familiar with them. I found them enthralling. So much so that I ended up copying them out. The writings that I copied out were personal. This created a proximity that captured my interest. Beneath these lines, there were deeds, a breath and a time that were very specific and, well, private and quite small if we compare them with the deeds, breath and time of History. Copying was thus a tangible form of rereading. I did it every day for more than two years.

A person who has entered History is forever no longer alone. He or she becomes an image, object, tool, example, becomes public property, heritage. We forget his or her daily lot: fear, thirst, mockery, meanness, petty greed, illness. And so, in this roundabout way, my painting doesn't so much undertake a rereading and a rewriting of history as it proposes, through history and writing, a kind of reconciliation.

Let's get back to Marguerite B.

A teacher, the first in fact, she had made it her mission in life to teach girls. Teach them what? To pray, serve, count, read, write. Teach how? Where?

An adventurer too, she made the crossing time and again. She would go and come back. She would go to collect money and girls. She would return to France, over and over. She would come back. She would tell of her voyages, her battles, the *savages* and the habitants.

As a nun, she described the confessors, the Monsignors, the Community and the rules. And then, she had doubts.

As a businesswoman, she did the books; she bought land, signed contracts, built houses. She had worries. She also interpreted dreams. She heard voices. She received signs. She nearly lost her faith, and even her mind.

She wrote, but she was not a writer. She wrote history, but was not a historian. Why did she write all that? Why did she write?

Rewriting Marguerite B. means rediscovering, or I should say recognizing, a familiar language that, like the story and the person, is also growing more distant, fading away. I have as much interest and curiosity about language as about history and writing. I like the way they are and go together. In this they are humble. They fit into one another. I would like my painting to take them into account and account for them.

Many documents have been burnt. Words have disappeared; others have been covered over. We are missing the contexts. Time and distance have created absences, voids, gaps. *Les Dessous de l'histoire : Marguerite B., les écrits* (*The Underpinnings of History: Marguerite B. – The Writings*) stands as a kind of expanse of leftovers, scraps, bits of everyday life, of information and painting, an accumulation of deeds and words repeated, recapitulated, put back together, that, while recognizing the absurdity and impossibility of the condition of human knowledge, nevertheless tries to grasp some meaning in it. M.R.-Z. (Translated by Susan Le Pan)

Rosângela Rennó

The Vera Cruz Dialogue

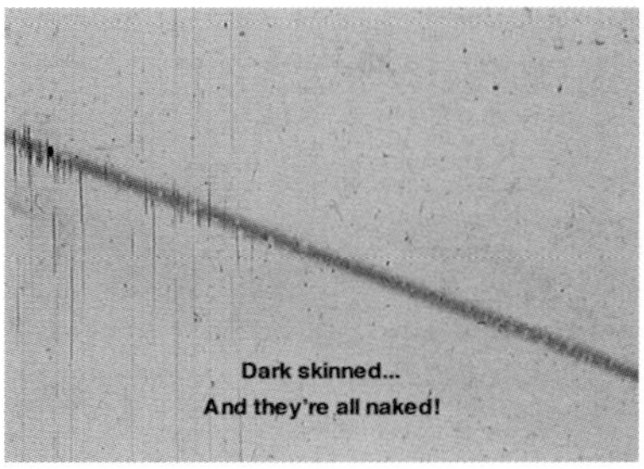

In the year 1500 of the Christian era, drawings and written accounts were apparently the only possible documentation of the episode of the discovery of Brazil. If any iconographic document pertaining to this adventure ever existed, it has not survived to our day. There are, however, three textual narratives recounting the expedition of Pedro Álvares Cabral; the most complete consists of the letter sent by Pero Vaz de Caminha to Dom Manuel I, King of Portugal, announcing the discovery of a new Eden.

Despite the wealth of details on the ten days the author spent on the shore of the "Isle of Vera Cruz" in the company of Portuguese captains and sailors, this famous account frustrates our hopes and senses somewhat as it is based on the perception of the one arriving and discovering. We are missing the reaction and response of the Others, these Edenic creatures, so different from the European conqueror. Moreover, dialogue between the Portuguese and the Natives was quite simply impossible for one obvious reason: the language barrier. The letter implies the development of a dialogue in body language—an action that is difficult to explain in writing, however precise it may be—a dialogue the reader must *imagine* and use as a support to make up for the lack of words.

So many impossibilities could only engender a work founded on impossibilities. In response to the impossible dialogue between the Portuguese and the Natives, we have its double, that of the impossible existence of an image and a sound that can constitute a document. And yet, everything is possible in fiction; you have to see it and hear it to believe it...

Vera Cruz is therefore a video copy of an (im)possible film, wavering in genre between documentary and fiction, about the moment when Brazil was discovered, as it was described in the letter from Pero Vaz de Caminha. Of the faded picture, we can only glimpse the *image of the film itself*, worn, scratched, shrivelled up by its 500 years of existence and its frequent use. The sound of the words is also missing, because, strictly speaking, there was no dialogue between conqueror and Native. Still barely audible are the murmur of the sea and the sigh of the wind—witnesses to what took place—and the narrative transformed into captions, available in three languages: Portuguese, French and English.

By coincidence, just as the origin of this work lies in the existence of its captions or literal translation, so the fate of the highly fragile content of this documentary/fiction seems to be the same as that of its translation, dispersed in the greatest possible number of languages. Bringing them together suggests a very particular, oddly didactic semantic situation: more new (im)possible dialogues, *ad infinitum*, that prompt us to reflect on the precariousness of perception and the media and on the fragility of human relations. R.R. (Translated by Susan Le Pan)

Rosângela Rennó

Diálogo Vera Cruz

No ano de 1500 da era cristã, desenhos e relatos textuais teriam sido as únicas formas possíveis de documentação do episódio da descoberta do Brasil. Se algum documento iconográfico realmente existiu, infelizmente não sobreviveu até os tempos de hoje. Por outro lado, existem três relatos textuais sobre a grande empreitada de Pedro Álvares Cabral, dos quais o mais completo é a carta assinada por Pero Vaz de Caminha e endereçada ao Rei D. Manuel I de Portugal, dando justamente ciência da descoberta de um novo "Éden".

O famoso documento frustra nossos sentidos pois, apesar da riqueza de detalhes sobre os dez dias passados por seu autor, entre capitães e marinheiros portugueses, na costa da "Ilha de Vera Cruz", apoia-se, somente, na percepção do descobridor. Falta-nos a resposta e a reação dos Outros—aqueles seres humanos edênicos, tão diferentes do conquistador europeu. Por outro lado, o diálogo entre os portugueses e os nativos ameríndios era impossível, por razões óbvias: a barreira da língua. A carta sugere o desenvolvimento de um diálogo corporal—ação difícil de ser textualmente transcrita, por mais detalhada que seja—e cabe ao leitor *imaginar* esse diálogo, e usá-lo como suporte para a ausência do diálogo falado.

Tantas impossibilidades só poderiam engendrar uma obra que se baseasse em impossibilidades. A impossibilidade de diálogo entre os portugueses e os nativos encontra seu duplo na impossibilidade da existência de uma imagem e de um som que constituíssem um documentário. No entanto, se na ficção tudo é possível, há que se ver e ouvir para crer.

Vera Cruz é, portanto, uma cópia em vídeo de um filme (im)possível que oscila entre os gêneros documentário e ficção, sobre o momento da descoberta do Brasil, conforme foi relatado na carta de Caminha. Da imagem subtraída podemos ver apenas a *imagem da película*, velha, arranhada, desgastada pelos 500 anos de existência e uso excessivo. O som das palavras foi igualmente subtraído, pois o diálogo falado entre o descobridor e o nativo, propriamente, não aconteceu. Restaram apenas o som do mar e do vento— testemunhas do ocorrido—e o relato transformado em texto-legenda, disponível em três versões: português, inglês e francês.

Coincidentemente, se a origem da obra está baseada na existência de sua legenda—ou tradução textual—o destino do que restou desse documentário/ficção parece também ser a tradução, no maior número possível de línguas. O confronto entre elas propõe uma situação semântica muito peculiar e curiosamente didática: mais e novos diálogos (im)possíveis, *ad infinitum*, que nos façam refletir sobre a precariedade das mídias e da percepção e a fragilidade das relações humanas. R.R.

José Alejandro Restrepo

Eidetic

One day, José Alejandro Restrepo heard about the famous crocodile at the centre of the controversy that broke out between Hegel and Humboldt because the philosopher had refused to concede that the residents of the Americas had reached maturity. According to Hegel, the Americas were "physically and spiritually powerless" and, to prove it, he asserted that "although its lions, tigers and crocodiles resemble their Old World congeners, they are all smaller, weaker and less powerful." Humboldt, who was well acquainted with the fauna of the Americas, retorted: "I would gladly give up European beef which, out of ignorance, Hegel thinks superior to American beef, to live with those weak and delicate crocodiles that, unfortunately, measure twenty-five feet in length."

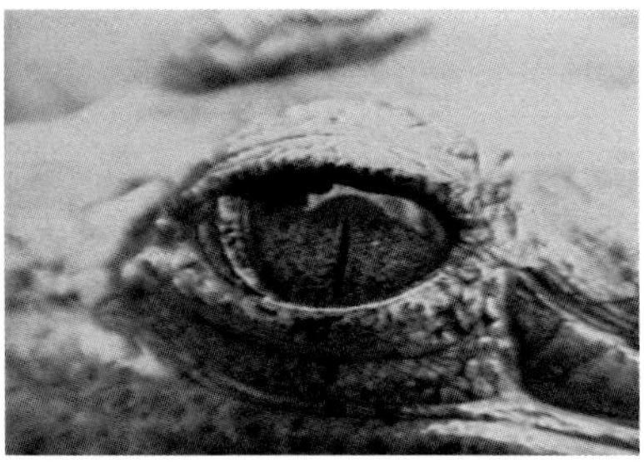

In this controversy, there is quite clearly a rift between speculative thinking and empirical observation. But there is also an incommensurability between three types of register that are supposedly being applied to the same object which, because of the particular dialectic set off by the establishment of a link between its registers, offers a glimpse of its fantastical character. The video installation in which Restrepo has inserted this object and the dialectic surrounding its registers consists of: first, the printing, on a bare wall, of the statement "Humbolt's crocodile is not Hegel's"; second, a graduated scale measuring twenty-five feet, or the length mentioned by Humboldt; and third, two screens, the first of which shows a still picture of a crocodile's eye and the second, one of the tail of the same crocodile. But is it in fact the *same* crocodile? It is impossible to really know, because the pictures are decidedly inadequate, yet, through an act of faith, we convince ourselves that they are of the same crocodile. However, they could just as easily be of two different crocodiles, or even an Old World crocodile rather than a New World crocodile, or be a combination of pictures of crocodiles from both worlds. If, despite this uncertainty, we believe that these images come from a single American crocodile, it is because they are joined by the graduated scale that, just as if it ran along the bottom of the photograph, makes us think that the crocodile we are seeing is American. American crocodiles measure twenty-five feet, and this one measures twenty-five feet, therefore it is an American crocodile. But are all crocodiles in the Americas the same length? Or only the adult males of certain species? Those in the Amazon or the Mississippi region? The two images will never allow us to settle the matter. In reality, we do *not* see this crocodile that we are supposed to see by combining the two video images with the statement that relates them to Humboldt and Hegel, and with the graduated scale marked off in feet.

Actually, we are imagining it. We envision its entire body on the basis of a few traces and signs of what might indeed be its body. This explains the fact that this phantasmagorical crocodile, this entelechy, is consequently just as imaginary as the crocodile that is the subject of the controversy between Humboldt and Hegel.

Only, to see it in our "mind's eye," it is essential that we, as viewers, join in the game of the dialectic by which *we see what we do not see and we do not see what we see*. Absorbed in this dialectic, we imagine this elusive crocodile—it's impossible to be certain that what we have before our eyes is within ourselves or on the wall—because we see the graduated scale as being, at the same time, the line that represents the bottom outline of its body, because we consider the statement that distinguishes Humboldt's crocodile from Hegel's to be its body and because, lastly, the video images, namely its eye and tail, complete what is missing in the sketch.

It is true that we could make a totally opposite reading of it: There is no other crocodile than the one the statement alludes to, the one that is measured by the graduated scale and the one partly reproduced in the video images. But, I repeat, there is no guarantee that there is just one crocodile and not *three* separate crocodiles: the one suggested by the statement, the one measured and the one reproduced. It is in the fundamental uncertainty between illusion and literality, which relates more to the world of mirages than that of mirrors, that the whole difference lies between the philosopher's and the naturalist's view. If there really is a difference, it is actually a matter of a play of contrasts and not of a continual hesitation between the two.

Carlos Jiménez
(Translated by Susan Le Pan)

José Alejandro Restrepo

Eidología

Un día José Alejandro Restrepo descubrió el cocodrilo interpuesto en la controversia desencadenada entre Hegel y Humboldt por el intento del filósofo de negarles a los americanos la madurez. Para Hegel América era "física y espiritualmente impotente" y para probarlo argumentó que "sus leones, tigres y cocodrilos, si bien se parecen a sus homónimos del Viejo Mundo, son en todo más pequeños, más débiles y menos poderosos". Humboldt, que sí conocía a la fauna americana, le replicó: "Yo renunciaría voluntariamente a la carne de vaca europea que Hegel en su ignorancia cree superior a la carne de vaca americana y me gustaría vivir cerca de los delicados y débiles cocodrilos que por desgracia tienen veinticinco pies de longitud" .

En esta controversia se da obviamente una escisión entre el pensamiento especulativo y la observación empírica. Pero también la inconmensurabilidad entre tres tipos de registros aplicados pretendidamente a un mismo objeto que, debido a la singular dialéctica que desata la conjunción de sus registros, deja entrever su carácter fantasmal. La video instalación en la que Restrepo dio lugar y oportunidad a ese objeto y a la dialéctica de sus registros consiste, en primer lugar, en la impresión en un muro desnudo de la frase *El cocodrilo de Humboldt no es el cocodrilo de Hegel*. En segundo lugar, en una escaleta que mide los 25 pies citados por Humboldt. Y en tercer lugar, en dos monitores: el primero con la imagen fija del ojo de un cocodrilo y el segundo con la de la cola del mismo cocodrilo. ¿Del *mismo* cocodrilo? Imposible saberlo en realidad, porque la insuficiencia radical de las imágenes convierte en un acto de fe la certeza de que esas imágenes correspondan al mismo ejemplar de cocodrilo. Igualmente podrían ser de dos ejemplares distintos e inclusive de un cocodrilo del Viejo Mundo y no de uno del Nuevo o de una combinación de las imágenes de ambos. Pero si a pesar de esta incertidumbre creemos que dichas imágenes son de un mismo ejemplar del cocodrilo americano es porque están unidas por la escaleta que actuando como un pie de foto nos inducen a pensar que el cocodrilo que estamos viendo es americano. Los cocodrilos americanos miden 25 pies, este mide 25 pies *ergo* es un cocodrilo americano. ¿Pero todos los de América miden tanto? ¿O sólo los machos adultos de ciertas especies? ¿Los del Amazonas o los del Misisipí? Las dos imágenes no podrán aclararlo nunca. En realidad *no* vemos ese cocodrilo que supuestamente vemos acoplando los dos fragmentos videográficos con la frase que los une a Humboldt y a Hegel y con la escaleta en pies. En realidad lo imaginamos. Imaginamos su cuerpo entero a partir de unas cuantas trazas e indicios de lo que podría ser efectivamente su cuerpo. De allí que ese cocodrilo fantasmagórico, esa entelequia, sea por lo tanto de la misma consistencia imaginaria del cocodrilo invocado por la disputa entre Humboldt y Hegel. Sólo que para verlo, con "los ojos del alma", es indispensable que el vidente sea capturado por la dialéctica que se da cuando *vemos lo que no vemos y no vemos lo que vemos*. En el interior de la misma componemos a ese cocodrilo inasible—que no sabemos a ciencia cierta si está dentro de nosotros o en el muro que tenemos delante—gracias a que la escaleta la vemos simultáneamente como la línea que dibuja el perfil inferior de su cuerpo, gracias a que la frase que distingue el cocodrilo de Humboldt del de Hegel la vemos como su cuerpo, y gracias finalmente a que las imágenes de video completan lo que hacía falta al esbozo: su ojo y su cola.

Cierto, la lectura podría ser de hecho la contraria: no hay otro cocodrilo que el referente de la frase, el medido por la escaleta y el reproducido parcialmente por las imágenes videográficas. Pero, repito, no hay ninguna garantía de que haya un solo cocodrilo y no *tres* distintos: el referente, el medido y el reproducido. En esta indecisión esencial entre la ilusión y la literalidad, más propia de los espejismos que de los espejos, se juega entera la diferencia entre la mirada del filósofo y la del naturalista. Si es que en realidad hay diferencia, si es que hay un juego de oposiciones y no una oscilación sin fin entre ambas

Carlos Jiménez

Cristián Silva

Conversation Piece

My father used to tell me that, every weekend, since there were no technicians available, he had to set up all of the cabling himself a couple of hours before the start of the match. Then, in a euphoric roar as the teams entered the field, his treasured work as an *in situ* sportscaster would begin. From the early fifties through 1973, my father, Sergio Silva Acuña, was considered the most versatile and beloved media persona in Chile. First on radio and later on television, he became a remarkable newsreader, show host, comedian, journalist, commercial broadcaster and MC, but most of all, an utterly knowledgeable sports connoisseur. On radio, he used to broadcast football games live behind one of the goals, while his colleague Darío Verdugo mirrored him at the other goal line; this signature broadcasting style—hilarious and rather frantic—has definitely not been surpassed to this day. And even after he became part of every football World Cup, Olympics and other relevant sports event around the world, Santiago's National Stadium was quite probably his favourite and most familiar work space.

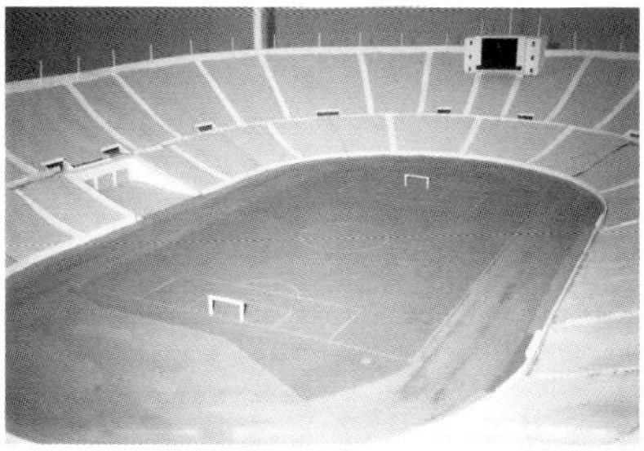

In late October 1973, for political reasons, my father's career suddenly stopped; part of my family and I had to leave the country. While we were precariously establishing ourselves, first in Spain and later in Holland, very painful things were happening back in Chile. Amongst them, Santiago's National Stadium was rapidly commandeered by the military as a prison and torture camp, in order to hold thousands of suspects under control. At night, into its sinister, Piranesi-like inner structures, great numbers of prisoners were admitted; it was during this time that torture and executions—both actual and mock—took place. When daytime came, this downcast multitude sat glumly on the bleachers as it witnessed random scenes of cruelty.

Almost ten years later, we returned to Chile with my father. It must be said that he never recovered the role he had left vacant. In the meantime, many other things had changed. Amongst them, the stadium had kept its look, but had been ideologically transformed into some kind of government youth development centre, trying unsuccessfully to erase all traces of misery and humiliation. Then, when democracy finally arrived again in Chile at the end of the eighties, Santiago's National Stadium was the venue to host its massive celebration. Ever since, almost every weekend, crowds of sport fans—mostly football supporters—express and share their deepest emotions at every local match. And as they are engaged in these passionate, cheerful, frequently violent exertions, most of them know that under the stands there must still be running some awful, mute and obscure energy.

In 1999, almost thirteen years after my father's death (and having actually given all these considerations very little thought), I made a modest model of Santiago's National Stadium. Today, I can see it as a silent and somehow mysteriously charged cardboard and wood toy; as an abandoned, cheap birthday cake; as a tiny white coffin surrounded by four big candles; as a three-dimensional national income distribution chart. I can now see in it the reminder of that fragile intersection between the existential and the political, perhaps the sadly notorious ultimate conversation piece for my dad's ever-empty coffee table. C.S.

Regina Silveira

Reviewing *The Saint's Paradox*, Ten Years Later

Even before I had come up with the idea for *The Saint's Paradox* in 1994, my imagination had already been sparked by the equestrian monument to the Duke of Caxias, the official protector of the Brazilian Army. Pedestrians heading in the direction of the Luz subway station and passing by Princesa Isabel Square in downtown São Paulo are struck by the statue's tall and impressive silhouette, a kind of huge shadow with very simplified interior volumes. Atop the high stone pedestal the military hero sits on a robust horse with a wavy tail, his right arm holding aloft a sword pointing skyward.

What aroused my interest was not any aesthetic concern. This sculpture was a later work of Victor Brecheret (1894-1955), who had emigrated from Italy to Brazil at the age of ten, eventually to become an artist celebrated by the younger group of Brazilian Modernist artists and the author of various monuments in the city of São Paulo. However, this monument to the Duke of Caxias, constructed between 1941 and 1945 during the patriotic fervour of the Second World War, is a statue with a decidedly traditional stamp, out of keeping with the distinctive strong lines of Brecheret's best production.

It was in fact precisely the traditional and substantive character of this official monument that led me to appropriate this artwork in order to develop ideas in which the image of the Duke on his horse was a fitting representative for any "generic" equestrian monument.[1]

Nevertheless, the photographs I took of the monument as raw material for later development were guided by a clear purpose, since I wanted to capture the image of this strong symbol of Brazilian military power. Even before it became clear to me how to act poetically to accentuate this effect of power, my still-unfocused desire was to associate this equestrian image with other references and to make the monument's looming outline even more perturbing, by means of distortions in perspective. These operations on the image were intended to explore meanings as well as to investigate the ambiguity of the relations between the shadows and

1 The sculpture was only installed in Princesa Isabel Square in 1960, after Brecheret's death. As a symbol that exalted military heroism, which was certainly not the artist's aim, the construction of the monument was in keeping with the era of political crises and strengthening military power during the following years, which grew in tension and plunged the country into twenty years of military dictatorship beginning in 1964.

the elements that cast them. In this period, my overriding interest was especially concerned with elements which were absent from the field of vision but which, in some way, would be implied in the shadow.

The Saint's Paradox, the artwork where I finally applied the stretched and over-large silhouette of the equestrian monument, was created especially for the 1994 exhibition *Recovering Popular Culture*, held at the Museo del Barrio, in New York, in celebration of the institution's twenty-fifth anniversary.

At this exhibition, the artists were asked to show works that dialogued with an artwork of their own choosing in the museum's collection. A small painted wooden sculpture representing San Tiago Apóstolo (St. James the Apostle) on his white horse, by an anonymous artist and catalogued as popular art from Guatemala, was the perfect pair that I found to associate with the shadow of the other horseman.

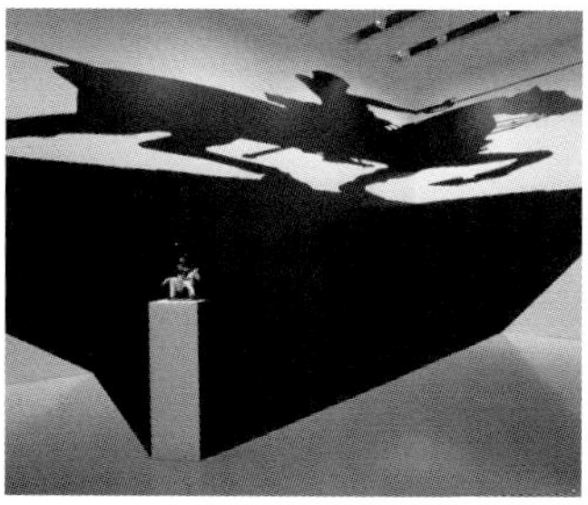

My installation was designed for the museum's Project Room and consisted of a black silhouette painted on three of the walls and part of the floor, with the small sculpture of the saint sitting on a wooden pedestal, integrated with these shadows as the central point that seemed to project them.

In this juxtaposition of the silhouette with its false origin, the Duke of Caxias became a paradoxical and oversized shadow (the perverse Other) of the tiny, ingenuous and crude figure of San Tiago Apóstolo. This junction was brought about through displacement and a play of double absence, since each of the representations was lacking its complement. The shadow projected by the wooden saint is not there, while for its part the shadow of the Duke of Caxias is disconnected from its origin, that is, the monument that would normally project it.

Another paradoxical difference is the sword. Absent in the wooden figure (removed? lost?), whose hand appears to have been made to hold a sword, it appears only in the shadow, gripped by the Brazilian military leader. The black silhouette has its arm lowered and with a warlike gesture is pointing forward with its long and pointed sword.

The greatest paradox built into the installation's visuality, however, results from the "cut-and-paste" operation by which I brought together two radically different histories and geographies of Latin America, with complete disregard for time and space as well as possible or fictional events.

The paradoxical linking of the wooden sculpture with the painted shadow in this case is supported by analogies, albeit rough ones, that can be set up between the saint and the military monument.

The ingenuous San Tiago is in fact Santiago Matamoros, the patron saint of the Spanish Army during the wars to expulse the Arabs from their centuries-long occupation of the Iberian Peninsula. Matamoros is also represented in the images of fighting and beheadings in the context of the colonial domination that occupied territories and massacred cultures of Spanish America in the times of its "discovery."

For his part, the Duke of Caxias, the official protector of the Brazilian Army, was the commander of the Triple Alliance during the controversial Paraguay War, which from 1864 to 1870 united Brazil, Argentina and Uruguay against the dictator Solano Lopez of Paraguay, whose independent or expansionist actions were threatening the territorial interests of the other countries involved as well as their shared commercial interests with England.[2] The historical accounts of this long and cruel war, which killed one-half of the Paraguayan population and ruined the country to such a degree that its consequences are felt there even today, have been the subject of critical historical revision in recent years in South America, which has also re-examined the role and the heroism of General Caxias.

2 Other interpretations hold that the reasons that led to the War of the Triple Alliance involved the conflicts between the nations over positions of dominance and control of access to the sea, which Paraguay lacked, driven by concerns for navigation and the free expansion of international trade.

In *The Saint's Paradox*, the spatial collage that juxtaposes the saint and his phantasmagoric shadow also serves my overriding intention of commenting on the relations of affinity which have historically existed between militarism, religion and power, and which served as a support for the struggle for domination in Latin America.

In this artwork, the distortions of perspective and the gigantic proportions given to the shadow are poetic devices to bring this universe of meanings to light, allegorically, in purely visual terms. R.S. (Translated by John Mark Norman)

Regina Silveira

Reviewing *The Saint's Paradox*, Ten Years Later

Mesmo antes de conceber o Paradoxo do Santo, em 1994, o monumento eqüestre ao Duque de Caxias, patrono do exército brasileiro, já provocava minha imaginação. Para quem passa ao lado da Praça Princesa Isabel, no centro de São Paulo, em direção à Estação da Luz, o monumento se apresenta como uma silhueta alta e impressionante, uma espécie de enorme sombra com volumes interiores muito simplificados. Em cima do elevado pedestal de pedra, o herói militar está montado num cavalo robusto, de cauda ondulada e tem seu braço direito erguido, apontando a espada para o alto.

O elemento provocador certamente não era de cunho estético. Esta escultura é uma obra tardia de Victor Brecheret (1894-1955), italiano que emigrou com 10 anos de idade para o Brasil, artista muito celebrado pelo Modernismo brasileiro e autor de diversos trabalhos monumentais na cidade de São Paulo. Contudo, este monumento ao Duque de Caxias, realizado entre 1941 e 1945, nos anos da 2ª Guerra

Mundial, quando estavam em alta os sentimentos patrióticos, é uma escultura de corte tradicional, sem a marca forte da melhor produção de Brecheret.

Mas foi justamente o caráter tradicional e substantivo de monumento oficial que me levou à apropriação desta obra para desenvolver idéias nas quais a imagem do Duque a cavalo pudesse funcionar como representação adequada a monumentos eqüestres "genéricos".[1]

Contudo, minhas tomadas fotográficas do monumento, mesmo enquanto material bruto para posteriores elaborações, já tinham um alvo preciso, pois queria capturar a imagem deste símbolo forte do poderio militar no Brasil. Sem saber como agiria poeticamente para acentuar este efeito de poder, meu desejo, ainda desfocado, já era associar esta imagem eqüestre a outras referências e tornar ainda maior e mais pertubadora a sua silhueta, por meio de distorções de perspectiva. Os significados procurados por essas operações com a imagem também deveriam explorar a ambigüidade das relações entre as sombras e os elementos que lhes dão origem. Neste período meu interesse mais consistente se dirigia especialmente a elementos ausentes do campo de visão que, de certa forma, pudessem ser adivinhados na sombra.

O *Paradoxo do Santo*, a obra onde finalmente apliquei a silhueta esticada e agigantada do monumento eqüestre, foi criada especialmente para a exposição Recovering Popular Culture, no Museo del Barrio, em Nova York, em 1994, celebrando os 25 anos da instituição.

Para esta exposição os artistas convidados deveriam dialogar com uma das obras da coleção, de sua livre escolha. A pequena escultura em madeira pintada que representa San Tiago Apóstolo em seu cavalo branco, de artista anônimo e catalogada como arte popular da Guatemala, foi o par perfeito que encontrei para associar à sombra do outro cavaleiro.

Na instalação, planejada para a Sala de Projetos do museu e executada como pintura da silhueta negra sobre três das paredes e parte do chão, a pequena escultura do santo ficou situada sobre um pedestal de madeira, centralizado e integrado à projeção de sombras pintadas.

Nesta justaposição da silhueta sobreada com sua falsa origem, o Duque de Caxias tornou-se a sombra paradoxal e desmesurada (o Outro perverso) da diminuta, ingênua e tosca figura de San Tiago Apóstolo. A junção operava por deslocamento e um jogo de dupla ausência, pois cada uma das representações carecia de seu complemento. Não está presente a sombra projetada pelo santo de madeira, e a sombra do Duque de Caxias, por sua vez, está desconectada de sua origem, o monumento de onde se projetaria.

Outra diferença paradoxal é a espada. Ausente na figura de madeira (extraviada?), cuja mão parece feita para segurar uma espada, ela só aparece na sombra, empunhada pelo patrono militar brasileiro. A silhueta negra tem o braço abaixado e com um gesto aguerrido, aponta para a frente a sua longa e ponteaguda espada.

1 A escultura só foi implantada na Praça Princesa Isabel em 1960, após a morte de Brecheret. Enquanto exaltação e símbolo do heroismo militar, o que certamente não era o objetivo do autor, a implantação do monumento foi, entretanto, compatível com os tempos de crises políticas e crescimento do poder militar dos anos seguintes, em tensão crescente que levou o país aos 20 anos da ditadura militar deflagrada em 1964.

Entretanto, o paradoxo maior embutido na visualidade da instalação resulta da operação de tipo *cut and paste* pela qual aproximei radicalmente diferentes histórias e geografias da América Latina, sem levar em conta o tempo e o espaço de acontecimentos possíveis ou ficcionais.

A junção paradoxal da escultura de madeira com a sombra pintada neste caso se apoia em analogias—cruentas—que pude estabelecer entre o santo e o monumento militar.

O ingênuo San Tiago é de fato Santiago Matamoros, patrono militar do exército espanhol, invocado nas guerras para expulsar os árabes de sua ocupação secular dos territórios Ibéricos. Matamoros também é representado em imagens de lutas e degolações, no contexto dos conflitos ocasionados pela dominação colonial que ocupou territórios e massacrou culturas da América Espanhola, nos tempos da descoberta.

Por sua vez o Duque de Caxias, patrono militar brasileiro , foi o Comandante da Tríplice Aliança, na controvertida Guerra do Paraguai, que de 1864 a 1870 reuniu o Brasil, a Argentina e o Uruguai contra o ditador Solano Lopez, cuja atuação independente ou expansionista estaria ameaçando os interesses territoriais dos países envolvidos e os interesses comerciais compartilhados com a Inglaterra.[2] Tanto a guerra, longa e cruel, que dizimou a metade da população paraguaia e arrasou aquele país, causando conseqüências que vêm até o presente, quanto o heroismo e a atuação de nosso patrono militar tem sido objeto de revisão crítica pela historiografia atual, em nosso continente.

2 Outras interpretações apontam como razões da Guerra da Tríplice Aliança os conflitos entre estados em formação por posições de dominância e o controle do acesso ao mar, vedado ao Paraguai, junto com a navegação e a livre expansão do comércio com o exterior.

No *Paradoxo do Santo* a colagem espacial que justapõe o santo e sua fantasmagórica sombra atende ainda minha intenção abrangente de comentar as relações de afinidade que historicamente tem existido entre militarismo, religião e poder e serviram de sustentação às lutas de dominação na América Latina.

Nesta obra as distorções de perspectiva e o agigantamento das projeções de sombra são meus instrumentos poéticos para trazer esse universo de significados à tona, alegoricamente, em termos puramente visuais. R.S.

Adriana Varejão

Time and Eroticism in the *Ruins* of Adriana Varejão

Since the beginning of Adriana Varejão's career, her work has featured two recurring elements: the *azulejo* tile—either ornate and rich in references, or aseptic and neutral—and flesh, a flesh that is distinctly anecdotal and dramatized. The series of works entitled *Ruinas de charque* (*Jerked-Beef Ruins*) that we discover, in part, in the exhibition *"We Come in Peace..." – Histories of the Americas* once again demonstrates the coming together of these two elements. But while the *azulejo* and flesh have been present in Varejão's works since 1995, which had already revealed an obvious outward tendency—as in *Línguas* (*Tongues*) and *Azulejarias em carne viva* (*Tilework in Live Flesh*)—it is with the Ruins that, for the first time, her paintings truly stand out from the wall and develop in space, thus initiating a dialogue with sculpture and architecture.

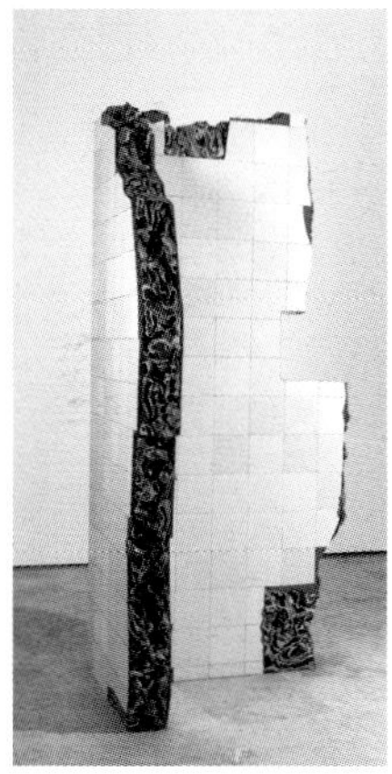

What we see is a kind of sculpture/painting in the form of ruins, covered with either blank or decorated *azulejos*. The inside of the ruins, in sharp contrast to the flat, geometric surface of the outside, is depicted as jerked beef. Where we would expect to find ash-coloured cement, Adriana prefers to expose red flesh.

It was Severo Sarduy who noted this substitution as one of the characteristic processes of the baroque aesthetic (to which Varejão's painting is the contemporary heir). This substitution, different from that of metaphor, represents a departure from the original meaning, allowing a new one to be established. The excessive exposed flesh ultimately promotes the eroticization and vitalization of the ruins. The images of these ruins, in turn, represent a symbolic world laden with various meanings. They symbolize an unfinished time.

Time and eroticism: These are the two elements suggested by Adriana Varejão in this series of works.

The effect of time in the cities of the New World is accurately described by Claude Lévi-Strauss, in the chapter in his book *Tristes tropiques* devoted to the Brazilian city São Paulo. The French anthropologist's thinking may be summed up in the following sentence: "Here everything is under construction, and it's already a ruin."[1] This time when things never come to an end, when "nothing continues," when what begins does not imply an end, when discontinuity is the rule, is the effect time has had on the tradition-less New World. It is precisely this time without tradition, the time of modernity, transitory in nature, that is suggested by the *Ruinas de charque*.

In Varejão's work, flesh, which forms the interior of the ruins, an interior that does not seem to be contained within itself but rather breaks through the skin in an attempt to reveal itself outwardly, calls to mind not only a dramatization of that oft-announced death of painting, but also an eroticization of art, of time and of history. This abundance of exposed flesh, of torn skin, suggests sensuality, sex, violation, penetration. In an exaggerated way, without any usefulness, without

1 Words used by Brazilian singer/songwriter Caetano Veloso in the song "Fora da Ordem" (Outside the New World Order) on his 1991 album *Circuladô*.

purpose. What it's about, in fact, is eroticism. Eroticism is distinguished above all by this absence of purpose, of any connection with biological reproduction.

In his book *Escrito sobre un cuerpo* (*Written on a Body*), Severo Sarduy talks about the relation between baroque language and eroticism. The baroque is characterized by the same purposeless excess and profusion that we find in eroticism. Both are self-justified. In the baroque, language departs from its natural purpose: communication. In eroticism, too, the reproductive function of sex is interrupted.

This predominance of abundance in favour of pleasure is suggested by the red flesh which attracts us (we want to touch it) at the same time as it repels us (the intention frightens us). The flesh surfaces of Adriana's paintings are covered with something like ten times more oil than those of her *azulejos*. Here we have one of the technical processes that reveal a principal characteristic of her art, namely her work with contrasts. The first of these is no doubt the contrast between exterior and interior. Starting from this fundamental opposition, other successive contrasts come into play: between a geometric exterior and an interior that suggests volume, between a constructive precision and a baroque informality, between an aseptic coldness and the sensuality of the red flesh, between the clothed and the naked, between restraint and convulsion, between calculation and immoderation, between the rigours of the mind and the deviations of thought.

The *azulejo* and flesh, which suggest all these contrasts, are thus the materials with which the artist enters into a dialogue with distinct aesthetic traditions: the baroque tradition, which dates back to the seventeenth century, the centuries-old tradition of the Portuguese *azulejos* and, finally, Brazilian constructivism, our greatest modern legacy in the realm of the visual arts. We are actually in the presence of a work that simultaneously upholds tradition in a sophisticated, original way and is part of an utterly individual poetics—in the presence of Adriana Varejão's painting we discover, without doubt, a highly remarkable episode in contemporary life.

Luisa Duarte
(Translated by Susan Le Pan)

Adriana Varejão

Tempo e Erotismo nas *Ruínas* de Adriana Varejão

O trabalho de Adriana Varejão, desde o início de sua trajetória, vem marcado pela presença de dois elementos recorrentes: o azulejo—ora repleto de referências, adornado, ora asséptico, neutro; e a carne—uma carne claramente anedótica, teatralizada. A série de trabalhos Ruínas de Charque, exposta na mostra *"Nous venons en paix..." - Histoires des Amériques* nos revela mais uma vez o encontro destes dois elementos. Mas se azulejo e carne encontram-se presentes em obras que datam desde 1995, nas quais já existia um claro movimento "para fora"—como no caso das *Línguas* e das *Azulejarias em carne viva*—será com as Ruínas que pela primeira vez as pinturas realmente saem da parede para ganharem o espaço, dialogando assim com a escultura e a arquitetura.

Temos à nossa frente estas espécies de esculturas/pinturas em forma de ruínas. Revestidas por azulejos ora lisos, ora adornados. No interior das Ruínas, em claro contraste com a superfície plana e geometrizada do exterior, encontramos a representação da carne de charque. No lugar do cimento cinza, Adriana promove uma substituição pela carne vermelha.

Foi Severo Sarduy quem apontou a substituição como um dos procedimentos característicos da estética barroca (da qual a pintura de Varejão é uma herdeira contemporânea). Esta substituição—diferente daquela da metáfora—realiza um desvio na significação original e estabelece uma nova. A carne exposta, excessiva, acaba por promover uma erotização, uma vitalização destas ruínas. As imagens das ruínas, por sua vez, trazem consigo um universo simbólico repleto de significados. Elas são a transfiguração de um tempo inacabado.

Tempo e erotismo: eis os dois elementos ativados por Adriana Varejão nesta série de trabalhos.

A experiência do tempo nas cidades do Novo Mundo é descrita com precisão por Claude Lévi-Strauss, no capítulo dedicado à cidade brasileira de São Paulo de seu livro Tristes Trópicos. Tal pensamento do antropólogo francês encontra sua síntese no verso: "Aqui tudo parece que é ainda construção e já é ruína".[1] Este tempo onde as coisas não se concluem, onde "nada continua", onde o início não implica num fim, onde o descontínuo é a regra, é a experiência do tempo deste Novo Mundo desprovido de uma tradição. É justamente este tempo sem tradição —o tempo da modernidade—, marcado pela transitoriedade, a que nos remete estas *Ruínas de charque.*

1 Este verso é de autoria do cantor e compositor brasileiro Caetano Veloso. Ele encontra-se na letra da música "Fora da Ordem", do álbum "Circuladô", de 1991.

A carne na obra de Adriana Varejão—da qual é feito o interior das ruínas, interior que parece não caber em si mesmo e corta a pele procurando pela exterioridade—nos evoca não só uma "teatralização" da tão anunciada morte da pintura, mas também uma erotização da arte, do tempo, da história. Esta profusão de carne exposta, de superfície cortada, trata de sensualidade, sexo, violação, penetração. Em excesso, sem utilidade, sem finalidade. Ou seja, trata de erotismo. O erotismo singulariza-se antes de tudo por esta ausência de finalidade, ou seja, de vínculo com a reprodução biológica.

Severo Sarduy, cm *Escrito sobre un cuerpo* (*Escrito sobre um corpo*), discorreu sobre as relações entre a linguagem barroca e o erotismo. O barroco possui justamente esta característica da superabundância e do desperdício sem finalidade, contida no erotismo. Tanto um como o outro se justificam por si mesmos. No barroco a linguagem se desvia de seu fim natural: a comunicação. Bem como no erotismo encontra-se interrompida a finalidade reprodutiva do sexo.

Esse reino do desperdício em favor do prazer nos é revelado pela carne vermelha que a um só tempo seduz (queremos tocá-la) e repele (o desejo nos assusta). As áreas de carne das pinturas de Adriana costumam levar até dez vezes mais quantidade de tinta do que as áreas de azulejo. Estamos aí diante de um dos procedimentos técnicos que findam por nos indicar uma das principais marcas da obra da artista: o trabalho com as oposições. A primeira delas, sem dúvida, entre exterior e interior. E a partir desta oposição fundamental temos um jogo com outras sucessivas contraposições: entre um exterior geométrico e um interior que doa volume, entre uma exatidão construtiva, e uma informalidade barroca, entre a frieza asséptica e a sensualidade da carne vermelha, entre o vestido e o desnudo, entre contenção e convulsão, entre cálculo e desmedida, entre os rigores da razão e os desvios da paixão.

O azulejo e a carne—os protagonistas que evocam todas estas oposições—surgem como as matérias sobre as quais a artista dialoga com tradições estéticas distintas—a barroca, que remonta ao século XVII; a secular azulejaria portuguesa; e ainda o construtivismo brasileiro, nossa maior herança moderna no campo das artes plásticas. Estamos assim diante de uma obra que, simultaneamente, se relaciona de modo sofisticado e original com a tradição e se constitui numa poética extremamente individual—o contato com a pintura de Adriana Varejão nos lega, sem dúvida, um encontro com um capítulo extremamente singular dentro da cena contemporânea.

Luisa Duarte

Sergio Vega

For the last eight years, I have been working on *Paradise in the New World*. The main source of inspiration for this interdisciplinary art project has been the homonymous book *El Paraíso en el Nuevo Mundo*, written in Seville by Antonio de León Pinelo in 1650. This author tried to demonstrate that the Garden of Eden was located in South America. Pinelo's book was of great importance for the constitution of colonial discourses in the history of the Americas. Its scientism eclipsed Europe's fascination with the exotic New World by presenting the most detailed inventory of plant and animal species at the time. The book served as a reference for most naturalists conducting research in the eighteenth and early nineteenth centuries. The peculiarity of the text has to do, in part, with the intellectual transitions of the seventeenth century: Pinelo's text tries to reconcile a theological version of creation with a scientific understanding of nature derived from the newly developing discipline of Natural History.

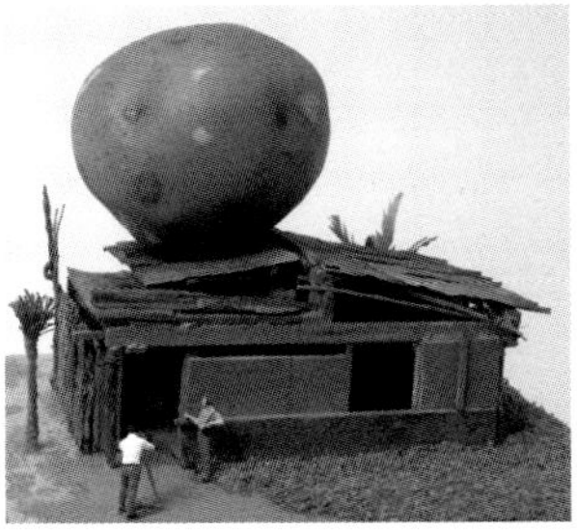

I made several research trips to Mato Grosso in order to establish the location of Pinelo's paradise. I have written a diary where I narrate my experiences and I have produced series of photographs, videos, dioramas and installations. Through them I explore how colonial discourses were constructed in relation to the specific mythology of paradise.

Structuralist Study of Poverty

My first encounter with Paradise was the city of Cuiabá and its *favelas* or shantytowns. The artworks titled *Structuralist Study of Poverty (Potato, Garlic and Onion)* are based on those shantytowns. Although, these days, the demographics of the dwellings are linked to hosting the service sector for the urban upper classes, the shanty always carries the exotic sign of displaced agrarian ethnicity—on its roof, in this case, like Carmen Miranda's headdress. During the attempted industrialization of the Americas, large populations migrated from the provinces into the industrial urban centres, escaping agricultural decline to search for integration into modern society.

Banana Building

My reflection on aesthetic styles for this project (baroque, romanticism, modernism) focuses on how those styles were employed to produce fantasies of paradise. The case of *Modernismo tropical* has to do with what I saw in the architecture of Cuiabá. My critical conclusion was that modernism in the tropics abandoned Cartesian logic to take a nap, and later wakes up in the middle of a shamanistic ritual, cross-dressed as animal or plant. This Dionysian, sensualist line of modernity as emblematic of the upper class in the tropics is the one I explore in *Modernismo tropical*, a kind of architecture designed for cocktail parties, of which the model *Utopian Specimen: Banana Building* is one example.

Excerpts from the Diary of *El Paraíso en el Nuevo Mundo*

El Primer Día

Thick clouds rose from the forest to slowly vanish under the morning sun. Two vultures circled nearby, the coarse sound of their feathers like a ripping of the wind in strips. My compass needle acted unevenly, as if unable to locate the north. Both cameras buzzed with a strange static noise, and during one shot, the shutter went off several seconds after I had pressed the button.

Was this the place where time had lost the courage to become history and abandoned its fate to the inscrutable singing of the birds? Or was it right here that, on a regular day that was also the first, Adam the ape father of us all stood up and walked?[1]

Standing at the very centre of South America, I looked at the world down there and thought that maybe the dark ages would be over soon.[2]

Geological studies have shown that life existed here over 45,000 years ago, and mystics predict that future civilizations will be born in this place.[3] Researchers have found a very old footprint on top of this mountain, allegedly made by Adam's foot. Ivan came across the archaeological site near the eastern edge of the plateau. The primordial trace of our sacred, scientific, antique and modern history turned out to be a small, vague footprint almost entirely erased by erosion. Marcos compared it to his own large foot and laughed, saying it must have been a small man, an Adanzinho (diminutive for Adam) about half his size.

After all, it seems that Florentino missed the site by only a few kilometres.[4]

The demarcations left by the Ivy League scientists who were there before us resembled the method used by felines to establish their territory with urine. There were also scattered tools, empty cans and rolls of wire left behind in the survey area.

Geologists have established that, in the past, the south was the main magnetic field of the Earth. This reversed polarity, called paleomagnetism, is found in stones around the world. Odd residues of another age, these underdeveloped stones have remained fixed to the obsolete orientation of their youth for millions of years. Imagine the confusion if the north ends of all the compass needles in the world suddenly pointed south. What kind of reawakening would that be? Would it be the reawakening of that magnetism which Torres-Garcia drew in the forties and Pedro Quiróz anticipated in 1618 when he made a map of Paradise? S.V.

1 Here the author speculates on the notion that Adam was not a Homo Sapiens but a Homo Erectus, the first ape to stand up and walk.

2 The geodesic centre of South America is located in Chapada dos Guimarães. Mount São Jerônimo is the highest point in the region.

3 Pamela Bloom, *Fielding's Amazon*, Fielding Worldwide Inc., 1995, p.167.

4 Florentino Ameghino (1854-1911), renowned paleontologist and anthropologist from Argentina. In the book "The Antiquity of Mankind in La Pampa" written in 1880, Ameghino maintains that humanity originated in the flatlands of Argentina.

Biobibliographies sélectives | Selected biobibliographies

Une biobibliographie plus détaillée de chacun des artistes est disponible sur le site Web de la Médiathèque du Musée d'art contemporain de Montréal, accès : http://www.media.macm.org

A more detailed biobibliography of each artist is available on the website of the Media Centre of the Musée d'art contemporain de Montréal, at http://www.media.macm.org

L'astérisque (*) signale les principales publication/ Asterisks (*) mark major publications.

Raphaëlle de Groot

Née à Montréal, en 1974.
Vit et travaille à Montréal.

Born in Montréal, in 1974.
Lives and works in Montréal.

EXPOSITIONS/EXHIBITIONS

Expositions individuelles/Solo Exhibitions

2004
Alain Bernardini, Raphaëlle de Groot, Le Quartier, centre d'art contemporain, Quimper. — Avec/With Alain Bernardini.*

2001
Dévoilements, Occurrence, espace d'art et d'essai contemporains, Montréal.*

Plus que parfaites. Chroniques du travail en maison privée 1920-2000, Centre d'histoire de Montréal, Montréal. — Projet commandité/Commissioned project.*

2000
Microcosme, Le Lobe, Centre de recherche en art actuel, Chicoutimi.

1999
Lectures, Centre des arts actuels SKOL, Montréal. — Avec/With Ani Deschênes.*

1997
Reconnaissance, DARE-DARE, Centre de diffusion d'art multidisciplinaire de Montréal, Montréal.

Interventions et performance/ Interventions and Performance

2002
One person, two sheets of paper, a stapler, paint and brush, piazza Leonardo da Vinci, Pavie/Pavia. — Performance présentée dans le cadre de/Performance presented as part of *Circo fragile* [autre lieu/other venue: Lower Manhattan Cultural Council, New York].

2001
Collecte de poussière, Square Cabot, Montréal. — Intervention urbaine réalisée dans le cadre de l'événement/Urban intervention carried out as part of *Gestes d'artistes = Artists' Gestures*, organisé par/organized by Optica, un centre d'art contemporain, Montréal.*

1999
Mémoire X99-Y04.25, stationnement de la place d'Youville/Place d'Youville parking, Montréal. — Intervention urbaine réalisée dans le cadre de l'événement/Urban intervention carried out as part of the event *"25 avril 1849, le Parlement brûle!"*, organisé par le/organized by the Centre d'histoire de Montréal.

1998
Collecte d'empreintes, Bibliothèque centrale de la Ville de Montréal, en collaboration avec le/in collaboration with Centre des arts actuels SKOL, Montréal [autre lieu/other venue: Bibliothèque Les Chiroux, en collaboration avec/in collaboration with Les Brasseurs, espace d'art contemporain, Liège]. — Intervention publique/Public intervention.

Artiste en résidence/Artist in Residence

2002
Cittadellarte - Fondazione Pistoletto, Biella. — Dans le cadre du programme international/As part of the international program *UNIDEE in Residence*.

Commissariat d'événement/Curatorial Work

2002
Mémoire vive, Centre d'histoire de Montréal et autres lieux/and other venues, Montréal. — Événement réalisé par/Event produced by DARE-DARE, Centre de diffusion d'art multidisciplinaire de Montréal, en collaboration avec le/in collaboration with Centre d'histoire de Montréal.

Expositions collectives/Group Exhibitions

2004
Artist House, Leeds. — Exposition d'ouverture/Opening show.

2003
Espacios Mestizos : II encuentro internacional de arte contemporáneo = Hybrid Spaces: II International Meeting of Contemporary Art, îles Canaries/ Canary Islands.*

Michelangelo Pistoletto & Cittadellarte, MuHKA Museum voor Hedendaagse Kunst Antwerpen, Anvers/Antwerp.*

2001
Point de chute, Galerie de l'UQÀM, Montréal [itinéraire/itinerary: Centre d'art contemporain de Bruxelles, Bruxelles/Brussels].*

2000
L'Algèbre d'Ariane, 1er volet/1st part, Les Brasseurs, espace d'art contemporain, Liège. — 2e volet/2nd part, occupation de commerces vacants dans le quartier Hochelaga-Maisonneuve/Occupancy of vacant businesses in the Hochelaga-Maisonneuve neighbourhood, Montréal. — Projet d'échange et de collaboration/Exchange and collaborative project Montréal/Liège organisé par/organized by DARE-DARE, Centre de diffusion d'art multidisciplinaire de Montréal.*

L'Arène des livres, Centre d'exposition de l'Université de Montréal, Montréal.*

1998
Questions d'identités, Galerie Verticale, Laval.*

1996
Valérie Blass, Hugo Brodeur, Raphaëlle de Groot, Ani Deschênes, Martin Valiquette, Galerie Clark, Montréal.

BIBLIOGRAPHIE/BIBLIOGRAPHY

Publications et entretiens de l'artiste/ Publications and Interviews with the Artist

2003
de Groot, Raphaëlle. — «La mémoire à l'œuvre». — La mémoire, le virus, le risque : actes des tables rondes du 10e anniversaire de la Galerie B-312. — [Montréal : Galerie B-312], 2003. — Coffret nº 6, cahier spécial nº 63. — P. 9-12

de Groot, Raphaëlle. — «Raphaëlle de Groot : Collecte de poussière». — Gestes d'artistes = Artists' gestures. — [Interview avec/with Marie Fraser et/and Marie-Josée Lafortune]. — Montréal : Optica, un centre d'art contemporain, 2003. — En anglais, sous le même titre/In English with the same title, p. 74-77. — P. 34-41

2001
de Groot, Raphaëlle. — Dévoilements. — [Avec la participation des/With the participation of the Religieuses hospitalières de Saint-Joseph]. — [Montréal] : R. de Groot, [2001]. — 98 p. — Livre d'artiste, tirage limité à 20 ex. num./Artist book, limited edition of 20 numbered copies.

de Groot, Raphaëlle. — «Esquisses de la vie religieuse». — Relations. — [Propos recueillis par/Interview by Jean Pichette]. — Nº 671 (sept. 2001). — P. 32-35

de Groot, Raphaëlle. — «L'autre comme contrée à explorer : Dévoilements et Colin-maillard». — Les commensaux : quand l'art se fait circonstances = when art becomes circumstance. — Sous la direction de/Eds. Patrice Loubier et/and Anne-Marie Ninacs; [traduction/translation Josée Blanchet *et al.*]. — Montréal : Centre des arts actuels SKOL, 2001. — P. 123-129

de Groot, Raphaëlle; Ouellet, Elizabeth. — Plus que parfaites : les aides familiales à Montréal, 1850-2000. — Montréal : Éditions du Remue-ménage, 2001. — 177 p.

de Groot, Raphaëlle; Cliche, Mireille. — Raphaëlle de Groot : Dévoilements. — Montréal : Occurrence, [2001]. — [4] p.

1999
de Groot, Raphaëlle. — Lectures : un projet. — [Avec la collaboration de/With the collaboration of Anna Cairoli et le/and the Centre des arts actuels SKOL]. — [Montréal : R. de Groot, 1999]. — 4 vol. — Livre d'artiste

Autres sources proposées/ Other Recommended Sources

2003
Espacios Mestizos : II Encuentro Internacional de Arte Contemporaneo. — [Sous la direction de/Ed. Orlando Britto Jinorio]. —[Las Palmas de Gran Canaria] : Cabildo, Area de Cultura y Medio Ambiente, 2003. — 152 p.

Gielen, Pascal, *et al.* — Michelangelo Pistoletto & Cittadellarte & Muhka. — Antwerpen : MuHKA, 2003. — 112 p.

2002
Sparkes, Colette. — «L'intelligence extraite du chaos quotidien - Gestes d'artistes». — ESSE arts + opinions. — N° 45 (printemps 2002). — En ligne/Online [Réf. du 27 janv. 2004/Cited Jan. 27, 2004], accès/access : <http://www.esse.ca/no45/sparkes.html>. — P. 66-75

2001
Déry, Louise; Ninacs, Anne-Marie; Sirois, Marie-Pierre. — Point de chute. — Montréal : Galerie de l'UQÀM, 2001. — 111 p.

2000
Chantoury, Florence. — L'arène des livres. — Montréal : Centre d'exposition de l'Université de Montréal, 2000. — 24 p.

1999
Cliche, Mireille. — «Laisser des traces». — SKOL 1998-1999 : Lectures. — [Montréal] : SKOL, 1999. — Livret 8. — P. [4]

1998
Guay, Marie-Claude. — Questions d'identités. — Laval : Galerie Verticale, [1998]. — 1 f. pliée/folded sheet, [6] p.

Stan Douglas

Né à Vancouver, en 1960.
Vit et travaille à Vancouver.

Born in Vancouver, in 1960.
Lives and works in Vancouver.

EXPOSITIONS/EXHIBITIONS

Expositions individuelles/Solo Exhibitions

2003
Stan Douglas: Film Installations and Photographs, Kestner Gesellschaft, Hanovre/Hanover.*

2002
Journey Into Fear, Contemporary Art Gallery, Vancouver.*

Stan Douglas, The Serpentine Gallery, Londres/London.*

2001
Journey Into Fear, David Zwirner, New York.

Le Détroit, Hamburger Bahnhof, Museum für Gegenwart, Berlin.*

1999
Stan Douglas, Vancouver Art Gallery, Vancouver [itinéraire/itinerary : Edmonton Art Gallery, Edmonton; The Power Plant, Toronto; De Pont Foundation for Contemporary Art, Tilburg; The Museum of Contemporary Art, Los Angeles].*

Stan Douglas: Le Détroit, Art Gallery of Windsor, Windsor [itinéraire/itinerary : Musée canadien de la photographie contemporaine/Canadian Museum of Contemporary Photography, Ottawa; Plug In Gallery, Winnipeg].

1998
Stan Douglas, Salzburger Kunstverein, Salzbourg/Salzburg.

1997
Overture y Monodramas, Museo Alejandro Otero, Caracas.*

1996
Stan Douglas, Musée d'art contemporain de Montréal, Montréal.*

Stan Douglas, Museum Haus Lange; Museum Haus Esters, Krefeld.*

1995
Stan Douglas, Marstall, Deutscher Akademischer Austausch Dienst, Berlin.

Stan Douglas: Evening & Hors-Champs, The Renaissance Society at the University of Chicago, Chicago.*

1994
Stan Douglas, Musée national d'art moderne, Centre Georges Pompidou, Paris [itinéraire/itinerary : Museo Nacional Centro de Arte Reina Sofía, Madrid; Kunsthalle Zürich, Zurich; Witte de With, Rotterdam (sous le titre/under the title *Stan Douglas & Diana Thater*); Deutscher Akademischer Austausch Dienst, Berlin].*

Expositions collectives/Group Exhibitions

2003
fast forward. Media Art Sammlung Goetz, ZKM | Zentrum für Kunst und Mediatechnologie Karlsruhe = Center for Art and Media Karlsruhe, Karlsruhe.*

Soundtracks, Edmonton Art Gallery, Edmonton.

2002
25ª Bienal Internacional de São Paulo, São Paulo.*

Documenta 11, Cassel/Kassel.*

2001
7. Uluslararasi Istanbul Bienali = 7th International Istanbul Biennial, Istanbul.*

Endtroducing, Villa Arson, Nice. — Dans le cadre de/As part of *Action, on tourne = Action, we're filming.**

2000
12th Biennale of Sydney, Sydney.*

Between Cinema and a Hard Place, Tate Modern, Londres/London.*

1999
Geschichten des Augenblicks : über Narration und Langsamkeit = Moments in Time: On Narration and Slowness, Städtische Galerie im Lenbachhaus, Munich.*

Notorious: Alfred Hitchcock and Contemporary Art, Museum of Modern Art Oxford, Oxford [itinéraire/itinerary : Museum of Contemporary Art, Sydney; Art Gallery of Hamilton, Hamilton; Kunsthallen Brandts Klaedefabrik, Odense; Seoul Arts Centre, Séoul/Seoul; Tokyo Opera City Art Museum, Tokyo; Centre Cultural de la Fundació "la Caixa" de Lleida, Lleida; Centre Cultural de la Fundació "la Caixa" de Tarragona, Tarragona].*

1998
Ghost Story, Künstlerhaus Wien, Vienne/Vienna.*

Voice Over: Sound and Vision in Current Art, Arnolfini Gallery, Bristol [itinéraire/itinerary : Hatton Gallery, Newcastle; John Hansard Gallery, Southampton; Cornerhouse Gallery, Manchester; Castle Museum, Nottingham; Royal Botanic Garden, Édimbourg/Edinburgh]. — Exposition organisée par la/Exhibition organized by the Hayward Gallery, Londres/London.*

Wounds: Between Democracy and Redemption in Contemporary Art, Moderna Museet, Stockholm.*

1997
Documenta X, Cassel/Kassel.*

1996
Hall of Mirrors: Art and Film Since 1945, Museum of Contemporary Art, Los Angeles [itinéraire/itinerary : The Wexner Center for the Arts, Columbus; Palazzo delle Esposizioni, Rome; Museum of Contemporary Art, Chicago].*

1995
1995 Biennial Exhibition, The Whitney Museum of American Art, New York [itinéraire/itinerary : Museum of Modern Art, Prague; Statens Museum for Kunst, Copenhague/ Copenhagen]*

BIBLIOGRAPHIE/BIBLIOGRAPHY

**Entretiens de l'artiste/
Interviews with the Artist**

2001
Douglas, Stan. — «Neither/Or: in conversation with Stan Douglas». — BlackFlash. — [Interview avec/with Daniel Jewesbury]. — Vol. 19, no. 2 (2001). — P. 38-45

2000
Douglas, Stan. — «Stan Douglas : l'aliénation et la proximité = alienation and proximity». — Art Press. — [Interview avec/with Robert Storr]. — N° 262 (nov. 2000). — P. 23-29

1998
Douglas, Stan; Frank-Grossebner, Elizabeth; Schoölhammer, Georg. — «Win, place or show». — Springerin. — (Sept./Oct./Nov. 1998). — Extraits de l'entrevue avec/Excerpts from the interview with Georg Schoölhammer repris sous le titre/republished as «Stan Douglas» dans/in *Biennale of Sydney 2000*, Sydney, The Biennale, 2000, p. 48-49. — P. 32-37

1995
Casebere, Jim[sic]; Douglas, Stan. — «Möbius strip». — Blind Spot. — No. 6 (1995). — Interview. — P. [60-65]

1993
Douglas, Stan. — «Broadcast views : Stan Douglas interviewed by Lynne Cooke». — Frieze. — No. 12 (Sept./Oct. 1993). — P. 41-45

Autres sources proposées/ Other Recommended Sources

2003
McClister, Nell. — «Stan Douglas : David Zwirner». — Artforum. — Vol. 41, no. 10 (Summer 2003). — P. 185

2002
Searle, Adrian. — «Twelve tubs of popcorn and a gallon of Coke, please». — The Guardian. — (Mar. 5, 2002). — Manchester. — P. 10-11

Smith, Trevor. — «Stan Douglas : Suspiria redux». — Canadian Art. — Vol. 19, no. 4 (Winter 2002). — P. 78

2000
Birnbaum, Daniel. — «Daily double : the art of Stan Douglas». — Artforum. — Vol. 38, no. 5 (Jan. 2000). — P. 90-95

Dick, Terence. — «Abandon hope all ye who enter here : Stan Douglas's Le Détroit». — Prefix Photo. — No. 1 (2000). — P. 58-73

1999
Watson, Scott. — «Stan Douglas». — Art/Text. — No. 66 (Aug./Sept./Oct. 1999). — P. 96-97

Whyte, Murray. — «At the edge of a dire strait». — The National Post. — (Nov. 5, 1999). — P. B-10, 11

1996
Williams, Linda. — «Weightless realms : technology, the body & public space». — Photofile. — No. 48 (Aug. 1996). — P. 22-30

1995
Gale, Peggy. — «Stan Douglas : evening and others». — Parachute. — N° 79 (juill./août/sept./July/Aug./Sept.1995). — P. 20-27

1994
Vergne, Philippe. — «Stan Douglas : Musée national d'art moderne, Centre Georges Pompidou». — Parachute. — N° 74 (avril/mai/juin/Apr./May/June 1994). — P. 28-29

Carlos Garaicoa Manso

Né à La Havane, en 1967.
Vit et travaille à La Havane.

Born in Havana, in 1967.
Lives and works in Havana

EXPOSITIONS/EXHIBITIONS

Expositions individuelles/Solo Exhibitions

2003
Autoflagel·lació, Supervivència, Insubordinació, Fundació "la Caixa", Barcelone/Barcelona.*

Carlos Garaicoa - Carta a los censores (piccolo teatro dell'anarchia), Volume, Rome.

De la serie Nuevas Arquitecturas, Centro Wifredo Lam, La Havane/Havana.

La Habitación de mi negatividad, Galería La Casona, La Havane/Havana.*

Lecciones de Historia, Casa de América, Madrid.

2002
Carlos Garaicoa : Ni Christ, ni Marx, ni Bakounine, Maison Européenne de la Photographie, Paris.*

Carlos Garaicoa - Ora si gioca a scomparire = Now let's play to disappear, Galleria Continua, San Gimignano.

2001
Because Every City Has the Right To Be Called Utopia, Lombard-Freid Fine Arts, New York.

The Last 10 Days of the Market, Galleri Image, Aarhus. — Dans le cadre du Festival de Aarhus/As part of the Aarhus Festival.

2000
Carlos Garaicoa: La Ruina; La Utopía (obras 1990-2000), Biblioteca Luis Angel Arango, Bogotá [itinéraire/itinerary : (sous le titre/under the title *Carlos Garaicoa: The Ruins; The Utopia (Works 1990-2000)*), Bronx Museum of the Arts, New York; Museo Alejandro Otero, Caracas].*

Nouvelles Architectures, Galerie Farideh Cadot, Paris.

1999
Mi primer y último homenaje a la arquitectura (y al Marqués de Sade), Galería Habana, La Havane/Havana.

Paisaje (Landscape), Fundación Ars TEOR/éTica, San José de Costa Rica.*

1995
El Espacio decapitado, Centre PasquArt, Biel-Bienne.*

Inside Havana, Espacio Aglutinador de Arte, La Havane/Havana.*

Expositions collectives/Group Exhibitions

2003
2ª Bienal de Valencia, Valence/Valencia.*

Censored Cinema, Miami. — Dans le cadre de la/As part of the *Art Basel Miami Beach*.*

Time Capsule, Art in General, New York.*

2002
I Bienal Ceará América – De Ponta Cabeça, divers lieux/various venues, Fortaleza, Ceará.

Documenta 11, Cassel/Kassel.*

2001
El Final del Eclipse, Fundación Telefónica, Madrid [itinéraire/itinerary : Palacio de los Condes de Gabia, Granada y Santa Fe; Museo de Arte Extremeño e Iberoamericano, MEIAC, Badajoz].*

Sonsbeek 9: LocusFocus, Sonsbeek Park, Arnhem.*

Yokohama Triennale 2001, Yokohama.*

2000
Más allá del documento, Museo Nacional Centro de Arte Reina Sofía, Madrid.*

Mirror's Edge, BildMuseet, Umeå, Suède/Sweden [itinéraire/itinerary : Vancouver Art Gallery, Vancouver; Castello di Rivoli, Turin; Tramway, Glasgow; Charlottenborg Udstillingsbugging, Copenhague/Copenhagen].*

1998
24ª Bienal Internacional de São Paulo, São Paulo.*

1997
II Kwangju Biennale 1997, Kwangju.*

VI Bienal de La Habana = 6th Biennial of Havana, La Havane/Havana.*

Memórias Intimas Marcas, Cuito Cuanavale, Centro Cultural Português, Luanda [itinéraire/itinerary : The Castle of Good Hope, Cape Town; Electric Workshop, Newtown, Johannesburg; African Window Museum, Pretoria; Instituto para el Arte Contemporáneo, Lisbonne/Lisbon et autres lieux/and other venues].*

1995
Africus '95, Johannesburg Biennale, Johannesburg.*

BIBLIOGRAPHIE/BIBLIOGRAPHY

Publications et entretiens de l'artiste/ Publications and Interviews with the Artist

2002
Garaicoa, Carlos. — «Continuity of a detached architecture». — Documenta 11_ Platform 5 : exhibition. — [Traduit de l'espagnol par/Translated from the Spanish by Jeffrey Swartz]. — Ostfildern-Ruit : Hatje Cantz, 2002. — P. 561

Garaicoa, Carlos. — «Interview with Carlos Garaicoa». — Bomb. — [Interview avec/with Holly Block]. — No. 82 (Winter 2002/2003). — En ligne/Online [Réf. du 2 déc. 2003/Cited on Dec. 2, 2003], accès/access : <http://www.bombsite.com/garaicoa/garaicoa.html>. — P. 22-29

2001
Garaicoa, Carlos. — «Carlos Garaicoa». — Sonsbeek 9 : locus focus 2001. — [Interview avec/with Dieter Roelstraete]. — Arnhem : Stichting Sonsbeek, 2001. — En néerlandais et en anglais/In Dutch and English — P. 300-303

1996
Garaicoa, Carlos. — Cuando el deseo se parece a nada = When a desire resembles nothing : Residency and exhibition by Carlos Garaicoa. — [Interview avec/with Coco Fusco]. — New York : Art in General, [1996]. — [8] p. — Repris (en partie) sous le titre/Republished (in part) as «Carlos Garaicoa im Gespräch mit Coco Fusco = Carlos Garaicoa in conversation with Coco Fusco», dans/in *Cuba : los mapas del deseo = Landkarten der Sehnsucht = Maps of Desire*, Wien, Kunsthalle Wien, 1999, p. 288-297

Autres sources proposées/ Other Recommended Sources

2003
Balcells, José María. — Carlos Garaicoa : autoflagel-lació, supervivència, insubordinació, cicle ficcions. — Barcelona : Fundació la Caixa, 2003. — 36 p. — Texte en espagnol, en catalan et en anglais/Text in Spanish, Catalan and English.

2002
Carlos Garaicoa : continuity of somebody's architecture. — Kassel : Platform 5, 2002. — 61 p.

Ni Christ, ni Marx, ni Bakounine : Carlos Garaicoa : photographies, installations, vidéos. — [Paris] : Paris Audiovisuel/Maison Européenne de la Photographie, 2002. — 35 p.

Macrí, Teresa. — «[?]». — Postculture. — Roma : Meltemi, 2002. — (Melusine; 2). — P. 269

2001
«Carlos Garaicoa». — Sonsbeek 9 : locus focus 2001. — Arnhem : Stichting Sonsbeek, 2001. — En néerlandais et en anglais/In Dutch and English. — P. 118-119

2000
Carlos Garaicoa : la ruina; la utopia. — Curaduria de José Ignacio Roca. — Bogotá : Biblioteca Luis Angel Arango, [2000]. — 118 p.

2000
Mosquera, Gerardo. — «Carlos Garaicoa». — Fresh cream : art contemporain et culture : 10 conservateurs, 10 auteurs, 100 artistes. — Paris : Phaidon, 2000. — Aussi en anglais dans l'édition anglaise de l'ouvrage/Also in English in the English edition of the book: *Fresh cream : contemporary art in culture : 10 curators, 10 writers, 100 artists*, London, Phaidon, 2000. — P. 286-290

1997
Hernández, Orlando. — «Breve ensayo sobre jardinería de ruinas». — VI Bienal de La Habana : El individuo y su memoria. — Paris : Association Française d'Action Artistique; La Habana : Centro Wifredo Lam, 1997. — P. 230

1995
Carlos Garaicoa : el espacio decapitado. — Biel : Centre PasquART, 1995. — 47 p. — Texte en espagnol, en anglais et en allemand/Text in Spanish, English and German.

Cynthia Girard

Née à Laval, en 1969.
Vit et travaille à Montréal.

Born in Laval, in 1969.
Lives and works in Montréal.

EXPOSITIONS/EXHIBITIONS

Expositions individuelles/Solo Exhibitions

2004
Cynthia Girard - Le Pavillon du Québec, Centre d'art de Baie-Saint-Paul, Baie-Saint-Paul.

2003
Cynthia Girard, Miller/Geisler Gallery, New York.

Le Pavillon du Québec. Troisième volet : le panthéon, Galerie B-312, Montréal.*

2002
Le Pavillon du Québec. Deuxième volet : la Nouvelle-France, Galerie Clark, Montréal.

2001
Le Pavillon du Québec. Premier volet : de 1940 à nos jours, Centre des arts actuels SKOL, Montréal.*

1999
Au royaume des aveugles, les borgnes sont rois, Centre culturel canadien, Paris. — À l'invitation du service des Arts de l'écrit et de l'écran.

Clyde, Montréal Télégraphe, Montréal.

1996
Cynthia Girard : La multiplication des peints (pains), Langage Plus, Alma.

De guépards et d'orchestre de chambre, L'Oreille Recousue, Centre de production et de diffusion de l'art actuel, Montréal.

1995
«Dix choses que vous avez toujours voulu savoir sur la peinture sans jamais oser le demander», Centre culturel de Trois-Rivières, Trois-Rivières.

Artiste en résidence et projet d'artiste/ Artist in Residence and Artist Project

1999
Landscape, Banff Art Centre, Banff. — Résidence/Residence.

1995
Les Baigneuses, Radio Centre-ville, Montréal. — Pièces sonores et poétiques/Poetic sound pieces.

Expositions collectives/Group Exhibitions

2004
Oubli et reconnaissance, Galerie Trois Points, Montréal.

2003
Buy-sellf : Import/Export, Fonderie Darling/Darling Foundry, Montréal. — Exposition organisée par/Exhibition organized by Quartier Éphémère en collaboration avec le centre/in collaboration with Clark.

Collection Prêt d'œuvres d'art. Acquisitions 2003, Musée national des beaux-arts du Québec, Québec.

2001
Roger Bellemare, David Blatherwick, Cynthia Girard, Nadine Norman, Maria Sheriff, Galerie Lilian Rodriguez, Montréal.

2000
Collection Prêt d'œuvres d'art. Acquisitions 2000, Musée du Québec, Québec.

La Dame aux camélias, The Freak Brothers', Paris.

1999
Bare Hunting, The Other Gallery, Banff Centre for the Arts, Banff.

Readymade Projects, Wunderkammer Gallery, Londres/London.

1998
ART*futures*, Contemporary Art Society, Royal Festival Hall, Londres/London.

Ida Branson Memorial Bequest Exhibition, Atkinson Gallery, Millfield.*

Postgraduated Exhibition, Goldsmiths College, University of London, Londres/London.

1997
«Le Poids des certitudes» = "The Weight of Certitude", Galerie Verticale, Laval.*

BIBLIOGRAPHIE/BIBLIOGRAPHY

Publications de l'artiste/ Publications by the Artist

2004
Girard, Cynthia. — Le soleil et l'électron : poésie. — Montréal : Triptyque, 2004. — 63 p.

2003
Girard, Cynthia. — «[Le Pavillon du Québec : troisième volet : le panthéon]». — Le Pavillon du Québec : troisième volet : le panthéon. — Montréal : Galerie B-312, [2003] — Coffret nº 7, cahier nº 70. — P. [2-4]

2000
Girard, Cynthia. — La fureur des wapitis : poésie. — Outremont : Lanctôt, 2000. — 76 p.

1999
Girard, Cynthia; Zeppetelli, Anne-Marie. — Déviances poétiques. — Cynthia Girard : contes et poèmes; Anne-Marie Zeppetelli : photographies. — Montréal : Dazibao, [1999]. — 61 p. — (Des photographes)

1998
Girard, Cynthia. — «Modèles d'esprit et jardins intérieurs, David Altmejd». — Les cahiers de la Galerie B-312. — Montréal : Galerie B-312, 1998. — Coffret nº 3, cahier nº 35. — P. [4]

Girard, Cynthia. — «[Sans titre/Untitled]». — L'art inquiet : motifs d'engagement. — Montréal : Galerie de l'UQÀM, [1998]. — P. 170-173

1997
Girard, Cynthia. — «AM 12:38 FEB. 18 1997». — Nathalie Grimard : AM 12:38 FEB. 18 1997. — Montréal : Centre des arts actuels SKOL, [1997]. — P. [2-3]

1996
Girard, Cynthia. — Nous lirons du bout des yeux : [poésie]. — Trois-Rivières : Écrits des Forges, 1996. — 70 p.

1995
Girard, Cynthia. — Une mort désamorcée : poésie. — Trois-Rivières : Écrits des Forges, 1995. — 52 p.

Autres sources proposées/ Other Recommended Sources

2004
Joos, Jean-Ernest. — «La mondialisation de Cynthia Girard». — ESSE arts + opinions. — Nº 50 (hiver 2004). — P. 64-65

Kuntz, Melissa. — «Cynthia Girard at Miller/Geisler». — Art in America. — Vol. 92, no. 1 (Jan. 2004). — P. 104

2003
Lavigne, Julie. — «Le Pavillon du Québec de Cynthia Girard». — Les Cahiers du 27 juin. — Vol. 1, nº 2 (automne 2003/hiver 2004). — P. 39-42

2002
Régimbald-Zeiber, Monique. — «Rictus erectus ou Cynthia Girard, peintre d'histoire». — Centre des arts actuels Skol 2001-2002. — Montréal : Centre des arts actuels Skol, 2002. — Livret 04. — P. [6]

1999
Mavrikakis, Nicolas. — «Stéphane Gilot, Cynthia Girard : lieux de passage». — Voir. — Vol. 13, nº 36 (9/15 sept. 1999). — P. 88

1998
L'art inquiet : motifs d'engagement. — Commissariat Louise Déry, avec la collaboration de Monique Régimbald-Zeiber. — Montréal : Galerie de l'UQÀM, [1998]. — 197 p., 1 CD-rom

1997
Le poids des certitudes : Cynthia Girard, Mario Lacelle, Eva Quintas. — [Texte/Text : Mélanie Blais]. — Laval : Galerie Verticale, [1997]. — [6] p.

Robert Houle

Né à Saint-Boniface, en 1947.
Vit et travaille à Toronto.

Born in Saint-Boniface, in 1947.
Lives and works in Toronto.

EXPOSITIONS/EXHIBITIONS

Expositions individuelles/Solo Exhibitions

2001
Robert Houle: Palisade, MacKenzie Art Gallery, Regina.

2000
Robert Houle's Palisade, Carleton University Art Gallery, Ottawa.

Robert Houle: Zero Hour, Agnes Etherington Art Centre, Kingston.

1999
Robert Houle: New Parfleches, Pari Nadimi Gallery, Toronto.

Robert Houle: Sovereignty over Subjectivity, Winnipeg Art Gallery, Winnipeg [itinéraire/itinerary : Museum of Contemporary Canadian Art, Toronto; Mendel Art Gallery, Saskatoon].*

1996
Robert Houle: Pontiac's Conspirary, Garnet Press Gallery, Toronto.

1993
Art Gallery of Ontario/Musée des beaux-arts de l'Ontario, Toronto. — Intervention dans la/Intervention in the Anishnabe Walker Court.

Kanata Robert Houle's Histories, Carleton University Art Gallery, Ottawa.*

1992
YYZ, Toronto. — Exposition mise en circulation par/Exhibition circulated by Articule, Montréal.

Hochelaga, Articule, Montréal [itinéraire/itinerary : The New Gallery, Calgary].*

1991
Hood College, Frederick.*

1990
Robert Houle: Indians from A to Z, Winnipeg Art Gallery, Winnipeg [itinéraire/itinerary : Thunder Bay Art Gallery, Thunder Bay; Whyte Museum of the Canadian Rockies, Banff; Mackenzie Art Gallery, Regina; Glenbow Museum, Calgary; Musée canadien des civilisations/Canadian Museum of Civilization, Gatineau.*

1989
The McMichael Canadian Art Collection, Kleinburg.

Expositions collectives/Group Exhibitions

2003
Path Breakers: Eiteljorg Fellowship for Native American Fine Art, Eiteljorg Museum of American Indians and Western Art, Indianapolis.*

The Political is Personal: A First Nation Perspective, Lt. Governor's Suite, Queen's Park, Toronto.

Transitions: Contemporary Indian and Inuit Art, Russian Museum of Ethnography, Saint-Pétersbourg/St. Petersburg.*

2002
Reverence: Concepts of the Sacred in Contemporary Art, Art Gallery of Hamilton, Hamilton.

What's Next in Social Change, Billboard Art Exhibition, Toronto.

2001
Landmark: The Paintings of Robert Houle and John Abrams, University of Waterloo Art Gallery, Waterloo [itinéraire/itinerary : Tom Thomson Memorial Gallery, Owen Sound; Robert McLaughlin Gallery, Oshawa].*

2000
Multiple Impressions: Native American Artists and the Print, Harwood Museum, University of New Mexico, Taos.

Tout le temps : La Biennale de Montréal 2000 = Every Time: La Biennale de Montréal 2000, CIAC/Centre international d'art contemporain de Montréal, Palais du commerce, Montréal.*

1999
Art in 2 Worlds: The Native American Fine Art Invitational 1983-1997, The Heard Museum, Phoenix.*

1997
Ghostwriter #3: A View of Things, Mercer Union, Toronto. — Dans le cadre de la série *Ghostwriter*/As part of the *Ghostwriter* series.*

1996
Real Fictions: Four Canadian Artists, Museum of Contemporary Art, Sydney.*

1995
Histoires déplacées = Displaced Histories, Musée canadien de la photographie contemporaine/Canadian Museum of Contemporary Photography, Ottawa.*

Notion of Conflict: A Selection of Contemporary Canadian Art = Hedendaagse Canadese Kunst, Een Keuze, Stedelijk Museum, Amsterdam.*

1992
Rethinking History, Mercer Union, Toronto.*

Travelling Theory: An Exhibition of Contemporary Canadian Art, Jordan National Gallery of Fine Arts, Amman [itinéraire/itinerary : McIntosh Gallery, University of Western Ontario, London].*

1985
Challenges, De Meervaart, Amsterdam.*

1983
Innovations: New Expressions in Native American Painting, The Heard Museum, Phoenix.*

BIBLIOGRAPHIE/BIBLIOGRAPHY

Entretiens de l'artiste/ Interviews with the Artist

1999
Houle, Robert. — «Rendez-vous avec l'artiste = Meet the artist». — Art CyberMuse à profusion = Art CyberMuse unlimited [en ligne/online]. — Ottawa : Musée des beaux-arts du Canada/National Gallery of Canada, [1999]. — [Réf. du 9 mars 2004/Cited on Mar. 9, 2004]. — Accès/Access : <http://cybermuse.gallery.ca/cybermuse/showcases/meet/artist_f.jsp?artistid=2533>. — En anglais/In English

Autres sources proposées/ Other Recommended Sources

2003
Eiteljorg Museum. — Path breakers : Eiteljorg fellowship for native American fine art. — Essay by Bonnie Devine. — Indianapolis : Eiteljorg Museum of American Indians and Western Art in association with the University of Washington Press, Seattle, 2003. — 112 p.

2001
Landmark : the paintings of Robert Houle and John Abrams. — [Textes/Texts : Stuart Reid, Carol Podedworny]. — Waterloo : University of Waterloo Art Gallery, 2001. — 32 p.

Bell, Michael. — Robert Houle's Palisade. — Ottawa : Carleton University Art Gallery, 2001. — 41 p.

2000
Gale, Peggy. — Tout le temps : La Biennale de Montréal 2000 = Every time : La Biennale de Montréal 2000. — Montréal : Centre international d'art contemporain de Montréal, [2000]. — 167 p.

Hampson, Sarah. — «Looking for Robert Houle». — The Globe and Mail. — (July 27, 2000). — P. R-3

1999
Robert Houle : sovereignty over subjectivity. — [Textes/Texts : Shirley Madill, Peggy Gale, W. Jackson Rushing III, Bonnie Devine]. — Winnipeg : Winnipeg Art Gallery, 1999. — 56 p.

1998
Ghostwriter. — Edited by Lorraine Johnson. — Toronto : Mercer Union, 1998. — 71 p.

1996
Real fictions : four Canadian artists. — Sydney : Museum of Contemporary Art, [1996]. — 68 p.

1995
Notion of conflict : a selection of contemporary Canadian art. — Amsterdam : Stedelijk Museum, [1995]. — 51 p.

Douglas, Susan. — «Crossroads visualism : Robert Houle». — Parachute. — N° 80 (oct./nov./déc./Oct./Nov./Dec. 1995). — P. 42-46

1994
Marks, Laura U. — «Robert Houle, Garnet Press Gallery». — Artforum. — Vol. 33, no. 3 (Nov. 1994). — P. 94

1993
Bell, Michael. — Kanata Robert Houle's histories. — Ottawa : Carleton University Art Gallery, 1993. — 27 p.

1990
Robert Houle : Indians from A to Z. — Essays by Jennifer Brown, Clara Hargittay, Shirley Madill and Gerald McMaster. — Winnipeg : Winnipeg Art Gallery, 1990. — 52 p.

1986
Corbeil, Carole. — «Beyond 'cultural apartheid'». — The Globe and Mail. — (Apr. 19, 1986). — P. D-17

1985
Scott, Jay. — «I lost it at the trading post : Indian art is dead; long live art by Indians». — Canadian Art. — Vol. 2, no. 4 (Winter 1985). — P. 33-39

Liz Magor

Née à Winnipeg, en 1948.
Vit et travaille à Vancouver.

Born in Winnipeg, in 1948.
Lives and works in Vancouver.

EXPOSITIONS/EXHIBITIONS

Expositions individuelles/Solo Exhibitions

2003
Susan Hobbs Gallery, Toronto. — Aussi en/also in 2000, 1998, 1996, 1994, 1993.

2002
Liz Magor, Vancouver Art Gallery, Vancouver [itinéraire/itinerary : The Power Plant, Toronto].*

2001
Moving, Equinox Gallery, Vancouver.

2000
Liz Magor: Deep Woods, Art Gallery of York University, Toronto. — Liz Magor a également réalisé une œuvre *in situ* pour la/Liz Magor also produced a site-specific work for York University (*Keep*, 2000).*

Liz Magor - Stores, Contemporary Art Gallery, Vancouver.

1999
Sleeping Rough, Equinox Gallery, Vancouver.

1996
Messenger, Toronto Sculpture Garden, Toronto.*

1993
Liz Magor, La Chambre Blanche, Québec. — Résidence/Residence.

Pages from History: Liz Magor, Early Works, Oakville Galleries, Oakville.*

1991
Liz Magor, Edmonton Art Gallery, Edmonton. — Dans le cadre de la série/As part of the *Constructing Cultural Identity* series.*

1986
Liz Magor, Art Gallery of Ontario, Toronto [itinéraire/itinerary : Mendel Art Gallery, Saskatoon; 49th Parallel, New York; The Winnipeg Art Gallery, Winnipeg; Musée d'art contemporain de Montréal, Montréal; Dalhousie Art Gallery, Halifax].*

The Ydessa Gallery, Toronto.* — Aussi en/Also in 1984, 1982, 1981, 1980.

1983
1 x 2. Liz Magor/John McEwen, Glenbow Museum, Calgary. — Avec/With John McEwen.*

1980
Production/Reproduction, Vancouver Art Gallery, Vancouver.*

1979
Liz Magor, Art Gallery of Greater Victoria, Victoria [itinéraire/itinerary : University of British Columbia Fine Arts Gallery, Vancouver; Southern Alberta Art Gallery, Lethbridge].*

Expositions collectives/Group Exhibitions

2001
Paradis insaisissables. Le Prix du millénaire = Elusive Paradise. The Millennium Prize, Musée des beaux-arts du Canada/National Gallery of Canada, Ottawa.*

2000
Beaver Tales, Gairloch Gardens, Oakville Galleries, Oakville.*

1997
InSITE 97, San Diego; Tijuana.*

The Gun as Image, Museum of Fine Arts, Florida State University, Tallahassee.*

1996
Real Fictions: Four Canadian Artists, Museum of Contemporary Art, Sydney.*

1995
Notion of Conflict: A Selection of Contemporary Canadian Art = Hedendaagse Canadese Kunst, Een Keuze, Stedelijk Museum, Amsterdam.*

1994
Small Histories, Southern Alberta Art Gallery, Lethbridge.*

1993
Canada, une nouvelle génération, FRAC des Pays de la Loire, Gétigné-Clisson; Musée municipal, La Roche-sur-Yon; Musée de l'Abbaye Sainte-Croix, Les Sables-d'Olonne [itinéraire/itinerary : Musée des Beaux-Arts et FRAC de Franche-Comté, Dole].*

Corpus I, Mendel Art Gallery, Saskatoon (aussi/also : *Corpus II*) [itinéraire/itinerary : (sous le titre/under the title *Corpus*) Walter Phillips Gallery, Banff; Oakville Galleries, Oakville]. — Le travail de Liz Magor était présenté dans le cadre de/The work of Liz Magor was presented as part of *Corpus I*.*

1992
Pour la suite du Monde, Musée d'art contemporain de Montréal, Montréal.*

1991
Between Views and Points of View, Banff Centre et autres lieux/and other venues, Banff. — Exposition organisée par la/Exhibition organized by Walter Phillips Gallery, Banff.*

Places with a Past: New Site-Specific Art in Charleston, Spoleto Festival U.S.A., divers lieux/various venues, Charleston.*

1990
Meeting Place: Robert Gober, Liz Magor, Juan Muñoz, Art Gallery of York University, Toronto [itinéraire/itinerary : Nickle Arts Museum, Calgary; Vancouver Art Gallery, Vancouver].*

1987
Documenta 8, Cassel/Kassel.*

1984
XLI Biennale di Venezia, Venise/Venice.*

BIBLIOGRAPHIE/BIBLIOGRAPHY

Publications et entretien de l'artiste/ Publications and Interview by the Artist
(depuis/since 1990)

2000
Magor, Liz. — «Liz Magor». — Canadian Art. — [Interview avec/with Nancy Tousley]. — Vol. 17, no. 1 (Spring 2000). — P. 70-74

1998
Magor, Liz. — «Messenger». — Toronto Sculpture Garden. — Edited by Rina Greer. — Toronto : Toronto Sculpture Garden, 1998. — P. 116-117

1996
Magor, Liz. — «White house paint». — Real fictions : four Canadian artists. — Sydney : Museum of Contemporary Art, [1996]. — P. 49-55

1995
Magor, Liz. — «Through the ages I & II». — Notion of conflict : a selection of contemporary Canadian art. — Amsterdam : Stedelijk Museum, [1995]. — P. 30-31

1992
Magor, Liz. — «[Sans titre/Untitled]». — Pour la suite du monde : cahier : propos et projets. — Montréal : Musée d'art contemporain de Montréal, 1992. — En anglais/In English, p. 74-75. — P. 36-37

1991
Magor, Liz; Morgan, Joey. — How to avoid the future tense. — Banff : Walter Phillips Gallery, 1991. — [90] p.

Autres sources proposées/ Other Recommended Sources

2003
Laurence, Robin. — «Material intelligence : the art of Liz Magor». — Border Crossings. — Vol. 22, no. 2, issue no. 86 (May 2003). — P. 36-41

2002
Liz Magor. — Toronto : Power Plant; Vancouver : Vancouver Art Gallery, 2002. — 95 p.

2001
Nemiroff, Diana. — «Liz Magor». — Paradis insaisissables : le prix du millénaire. — Ottawa : Musée des beaux-arts du Canada, 2001. — En anglais dans/In English in *Elusive paradise : the millennium prize*, Ottawa : National Gallery of Canada, 2001. — P. 77-83

2000
Hogg, Lucy; Reid, Shier; Tousley, Nancy. — Liz Magor. — Toronto : Art Gallery of York University; Vancouver : Vancouver Art Gallery, 2000. — 93 p.

1991
Fisher, Jennifer. — «Liz Magor : living in the wild, wild West». — Liz Magor : living in the wild, wild West. — Edmonton : Edmonton Art Gallery, 1991. — P. 3-10

Jacob, Mary Jane. — «Hallowed ground». — Places with a past : new site-specific art at Charleston's Spoleto Festival. — New York : Rizzoli International Publications, 1991. — P. 92-103

1990
MacKay, Gillian. — «Liz Magor». — Canadian Art. — Vol. 7, no. 3 (Fall 1990). — P. 76-83

1986
Monk, Philip. — Liz Magor. — Toronto : Art Gallery of Ontario, 1986. — 48 p. — Traduction en français par/French translation by Serge Bérard dans/in Philip Monk, *Liz Magor : textes en français*, Montréal, Musée d'art contemporain de Montréal, [1986], 46, [2] p.

1984
Bradley, Jessica. — «Liz Magor». — Ian Carr-Harris, Liz Magor : Canada XLI Biennale di Venezia 1984. — Ottawa : Galerie nationale du Canada/National Gallery of Canada, 1984. — Texte en anglais, en français et en italien/Text in English, French and Italian. — P. 29-52

Kent Monkman

Né à Winnipeg, en 1965.
Vit et travaille à Toronto.

Born in Winnipeg, in 1965.
Lives and works in Toronto.

EXPOSITIONS/EXHIBITIONS

Expositions individuelles/Solo Exhibitions

2001
The Prayer Language, Centre de l'art indien, ministère des Affaires indiennes et du Nord Canada/Indian Art Centre, Indian and Northern Affairs Canada, Ottawa.*

1997
New Paintings, DeLeon White Gallery, Toronto.

1996
Indian Paintbrush, exposition indépendante/independently mounted, Toronto.

1994
Creation Wheel, Art Gallery of Hamilton, Hamilton.

The Creative Process, Discovery Gallery, Royal Ontario Museum, Toronto.

The Museum Show, Latitude 53 Society of Artists, Edmonton.

The Museum Show, The New Gallery, Calgary.

1993
Polarities, Monte Clark Gallery, Vancouver.

Expositions collectives/Group Exhibitions

2003
The Americas Now, Harbourfront Centre, Toronto.

2002
Between You and Me, Museum London, London.*

Gridlock, Harbourfront Centre, Toronto.

Thin Skinned, A Space Gallery, Toronto.*

1997
First Nations Art 97, Woodland Cultural Centre, Brantford.

Our House to Your House, American Indian Community House (AICH), New York.

1995
First Nations Art 95, Woodland Cultural Centre, Brantford.

1994
First Nations Art 94, Woodland Cultural Centre, Brantford.

Group show, Workscene Gallery, Toronto.

1993
First Nations Art 93, Woodland Cultural Centre, Brantford.

The Urban and the Urbane, IV International Bienal de Poesia Visual, divers lieux/various venues, Mexico/Mexico City.

1992
Discovering Ourselves Not Columbus, American Indian Community House, New York.

Native American Art, American Indian Community House (AICH), New York.

1991
The Toronto Mask Show, Lake Galleries, Toronto.

Filmographie/vidéographie/ Filmography/videography

Future Nation, 2003
23 min, miniDV
(Présentement en/Presently in post-production)

Blood River, 2000
23 min, 16 mm

Meilleur film/Best Film, *ImagineNATIVE Film and Media Arts Festival 2000*, Toronto

En nomination comme meilleur court métrage/Nominated for Best Live Short Subject, American Indian Motion Picture Awards, 2000

A Nation is Coming, 1996
(En collaboration avec Michael Greyeyes, danseur et chorégraphe/In collaboration with Michael Greyeyes, dancer and choreographer)
24 min

Meilleur film expérimental/Best Experimental, The Alberta Motion Picture Industry Association, 1997

Meilleur artisan/Best Craft (montage – non dramatique/editing – non dramatic), The Alberta Motion Picture Industry Association, 1997

Meilleur film expérimental/Best Experimental, The American Indian Film and Video Competition, 1997

Prix du jury/Judges Choice Award, The American Indian Film and Video Competition, 1997

En nomination dans la catégorie expérimentale au/Nominated in the experimental category at the Dreamspeakers Film Festival, 1997

Conception de décors, costumes et accessoires/ Production Design

1996
Buffalo Jump, Soundstream Canada, Toronto

1994
Night Traveler, Tipiskaki Goroh, Canada Dance Festival, Ottawa

Child of Ten Thousand Years, Tipiskaki Goroh, Canada Dance Festival, Ottawa

Diva Ojibway, Native Earth Performing Arts, Toronto

1993
Lady of Silences, Native Earth Performing Arts, Toronto

BIBLIOGRAPHIE/BIBLIOGRAPHY

Entretien de l'artiste/Interview with the Artist

1996
Monkman, Kent. — «"It's time for something different." Kent Monkman on illustrative dissent». — Canadian Children's Literature. — [Interview avec/with Marie C. Davis]. — No. 84 (1996). — P. 65-70

Autres sources proposées/ Other Recommended Sources

2002
Deadman, Patricia. — «Between you and me». — Between you and me. — London : Museum London, 2002. — P. 49-59

Fung, Richard. — «Kent Monkman». — Lola. — No. 13 (Fall/Sept. 2002). — Sous/Under «The big picture feature». — P. 42, 44

Hill, Richard William. — «The unreadable present : Nadia Myre & Kent Monkman». — C Magazine. — No. 75 (Fall 2002). — P. 32-35

2001
Cooper, Melissa. — «Monkman's Blood River premieres». — The Drum. — (Mar. 2001). — P. [?]

Hill, Richard William. — «Drag racing : dressing up (and messing up) : white in contemporary First Nation art». — Fuse Magazine. — Vol. 23, no. 4 (Apr. 2001). — P. 18-27

Mitchell, Catherine. — «Grasping the narrative tool». — Winnipeg Free Press. — (Mar. 1, 2001). — P. [?]

2000
Buttery, Helen. — «From a native perspective : noteworthy : Imaginenative : the aboriginal media arts festival». — The National Post. — (Sept. 9, 2000). — P. G-11

Cooper, Melissa. — «Award winning Cree painter's work transfixes». — The Drum. — (Dec. 2000). — P. [?]

1998
Wright-McLeod, Brian. — «A nation is dancing». — Aboriginal Voices. — Vol. 5, no. 4 (1998). — P. [?]

1995
Bourdeau Waboose, Jan. — «Setting the stage : Kent Monkman». — Aboriginal Voices. — (Sept/Oct. 1995). — P. 6-7

1994
Lee, Deborah. — «Artists interpretations». — Native Woman Digest. — (Aug. 1994). — P. [?]

Mandel, Charles. — «Indian affairs anarchic, ironic». — Edmonton Journal. — (July 22, 1994). — P. D-11

Poitras, Jane Ash; Buehler, Clint. — «The Museum show». — Gallery Newsletter. — (June/ July, 1994). — Latitude 53, Edmonton. — P. [?]

Tam, Pauline. — «Fledgling Toronto company displays exciting promise». — The Ottawa Citizen. — (June 14, 1994). — P. D-11

Rubén Ortiz-Torres

Né à Mexico, en 1964.
Vit et travaille à Los Angeles.

Born in Mexico City, in 1964.
Lives and works in Los Angeles.

EXPOSITIONS/EXHIBITIONS

Expositions individuelles/Solo Exhibitions

2003
Behind the Garage Funk, Charles H. Scott Gallery, Emily Carr Institute of Art and Design, Granville Island, Vancouver.

Impure Beauty, Gallery 400, Chicago.

2002
American Monarchy, BrotfabrikGalerie, Berlin.

Borderlandia, Haus der Kulturen der Welt, Berlin.

Calimocho Styles, OMR Gallery, Mexico/Mexico City. — En collaboration avec/In collaboration with Eduardo Abaroa.

2001
La Adoración de los Reyes, Alienígenas y otros Glocalismos en 3D, Centro de la Imagen, Mexico/Mexico City.

The A-Files, ArtPace, San Antonio. — Résidence/Residence.

2000
American Monarchy/Raza Cósmica, Jan Kesner Gallery, Los Angeles.

New World Monarchies, Revolutions and Alien Abductions After Maximiliano de Habsburgo, Grazer Kunstverein, Graz.

1999
Alien Toy, Site Santa Fe, Santa Fe.

1998
Alien Toyz, Track 16 Gallery, Santa Monica.

Desmothernismo, Huntington Beach Art Center, Huntington Beach [itinéraire/itinerary : Museo de las Artes, Guadalajara]. — Dans le cadre du/As part of the *LA Freewaves Festival '98*.*

1996
The House of Mirrors, Jan Kesner Gallery, Los Angeles.

1993
ChiL.A.ngo, Centro Cultural La Raza, San Diego.

1985
Jesús y los Mutantes, Consejo Mexicano de Fotografía, Mexico/Mexico City.

Expositions collectives/Group Exhibitions

2003
Ten by Twenty, Yerba Buena Center for the Arts, San Francisco.

2002
Axis Mexico: Common Objects and Cosmopolitan Actions, San Diego Museum of Art, San Diego.

Mexico City: An Exhibition about the Exchange Rates of Bodies and Values, P.S.1 Contemporary Art Center, Long Island City, New York [itinéraire/itinerary : (version modifiée/modified version) Kunst-Werke e.V. Berlin, Berlin; Museo de arte Carrillo Gil, Mexico/Mexico City].*

2000
Customized: Art Inspired by Hot Rods, Low Riders & American Car Culture, The Institute of Contemporary Art, Boston.*

Departures, The J. Paul Getty Museum, Los Angeles.*

Made in California: Art, Image, and Identity, 1900-2000, Los Angeles County Museum, Los Angeles.*

Ultrabaroque: Aspects of Post-Latin American Art, Museum of Contemporary Art, San Diego [itinéraire/itinerary : Modern Art, Museum of Fort Worth, Fort Worth; San Francisco Museum of Modern Art, San Francisco; Art Gallery of Ontario, Toronto; Miami Art Museum, Miami; Walker Art Center, Minneapolis].*

1997
InSITE 97, San Diego; Tijuana.*

1996
10th Biennale of Sydney, Sydney.*

Thinking Print: Books to Billboards, 1980-95, The Museum of Modern Art, New York.*

1995
Distant Relations/Cercanías Distantes/Clann I gCéin: A Dialogue Among Chicano, Irish & Mexican Artists, Ikon Gallery, Birmingham [itinéraire/itinerary : Camden Arts Centre, Londres/London; Irish Museum of Modern Art, Dublin; Santa Monica Museum of Art, Santa Monica; Museo de Arte Carrillo Gil, Mexico/Mexico City].*

Points of Entry, Tracing Cultures, Ansel Adams Center for Photography, San Francisco [itinéraire/itinerary : Museum of Photographic Arts, San Diego; Center for Creative Photography, Tucson].*

1994
Xicano Ricorso: A Thirty Year Retrospect from Aztlan, The Museum of Modern Art, New York.

1993
Trade Routes, The New Museum of Contemporary Art, New York.

1990
Between Worlds: Contemporary Mexican Photography, Impressions Gallery, New York [itinéraire/itinerary : University of East Anglia, Camden Arts Centre, Londres/London; Institute of Contemporary Photography, New York; et autres lieux/and other venues].*

BIBLIOGRAPHIE/BIBLIOGRAPHY

Publication et entretien de l'artiste/ Publication and Interview with the Artist

2001
Ortiz-Torres, Rubén. — «Historia verdadera de la conquista de la Nueva América = L'histoire véridique de la conquête de la Nouvelle Amérique». — Parachute. — Nº 104 (oct./nov./déc./Oct./Nov./Dec. 2001). — P. 74-86

2000
Ortiz-Torres, Rubén. — «Rubén Ortiz-Torres». — Bomb. — [Interview avec/with David Pagel]. — No. 70 (Winter 2000). — Numéro thématique/Thematic issue: The Americas 2000. — P. 16-21

Autres sources proposées/ Other Recommended Sources

2003
Feder, Elena. — «Nations, pollinations and dis-locations : changing imaginary borders in the Americas». — Argosfestial 2003. — Brussel : Argos editions, 2003. — P. 22-24

Medina, Cuauhtémoc. — «Jim Mendiola and Rubén Ortiz-Torres». — Dreaming red : creating ArtPace. — San Antonio : ArtPace, A Foundation for Contemporary Art, 2003. — P. 240-245

2002
Moreno, Gean. — «The (new) order of things : art, car customizing, and hybrid dreams». — Art Papers. — Vol. 26, no. 2 (Mar./Apr. 2002). — P. 32-36

2000
Chaboya, C. Ondine. — «Rubén Ortiz-Torres : style politics and hydraulic hijinx». — Customized : art inspired by hot rods, low riders and American car culture. — New York : Harry N. Abrams Publishers in association with The Institute of Contemporary Art, Boston, 2000. — P. 43-47

Lyons, Lisa. — «Rubén Ortiz-Torres, La Zamba del Chevy». — Departures : 11 artists at the Getty. — Los Angeles : J. Paul Getty Museum, 2000. — P. 36-39

1999
Abaroa, Eduardo. — «Todo hombre (o mujer) es un extraterrestre o la usurpación de Rubén Ortiz-Torres». — Desmothernismo. — Mexico City : Museo Universitario de Ciencias y Artes, 1999. — P. 3-8

1998
Greene, David A. — «Wetback!». — Desmothernismo. — Santa Monica : Smart Art Press, Traversías Huntington Beach Art Center; Guadalajara : Huntington Beach, 1998. — P. 30-45

Knight, Christopher. — «Works that are hybrid to the core [...]». — Los Angeles Times, Calendar. — (Sept. 26, 1998). — P. F-6, 8

Stallings, Tyller. — «Cross-cultural customizer». — Desmothernismo. — Santa Monica : Smart Art Press, Traversías Huntington Beach Art Center; Guadalajara : Huntington Beach, 1998. — P. 8-29

1997
Judisman, Yishai. — «Rubén Ortiz-Torres, Galería OMR». — Artforum. — Vol. 35, no. 6 (Feb. 1997). — P. 95

1995
Drohojowska-Philp, Hunther. — «When worlds collide [...]». — Los Angeles Times, Calendar. — (Sept. 3, 1995). — P. 58-61

1994
Cohen, Michael. — «Pachuco style : the strategic ambiguity of bi-nationalism». — Flash Art. — Vol. 27, no. 176 (May/June, 1994). — P. 87-90

1993
Greene, David A. — «Art & its double: photographs by Rubén Ortiz-Torres». — Art Issues. — No. 29 (Sept./Oct. 1993). — P. 17-20

Manuel Piña

Né à La Havane, en 1958.
Vit et travaille à La Havane et à Vancouver.

Born in Havana, in 1958.
Lives and works in Havana and Vancouver.

EXPOSITIONS/EXHIBITIONS

Expositions individuelles/Solo Exhibitions

2004
Manuel Piña: Deconstructing Utopias, Marvelli Gallery, New York.

2002
Displacement and Encounter: Projects and Utopias, Musée canadien de la photographie contemporaine/Canadian Museum of Contemporary Photography, Ottawa [itinéraire/itinerary : Presentation House, Vancouver]. — Avec/With Arni Haraldsson.

Manuel Piña: On Monuments, Dorski Gallery, New York.

On Monuments, Nina Menocal Gallery, Mexico/Mexico City.

Otros Puntos en el espacio, Fototeca de Cuba, La Havane/Havana. — Avec/With Jose Manuel Acosta.

Overseen, Struts Art Gallery, Sackville.

2001
Slowly, not too deep, Galeria Habana, La Havane/Havana.

Spaces Temptations, Marvelli Gallery, New York.

2000
De Construcciones y Utopías, Espacio Aglutinador, La Havane/Havana.

1998
On Constuctions and Utopias, The Morris and Helen Belkin Art Gallery, University of British Columbia, Vancouver.

1997
(De)constructing Utopias, Artspeak Gallery, Vancouver.

Otra Vida, Open Space, Milan. — Avec/With Martin Weber.

Tourism, Public Art Piece: City Buses, Utica metro stations; Hallwalls Contemporary Arts Center, Buffalo.

Una Sala de Historia (Belica) en el Museo de la Música, Museo de la Música, La Havane/Havana.

1996
De Construcciones y Utopías, Centro de Desarrollo de las Artes Visuales, La Havane/Havana.

1995
Manipulaciones, verdades y otras ilusiones, Centro Wifredo Lam, La Havane/Havana.

Expositions collectives/Group Exhibitions

2002
La Mirada – Looking at Photography in Latin America Today (volets/parts I-II), DAROS Museum, Zurich. — Le travail de Manuel Piña était présenté dans le volet II/The work of Manuel Piña was presented in part II.*

No Place, ifa-Galerie, Bonn.*

2001
Shifting Tides: Cuban Photography after the Revolution, Los Angeles County Museum of Art, Los Angeles [itinéraire/itinerary : Grey Art Gallery, New York; Museum of Contemporary Photography, Chicago].*

2000
From the Negative: Conceptual Photography from Cuba, pARTs Gallery [auj./today Minnesota Center for Photography], Minneapolis.*

1999
Cuba: Los Mapas del Deseo = Cuba: Landkarten der Sehnsucht = Cuba: Maps of Desire, Kunsthalle Wien, Vienne/Vienna [itinéraire/itinerary : Kunstraum Innsbruck, Innsbruck; Nikolaj Contemporary Art Center, Copenhague/Copenhagen].*

Lo Real Infatigable, Fundación Ludwig de Cuba/Centro de Desarrollo de las Artes Visuales, La Havane/Havana.

Lost Homelands: Manuel Piña, Edward Poitras, Jorma Puranen, Jin-me Yoon, Confederation Centre Art Gallery & Museum, Charlottetown [itinéraire/itinerary : MacKenzie Art Gallery, Regina; Leonard and Bina Ellen Art Gallery/Galerie d'art Leonard et Bina Ellen, Montréal; Kamloops Art Gallery, Kamloops; Art Gallery of Mississauga, Mississauga].*

Metaphors/Commentaries: Artists from Cuba, San Francisco State University Gallery, San Francisco.*

1998
Comment peut-on être Cubain?, Maison de l'Amérique Latine, Paris.

1997
El arte que no cesa, Centro Wifredo Lam, La Havane/Havana.

Utopian Territories: New Art from Cuba, The Morris and Helen Belkin Art Gallery, University of British Columbia; Contemporary Art Gallery; Charles H. Scott Gallery, Emily Carr Institute of Art and Design; Artspeak Gallery; Access Gallery; Or Gallery; The Western Front, Vancouver. — Le travail de Manuel Piña était présenté à la/The work of Manuel Piña was presented at the Artspeak Gallery.*

5. Uluslararasi Istanbul Bienali = 5th International Istanbul Biennial, Istanbul.*

1996
Cuba Siglo XX, Modernidad y Sincretismo, Centro Atlántico de Arte Moderno, Las Palmas de Gran Canaria [itinéraire/itinerary : Fundación "La Caixa", Palma de Majorque/Palma of Majorca; Centro de Arte Santa Mónica, Barcelone/Barcelona].*

1994
Quinta Bienal de La Habana = 5th Biennial of Havana, La Havane/Havana.*

BIBLIOGRAPHIE/BIBLIOGRAPHY

Publications et entretiens de l'artiste/Publications and Interviews with the Artist

2003
Piña, Manuel; Herzog, Hans-Michael. — «Manuel Piña : "Mis imágenes icónicamente son de Cuba, pero las ideas que yo trato son generales, son problemas que hay en toda sociedad..." [...]». — La Mirada – Looking at photography in Latin America today. — Zürich : Daros Latin America; Edition Oehrli, 2003. — En anglais/In English, p. 105-111; en portugais/in Portugese, p. 169-176; en allemand/in German, p. 237-244. — P. 43-50

Piña, Manuel. — «Manuel Piña : Time». — Cuba on the verge : an island in transition. — Bulfinch Press : Boston; New York; London, 2003. — P. 17-23

2000
«[?]». — From the negative : conceptual photography from Cuba. — Ricardo Viera : interview with Manuel Piña. — Minneapolis : pARTs Photographic Arts, 2000. — P. [?]

Maestro, Dany. — «El acoso de los límites : entrevista a Manuel Piña». — Habáname. — Año 1, núm. 2 (2000). — P. 42-46

1999
Piña, Manuel; Budney, Jen; Pinto, Roberto. — «Manuel Piña im Gespräch mit Jen Budney und Roberto Pinto = Manuel Piña in conversation with Jen Budney and Roberto Pinto». — Cuba : Los mapas del deseo = Landkarten der Sehnsucht = Maps of desire. — Wien : Kunsthalle Wien, 1999. — P. 170-177

1997
Piña, Manuel. — «Of (De) constructions and utopias». — Utopian territories : new art from Cuba. — Vancouver : Contemporary Art Gallery : Morris and Helen Belkin Art Gallery; La Habana : Fundación Ludwig de Cuba, [1997]. — En espagnol, sous le titre/In Spanish as «De construcciones y utopías», p. 156-157. — P. 104

Autres sources proposées/ Other Recommended Sources

2002
Arratia, Euridice. — «Manuel Piña : Marvelli Gallery, New York». — Tema Celeste. — No. 89 (Jan./Feb. 2002). — P. 83

González Mora, Magda. — «No place». — No place. — Bonn : Instituit für Auslandsbeziehungen, 2002. — P. [?]

Watson, Petra. — «The photographs of Manuel Piña». — CV Photo. — Nº 57 (avril/April 2002). — P. 16-18; p. couv.

2001
Works : Manuel Piña. — Text by Nina Menocal, Mark Sanders, Manuel Piña. — [Mexico : Galeria Nina Menocal, 2001]. — [19] p.

Block, Holly. — «[Reproductions]». — Art Cuba : the new generation. — New York : Harry N. Abrams, 2001. — P. 118-119

Figueroa, Eugenio Valdés. — «Trajectories of a rumor : Cuban art in the Postwar period». — Art Cuba : the new generation. — New York : Harry N. Abrams, 2001. — P. 17-23

Molina, Juan Antonio. — «Zones of silences/ zone of rumours : entering slowly and not very deeply into the recent work of Manuel Piña». — Last Call. — No. 2 (Fall, 2001). — P. [8]

Sanders, Mark. — «Utopian territories : contemporary art from Cuba». — The Curator's Egg. — Vol. 2 (2001). — P. [?]

2000
Montes de Oca Moreda, Dannys. — «Manuel Piña : every day I go to war». — Lost homelands : Manuel Piña, Edward Poitras, Jorma Puranen, Jin-Me Yoon. — Kamloops : Kamloops Art Gallery; Charlottetown : Confederation Centre Art Gallery & Museum, 2000. — P. 28-33

Monique Régimbald-Zeiber

Née à Sorel, en 1947.
Vit et travaille à Montréal.

Born in Sorel, in 1947.
Lives and works in Montréal.

EXPOSITIONS/EXHIBITIONS

Expositions individuelles/Solo Exhibitions

2000
Menu, Montréal Télégraphe, Montréal.

1998
Le Silence, CIRCA, Montréal.

Monique Régimbald-Zeiber (peinture), Centre d'exposition des Gouverneurs, Sorel-Tracy.

1996
Vieille Peau/Vanité, édifice Belgo, Espace 502, Montréal.

1994
De si petites choses, édifice Belgo, Espace 502, Montréal.

1993
Œuvres récentes, Expression, Centre d'exposition de Saint-Hyacinthe, Saint-Hyacinthe.

1990
[*Monique Régimbald-Zeiber (peinture)*], Centre d'exposition des Gouverneurs, Sorel-Tracy.

Nature d'une histoire morte I et II, Banff Centre for the Arts, Banff.

Œuvres récentes, La Centrale, Montréal.

1988
[*Monique Régimbald-Zeiber*], Galerie Graff, Montréal.

1986
Œuvres récentes, Galerie Graff, Montréal.*

1985
[*Monique Régimbald-Zeiber*], Galerie Horace, Sherbrooke.

1982
[*Monique Régimbald-Zeiber*], Galerie Motivation V, Montréal.

Expositions collectives/Group Exhibitions

2003
Et toutes elles réinventent le monde..., divers lieux/various venues, Montbéliard. — Exposition organisée par/Exhibition organized by Le 19-Centre Régional d'Art Contemporain, Montbéliard.*

2002
Enjeux de la représentation, Musée national des beaux-arts du Québec, Québec.

1999
El cos, la llengua, les paraules, la pell : Artistes contemporanis del Québec, Centre d'Art Santa Mónica, Barcelone [itinéraire/itinerary : (sous le titre/under the title *Espaces intérieurs : le corps, la langue, les mots, la peau*), Passage de Retz, Paris]. — Exposition organisée par le/Exhibition organized by the Musée du Québec [auj./today Musée national des beaux-arts du Québec] et présentée dans le cadre du/and presented as part of the *Printemps du Québec en France*.*

1998
Le Mensonge de la couleur, Montréal Télégraphe, Montréal.*

Peinture Peinture, édifice Belgo, Montréal. — Événement organisé par l'A.G.A.C. (Association des galeries d'art contemporain de Montréal) et présenté durant l'été dans de multiples établissements au Québec, ainsi qu'à Ottawa/ Event organized by the A.G.A.C. (Association des galeries d'art contemporain de Montréal) and presented during the summer in various institutions across Québec as well as Ottawa.

1997
Vanités : regards sur la nature morte contemporaine, Galerie de l'UQÀM, Montréal.*

1996
(ce) corps invulnérable, La Centrale, Montréal.*

1995
Les Lieux incertains, Galerie de l'UQÀM, Montréal.*

1994
Les Ateliers s'exposent, Centre de diffusion en arts visuels Cobalt, Montréal.*

1993
L'art prend l'air : Vol parallèle = Pictures for the Sky: Parallel Flight, Musée des beaux-arts de Montréal/Montreal Museum of Fine Arts, Montréal [itinéraire/itinerary : Oakville Galleries, Oakville; Centre culturel de Sherbrooke, Sherbrooke; Maison de la culture Mercier, Montréal; Rodman Hall Arts Centre, St. Catharines; Thunder Bay National Exhibition Centre, Thunder Bay; Glenbow Museum, Calgary; MacKenzie Art Gallery, Regina].*

1992
Art Actuel - Présences québécoises, Château de Biron, Dordogne [itinéraire/itinerary : La Ferme du Buisson, Centre d'art contemporain, Marne-la-Vallée].*

La Décennie de la métamorphose : 1982-1992, Musée du Québec, Québec.*

1988
Dessin, Galerie Skol, Montréal.

1987
Femmes-forces, Musée du Québec, Québec.*

1986
Graff 1966-1986, Musée d'art contemporain de Montréal, Montréal. — Exposition organisée en collaboration avec/Exhibition organized in collaboration with Graff.*

1985
Peinture au Québec : une nouvelle génération, Musée d'art contemporain de Montréal, Montréal [itinéraire/itinerary : Art Gallery of South Okanagan, Okanagan; Galerie Restigouche, Campbellton; Nickle Arts Museum, Calgary].*

1984
[*Anne-Marie Bonin, Monique Régimbald-Zeiber, Céline Surprenant*], Studio 701, Cooper building, Montréal.

BIBLIOGRAPHIE/BIBLIOGRAPHY

Publications de l'artiste/
Publications by the Artist
(depuis/since 2000)

2004
Grauerholz, Angela; Régimbald-Zeiber, Monique. — Le livre des leurres. — Montréal : Éditions les petits carnets, [2004]. — À paraître

2003
Déry, Louise. — Françoise Sullivan : la peinture à venir. — Collaboration de Monique Régimbald-Zeiber. — Montréal : Éditions les petits carnets, [2003]. — [80] p.

2000
Régimbald-Zeiber, Monique. — «La belle Lurette». — Textura : l'artiste écrivant = the artist writing. — Montréal : La Centrale/Powerhouse, [2000]. — Texte en français et en anglais. — P. 11-25

Autres sources proposées/
Other Recommended Sources

2000
Lamarche, Bernard. — «Les mots et les choses». — Le Devoir. — (22 avril 2000). — P. D-11

1993
Déry, Louise. — «Monique Régimbald-Zeiber». — Parachute. — N° 72 (oct./nov./déc./Oct./Nov./Dec. 1993). — P. 49-50

1992
Mercier, Guy. — «Le bœuf écorché». — La décennie de la métamorphose, 1982-1992. — [Québec] : Musée du Québec, 1992. — (Le Musée du Québec en images; 5). — P. 54-55

1991
Côté, Mario. — «L'usage de la peinture». — ETC Montréal. — N° 14 (printemps 1991). — P. 40-41

Meilleur, Martine. — «Monique Régimbald-Zeiber». — Parachute. — N° 62 (avril/mai/juin/Apr./May/June 1991). — P. 36-37

1990
Dumont, Jean. — «Le noir, affirmation d'une nouvelle couleur». — Le Devoir. — (20 oct. 1990). — P. B-14

1988
Duncan, Ann. — «Food for thought in artist's latest show». — The Gazette. — (Sept. 24, 1988). — P. H-4

Paul, Francine. — «Monique Régimbald-Zeiber». — Parachute. — N° 53 (déc./Dec. 1988-janv./févr./Jan./Feb. 1989). — P. 35-36

Taillefer, Hélène. — «Pour une autonomie du dessin». — Spirale. — N° 78 (avril 1988). — P. 19

1986
Daigneault, Gilles. — «Monique Régimbald-Zeiber chez Graff : quand la peinture se fait gourmande». — Le Devoir. — (3 mai 1986). — P. C-9

Paul, Francine. — «[Sans titre/Untitled]». — Monique Régimbald-Zeiber : œuvres récentes. — Montréal : Galerie Graff, 1986. — P. [2-3]

1984
Le Gris-Bergman, Françoise. — «Céline Surprenant, Monique Régimbald-Zeiber, Anne-Marie Bonin». — Vanguard. — Vol. 13, n° 8 (oct. 1984). — Texte en français et en anglais/Text in French and English. — P. 44-45

Rosângela Rennó

Née à Belo Horizonte, en 1962.
Vit et travaille à Rio de Janeiro.

Born in Belo Horizonte, in 1962.
Lives and works in Rio de Janeiro.

EXPOSITIONS/EXHIBITIONS

Expositions individuelles/Solo Exhibitions

2003
Ceremonia del Adiós, PhotoEspaña 03, Casa de América, Madrid.

Daily Mirror, Lombard-Freid Fine Arts, New York.

O Arquivo Universal e Outros Arquivos, Centro Cultural Banco do Brasil, Rio de Janeiro.*

Rosângela Rennó, Galeria Fortes Vilaça, São Paulo.

2002
Museu de Arte da Pampulha, Belo Horizonte.

2001
Instituto Tomie Ohtake, São Paulo.

Espelho Diário = Daily Mirror, Museu do Chiado, Lisbonne/Lisbon. — Dans le cadre du projet *Interferências*/As part of the *Interferências* project.*

1999
Vulgo [Alias], Australian Centre for Photography, Sydney.*

1998
Vulgo [Alias], Lombard-Freid Fine Arts, New York.

1996
Cicatriz, The Museum of Contemporary Art, Los Angeles. — Dans le cadre de la série *Focus*/As part of the *Focus* series.*

1995
Hipocampo, Galeria Camargo Vilaça, São Paulo.

In Oblivionem (no landScape), De Appel Foundation, Amsterdam.*

1994
Humorais, Galeria de Arte do IBEU-Copacabana, Rio de Janeiro.

1991
A Identidade em Jogo, Centro Cultural São Paulo, São Paulo [itinéraire/itinerary : Pavilhão da Bienal de São Paulo, São Paulo; Galeria Macunaíma, Instituto Brasileiro de Arte e Cultura, Rio de Janeiro].

1989
Anti-Cinema - Veleidades Fotográficas, Centro de Arte Corpo, Belo Horizonte.*

Expositions collectives/Group Exhibitions

2003
L Biennale di Venezia, Venise/Venice.*

Strange Days, Museum of Contemporary Art, Chicago.

2002
El Archivo Pons - la colección de Alfonso Pons, Koldo Michelena, San Sebastian.

Paralelos. Arte brasileira da segunda metade do século XX em contexto. Colección Cisneros, Museu de Arte Moderna de São Paulo, São Paulo; Museu de Arte Moderna do Rio de Janeiro, Rio de Janeiro.*

2001
2. berlin biennale für zeitgenössische kunst = 2nd berlin biennial for contemporary art, Kunst-werke Berlin; Postfuhramt, Berlin.*

El Final del Eclipse, Fundación Telefónica, Madrid [itinéraire/itinerary : Palacio de los Condes de Gabia, Granada y Santa Fe; Museo de Arte Extremeño e Iberoamericano, MEIAC, Badajoz].*

Experiment/Experiência - Art in Brazil 1958-2000, Museum of Modern Art, Oxford.*

Virgin Territory: Women, Gender, and History in Contemporary Brazilian Art, National Museum of Women in the Arts, Washington.*

2000
Século 20: Arte do Brasil, Fundação Calouste Gulbenkian, Lisbonne/Lisbon.

1998
Archiv X, O.K. Centrum für Gegenwartskunst Oberösterreich, Linz.*

1997
II Kwangju Biennale 1997, Kwangju.*

InSITE 97, San Diego; Tijuana.*

1996
Prospect 96: Photography in Contemporary Art, Frankfurter Kunstverein; Schirn Kunsthalle Frankfurt, Francfort-sur-le-Main/Frankfurt-on-Main.*

1994
22ª Bienal Internacional de São Paulo, São Paulo.*

Cocido y Crudo, Museo Nacional Centro de Arte Reina Sofia, Madrid.*

1993
Aperto '93, XLV Biennale di Venezia, Venise/Venice.*

BIBLIOGRAPHIE/BIBLIOGRAPHY

Entretien de l'artiste/Interview with the Artist

2003
Rennó, Rosângela; Herzog, Hans-Michael. — «Rosângela Rennó : "...sé más o menos lo qué pasa en Berlín, Londres y Nueva York, pero me interesa mucho más saber qué está pasando en Bangkok o Bogotá y qué alternativas encuentran los otros artistas periféricos para poder quedarse viviendo y trabajando en sus propios países" [...]». — La Mirada – Looking at photography in Latin America today. — Zürich : Daros Latin America; Edition Oehrli, 2003. — En anglais/In English, p. 85-90; en portugais/in Portugese, p. 149-154; en allemand/in German, p. 215-221. — P. 23-28

Autres sources proposées/ Other Recommended Sources

2003
Melendi, Maria Angélica. — «Bibliotheca : ou das possíveis estratégias da memória». — Rosângela Rennó : O arquivo universal e outros arquivos. — São Paulo : Cosac & Naify, 2003. — En anglais, sous le titre/In English as «Bibliotheca or, on the possible strategies of memory», p. 37-49. — P. 23-35

Visconti, Jacopo Crivelli. — «Hidden evidence». — Shattered dreams : sonhos despedaçados : Beatriz Milhazes | Rosângela Rennó. — São Paulo : Fundação Bienal, [2003]. — En portugais, sous le titre/In Portuguese as «Evidências ocultas», p. 42-54. — P. 26-38

2002
Lapa, Pedro. — «Rosângela, comunidade sem nome = Rosângela, community without a name». — Rosângela Rennó : espelho diário. — Lisboa : Museu do Chiado, 2002. — P. 7-35

1999
Chiarelli, Tadeu. — «O trabalho de Rosângela Rennó : considerações preliminares». — Arte internacional Brasileira. — São Paulo : Lemos Editorial, 1999. — P. 234-239

1998
Cameron, Dan. — «Rosângela Rennó». — Cream : contemporary art in culture : 10 curators, 10 writers, 100 artists. — London : Phaidon, 1998. — P. 340-343

Herkenhoff, Paulo. — «Rennó ou a beleza e o dulçor do presente». — Rosângela Rennó. — São Paulo : Edusp : Imprensa Oficial, 1998. — (Artistas da Usp; 9). — P. 115-191

1997
«Archives of the fallen». — Grand Street. — No. 62 (1997). — Portfolio, avec un article de/with an essay by Charles Merewether. — P. 36-47

1996
Knight, Christopher. — «The writing on the wall». — Los Angeles Times. — (Sept. 3, 1996). — P. [?]

1995
Cameron, Dan. — «'Between the lines'». — Rosângela Rennó : outubro de 1995. — [São Paulo : Galeria Camargo Vilaça, 1995]. — En portugais, sous le titre/In Portuguese as «'Entre as linhas'», p [8-9]. — Traduit en allemand et publié sous le titre/Translated in German as «Zwischen den Zeilen», dans/in *Inklusion : Exklusion : Versuch einer neuen Kartografie der Kunst im Zeitalter von Postkolonialismus und globaler Migration*, Köln, DuMont, 1997, p. 313. — P. [6-7]

Herkenhoff, Paulo. — «Rosângela Rennó y las ultimas fronteras del mirar». — El Urogallo. — No. 110-111 (jul./ago. 1995). — Madrid. — P. 110-114

Pedrosa, Adriano. — «Developing identities». — Poliester. — Vol. 4, no. 11 (Winter 1995). — P. 44-47

1994
Herkenhoff, Paulo. — «The density of light - contemporary Brazilian photography». — Die Dichte des Lichts : zeitgenössische brasilianische Fotografie = Density of light : contemporary Brazilian photography. — São Paulo : Câmara Brasileira do Livro, 1994. — En portugais, sous le titre/In Portuguese as «A espessura da luz - Fotografia brasileira contemporânea», p. 43-56. — P. 27-42

Mesquita, Ivo. — «Rosângela Rennó». — 6 artists : Leda Catunda, Mariannita Luzzati, Paulo Pasta, Rosângela Rennó, Saint Clair Cemin, Valeska Soares : Galeria Camargo Vilaça : 1994 : XXII Bienal Internacional de São Paulo. — Translated by Stephen Berg. — [São Paulo : Galeria Camargo Vilaça, 1994]. — Texte en espagnol et en anglais/Text in Spanish and English. — P. 34-35

1993
Fabris, Annateresa. — «[Sans titre/Untitled]». — Aperto '93 - XLV Biennale di Venezia. — Milano : Flash Art, 1993. — Repris dans/Reprinted in *Tridimensionalidade na arte brasileira do século XX*, São Paulo, Instituto Itaú Cultural, [1997], p. 218. — P. 382

José Alejandro Restrepo

Né à Bogotá, en 1959.
Vit et travaille à Bogotá.

Born in Bogotá, in 1959.
Lives and works in Bogotá.

EXPOSITIONS/EXHIBITIONS

Expositions individuelles/Solo Exhibitions

2003
Machihembrao, Galería Valenzuela y Klenner, Bogotá.

2002
TransHistorias - Histoire et mythe dans l'œuvre de José Alejandro Restrepo, École Supérieure des Beaux Arts de Toulouse, Toulouse.

2001
TransHistorias - Historia y mito en la obra de José Alejandro Restrepo, Biblioteca Luis Angel Arango, Bogotá.*

2000
Iconomia, Galería Santa Fe, Planetario Distrital de Bogotá, Bogotá.*

1998
El cocodrilo de Humboldt no es el cocodrilo de Hegel, Valenzuela y Klenner Galería, Madrid. — Dans le cadre de/As part of *Arco 98*.

Teoría del Color (Una contribución al desorden en las taxonomias), Museo Nacional de Colombia, Bogotá.

1997
Musa Paradisíaca, Museo de Arte Moderno de Bogotá, Bogotá.*

1993
Anaconda, Aphone [auj./today Forde - Espace d'art contemporain], Genève/Geneva.

1992
El Paso del Quindío, Centro Colombo Americano, Bogotá.

1989
Orestíada, Centro Colombo Americano, Bogotá.

1988
Terebra, Museo de Arte de la Universidad Nacional, Bogotá.

1987
Parquedades, escenas de parque para una actriz, video y música, Teatro La Candelaria, Bogotá. — Performance avec/with Maria Teresa Hincapié.

Expositions collectives/Group Exhibitions

2003
Colombia 2003 : José Alejandro Restrepo, Oscar Muñoz y Miguel Ángel Rojas, Museo de Arte Moderno de Buenos Aires, Buenos Aires.*

Mapas Abiertos, Fotografía Latinoamericana 1991-2002, Palau de la Virreina, Barcelone/Barcelona; Fundación Telefónica, Madrid.*

2002
Big Sur, The Project, Los Angeles.

Entrelineas, La Casa Encendida, Caja Madrid, Madrid.

Tempo, The Museum of Modern Art, Queens, New York.*

Transit. Latin American Art at the University Gallery, University Gallery of Essex, Colchester.*

2001
Wiener Festwochen, Künstlerhaus, Vienne/Vienna.

2000
Define "context", Apex art, New York.*

KF 175.com, Kunstforeningen, Copenhague/Copenhagen.

1999
Welt Sichten: Hommage an Humboldt, ifa-Galerie, Berlin [itinéraire/itinerary : ifa-Galerie, Bonn; ifa-Galerie, Stuttgart].*

1998
The Garden of Forking Paths, Kunstforeningen, Copenhague/Copenhagen [itinéraire/itinerary : Edsvik Konst & Kultur, Sollentuna, Stockholm; Nordjyllands Kunstmuseum, Aalborg; Helsinki City Art Museum, Helsinki].*

1996
23ª Bienal Internacional de São Paulo, São Paulo.*

Cultura Vita – Natura Mors, ifa-Galerie, Stuttgart [itinéraire/itinerary : ifa-Galerie, Bonn].*

1995
A propósito de Colombia/Beziehungsweise Kolumbien, B.B.K. Köln [Kulturhaus Lateinamerika e.V.], Cologne.*

Por mi raza hablará el Espíritu, Museo Universitario del Chopo, UNAM, Mexico/Mexico City.

XI Mostra da Gravura Cidade de Curitiba, Museu da Gravura Cidade de Curitiba, Curitiba.

BIBLIOGRAPHIE/BIBLIOGRAPHY

Sources proposées/Recommended Sources

2003
Alonso, Lic. Rodrigo. — «Theatrum Iconographicum». — Colombia 2003. — [Buenos Aires : Museo de Arte Moderno de Buenos Aires, 2003]. — En ligne/Online [Réf. du 25 nov. 2003/Cited on Nov. 25, 2003], accès/access : <http://www.aamamba.org.ar/criticas/critica.pl?critica=7>. — P. [?]

Jiménez, Carlos. — «Estereotipos visuales en desorden». — Lápiz. — Año 22, núm. 193 (Mayo 2003). — P. 20-27

2002
Herkenhoff, Paulo; Marcoci, Roxana; Basilio, Miriam. — «A tempo lexicon». — Tempo. — New York : Museum of Modern Art, 2002. — P. 8-16

Hulme, Peter. — «Tails of distinction». — Transit : Latin American art at the University Gallery. — [Colchester : University of Essex], 2002. — P. [?]

2001
Figueroa, Eugenio Valdés. — «Stories of alternatives». — Short stories : new narrative forms in contemporary art. — Milano : La Fabbrica, 2001. — P. [?]

Herkenhoff, Paulo. — «El hambre polisémica de José Alejandro Restrepo». — Transhistorias : historia y mito en la obra de José Alejandro Restrepo. — Bogotá : Biblioteca Luis Angel Arango, Banco de la República, 2001. — En anglais, sous le titre/In English as «The polysemous hunger of José Alejandro Restrepo», p. 59-62. — P. 44-51

Roca, José. — «Flora necrológica». — Lápiz. — Año 20, núm. 178 (Diciembre 2001). — P. 58-65

Roca, José Ignacio. — «Transhistorias : historia y mito en la obra de José Alejandro Restrepo». — Transhistorias : historia y mito en la obra de José Alejandro Restrepo. — Bogotá : Biblioteca Luis Angel Arango, Banco de la República, 2001. — En anglais, sous le titre/In English as «Transhistories : myth and history in the work of José Alejandro Restrepo», p. 57-58. — P. 4-7

2000
Gutiérrez, Natalia. — Cruces : arte : artista : José Alejandro Restrepo. — Bogotá : Alcaldía Mayor de Bogotá D.C., 2000. — 132 p.

1998
Basualdo, Carlos. — «Crocodiles, or Latin American project rooms installations at Arco». — ArcoNoticias. — No. 11 (May 1998). — Repris (en partie) sous le titre/Republished (in part) as «Cocodrilos : o los project rooms latinoamericanos» et en anglais, sous le titre/and in English as «Crocodiles, or Latin-American project rooms at Arco», dans/in *Transhistorias : historia y mito en la obra de José Alejandro Restrepo*, Bogotá, Biblioteca Luis Angel Arango, Banco de la República, 2001, p. 43; 58-59. — P. 11-12

Gutiérrez, Natalia. — «The gestural gaze». — The garden of forking paths. — Copenhagen : Kunstforeningen, 1998. — P. 122-127

1996
José Alejandro Restrepo. — Santafé de Bogotá : República de Colombia, [1996]. — 23 p. — En espagnol et en anglais/In Spanish and English.

Gutiérrez, Natalia. — «Arte colombiano : cruces». — Atlántica : internacional revista de las artes. — No. 10 (Invierno 1996). — En anglais/In English, sous le titre/under the title «Colombian art : intersections», p. 178-181. — P. 109-114

Lenz, Iris. — «Tote Frosche tanzen Tango». — Cultura vita natura mors : Maria Fernanda Cardoso, Juan Fernando Herrán, José Alejandro Restrepo, Victor Robledo, Carlos Uribe. — [Stuttgart?] : Ifa, 1996. — En espagnol, sous le titre/ In Spanish as «Ranas muertas bailando tango», p. 65-67. — P. 4-7

1995
Ponce de León, Carolina. — «Instrumentos de Fe : notas para una exposición = Instrumente der Überzeugung : Anmerkungen zu einer Ausstellung». — A propósito de Colombia : Ana Claudia Múnera, Delcy Morelos, German Martínez, José Alejandro Restrepo, José Antonio Suarez, Miguel Angel Rojas; 9.11. - 10.12.1995, Kulturhaus Lateinamerika e.V., Köln. — [Weimar] : Kunstverl. Gotha, 1995. — Texte en allemand et en espagnol/Text in German and Spanish. — P. 50-59

Stempel, Karin. — «[?]». — A propósito de Colombia : Ana Claudia Múnera, Delcy Morelos, German Martínez, José Alejandro Restrepo, José Antonio Suarez, Miguel Angel Rojas; 9.11. - 10.12.1995, Kulturhaus Lateinamerika e.V., Köln. — [Weimar] : Kunstverl. Gotha, 1995. — Texte en allemand et en espagnol/Text in German and Spanish. — P. 5-11

Cristián Silva

Né à Santiago, en 1969.
Vit et travaille à Guadalajara.

Born in Santiago, in 1969.
Lives and works in Guadalajara.

EXPOSITIONS/EXHIBITIONS

Expositions individuelles/Solo Exhibitions

2003
17 Veces 17, Instituto Cultural Cabañas, Guadalajara.

Tornado, Galería H-10, Valparaíso.

2002
General v/s Particular, El Parche, Bogotá.

Ocho Columnas, Arena México, Guadalajara.

2001
Superfly, The Project, New York.

2000
Cristián Silva - Chavo Tent, Sadly Notorious, BildMuseet, Umeå. — Dans le cadre de l'exposition/As part of the exhibition *Socialismer, Stockholm Art Fair.*

1998
Yagán, Galería Gabriela Mistral, Santiago.*

1994
Upstairs/Downstairs, Instituto Chileno Británico de Cultura, Santiago.

1993
Factores Fundamentales para el Desarrollo de los Organismos Jóvenes, Galería Bucarest, Santiago.

Expositions collectives/Group Exhibitions

2003
Todo Sobre George/All About Jorge, Espacio La Rebeca, Bogotá.

2002
XXX Festival Internacional Cervantino, Guanajuato.

Big Sur, The Project, Los Angeles.

La fotografia contemporanea latinoamericana da New York a Santiago del Cile, Istituto Italo-Latino Americano, Palazzo Santa Croce, Rome. — Dans le cadre du/As part of the *I FotoGrafia: Festival Internazionale di Roma*.*

Thinking local: Gonzalo Lebrija, Christián Silva & Javier Téllez, Sicardi Gallery, Houston.

2001
Da Adversidade Vivemos = De l'adversité, nous vivons, ARC, Musée d'art moderne de la Ville de Paris, Paris.*

False Start, CCS, Bard College Museum, Annandale-on Hudson, N. Y.

Hechos de la Historia de Chile, Galería MuroSur – Artes Visuales, Santiago.

Tirana Biennial 2001, Tirana.*

2000
Arte y Política: Anomalías del Espacio, Museo de Arte Contemporáneo; Galería Metropolitana, Santiago.

Chile Artes Visuales 100 Años (1973-2000), Museo Nacional de Bellas Artes de Chile, Santiago.

Espacio-Tiempo, Galería Gabriela Mistral, Santiago.*

VII Bienal de La Habana, La Havane/Havana.*

1999
II Bienal de Artes Visuais do Mercosul, Pôrto Alegre.

1998
Guarene Arte '98, Palazzo Re Rebaudengo, Guarene d'Alba.*

1997
Espiritu Urbano, CAD, Facultad de Arquitectura y Urbanismo Universidad de Chile, Santiago.

Prospect & Perspective: Recent Art from Chile, San Antonio Museum of Art, San Antonio.*

1996
Campos de Hielo: Arte Joven en Chile 1986-1996, Museo Nacional de Bellas Artes de Chile, Santiago.

From Left to Right, Delfina Studios, Londres/London.

1993
Estética de la Dificultad, Centro de Arte y Communicación, CAYC, Buenos Aires.*

1992
Urgent Mail Art Show, MAC - Museo de Arte Contemporáneo, Santiago.*

BIBLIOGRAPHIE/BIBLIOGRAPHY

Publications de l'artiste/ Publications by the Artist

2004
Silva, Cristián. — «Discreción, decencia, autenticidad y afecto, es el camino que puedo recomendar para los artistas que comienzan». — Facultad de Artes, Pontificia Universidad Católica de Chile [en ligne/online]. — Providencia : Santiago de Chile, [2004]. — [Réf. du 4 févr. 2004/ Cited on Feb. 4, 2004]. — Accès/Access : <http://www.facultadartes.puc.cl/entrevistas/ entrevistas/ent_09.htm>

2003
Silva, Cristián. — «Cristián Silva : interview transcript». — LatinArt.com [en ligne/online]. — Interviewer : Bill Kelly. — (Jan. 2003). — [Réf. du 7 avril 2004/Cited on Apr. 7, 2004]. — Accès/Access : <http://www.latinart.com/faview.cfm>

2002
Silva, Cristián. — «Load (and unload)». — L. A. Freewaves [en ligne/online]. — Los Angeles : L. A . Freewaves, [2002?]. — [Réf. du 4 févr. 2004/ Cited on Feb 4, 2004]. — Accès/Access : <http://www.freewaves.org/festival_2002/ events/latin/chile_essay.html>. — Repris dans *LatinArt.com* [en ligne], (Jan. 5, 2003), [Réf. du 7 avril 2004/Cited on Apr. 7, 2004], accès/access : <http://www.latinart.com/aiview.cfm?id=147>

2000
Silva, Cristián. — «El peldaño inclinado». — Espacio-Tiempo. — [Santiago : Galería Gabriela Mistral, 2000]. — P. [?]

1999
Silva, Cristián. — «Estrategias de autogestión; viejas dificultades, nuevas propuestas». — Muro Sur, artes visuales. — No. 1 (1999). — P. [?]

1998
Silva, Cristián. — «[Sans titre/Untitled]». — Guarene Arte '98. — Rivoli : Fondazione Sandretto Re Rebaudengo per l'arte, 1998. — En italien/In Italian. — En anglais/In English, p. 63-64. — P. 61-62

1996
Silva, Cristián. — «The new ideal line (El Ekeko)» — Las cosas y sus atributos : Ivan Navarro, Mario Navarro : 14 de mayo al 7 de junio de 1996, Galería Gabriela Mistral. — Santiago : Galería Gabriela Mistral, 1996. — En espagnol/In Spanish — P. 15-26

Autres sources proposées/ Other Recommended Sources

2001
Frerot, Christine. — «Da adversidade vivemos». — Art Nexus. — No. 42, vol. 4 (Nov. 2001/ Jan. 2002). — P. 137-139

Yehya, Naief. — «Cristian Silva and Grazia Toderi, The Project». — Art Nexus. — No. 40 (May/July 2001). — P. 150-151

1998
«Informazioni di Mitologia privata = Private mithology [sic] information». — Guarene Arte '98. — Rivoli : Fondazione Sandretto Re Rebaudengo per l'arte, 1998. — P. 58-59

Vida social : Cristián Silva. — [Texte/Text : Eugenio Dittborn]. — Santiago de Chile : Galería Gabriela Mistral, 1998. — [40] p.

Basualdo, Carlos. — «[Sans titre/Untitled]». — Guarene Arte '98. — Rivoli : Fondazione Sandretto Re Rebaudengo per l'arte, 1998. — P. 60

Regina Silveira

Née à Pôrto Alegre, en 1939.
Vit et travaille à São Paulo.

Born in Pôrto Alegre, in 1939.
Lives and works in São Paulo.

EXPOSITIONS/EXHIBITIONS

Expositions individuelles/Solo Exhibitions

2003
Claraluz, Centro Cultural Banco do Brasil, São Paulo.*

2002
A Lição, Galeria Brito Cimino, São Paulo.*

2001
Dobras, Atelier FINEP, Paço Imperial, Rio de Janeiro.*

1999
Desapariencas, Galería Gabriela Mistral; División de Cultura, Ministério de Educación, Santiago.*

1998
Velox, Museo de Arte Moderno de Buenos Aires, Buenos Aires.

1997
intro (re:fresh widow, r.s.), Galeria Casa Triângulo, São Paulo.

To be Continued ..., NIU Art Museum, Chicago.

1996
Grafias, MASP - Museu de Arte de São Paulo Assis Chateaubriand, São Paulo.

Regina Silveira: Gone Wild, Museum of Contemporary Art, San Diego. — Dans le cadre de la série *Inside/Out*/As part of the *Inside/Out* series.

1995
Mapping the Shadows, LedisFlam Gallery, New York.

Regina Silveira: Desenhos, AS Studio, São Paulo.*

1993
Masterpieces (In Absentia), LedisFlam Gallery, New York.

1992
Regina Silveira: In Absentia (Stretched), The Queens Museum of Art, New York. — Dans le cadre de la série *Contemporary Currents*/As part of the *Contemporary Currents* series.*

Simile: Office 2, LedisFlam Gallery, New York.

1988
Fundação Calouste Gulbenkian, Lisbonne/Lisbon.*

Expositions collectives/Group Exhibitions

2003
emoção art.ficial, Instituto Itaú Cultural, São Paulo.*

Layers of Brazilian Art, Faulconer Gallery, Grinnel.

2002
Arte/Cidade, Sesc Belenzinho, São Paulo.

2001
Brazil: Body and Soul, Solomon R. Guggenheim Museum, New York [itinéraire/itinerary : Guggenheim Museum Bilbao, Bilbao].*

Rembrandt to Rauschenberg: Building the Collection, Jack S. Blanton Museum of Art, University of Texas at Austin, Austin.*

Virgin Territory: Women, Gender, and History in Contemporary Brazilian Art, National Museum of Women in the Arts, Washington.*

2000
1° Bienal Argentina de Grafica Latino-Americana, Museu Nacional del Grabado, Buenos Aires.*

1999
100 Drawings, P.S.1 Contemporary Art Center, Long Island.

Re-Aligning Vision: Alternative Currents in South American Drawing, Miami Art Museum, Miami.

1998
24ª Bienal Internacional de São Paulo, São Paulo.*

1997
Of Mudlarkers and Measurers, Agnes Etherington Art Centre, Kingston [itinéraire/itinerary : Ottawa Art Gallery, Ottawa].*

1994
Arte/Cidade: A Cidade e seus Fluxos, São Paulo.

1993
Ultramodern: The Art of the Contemporary Brazil, National Museum of Women in the Arts, Washington.*

1992
Imaquinaciones: 16 Miradas al 92, EXPO 92, Séville/Seville.

1991
VII Triennale India, New Delhi.

BIBLIOGRAPHIE/BIBLIOGRAPHY

Sources proposées/Recommended Sources

2003
Grossmann, Martin. — «Regina Silveira's tropical enlightment». — Claraluz. — São Paulo : Centro Cultural Banco do Brasil, 2003. — P. [?]

2002
Camnitzer, Luis. — «Brazil en Nueva York». — Lápiz. — Año 21, núm.182 (Abr. 2002). — P. 18-27

Montejo Navas, Adolfo. — «Cuando las sombras hablan». — Lápiz. — Año 21, núm.182 (Abr. 2002). — P. 52-61

2001
Brazil : body & soul. — Edited by Edward J. Sullivan. — New York : Guggenheim Museum, 2001. — 600 p.

Mundo da arte : linguagens visuais series [enregistrement vidéo/video recording]. — São Paulo : Documenta video, 2001. — VHS, 23 min

Sterling, Susan Fisher. — «The artist at work : Regina Silveira's Monudentro». — Women in the Arts. — (Holiday 2001). — The National Museum of Women in the Arts, Washington. — P. 8-11

1999
Freire, Cristina. — Poéticas do processo : arte conceitual no museu. — São Paulo : MAC-Universidade de São Paulo; Iluminuras, 1999. — 197 p.

1997
Favaretto, Celso. — «Um tiro no verrossimil». — Folha de São Paulo, Jornal de Resenhas. — (14 fev. 1997). — P. 6

1996
Coelho, Marcelo. — «Regina Silveira busca a distorção libertadora». — Folha de São Paulo, Illustrada. — (Ago. 1996). — P. 9, 21

Mesquita, Ivo. — «Brazil». — Latin American art in the twentieth century. — Edited by Edward J. Sullivan. — London : Phaidon Press, 1996. — P. 201-231

1995
Karmel, Pepe. — «Gathering up the rich strands of the Brazilian avant-garde». — The New York Times. — (Jan. 20, 1995). — P. C-28

Moraes, Angélica de. — Regina Silveira : cartografias da sombra. — São Paulo : FAPESP : Edusp, 1995. — 359 p. — Texte en portugais et en anglais/Text in Portuguese and English.

Stevens, Mark. — «Cannibals and missionaries». — New York Magazine. — (Jan. 30, 1995). — P. 76-78

1993
Amaral, Aracy A. — «Brasil : a mulher nas artes = Brazil : women in the arts». — Ultramodern : the art of contemporary Brazil. — Washington, D.C. : National Museum of Women in the Arts, 1993. — P. 17-33

1992
Leval, Susana Torruella. — «Recapturing history : the (un) official story in contemporary Latin American art». — Art Journal. — Vol. 51, no. 4 (Winter 1992). — P. 69-80

Adriana Varejão

Née à Rio de Janeiro, en 1964.
Vit et travaille à Rio de Janeiro.

Born in Rio de Janeiro, in 1964.
Lives and works in Rio de Janeiro.

EXPOSITIONS/EXHIBITIONS

Expositions individuelles/Solo Exhibitions

2004
Fondation Cartier pour l'art contemporain, Paris.

2003
Adriana Varejão, Lehmann Maupin Gallery, New York.

2002
Adriana Varejão, Victoria Miro Gallery, Londres/London. — Avec/With Bettina von Zwehl.

Adriana Varejão/Secos e Molhados, Galería Soledad Lorenzo, Madrid.

Secos e Molhados, Galería Fortes Vilaça, São Paulo.

2001
Adriana Varejão Azulejões, Centro Cultural Banco do Brasil, Rio de Janeiro.*

2000
Adriana Varejão, BildMuseet, Umeå [itinéraire/itinerary : Borås Konstmuseum, Borås].

Adriana Varejão, Lehmann Maupin Gallery, New York.

1999
Alegria, Galeria Camargo Vilaça, São Paulo.*

1998
Galería Soledad Lorenzo, Madrid.*

Trading Images, Pavilhão Branco, Museu da Cidade - Instituto de Arte Contemporânea, Lisbonne/Lisbon.*

1997
Galerie Ghislaine Hussenot, Paris.

1996
Galerie Barbara Farber, Amsterdam.

1995
Adriana Varejão, Annina Nosei Gallery, New York.

Expositions collectives/Group Exhibitions

2003
Prague Biennale 1, Prague.*

Yanomami - L'esprit de la forêt, Fondation Cartier pour l'art contemporain, Paris.*

2002
Tempo, The Museum of Modern Art, Queens, New York.*

2001
Brazil: Body and Soul, Solomon R. Guggenheim Museum, New York [itinéraire/itinerary : Guggenheim Museum Bilbao, Bilbao].*

El Final del Eclipse, Fundación Telefónica, Madrid [itinéraire/itinerary : Palacio de los Condes de Gabia, Granada y Santa Fe; Museo de Arte Extremeño e Iberoamericano, MEIAC, Badajoz].*

New Settlements, Nikolaj Copenhagen Contemporary Art Center, Copenhague/Copenhagen.

2000
12th Biennale of Sydney, Sydney.*

Ultrabaroque: Aspects of Post-Latin American Art, Museum of Contemporary Art, San Diego [itinéraire/itinerary : Modern Art Museum of Fort Worth, Fort Worth; San Francisco Museum of Modern Art, San Francisco; Art Gallery of Ontario, Toronto; Miami Art Museum, Miami; Walker Art Center, Minneapolis].*

1999
Trace, The Liverpool Biennial of Contemporary Art, The Tate Gallery, Liverpool.*

1998
24ª Bienal Internacional de São Paulo, São Paulo.*

1997
Lines from Brazil, Whitechapel Art Gallery, Londres/London.

1996
New Histories, ICA - The Institute of Contemporary Art, Boston.*

1995
Africus '95, Johannesburg Biennale, Johannesburg.*

TransCulture, La Biennale di Venezia 1995, Palazzo Giustinian Lolin [Fondazione Levi], Venise/Venice [itinéraire/itinerary : Naoshima Contemporary Art Museum, Okayama].*

1994
Mapping, The Museum of Modern Art, New York.*

BIBLIOGRAPHIE/BIBLIOGRAPHY

**Publication de l'artiste/
Publication by the Artist**

1999
Varejão, Adriana; Pedrosa, Adriano. — Adriana Varejão : trabalhos e referências 1992-99. — São Paulo : Galeria Camargo Vilaça, 1999. — 47 p.

**Autres sources proposées/
Other Recommended Sources**

2003
Doroshenko, Peter. — «[Adriana Varejão]». — Vitamine P : nouvelles perspectives en peinture. — Paris : Phaidon, 2003. — En anglais dans/In English in *Vitamin P : new perspectives in painting*, London, Phaidon, 2002. — P. 336-339

2002
Herkenhoff, Paulo; Marcoci, Roxana; Basilio, Miriam. — «A tempo lexicon». — Tempo. — New York : Museum of Modern Art, 2002. — P. 8-16

2001
Adriana Varejão. — Edited by Louise Neri; texts by Louise Neri, Paulo Herkenhoff. — S. l. : Takano, 2001. — [152] p. — Texte en anglais et en espagnol/Text in English and Spanish.

Carvajal, Rina. — «Adriana Varejão : travel chronicles». — Virgin territory : women, gender, and history in contemporary Brazilian art. — Curated by Susan Fisher Sterling, Berta Sichel, Franklin Espath Pedroso. — Washington, D.C. : National Museum of Women in the Arts, 2001. — P. 116-119

Chattopadhyay, Colette. — «Ultrabaroque : aspects of post-Latin American art». — Art Nexus. — No. 40 (May/July 2001). — P. 90-91

Frangenberg, Frank. — «[?]». — Women artists in the 20th and 21st century. — Edited by Uta Grosenick. — Köln; New York : Taschen, 2001. — P. 524-529

Sterling, Susan Fisher. — «Virgin territory». — Virgin territory : women, gender, and history in contemporary Brazilian art. — Curated by Susan Fisher Sterling, Berta Sichel, Franklin Espath Pedroso. — Washington, D.C. : National Museum of Women in the Arts, 2001. — P. 20-33

2000
Armstrong, Elizabeth; Garcia, Miki; Zamudio-Taylor, Victor. — «Adriana Varejão». — Ultrabaroque : aspects of post-Latin American art. — La Jolla : Museum of Contemporary Art San Diego, 2000. — P. 105-109

Enriquez, Mary Schneider. — «Adriana Varejão, Lehmann Maupin Gallery». — Art Nexus. — No. 36 (May/July 2000). — P. 149-150

Mosquera, Gerardo. — «Adriana Varejão». — Fresh cream : art contemporain et culture : 10 conservateurs, 10 auteurs, 100 artistes. — Paris : Phaidon, 2000. — Aussi en anglais dans l'édition anglaise de l'ouvrage/Also in English in the English edition of the book: *Fresh cream : contemporary art in culture : 10 curators, 10 writers, 100 artists*, London, Phaidon, 2000. — P. 622-627

1999
Leffingwell, Edward. — «Cannibals all». — Art in America. — Vol. 87, no. 5 (May 1999). — P. 46-55

Teixeira de Barros, Stella. — «Adriana Varejão : the presence of painting». — Art Nexus. — No. 34 (Nov. 1999/Jan. 2000). — P. 48-53

1996
Carvajal, Rina. — «Travel chronicles : the work of Adriana Varejão». — New histories : Institute of Contemporary Art, Boston. — Milena Kalinovska, curator; Lia Gangitano, Steven Nelson, editors. — Boston : Institute of Contemporary Art, 1996. — P. 168-173

Herkenhoff, Paulo. — «Pintura, sutura = Painting, suturing». — Adriana Varejão : painting, suturing = pintura, sutura. — São Paulo : Galeria Camargo Vilaça, 1996. — Repris (en partie) sous le titre/Republished (in part) as «Adriana Varejão» dans/in *12th Biennale of Sydney*, Sydney, The Biennale, 2000, p. 120. — P. 2-11

1994
Storr, Robert. — «The map room : a visitor's guide». — Mapping. — New York : Museum of Modern Art : Distributed by H.N. Abrams, 1994. — P. 5-23

Sergio Vega

Né à Buenos Aires, en 1959.
Vit et travaille à Gainesville.

Born in Buenos Aires, in 1959.
Lives and works in Gainesville.

EXPOSITIONS/EXHIBITIONS

Expositions individuelles/Solo Exhibitions

2002
Julia Friedman Gallery, Chicago. — Extraits de/excerpts from *Modernismo Tropical.*

Sergio Vega: Modernismo Tropical, Harn Museum of Art, University of Florida, Gainesville.

1999
Sergio Vega, Basilico Fine Arts, New York. — Extraits de/excerpts from *El Paraiso en el Nuevo Mundo.*

1997
Espacio 204, Caracas.

1996
[*Memoirs of an Outspoken Parrot*], Basilico Fine Arts, New York.

Expositions collectives/Group Exhibitions

2003
10 Floridians, Miami Art Central, Miami. — Dans le cadre de la/As part of the *Art Basel Miami Beach.*

Only Skin Deep, Changing Visions of the American Self, International Center of Photography, New York.*

Prague Biennale 1, Prague.*

2002
I Bienal Ceará América: De ponta cabeça, divers lieux/various venues, Fortaleza, Ceará, Brésil.

Etnografia: modo de empleo. Arqueología, Bellas Artes y Variedades, Museo de Bellas Artes de Caracas, Caracas.

Melodrama, ARTIUM | Centro-Museo Vasco de Arte Contemporáneo, Vitoria-Gasteiz [itinéraire/itinerary : Centro José Guerrero, Diputación de Granada, Granada; MARCO | Museo de Arte Contemporáneo de Vigo, Vigo].*

2001
Sonsbeek 9: LocusFocus, Sonsbeek Park, Arnhem.*

2000
III Kwangju Biennale 2000, Kwangju.*

5ᵉ Biennale de Lyon, Lyon.*

Casa Ideal, Museo Alejandro Otero, Caracas.

EV+A 2000: Friends and Neighbours, Limerick City Gallery of Art - LCGA, Limerick.*

Le Jardin 2000, Villa Medici, Rome. — Dans le cadre de la série/As part of the *La Ville, le Jardin, la Mémoire 1998-2000* series.

Territorios Ausentes = Absent Territories, Casa de América, Madrid.*

The End: An Independent Vision of Contemporary Culture 1982-2000, Exit Art, New York.

The Visionary Landscape, Christopher Grimes Gallery, Santa Monica.

1999
SITE SantaFe 3rd International Biennial, Site Santa Fe, Santa Fe.*

The Discovery of the Amazon: an Interpretation of the Chronicle of Fray Gaspar de Carvajal, CRG Gallery, New York. — Avec/With Miguel Angel Rios.

1998
III Bienal Barro de America, Museo de Arte Contemporáneo, Caracas.*

Amnesia, Track 16 Gallery; Christopher Grimes Gallery, Santa Monica [itinéraire/itinerary : The Contemporary Arts Center, Cincinnati; Biblioteca Luis Angel Arango, Bogotá; University of South Florida Contemporary Art Museum, Tampa; The Bronx Museum for the Arts, New York].*

The Garden of Forking Paths, Kunstforeningen, Copenhague/Copenhagen [itinéraire/itinerary : Edsvik Konst & Kultur, Sollentuna, Stockholm; Nordjyllands Kunstmuseum, Aalborg; Helsinki City Art Museum, Helsinki].*

Transatlántico, Centro Atlántico de Arte Moderno, Las Palmas de Gran Canaria.*

1997
2nd Johannesburg Biennale, Cape Town; Johannesburg. — Le travail de Sergio Vega était présenté à Johannesburg/The work of Sergio Vega was presented in Johannesburg.*

Heaven: Public View, Private View, P.S.1 Contemporary Art Center, New York. — Dans le cadre de/As part of *Private View.*

Pagan' Stories: The Situations of Narrative in Recent Art, Apex Art, New York.

1994
...It's How You Play the Game..., Exit Art, New York.

BIBLIOGRAPHIE/BIBLIOGRAPHY

Entretiens de l'artiste/ Interviews with the Artist

2001
«Sergio Vega». — Sonsbeek 9 : locus focus 2001. — [Interview avec/with Dieter Roelstraete]. — Arnhem : Stichting Sonsbeek, 2001. — En néerlandais et en anglais/In Dutch and English. — P. 250-253

Vega, Sergio. — «Sergio Vega». — Bomb. — [Interview avec/with Nicolás Guagnini]. — No. 74 (Winter 2001). — En ligne/Online [Réf. du 11 nov. 2003/Cited on Nov. 11, 2003], accès/access: <http://www.bombsite.com/vega/vega.html>. — P. 18-25

1997
Hickey, Dave; Vega, Sergio. — «On paradise». — Documents. — No. 9 (Spring 1997). — P. 24-35

Autres sources proposées/ Other Recommended Sources

2003
«Sergio Vega». — Flash Art. — Vol. 36, no. 231 (July/Sept. 2003). — Sous «Prague Biennale 1». — P. 59-60

2002
«[Sergio Vega]». — Melodrama. — Vitoria-Gasteiz : Artium; Granada : Centro José Guerrero; Vigo : MARCO, [2002]. — P. 92-93, 119, 223

Barclay Morgan, Anne. — «Modernismo tropical : Sergio Vega». — Camera Austria International. — No. 78 (2002). — P. 87

Martínez, Rosa. — «Melodrama». — Flash Art. — Vol. 34, no. 225 (July/Sept. 2002). — P. 65

2001
«Yokohama Triennale 2001». — BT [Bijutsu Techo] art magazine. — (Oct. 2001). — P. 41

Helguera, Pablo. — «Imaginary landscape». — Tema Celeste. — (Jan./Feb. 2001). — P. 46-51

2000
Cotter, Holland. — «Amnesia». — The New York Times. — (Feb. 11, 2000). — En ligne/Online [Réf. du 19 déc. 2003/Cited on dec. 19, 2003], accès/access : <http://query.nytimes.com/gst/fullpage.html?res=9C06E1DA113EF932A25751C0A9669C8B63>. — P. E-37

Heartney, Eleanor. — «An adieu to cultural purity». — Art in America. — Vol. 88, no. 10 (Oct. 2000). — P. 146-157

Zaya, Octavio. — «Sergio Vega». — Fresh cream : art contemporain et culture : 10 conservateurs, 10 auteurs, 100 artistes. — Paris : Phaidon, 2000. — Aussi en anglais dans l'édition anglaise de l'ouvrage/Also in English in the English edition of the book: *Fresh cream : contemporary art in culture : 10 curators, 10 writers, 100 artists*, London, Phaidon, 2000. — P. 628-633

1999
«Sergio Vega». — Zoo. — A portfolio edited by Eliza Williams. — (Oct. 1999). — P. 200-201

Cameron, Dan. — «"Looking for a place" : Site Santa Fe». — Artforum. — Vol. 38, no. 3 (Nov. 1999). — P. 140

Cotter, Holland. — «Art in review; Sergio Vega : El Paraíso en el Nuevo Mundo». — The New York Times. — (Mar. 12, 1999). — En ligne/Online [Réf. du 13 nov. 2003/Cited on Nov. 13, 2003], accès/access : <http://query.nytimes.com/gst/fullpage.html?res=9801E7D9143EF931A25750C0A96F958260>. — P. E-42

Kara Walker

Née à Stockton, en 1969.
Vit et travaille à New York.

Born in Stockton, in 1969.
Lives and works in New York.

EXPOSITIONS/EXHIBITIONS

Expositions individuelles/Solo Exhibitions

2003
Drawings, Brent Sikkema, New York.

Kara Walker: Excavated from the Black Heart of a Negress, The Studio Museum in Harlem, New York. — Extrait de l'exposition/Excerpt from the exhibition *Kara Walker: Narratives of a Negress.*

Kara Walker: Narratives of a Negress, Frances Young Tang Teaching Museum and Art Gallery at Skidmore College, Saratoga Springs [itinéraire/itinerary : Williams College Museum of Art, Williamstown].*

Kara Walker — The Emancipation Approximation, MAXXI-Museo nazionale delle arti del XXI secolo, Rome.

2002
Kara Walker: For the Benefit of All the Races of Mankind. An Exhibition of Artifacts, Remnants, and Effluvia EXCAVATED from the Black Heart of a Negress, Kunstverein Hannover, Hanovre/Hanover.*

Kara Walker: Sammlung Deutsche Bank, Mannheimer Kunstverein, Mannheim [itinéraire/itinerary : Neues Museum Weserburg Bremen, Bremen; Deutsche Guggenheim, Berlin; Museum voor Moderne Kunst Arnhem, Arnhem; Museum Moderner Kunst Stiftung Ludwig Wien, Vienne/Vienna].*

2001
The Emancipation Approximation, The Tel Aviv Museum of Art, Tel Aviv.*

2000
Kara Walker, Des Moines Art Center, Des Moines.*

1999
Kara Walker: No mere words can Adequately reflect the Remorse this Negress feels at having been Cast into such a lowly state by her former Masters and so it is with a Humble heart that she brings about their physical Ruin and earthly Demise, CCA Wattis Institute for Contemporary Arts, San Francisco [itinéraire/itinerary : UCLA Hammer Museum of Art and Cultural Center, Los Angeles].*

Why I Like White Boys, an Illustrated Novel by Kara E. Walker Negress, Centre d'Art Contemporain, Genève/Geneva.

1998
[Safety Curtain of the Vienna State Opera in the 1998/99 Season], Wiener Staatsoper, Vienne/Vienna.*

1997
Kara Walker: Upon My Many Masters — An Outline, San Francisco Museum of Modern Art, San Francisco.*

Presenting Negro Scenes Drawn Upon My Passage Through the South and Reconfigured for the Benefit of Enlightened Audiences Wherever Such May Be Found, By Myself, Missus K.E.B. Walker, Colored, The Renaissance Society, The University of Chicago, Chicago [itinéraire/itinerary : The Contemporary Arts Center, Cincinnati; The Henry Art Gallery, University of Washington, Seattle].*

1996
From the Bowels to the Bosom, Wooster Gardens/Brent Sikkema, New York.

Expositions collectives/Group Exhibitions

2002
25ª Bienal Internacional de São Paolo, São Paulo.*

Drawing Now: Eight Propositions, The Museum of Modern Art, Queens, New York.*

Life, Death, Love, Hate, Pleasure, Pain: Selected Works from the MCA Collection, Museum of Contemporary Art, Chicago.*

Moving Pictures, Solomon R. Guggenheim Museum, New York.*

Tempo, The Museum of Modern Art, Queens, New York.*

2001
Form Follows Fiction, Castello di Rivoli, Museo d'Arte Contemporanea, Turin.*

Ornament and Abstraction, The Foundation Beyeler, Bâle/Basle.*

SchattenRisse — Silhouetten und Cutouts, Kunstbau Lenbachhaus, Munich.*

The Americans: New Art, Barbican Art Galleries, Barbican Centre, Londres/London.*

1999
6. Uluslararasi Istanbul Bienali = 6th International Istanbul Biennial, Istanbul.*

Carnegie International 1999/2000, Carnegie Museum of Art, Pittsburgh.*

1998
Global Vision: New Art from the 90's, Deste Foundation, Athènes/Athens.*

Strange Days, The Art Gallery of New South Wales, Sydney.*

1997
1997 Biennial Exhibition, The Whitney Museum of American Art, New York.*

1996
Conceal/Reveal, Site Santa Fe, Santa Fe.*

1994
Selections 1994, The Drawing Center, New York.

BIBLIOGRAPHIE/BIBLIOGRAPHY

Publications et entretiens de l'artiste/Publications and Interviews with the Artist

2003
Kara Walker : narratives of a negress. — Edited by Ian Berry, Darby English, Vivian Patterson, and Mark Reinhardt; essays by Darby English, Mark Reinhardt, Anne M. Wagner, Michele Wallace; writings by Kara Walker selected by Ian Berry. — Saratoga Springs : The Frances Young Tang Teaching Museum and Art Gallery at Skidmore College, Williams College Museum of Art; Cambridge, Mass. : MIT Press, 2003. — 205 p.

2002
Kara Walker : pictures from another time. — Annette Dixon editor; with essays by Annette Dixon, Robert F. Reid-Pharr; and dialogue between the artist and Thelma Golden. — Ann Arbor, Michigan : The University of Michigan Museum of Art, 2002. — 100 p.

1999
Rinder, Lawrence. — «An interview with Kara Walker». — Capp Street Project : Kara Walker. — Oakland : California College of Arts and Crafts, 1999. — Brochure. — N. p.

1998
Walker, Kara. — «Pea, ball, bounce : interview with Kara Walker». — Interview. — [Interview avec/with James Hannaham]. — (Nov. 1998). — En ligne/Online [Réf. du 12 janv. 2004/Cited on Jan. 12, 2004], accès/access : <http://www.findarticles.com/cf_dls/m1285/n11_v28/21248654/p1/article.jhtml>. — P. 114-119

1997
Walker, Kara. — Freedom : a fable by Kara Elizabeth Walker : a curious interpretation of the wit of a negress in troubled times. — [S. l. : Peter Norton Family], 1997. — [27] p.

Walker, Kara. — Kara Walker : the Renaissance Society at the University of Chicago, January 12-February 23, 1997. — Chicago : The Renaissance Society at the University of Chicago, 1997. — 1 vol.

Autres sources proposées/ Other Recommended Sources

2003
«[?]». — Art 21 : art in the 21st century. — Edited by Marybeth Sollins. — New York : C. Harry N. Abrams, Inc., 2003. — P. 60-71

2002
Drawing now : eight propositions. — New York : Museum of Modern Art, 2002. — 192 p.

Kara Walker. — [Hannover] : Mondo Verlag, Kunstverein Hannover, 2002. — 197 p.

Kara Walker. — [Concept : Dr. Ariane Grigoteit, Friedhelm Hütte, Kunst Deutsche Bank; textes de/essays by Edna Moshenson et/and Marion Ackermann]. — Frankfurt : Kunst Deutsche Bank, 2002. — 83 p. — Texte en allemand et en anglais/Text in German and English.

Sheets, Hilarie M. — «Cut it out!». — ARTnews. — Vol. 101, no. 4 (Apr. 2002). — P. 126-129; p. couv.

2001
Hobbs, Robert. — Kara Walker Slavery! Slavery!. — Washington D.C. : International Arts & Artists, 2001. — 48, [4] p.

2000
Janus, Elizabeth. — «As American as apple pie». — Parkett. — Nr. 59 (2000). — En allemand, sous le titre/In German as «So amerikanish wie "Apple Pie"», p. 141-145. — P. 139-140

Walker, Hamza. — «Nigger lover or will there be any black people in utopia?». — Parkett. — Nr. 59 (2000). — En allemand, sous le titre/In German as «Nigger Lover oder: Wird es in Utopia Schwarze geben?», p. 160-165. — P. 152-159

1998
Saltz, Jerry. — «Making the cut». — The Village Voice. — (Nov. 17/23, 1998). — En ligne/Online [Réf. du 19 févr. 2004/Cited on Feb. 19, 2004], accès/access : <http://www.villagevoice.com/issues/9847/saltz.php>. — P. [?]

Liste des œuvres

Sauf mention contraire,
les œuvres appartiennent
aux artistes.

Raphaëlle de Groot
L'Histoire illustrée, 2003-2004
Installation : 245 impressions au jet d'encre sur papier montées sur aggloméré, 6 bandes vidéo, 6 moniteurs, pâte de sel, table, podium
3,34 x 5,23 x 6,9 m (dimensions variables)

Stan Douglas
Nu•tka•, 1996
Installation vidéo monobande avec son en quadriphonie
Durée d'une boucle : 6 minutes
Édition de 2, avec une épreuve d'artiste
4,6 x 10,4 x 8,8 m (dimensions variables)

Carlos Garaicoa
Somebody's Architecture, 2002
8 photographies noir et blanc, 8 dessins d'architecte
Photographies : environ 30 x 40 cm (chacune)
Dessins d'architecte : environ 50 x 80 cm (chacun)

Public Building as Greek Agora, 2002
3 photographies noir et blanc, maquette (bois, carton, plexiglas et techniques mixtes), texte en vinyle
80 x 100 cm (2 photos)
120 x 180 cm (1 photo)
80 x 35 x 100 cm (maquette)
Avec l'aimable permission de la Galleria Continua, San Gimignano, Italie

Cynthia Girard
Filles du roi/Filles de joie, 2002
Acrylique sur toile
217 x 184,5 cm
Collection Prêt d'œuvres d'art du Musée national des beaux-arts du Québec, Québec

Robert Houle
Kanata, 1992
Acrylique et crayon Conté sur toile
228,7 x 732 cm
Collection Musée des beaux-arts du Canada, Ottawa

Liz Magor
Civil War Portfolio, 1991
Suite de 14 épreuves argentiques avec texte
61 x 69 cm (chacune)
Édition : 2/2
Avec l'aimable permission de
la Susan Hobbs Gallery, Toronto

Fur Trade, 1996
Suite de 10 épreuves argentiques
40,6 x 50,8 cm (chacune)
Édition : 1/3
Avec l'aimable permission de
la Susan Hobbs Gallery, Toronto

Kent Monkman
Daniel Boone's First View of the Kentucky Valley, 2001
Acrylique sur toile
20,3 x 25,4 cm

The Rape of Daniel Boone Junior, 2002
Acrylique sur toile
45,7 x 61 cm
Collection Gisèle Gordon, Toronto

The Fourth of March, 2004
Acrylique sur toile
182,9 cm x 274,3 cm

Rubén Ortiz-Torres
(en collaboration avec **Jim Mendiola**)
Fountain/Ozzy Visits the Alamo, 2001
Personnage en cire, cheveux humains, tubes en cuivre et pompe électrique
183 x 63,5 x 63,5 cm
Avec l'aimable permission de la Galería OMR, Mexico

Spectacle/Spaztek Aztec Visits the Alamo, 2001
DVD en trois dimensions avec son « surround » ; 5 min
4,6 x 4,5 x 8,3 m (dimensions variables)

Tejano Dream/David Copperfield Visits the Alamo, 2001
Photographie lenticulaire, caisson lumineux
80 x 115,6 x 12,7 cm
Avec l'aimable permission de la Galería OMR, Mexico

The A Files, 2001
Coupures de presse photocopiées
37,5 x 24,1 x 5,1 cm
Avec l'aimable permission de la Galería OMR, Mexico

Manuel Piña
On Monuments, 2000
5 épreuves couleur (d'une suite de 11)
101,6 x 152,4 cm (chacune)
Édition de 7
Avec l'aimable permission de
la Marvelli Gallery, New York

Monique Régimbald-Zeiber
Les Dessous de l'histoire : Marguerite B., les écrits, 2002-2003
Huile sur toile, 426 éléments
25,4 x 20,3 cm (chacun)

Rosângela Rennó
Vera Cruz, 2000/2004
Installation vidéo : 4 projecteurs, 3 bandes vidéo (versions française, portugaise et anglaise)
44 min
4,6 x 7,5 x 10,4 m (dimensions variables)

José Alejandro Restrepo
El cocodrilo de Humboldt no es el cocodrilo de Hegel, 1994
Installation vidéo : 2 moniteurs, 2 bandes vidéo, textes au mur
2,1 x 7,9 m (dimensions approximatives)

Cristián Silva
Tristemente celebre, 1999
Carton et bois peints, ampoules miniatures
119,4 x 130,2 x 100,4 cm (incluant la base)
Avec l'aimable permission de The Project, New York

Regina Silveira
The Saint's Paradox, 1994/2004
Installation : vinyle découpé, statuette*, socle
96 m² (dimensions variables)
Collection Museu de Arte Contemporânea da Universidade de São Paulo, Brésil

*Artiste inconnu (Guatemala)
Santiago Apostol, v. 1970
Bois peint
32,8 x 10,3 x 28,5 cm
Collection El Museo del Barrio, New York
Don de Marcel Agüeros

Adriana Varejão
Ruina de charque – Grumari, 2001
Huile sur bois et polyuréthane
226 x 30 x 10 cm
Collection Nassau County Museum of Art, N. Y.

Ruina de charque – Quina, 2003
Huile sur bois et polyuréthane
222 x 108 x 92 cm
Avec l'aimable permission de l'artiste et
de la galerie Lehmann Maupin, New York

Sergio Vega
Structuralist Study of Poverty (Onion), 2002
Techniques mixtes
35,6 x 17,8 x 17,8 cm

Structuralist Study of Poverty (Potato), 2002
Techniques mixtes
48,3 x 17,8 x 17,8 cm

Structuralist Study of Poverty (Garlic), 2002
Techniques mixtes
20,3 x 17,8 x 17,8 cm

Utopian Specimen: Banana Building, 2002
Techniques mixtes
139,7 x 111,8 x 111,8 cm

El Primer Día, 2003
1 tirage numérique (impression au jet d'encre)
56,5 x 208,3 cm
4 impressions au jet d'encre : texte, carte satellite de l'Amérique du Sud, *Nord-Sud* de Joaquín Torres-García, *Continens Paradisi* de Pedro Quiróz
35,6 x 27,9 cm (chacune)

Kara Walker
Darkytown Rebellion, 2001
Projection, papier découpé et ruban adhésif au mur
4,27 x 11,43 m
Collection Musée d'Art Moderne Grand-Duc Jean, Luxembourg

Pierre Landry est conservateur au Musée d'art contemporain de Montréal, où il a conçu et réalisé, entre autres expositions : *Le Geste oublié* (1987), *Legs René Payant* (1992), *Joseph Branco* (1993), *L'Origine des choses* (1994), *Sylvain P. Cousineau* (1995), *Mousseau* (1997), *Micah Lexier, 37* (1998), *Déclics – Art et société. Le Québec des années 60 et 70* (1999; en collaboration avec le Musée de la civilisation de Québec), *Stéphane Gilot – Libre arbitre* (2001), *Melvin Charney* (2002) et Sam *Taylor-Wood* (2002). Il a également été responsable de la présentation au MACM de plusieurs expositions provenant de l'étranger, notamment : *L'Art conceptuel, une perspective* (1990, Musée d'art moderne de la Ville de Paris), *Rétrospective John Baldessari* (1991, The Museum of Contemporary Art, Los Angeles), *Guillaume Bijl* (1997, MUHKA, Anvers), *Muntadas – On Translation : Le Public* (2000, coproduction MACM et Witte de With, Rotterdam) et *Gillian Wearing* (2003, Museum of Contemporary Art, Chicago). Outre de nombreux textes publiés dans les catalogues du Musée d'art contemporain de Montréal, il a rédigé des critiques d'expositions pour diverses revues d'art.

Pierre Landry is a curator at the Musée d'art contemporain de Montréal, where he has conceived and organized such exhibitions as: *Le Geste oublié* (1987), *Legs René Payant* (1992), *Joseph Branco* (1993), *The Origin of Things* (1994), *Sylvain P. Cousineau* (1995), *Mousseau* (1997), *Micah Lexier, 37* (1998), *Triggers – Art and Society. Québec in the 60's and 70's* (1999; in collaboration with the Musée de la civilisation, Québec City), *Stéphane Gilot – Free Will* (2001), *Melvin Charney* (2002) and Sam *Taylor-Wood* (2002). He has also been responsible for the presentation at the MACM of a number of exhibitions from abroad, including: *L'Art conceptuel, une perspective* (1990, Musée d'art moderne de la Ville de Paris), *John Baldessari Retrospective* (1991, The Museum of Contemporary Art, Los Angeles), *Guillaume Bijl* (1997, MUHKA, Antwerp), *Muntadas – On Translation : Le Public* (2000, a coproduction of the MACM and Witte de With, Rotterdam) and *Gillian Wearing* (2003, Museum of Contemporary Art, Chicago). In addition to numerous essays published in Musée d'art contemporain de Montréal catalogues, he has written exhibition reviews for various art magazines.

Johanne Lamoureux est professeur titulaire et directrice du département d'histoire de l'art et d'études cinématographiques de l'Université de Montréal où elle enseigne l'art contemporain et la méthodologie. Elle est l'auteur de nombreux articles et essais sur l'*in situ* et la rhétorique de l'exposition, dont certains ont été réunis dans l'anthologie *L'art insituable. De l'in situ et autres sites* (Centre 3DD, 2001). Elle a organisé trois expositions d'art contemporain accompagnées d'un catalogue : *Seeing in Tongues/Le Bout de la langue. La langue et les arts visuels au Québec* (Morris and Helen Belkin Art Gallery, UBC, 1995); *Irene F. Whittome. Bio-Fictions* (Musée du Québec, 2000) et *Doublures. Vêtements de l'art contemporain* (Musée national des beaux-arts du Québec, 2003).

Johanne Lamoureux is Full Professor in the department of Art History and Film Studies of the Université of Montréal where she is currently chair and where she teaches contemporary art and methodology. She is the author of *L'art insituable. De l'in situ et autre sites* (Centre 3DD, 2001), an anthology of her articles on site specificity and the rhetorics of exhibition. She has also curated three exhibitions with catalogues: *Seeing in tongues. A narrative of language and visual arts in Québec* (Morris and Helen Belkin Art Gallery, Univ. of British Columbia: 1995); *Irene F. Whittome. Bio-Fictions* (Musée du Québec: 2000) and *Doublures. Vêtements de l'art contemporain* (Musée national des beaux arts du Québec, 2003).

José Roca est commissaire et critique. Il vit à Bogotá en Colombie où il est responsable des expositions temporaires à la bibliothèque Luis Angel Arango depuis 1994. Ses nombreux textes consacrés aux artistes colombiens sont parus dans des publications locales et internationales. Ancien étudiant au Independant Study Program (études critiques) offert par le Whitney Museum of American Art, il était en 2002-2003 le Whitney-Lauder Curatorial Fellow à l'Institute of Contemporary Art de l'Université de Pennsylvanie. En 2002, il se méritait la bourse de l'American Center Foundation décernée à un jeune commissaire. Parmi ses plus récents projets à ce titre, mentionnons *Carlos Garaicoa: La Ruina; La Utopía*, au Bronx Museum de New York (2000); *Define "Context"*, à APEX art C.P. à New York (2000); *TransHistorias: historia y mito en la obra de José Alejandro Restrepo*, à la Biblioteca Luis Angel Arango de Bogotá (2001); *Traces of Friday: art, tourism, displacement*, au ICA de Philadelphie (2003); *Botánica Política*, à la Sala Montcada/La Caixa de Barcelone, et *Psicogeometries*, à l'ARCO de Madrid (2004). Roca faisait partie de l'équipe de commissaires de la *Trienal Poli/gráfica de San Juan*, qui se déroulera à Puerto Rico en octobre 2004, et il était commissaire de la section colombienne pour l'édition 2004 de la *Bienal de Cuenca* en Équateur. Il dirige *Columna de arena*, une chronique en ligne sur l'art et sur la culture contemporaine (http://www.universes-in-universe.de/columna/index.htm).

Jose Roca is a curator and critic based in Bogota, Colombia, where he has been in charge of Temporary Exhibitions at the Luis Angel Arango Library since 1994. He has written extensively on Colombian artists for local and international publications. A former Whitney ISP alumni (Critical Studies), he was the 2002-2003 Whitney-Lauder Curatorial Fellow at the Institute of Contemporary Art, University of Pennsylvania. In 2002 he won the American Center Foundation grant for emerging curators. Among his recent curatorial projects are: *Carlos Garaicoa: La Ruina; La Utopía*, Bronx Museum, New York (2000); *Define "Context"*, APEX art C.P., New York (2000); *TransHistorias: historia y mito en la obra de José Alejandro Restrepo*, Biblioteca Luis Angel Arango, Bogotá (2001); *Traces of Friday: art, tourism, displacement*, ICA, Philadelphia (2003); *Botánica Política*, Sala Montcada/La Caixa, Barcelona, and *Psicogeometries*, ARCO, Madrid (2004). Roca makes part of the curatorial team of the *Trienal Poli/gráfica de San Juan*, to be held in Puerto Rico in October, 2004, and curated the Colombian selection for the 2004 *Bienal de Cuenca*, Ecuador. He edits Columna de arena, an online column on art and contemporary culture (http://www.universes-in-universe.de/columna/index.htm).